JN440992

아르케
북스

273

이미순 李美荀, Lee Mi Soon

서울대학교 인문대학 국어국문학과 졸업
동대학원 문학박사 학위 취득
하버드 옌칭 연구소 객원연구원 역임
현재 충북대학교 국어교육과 교수
저서: 『한국 현대시와 언어의 수사성』, 『한국현대문학비평과 수사학』, 『김기림의 시론과 수사학』

민속원 아르케북스 273 minsokwon archebooks

김수영의 시학
-사랑 · 죽음 · 침묵

| 이미순 |

민속원

머리말

…… 사람을 알려면 별로 많은 사람을 사귈 필요가 없다. 나의 경우에는 여편네 하나로 족한 것 같은 생각조차도 든다. 사람을 알려면 그 사람의 <벽>을 보면 된다. <벽>이란 한계점이다. 고치려야 고칠 수 없는 막다른 골목이다. 숙명이다. (김수영, 「벽」)

김수영은 사람을 알려면 별로 많은 사람을 사귈 필요가 없다고 하였다. 그리고 사람을 알려면 그 사람의 벽을 보면 된다고 하였다. 이 말은 김수영 연구에도 적용되는 것이 아닐까, 한국 현대시를 제대로 알려면 김수영이면 족하고 김수영을 알려면 김수영의 벽을 알면 되는 것이 아닐까, 생각한다.

사실 필자에게는 김수영을 아는 일은 힘들고, 김수영의 시를 아는 일은 더욱이나 벅찬 것이었다. 김수영 연구를 하면서 필자는 여러 차례 자신의 논리를 부정할 수밖에 없는 경험을 하였다. 이쪽인가 하고 이쪽으로 가서 보면 어느새 김수영은 저쪽에 있고, 그쪽에서 다시 출발하여 미로를 탐색하면 어느새 김수영은 또 다른 곳에 가 있고……. 이러한 과정을 여러 번 거치면서 필자는 김수영이라는 벽을 참으로 많이 느꼈다. 그 거대한 벽에 어느 정도 다가갔다고 느끼는 지금, 조심스럽게 필자가 본 김수영의 세계를 세상에 내놓기로 한다.

김수영이 보여준 세계는 우리를 둘러싼 현실의 벽을 깨기에 충분하다. 그러나 그는 늘 자신을 온전히 드러내지 않았고 우리를 배반하였다. 지극히 관념적이면서 비속하고, 도시적이면서 자연적이고, 코스모스와 카오스가 함께 나타나고, 반복과 변주가 끊임없이 이어지는……. 그는 침묵 사이사이로 언뜻언뜻 자신의 말을 전해왔다. 때문에 오래도록 김수영 문학을 어떤 일관된 관점에서, 온전히 담아내기는 불가능한 것처럼 보였다. 김수영을 리얼리스트로 보든 모더니스트로 보든 김수영의 문학은 늘 넘치거나 모자랐다.

필자가 김수영을 연구하기 시작한 것은 2000년 중반부터이다. 김수영 연구가 여러 측면에서 다시 활발하게 진행되던 이 무렵, 필자는 김수영 연구의 출발을 '사랑'과 '죽음'에 두어야 한다고 느꼈다. 이때부터 필자는 김수영이 보고자 하였던 세계, 즉 리얼리티와 모더니티에 관심을 두면서도 사랑과 죽음에 대한 연구를 진행하였다. 김수영의 세계는 큰 틀에서 보자면, 사랑과 죽음이라고 보아도 될 것도 같다. 이후 김수영의 세계에서 '침묵' 역시 이와 같은 무게를 지닌다는 것도 알게 되었다.

김수영의 사랑과 죽음, 그리고 침묵에 대한 연구를 벅찬 마음으로 진행하면서 필자는 곧잘 김수영의 위장술에 넘어갔다. 그러다가 어느 순간 그가 종래의 이론과 용어를 사용하면서 그것을 전복하는 방식으로 자신의 사유를 펼쳐나갔다는 것을 알게 되었다. 당대 현실과 부딪치면서 늘 두 개의 항목들을 대치시키고, 이를 새롭게 해석하고, 그러면서도 어떠한 종합도 추구하지 않는 방식. 그는 이러한 방식으로 한국의 리얼리티와 모더니티를 담아내고자 하였던 것 같다.

오랜 시간 김수영과 동행하면서 그로부터 받아온 사고의 조각들, 이 조각들을 이번 연구년에 이어붙일 용기를 가져보았다. 김수영의 말대로 사람을 알려면 한 사람을 제대로 아는 것으로 족할 것 같다. 물론 필자에게 김수영은 여전히 거대한 벽이다. 김수영이 추구한 사랑과 죽음, 그리고 침묵은 또 얼마나 큰 무게를 지니는 말인가? 아직도 김수영이 펼쳐 보여줄 세계는 무한하다고 느낀다.

이 책이 나오기까지 수많은 사람들의 도움을 받았다. 필자의 사유의 바탕이 된 모교의 은사님들과 동학들에게는 어떤 말로도 감사의 마음을 표현할 수 없을 듯하다. 학문의 긴 여정에 도움을 준 여러 선생님들에게도 감사드린다. 책의 제목에 대한 조언을 주시고 체계를 갖추지 못했던 원고를 책으로 완성시켜준 민속원의 홍종화 사장님과 오성현 과장님께 감사드린다. 교정을 도와준 캄보디아 유학생, LY SREYNOCH에게도 고마움을 표한다. 필자의 벽을 알고 그 벽을 기꺼이 감당해준 가족들에게 오랜 사랑을 전한다.

2025년 겨울

이미순

초출일람

제1부

제1장 「김수영의 시론에서의 '풍자'의 의미」, 『국어교육』 123, 한국어교육학회, 2007.6.

제2장 「김수영의 시론에 미친 프랑스 문학이론의 영향: 조르주 바타이유를 중심으로」, 『비교문학』 24, 한국비교문학회, 2007.6.

제3장 「김수영 시에 나타난 바타이유의 영향: 에로티즘을 중심으로」, 『한국현대문학연구』 23, 한국현대문학회, 2007.12.

제4장 「김수영 문학에 나타난 질병의 양상과 의미」, 『한국현대문학연구』 41, 한국현대문학회, 2013.12.

제5장 「김수영의 고백체 시 연구」, 『한국현대문학연구』 29, 한국현대문학회, 2009.12.

제2부

제1장 「김수영 시론과 '죽음': 블랑쇼의 영향을 중심으로」, 『국어국문학』 159, 국어국문학회, 2011.12.

제2장 「김수영의 시에 나타난 '죽음'」, 『이상리뷰』 17, 이상문학회, 2021.12.

제3장 「김수영의 시론과 '리얼리티'」, 『국어국문학』 165, 국어국문학회, 2013.12.

제4장 「김수영의 시론과 이미지」, 『국어교육연구』 50, 한국국어교육학회, 2012.2.

제3부

제1장 「김수영의 침묵의 시학」, 『한국현대문학연구』 55, 한국현대문학회 2018.8.

제2장 「김수영의 시론과 '소음'」, 『어문연구』 91, 어문연구학회, 2017.3.

제3장 「김수영 시의 요설」, 『구보학보』 20, 구보학회, 2018.12.

차례

제2부

죽음의 시학

제3부

침묵의 시학

총론

총론

김수영은 1921년에 태어나 1968년에 생을 마감한 한국의 대표적인 시인이다. 김수영은 일제시대, 해방기 그리고 분단 체제라는 격동의 시대를 살았다. 그는 6 · 25 전쟁 당시 의용군이 되어 죽을 고비를 넘겼고, 이로 인해 포로수용소에서 생활을 해야 했다. 이후 도시의 변두리에서 영어 번역과 양계로 생계를 이어가면서 현국 현대사의 굴곡을 몸소 느껴야만 하였다. 냉전 체제와 현대성, 그리고 후진적 정치에 온몸으로 부딪쳤던 김수영은 급변하는 한국 현실에 많은 관심을 기울였다.

1946년 〈묘정의 노래〉로 시작 활동을 한 이래, 김수영은 처음에는 1950년대 한국 모더니즘의 경향을 지향하였으나 이후 한국의 현실을 시에 담아내고자 부단히 노력하였다. 이러한 김수영의 시도는 1960년대 당시로서는 거의 독보적인 것이었다. 이로 인해 1970년대에 들어 민족문학론과 리얼리즘 문학론이 시대의 담론으로 대두하였을 때, 김수영은 늘 앞자리에 호출되었다. 김수영의 시는 참여시나 리얼리즘의 범주에서 논의될 수 있는 대표적인 시가 되었다. 또한 한국 모더니즘 시의 새로운 변화를 이끌어내려는 이들에게도 하나의 이정표가 되었다.

그런데 김수영은 모더니즘이나 리얼리즘의 범주로 자신의 시에 대해, 혹은 현대시의 방향에 대해 논의하지 않았다. 그가 자신의 문학에서 강조한 것은 '사랑'과 '죽음,' 그리고 '침묵'이었다. 이 세 가지는 김수영 문학에서 핵심적인 위상을 지니고 있다. 이 단어들은 김수영 시에서 단순히 제재나 주제를 뜻하지 않는다. 그것은 시의 내용뿐만 아니라 형식 모두를 아우르는 개념이다.

> 죽음과 사랑의 문제는 말할 필요도 없이 만인(萬人)의 만유(萬有)의 문제이며, 만인의 궁극의 문제이며, 모든 문학과 시의 드러나 있는 소재인 동시에 숨어 있는 소재로 깔려 있는 영원한 문제이며, 따라서 무한히 매력 있는 문제이다.
>
> …(중략)…
>
> 죽음과 사랑을 대극(對極)에 놓고 시의 새로움이라는 것을 생각해 볼 때 시라는 것이 얼마만큼 새로운 것이고 얼마만큼 낡은 것인가의 본질적인 묵계를 알 수 있다.[1]

김수영에게 사랑과 죽음의 문제는 "모든 문학과 시의 드러나 있는 소재인 동시에 숨어 있는 소재," 즉 내용의 문제이자 시의 "새로움," 즉 형식의 문제와 관련된다. 그는 시에 대한 지향도 '사랑'과 '죽음'을 중심으로 언급하였다. 그가 "누이야/ 풍자가 아니면 해탈이다"(<누이야 장하고나! - 신귀거래 7>)라고 하였을 때, '풍자'와 '해탈'은 각각 사랑과 죽음을 뜻한다. 김수영은 시 창작 과정 역시 사랑과 죽음으로 설명하였다.

> 갱생 = 변모 = '자기 개조' 생리의 변경 = 력(力) = 생 = 자의식의 괴멸 = 애정[2]

김수영은 시 창작 과정을 도식화할 때, 사랑과 죽음을 중심에 두고 이미지의 형성 과정을 설명하였다. 여기서 '갱생'은 언어적 이미지의 죽음을 전제로 하는 것이며, '자의식의 괴멸'은 시인의 죽음을, 그리고 '애정'은 시인의 죽음에 따른 타자에 대한 사랑을 의미

---

1 김수영, 「'죽음과 사랑'의 대극은 시의 본수(本髓) - 1967년 10월 시평」(1967), 이영준 엮음, 『김수영 전집 2』, 민음사, 2018(이하 『전집 2』로 표기), 664~5쪽.

2 김수영, 「시작 노트 3」(1963), 『전집 2』, 537쪽.

한다.

김수영이 시의 근본 바탕을 이룬다고 강조한 '침묵,' 역시 시의 내용과 형식 모두에 관계되는 개념이다.

> 나의 진정한 비밀은 나의 생명밖에는 없다. 그리고 내가 참말로 꾀하고 있는 것은 침묵이다. 이 침묵을 지키기 위해서라면 어떤 희생을 치러도 좋다. 그대의 박해를 감수하는 것도 물론 이 때문이다. 그러나 그대는 근시안이므로 나의 참뜻이 침묵임을 모른다.[3]

김수영은 자신이 진정으로 지향하는 것은 침묵이며, 이를 위해서는 "어떤 희생을 치러도 좋"고, "박해를 감수"할 수도 있다고 하였다. 김수영에게 침묵은 단순히 '소리가 나지 않음'이라는 의미를 넘어 깊은 의미를 지닌다. 그에게 침묵은 언어의 침묵을 넘어 저항의 의미까지 지닌다.

김수영이 시론에서 말하는 '사랑'과 '죽음,' 그리고 '침묵'은 서로 결합되어 있다. 사랑은 자아의 죽음에서 시작하며, 죽음은 사랑에 의해 타자로의 길을 연다. "진정한 시는 자기를 죽이고 타자가 되는 사랑의 작업이며 자세"[4]이다. 침묵은 언어의 죽음에 기초하고 있으며 사랑의 방법이 된다.

> 피가 녹는 것이라고 생각해 본다. 얼음이 녹는 것이 아니라 피가 녹는 것이다. 그리고 목욕솥 속의 얼음만이 아닌 한강의 얼음과 바다의 피가 녹는 것을 생각해 본다. 그리고 그 거대한 사랑의 행위의 유일한 방법이 침묵이라고 단정한다.[5]

김수영은 사랑과 죽음, 그리고 침묵에 대한 종전의 이론들을 수용하면서, 자신만의

---

3 김수영, 「시작 노트 6」(1966), 『전집 2』, 553쪽.

4 김수영, 「로터리의 꽃의 노이로제 - 시인과 현실」(1967), 『전집 2』, 280쪽.

5 김수영, 「해동」(1968), 『전집 2』, 209~10쪽.

독창적인 시학을 완성하였다. 이때 그는 한국의 리얼리티와 모더니티를 고려하면서 기존 이론을 전복하여 나갔다. 그는 한국 현대시의 "곡예사"[6]를 자처하였다.

김수영이 완성한 사랑, 죽음, 침묵의 시학을 본 저서에서는 각각 사랑의 시학, 죽음의 시학, 그리고 침묵의 시학으로 부르고자 한다. 이 책의 1부에서는 사랑의 시학을, 2부에서는 죽음의 시학을, 그리고 3부에서는 침묵의 시학을 중심으로 살펴보고자 한다.

1부에서 살펴볼 사랑의 시학에서는 김수영이 사랑을 '풍자'와 관련시키고, 사랑을 '욕망'과 관련시켜 이해하면서 '에로티즘'을 시에 도입하는 과정을 고찰하였다. 김수영은 사랑을 남녀 간의 사랑으로 한정하지 않고, 민족과 인류의 사랑으로 점차 확대하여 나갔다. 그리고 사랑을 감정이나 관념으로 이해하지 않고 '행동'으로 이해하고자 하였다. 그가 사랑의 수사학으로 '풍자'를 내세운 것도 이러한 이유에서였다.

1960년대에 들어 김수영은 사랑을 '욕망'과 관련하여 이해하면서 '에로티즘'에 많은 관심을 보였다. 그리고 금기의 위반으로 '악'에 이르는 과정에 주목하면서 '반시'의 논리를 구체적으로 형성해나갔다. 이러한 논리에 기초하여 그는 질병의 미학을 마련하였고, 고백체 시를 썼다.

2부에서 살펴볼 죽음의 시학에서는 김수영이 '죽음'으로 시론을 전개하는 과정을 구체적으로 살펴보았다. 김수영은 현대시의 모더니티와 언어의 침묵을 죽음과 관련하여 논의하였으며, 죽음의 타자 지향성에 주목하였다. 김수영은 시에서도 6 · 25 전쟁과 베트남 전쟁, 그리고 현대 도시에서의 죽음을 여러 측면에서 보여주었다. 그리고 죽음을 통해 타자에 이르는 과정을 구체적으로 보여주었다.

김수영은 죽음의 시학에 기초하여 리얼리티 시론과 이미지론을 전개해나갔다. 김수영은 리얼리티와 관련하여 자아 너머 타자, 보이는 세계 너머 보이지 않는 세계, 언어의 서술 너머 언어의 작용, 이 모두를 아우르는 리얼리티 시론을 제시하였다. 그리고 시인의 상상력보다 리얼리티와 관련이 깊은 이미지론을 제시하였다.

---

6 김수영은 "문학에는 숙명적으로, 정도의 차이는 있지만 곡예사적 일면이 있다"고 하였다. 김수영, 「반시론」(1968), 『전집 2』, 504쪽.

3부에서 살펴볼 침묵의 시학에서는 김수영이 침묵에 대한 종래 개념을 전복하여 완성한 침묵의 시학을 살펴보았다. 김수영은 침묵을 '소리가 나지 않음'이라는 의미로 한정하지 않고, 언어의 침묵, 사랑의 행동 등으로 이해하였다. 그리고 상대적 침묵의 관점에 의거하여, 침묵 속에 소리, 행동, 의미 등을 내재한, 진지함의 시를 지향하였다.

김수영은 침묵의 시학에 기초하여 시에 '소음'을 도입하고 '요설'을 실험하였는데, 이에 대해서도 구체적으로 살펴보았다. 김수영은 모더니티의 소리라고 할 수 있는 소음에 주목하였고, 이에 대응하는 소음들도 상당 부분 시에 도입하였다. 아울러 말의 소음이라 할 수 있는 요설을 시에 도입하고 실험하였다.

사랑과 죽음, 그리고 침묵 등으로 시학을 형성해 나가는 것은 일반적이지 않다. 우리는 대개 시를 이해하고자 할 때 내용의 측면에서는 시의 제재나 주제를, 형식의 측면에서는 운율이나 이미지, 그리고 수사법을 중심으로 시를 분석한다. 그것도 아니라면 모더니즘이나 리얼리즘 등 문예사조를 중심으로 시를 이해한다.

그런데 김수영은 사랑과 죽음, 그리고 침묵으로 현대시를 이해하고 새로운 현대시의 방향을 제시하였다. 이러한 김수영의 시도는 매우 독창적인 것이라 할 수 있다. 그것은 한국의 리얼리티와 모더니티에 대한 그의 지대한 성찰 속에서 나왔다. 그는 격변의 1950~60년대 한국, 이 한국의 리얼리티와 모더니티를 시로 표현하기 위해 사랑과 죽음, 그리고 침묵을 내세웠다. 김수영의 시학에는 언제나 리얼리티와 모더니티가 함께 자리하고 있었다.

제1부

사랑의 시학

제1장 사랑의 수사학, 풍자
제2장 위반 · 에로티즘 · 혼돈의 시학
제3장 시에 나타난 바타이유의 영향
제4장 현대성의 미학으로서 질병의 미학
제5장 고백체 시의 형성과 전개

제1부 01

사랑의 수사학, 풍자

1. '풍자가 아니면 해탈이다'

김수영의 시론은 어떤 단일한 이론으로 설명할 수 없는 부분이 많다. 이것은 그만큼 김수영이 현실과 시를 다층적으로, 복합적으로 바라보려고 한 데서 비롯한다. 이에 따라 그의 수사학에서도 서로 상반되는 측면들이 발견된다. 이것은 그의 문학을 집약적으로 드러내고 있는 "풍자가 아니면 해탈이다"[1]라는 명제에서도 뚜렷이 드러나고 있다.

시작 초기부터 김수영은 "나는 이 이상 더 눈앞의 현실을 연구할 필요가 없다. 이것들을 어떻게 <담느냐?>가 문제이다"[2]라고 하여 시의 형식에 대한 관심을 피력한 바 있다. 물론 그는 역동적으로 변모하는 현실을 파악하기 위해 부단히 노력하였고, 지식인으로서의 시인의 자세를 끊임없이 강조하였다. 그러면서도 동시에 이렇게 파악한 현실을 담아낼 방법을 지속적으로 탐색하였는데, 그 명료한 표현이 '풍자가 아니면 해탈이다'이

---

1 이 말은 김수영의 시 <누이야 장하고나! - 신귀거래 7>에 나온다. 이 시는 김수영, 『김수영 전집 1 - 시』, 민음사, 2003, 235~7쪽에 실려 있다.

2 김수영, 「일기초 1 - 1954. 11~1955. 2」(1955), 『김수영 전집 2 - 산문』, 민음사, 2003(이하 『전집 2』로 표기), 482쪽.

다. 김수영은 '풍자'와 '해탈,' 이 두 가지로 자신이 지향하는 시의 방향을 분명히 하였다.

김수영이 '풍자'와 '해탈'이라는 서로 등치될 수 없는 항목들을 대등한 관계로 놓고 시의 방법을 논의한 것은 주목을 요한다. '풍자'는 수사학의 용어인데 반해 '해탈'은 불교의 용어이기 때문이다. 풍자와 해탈이 구체적으로 어떤 관계에 있는지에 대해서는 별도의 논의가 필요한 사항이다. 다만 여기서는 김수영이 말하는 '풍자'가 '해탈'과 같은 의미의 깊이를 지니고 있다는 점을 지적하기로 한다. 김수영이 언급한 풍자의 의미는 간단하지 않다. 김수영이 말하는 해탈 역시 단순히 종교적인 의미나 시 정신을 뜻하지 않고 수사학적 의미를 지니고 있다.

이제까지 김수영의 풍자는 대체로 그의 시의 기법을 논의하는 과정에서 주로 언급되어왔다. 김수영 시의 기법으로 풍자를 고찰할 경우 이를 시 정신과 관련하여 깊이 있게 다루지 않았다. 그러나 김수영의 풍자는 단순한 기법으로 볼 수 없고, 그의 문학의 근간을 형성하고 있다.

김수영의 풍자에서 그 정신을 읽어내고 이를 자신의 시 창작 방법으로 새롭게 원용한 이로 김지하를 들 수 있다. 김지하는 「풍자냐 자살이냐」에서 김수영의 긍정적 측면으로 풍자의 시 정신, 모더니즘의 극복, 현실 비판으로서의 시적 발전 등을 들었다. 그러면서도 부정적인 측면으로 "풍자의 방법 속에 자기 자신과 더불어 자기가 속한 계층에 대한 부정 · 자학 · 매도의 방향을 보여준 점," "민요 · 민예 등의 전통적 풍자 언어를 멀리 한다는 점" 등을 들었다.[3] 김지하는 김수영 문학의 핵심을 풍자로 보고 그 의의를 인정하면서도 동시에 민중 시론의 방향 속에서 풍자의 한계를 지적하였다.

이러한 논의는 김수영의 시를 민중시의 발전 과정 속에 놓고 볼 때 항상 지적되는 사항이기도 하다. 김명인이 김수영의 풍자가 소시민적 한계를 지니고 있어 "세계와의 정면대결에서 좌절한 시정신이 세계와 만나는 고통스런 방법으로서 그 패배적 기조는 필연적인 것"[4]이라고 할 때의 논의 역시 이에 기초하고 있다.

---

3 김지하, 『김지하 전집 3』, 실천문학사, 2002, 58쪽.

4 김명인, 『김수영, 근대를 향한 모험』, 소명출판, 2002, 209쪽.

이후 김수영의 풍자를 사랑과 관련시킴으로써 그 의미를 파악하고자 하는 시도가 나타났다. 김상환은 김수영의 '풍자가 아니면 해탈이다'라는 명제를 사랑과 죽음이라는 주제와 결부시켜 논의하였다. 그는 "해탈이 죽음의 기술이라면, 풍자는 사랑의 기술"이라고 하면서 풍자를 "시간의 의지이자 역사의 의지이다"라고 말하였다.[5] 그의 논의는 김수영의 풍자를 본격적으로 논의한 것은 아니지만, 김수영의 '풍자'를 사랑과 관련시켰다는 점에서 의미가 있다.

김수영의 '풍자가 아니면 해탈이다'라는 명제에서 풍자는 해탈과 대등한 위치에 놓여 있다. 김수영에게 풍자는 그의 문학의 근저를 이루는 사랑이나 죽음만큼 중요한 의미를 지닌다. 따라서 우리는 김수영이 제시한 풍자의 의미를 보다 근본적인 맥락 속에서 이해할 필요가 있다.

2. 지성의 옹호, 사랑의 기술, 이데올로기 비판

1) 지성의 옹호와 풍자

김수영이 시의 방법으로 풍자에 대해 관심을 가진 것은 시작 초기부터라고 할 수 있다. 그는 1950년대부터 다른 모더니즘 시인들과 달리 현실에 지대한 관심을 보인다. 김수영의 시론 자체가 당대 현실과 문학에 대한 자각과 비판으로부터 출발한다.

> 거기서 나눈 우정이며 현대의 정서며 그런 것들이 후일의 나의 노트에 담겨져 시가 되었다고 한다면 나의 시는 너무나 불운한 메타포의 단편(斷片)들에 불과하다.
>
> 우리에게 있어서 정말 그리운 건 평화이고, 온 세계의 하늘과 항구마다 평화의 나팔소리가 빛날 날을 가슴 졸이며 기다리는 우리들의 오늘과 내일을 위하여 시는 과연 얼마만한 믿음과

---

5 김상환, 『풍자와 해탈 혹은 사랑과 죽음』, 민음사, 2000, 52쪽.

힘을 돋구어 줄 것인가.[6]

이 글은 1957년 삼중당이 간행한 앤솔로지, 『평화에의 증언證言』 제하의 현대시 9인집 중 김수영의 작품 앞면에 실려 있다. 여기서 김수영은 현대의 정서를 담은 자신의 시들은 "불운한 메타포의 단편斷片들에 불과하다"[7]고 말하였다. 김수영은 자신의 시의 한계를 당대 현실과 시의 '후진성'에 기대어 설명하였던 것이다.

김수영에 의하면 현실은 지극히 낙후되어 있으며, 현대시 역시 마찬가지이다. "오늘날의 획일주의와 분석철학과 관료주의와 기술주의의 〈인간 소외〉 시대의 대중의 고민과 희열을 대변하기에는 너무나 시대착오이고, 허약하고, 도피적인 범죄를 저지르고 있다."[8] 이 점은 신진들의 시의 경우도 마찬가지인데, 이 시들도 지나치게 형식주의적이거나 소박한 민족문학으로 나아가고 있다.

> 정도의 차이는 있지만 소위 〈예술파〉의 신진들의 거의 전부가 적당한 감각적인 현대어를 삽입한 언어의 조탁(彫琢)이나 세련되어 보이는 이미지의 나열과 구성만으로 현대시가 된다고 생각하는 무서운 과오를 범하고 있다.
>
> 그러면 이와는 대극적인 위치에 놓여 있다고 보는 〈참여파〉의 신진들의 과오는 무엇인가. 이들의 사회참여 의식은 너무나 투박한 민족주의에 근거를 두고 있다.[9]

김수영이 보기에 예술파의 신진들은 거의 전부가 현대어를 삽입한 언어의 조탁이나 세련되어 보이는 이미지의 나열과 구성만으로 현대시가 된다고 생각하는 과오를 범하고 있고, 참여파의 신진들은 너무나 투박한 민족주의에 근거를 두고 있다. 그러나 시인은 현실을 제대로 인식하여야 하고, 현실을 시적으로 표현하여야 한다. 이때 무엇보다

---

6 김수영, 「『평화에의 증언』 후기」(1957), 『전집 2』, 427쪽.
7 김수영, 「밀물」(1961), 『전집 2』, 42쪽.
8 김수영, 「로터리의 꽃의 노이로제 - 시인과 현실」(1967), 『전집 2』, 198~9쪽.
9 김수영, 「변한 것과 변하지 않은 것 - 1966년의 시」(1966), 『전집 2』, 369~70쪽.

중요한 것은 지성이다. "우리에게 가장 결핍되어 있는 것이 지성"이며, "지성이 없기 때문에 오늘의 문제점의 소재를 파악하지 못하고 있"다. "진정한 현대시가 안 나오는 이유가 여기 있"다.[10]

때문에 김수영은 지성을 가진 지식인 시인을 기대하였다. "지식인이라는 것은 인류의 문제를 자기의 문제처럼 생각하고, 인류의 고민을 자기의 고민처럼 고민하는 사람"인데,[11] 우리나라에는 지식인의 존재가 지극히 미약하다. 이에 따라 김수영은 〈시인다운 시인〉, 즉 "정의와 자유와 평화를 사랑하고 인류의 운명에 적극 관심을 가진, 이 시대의 지성을 갖춘 시정신의 새로운 육성을 발할 수 있는 사람"을 기대하였다.[12] 사실 해방 후 한국에서 지식인 시인에 대한 논의가 본격화되는 것은 『창작과 비평』을 통해서라 할 수 있는데,[13] 김수영은 비교적 이른 시기에 지식인 시인의 문제를 제기하였다.

그리고 지식인 시인의 시 창작 방법의 하나로 풍자를 제안한다. 그는 풍자가 예술파의 형식주의가 지니고 있는 문제점과 참여파가 지니는 소박한 민족주의를 모두 극복하는 방법이 될 수 있다고 보았다.

그러면 풍자는 어떻게 이 모두를 극복할 수 있는 대안이 될 수 있을까? 우선 김수영은 풍자가 현대성을 드러내는 효과적인 장치가 될 수 있다고 생각하였다.

> 권용태(權龍太)의 정치를 풍자한 「손오공 선생」은 조그만 규모 안에서 비교적 견고한 수준을 보여주고 있다. 조그만 규모라고 한 것은 이런 유의 풍자시가 현대시로서의 수준을 확보하려면 〈정치〉에 대한 풍자로 그치는 것이 아니라 〈현대의 정치〉에 대한 풍자로 그쳐야 할 것이기 때문이다. 그러기 위해서는 시인의 지성은 우선 세계에 걸쳐서 우리나라로 돌아와야 한다. 오늘날 우리 시단의 모든 참여시의 숙제가 여기에 있다. 작은 눈으로 큰 현실을 다루지 말고 큰 눈으로 작은 현실을 다루게 되어야 할 것이다. 큰 눈은 지성이고 그런 큰 지성만이 현대시에

---

10 김수영, 「지성이 필요한 때 - 1967년 12월 시평」(1967), 『전집 2』, 606쪽.
11 김수영, 「모기와 개미」(1966), 『전집 2』, 88쪽.
12 김수영, 「제정신을 갖고 사는 사람은 없는가」(1966), 『전집 2』, 183쪽.
13 김윤식, 『한국현대문학사』, 서울대출판부, 1993, 613쪽.

서 독자를 리드할 수 있다.[14]

김수영은 풍자의 목적을 단순히 '악의 교정'이라는 풍자의 일반적인 목적[15]에 두지 않는다. 김수영은 풍자를 위한 풍자가 아니라 정치에 대한 풍자로 나아가야 한다고 생각하였다. 그리고 이 정치를 위한 풍자도 "〈정치〉에 대한 풍자"로 그치지 않고 "〈현대의 정치〉에 대한 풍자"로 나아가야 한다고 하였다. 그런데 이러한 현대의 정치에 대한 풍자로 나아가기 위해서는 무엇보다 지성이 필요하며, 이때의 지성은 현대를 제대로 인식할 수 있는 "큰 지성"이어야 한다. "큰 지성"을 통해서만 현대의 정치를 제대로 볼 수 있다. 이와 같은 맥락에서 김수영은 풍자를 시인의 '양심'과도 관련시켰다.[16]

> 평자는 「4월만발」을 읽으면서, 이 시인이 기술의 희생을 좀더 의식적으로 수행하면, 말하자면 풍자를 이제 의식적으로 도입하게 되면 그에게서 노상 느끼게 되는 모럴의 제시를 넘어선 모럴의 현대성의 제시가 가능하지 않을까 하는 안타까움을 금치 못한다.[17]

김수영은 풍자를 위한 풍자가 아니라 풍자를 의식적으로 도입하게 될 때, "모럴의 제시를 넘어선 모럴의 현대성"을 제시할 수 있을 것이라고 하였다. 그는 시에서 기술도 중요하지만, 시의 가치는 기술의 우열이나 경향 여하가 문제가 아니라 시인의 양심에 달려 있다고 보았다. "시의 기술은 양심을 통한 기술"이다.[18] 이것은 풍자에 대해서도 적용된다. 이와 같이 김수영은 현대성, 현대의 정치를 드러내는 수사학으로, "큰 지성"에 기초한 풍자를 내세웠다.

---

14 김수영, 「평균 수준의 수확 - 1966년 6월 시평」(1955), 『전집 2』, 569쪽.

15 Arthur Pollard, 송낙헌 역, 『풍자』, 서울대출판부, 1979, 6쪽.

16 최두석은 양심과 지성에 바탕에 둔 김수영의 현대성론은 자연스럽게 참여시론으로 연결된다고 하였다. 최두석, 「현대성과 참여시론: 김수영의 시론」, 한계전 · 홍정선 · 윤여탁 · 신범순 외, 『한국 현대시론사 연구』, 문학과지성사, 1998, 308~9쪽 참조.

17 김수영, 「지성의 가능성」(1966), 『전집 2』, 551쪽.

18 김수영, 「〈난해〉의 장막」(1964), 『전집 2』, 272쪽.

마종기(馬鍾基)의 「연가(戀歌) 12」(현대시학)는 그의 여태까지의 평자가 접한 어떤 작품보다도 강한 인상을 준다.

…(중략)…

이제 이 「연가」의 작자는 자기의 체질을 알게 되었다고 생각되고, 그런 자기의 체질 위에 풍자의 현대성을 도입한 점에서 이 작품은 그 나름의 추구해 온 방향에서 일단 성공하고 있다.[19]

김수영은 작품 비평을 하면서도 여러 차례 풍자에 대해 언급하였는데, 이때 중요하게 생각한 것 역시 풍자의 현대성이었다. 가령 마종기의 작품을 비평하면서 김수영이 중요하게 본 것은 풍자의 현대성이었다.

역시 〈스토리〉다. 하나의 〈스토리〉다. 그러면서도 그전의 「삼림」이나 「얼굴」 같은 작품에 비하면 지극히 평범한 〈스토리〉로 되어 있다. 〈스토리〉란 독자나 관중을 쓰다듬고 달래주는 것이고, 〈스토리〉 자체가 벌써 하나의 풍자인 것이다. 즉 "그(쥘 쉬페르비엘 - 인용자)의 작품은 그 내용이 풍자적이라기보다도 이 〈스토리〉성이 곧 풍자가 된다. 더 정확하게 말하자면 〈스토리〉의 선천적인 풍자성이 그의 작품의 내용적인 풍자성을 비극으로 연결시키고 있다. 이와 같은 form과 content의 identification은 다른 여러 시인들한테서도 옹색하지 않게 볼 수 있는 것이지만, 내가 쉬페르비엘한테서 특히 좋아하는 것은 점잖은 주제를 취급하면서도 어딘지 모르게 풍기는 그의 속취(俗臭)와 아기(雅氣)이다.[20]

김수영은 영시와 프랑스시를 비교하면서도 풍자를 언급하는데, 이때 그가 주목한 것은 풍자의 내용이 아니라 형식이다. 그는 쉬페르비엘의 시는 내용에서의 풍자가 아니라 스토리성이 곧 풍자가 되고 있다고, 이 "〈스토리〉의 선천적인 풍자성이 그의 작품의 내

---

19 김수영, 「지성의 가능성」(1966), 『전집 2』, 551쪽.

20 김수영, 「새로움의 모색 - 쉬페르비엘과 비어렉」(1961), 『전집 2』, 230쪽.

용적인 풍자성을 비극으로 연결시키고 있다"고 하였다. 그리고 김수영은 풍자의 미적 현대성을 언어적 측면에서도 논의하였다.

> 김해강 씨의 「조카」는 이런 방향으로 좀 두드러진 의도의 풍자시를 쓰면 성공할 것 같다. 이 작품에도 희미한 풍자의 기미는 엿보이지만 전체적으로 풍자시로 보기에는 불경제적인 데가 너무 많다. 허술한 낭비 속에도 숨은 진주의 비밀이 있지만 이 작품만 보고는 그것을 대중 잡을 수 없다.[21]

김수영은 풍자시를 기준으로 작품을 비평하기도 하고, 풍자의 언어에 대해서도 언급한다. 김수영은 가령 김해강의 시가 "희미한 풍자의 기미는 엿보이지만 풍자시로 보기에는 불경제적인 데가 너무 많다"고 하면서 시에서 "허술한 낭비"를 지양할 것을 주문하였다. 그는 풍자시가 되기 위한 조건으로 언어의 경제를 요구하고 있는 것이다. 김수영은 당시 언어에 대한 성실성 없이는 진정한 현대성을 이룰 수 없다[22]고 생각하였는데, 이것은 풍자에도 적용된다.

이와 같이 김수영은 풍자를 현대성과 관련시켜 이해하고 이것을 시의 내용적인 측면에서뿐만 아니라 형식적인 측면에서 논의하였다. 이러한 풍자에 대한 새로운 이해를 토대로, 그는 "예술파의 형식주의"와 "참여파가 지니는 소박한 민족주의"를 극복하는 방법"으로 풍자를 내세울 수 있었다.

2) 풍자, 사랑의 기술

김수영의 풍자론에서 특징적인 것은 풍자를 '사랑'과 관련시키고 있다는 점이다. 그런데 김수영은 어떻게 풍자를 사랑과 관련시킬 수 있는 것일까? 이것은 그가 풍자와 사랑

---

21 김수영, 「모더니티의 문제 - 1964년 4월 시평」(1964), 『전집 2』, 520쪽.
22 위의 글, 520쪽.

을 자신만의 방식으로 해석한 데서 비롯한다.

우선 김수영은 사랑을 '행동'으로 이해하였다. 김수영은 시인에게 '지성'과 함께 '사랑'을 요구하였는데, 그가 말하는 사랑은 현실에서 '행동'으로 구체화되는 사랑이었다.

> 우리 시단에 시인다운 시인이 있는가. 이렇게 말하면 〈시인다운 시인〉의 해석에 으레 구구한 반발이 뒤따라오겠지만, 간단히 말해서 정의와 자유와 평화를 사랑하고 인류의 운명에 적극 관심을 가진, 이 시대의 지성을 갖춘 시정신의 새로운 육성을 발할 수 있는 사람을 오늘날 우리 사회가 요청하는 〈시인다운 시인〉이라고 생각하면서…….[23]

김수영은 시인다운 시인이 되기 위해서는 "이 시대의 지성을 갖춘 시 정신"과 함께 "정의와 자유와 평화를 사랑하고 인류의 운명에 적극 관심을 가"져야 한다고 하였다. 시인다운 시인이란 '지성'과 함께 '사랑'을 지녀야 하는 것이다.

김수영 문학에서 '사랑'은 '죽음'과 더불어 많은 연구자들이 관심을 가져왔다. 김수영은 여러 지면을 통해 지속적으로 사랑을 언급하여왔다. 그런데 그가 말하는 사랑은 단순히 남녀 간의 사랑에 그치지 않으며, 민족과 인류에 대한 사랑까지 아우른다.

아울러 김수영에게 사랑은 '자유'와도, '혁명'과도 관련을 지닌다. 그러기에 김수영은 '자유'와 '방종'을 구분하는 기준을 '사랑'에 두었고,[24] "제1차 대전 후의 불란서의 시인들의 다다이즘 운동도, 제2차 대전 후의 미국의 젊은 문학자들의 비트 운동도, 쉬운 말로 하자면 모두가 사랑의 운동"이라고 하였다.[25] 또한 "욕망이여 입을 열어라 그 속에서/ 사랑을 발견하겠다"고 하여 사랑을 욕망과 관련시켰으며, "그리고 이 사랑을 만드는 기술을 안다/ 눈을 떴다 감는 기술 — 불란서 혁명의 기술/ 최근 우리들이 4 · 19에서 배운 기술"(〈사랑의 변주곡〉)이라고 하여 사랑을 혁명과도 관련시켰다. 때문에 김수영에게 사랑

---

23 김수영, 「제정신을 갖고 사는 사람은 없는가」(1966), 『전집 2』, 183쪽.

24 김수영, 「요즈음 느끼는 일」(1963), 『전집 2』, 50쪽.

25 위의 글, 51쪽.

은 자기의식의 재구축을 통해 사회 비판을 가능하게 하는 원동력이 되었다[26]는 평가가 가능하다. 김수영에게 사랑은 현실에 적극적으로 관여하는 행동의 의미를 지니고 있었다.

한편 김수영은 풍자를 현실에 관여하는 '행동'과 관련시켜 이해하였다.

> 몸이 저리도록 반가운 침묵. 그것은 지긋지긋하게 조용한 동작 속에 사랑을 영위하는, 동작과 침묵이 일치되는 최고의 동작이다.
>
> 가라앉은 얼음을 겨우내 굳어온 근심이라고 생각할 때, 이 불행의 잠수 행위는 희열에 찬 풍자까지도 풍겨주고, 어지러운 현실의 걱정이야 어찌되었든 우선 까닭 모를 안도의 한숨이 나온다.[27]

여기서 풍자는 '사랑,' '해동,' '동작' 등의 의미로 계열화되고 있다. 김수영은 풍자를 사랑과, 그리고 '해동'이나 '동작'과 같이 '행동'과 관련시켜 이해하였다. 김수영은 "힘의 마력, 그것은 행동의 마력이다. 시의 마력, 즉 말의 마력도 원은 행동의 마력이다"[28]고 하여 시의 힘을 행동에 두었는데, 풍자 역시 이러한 행동과 관련된다.

> 이중보다 좀 뒤져 나온 김재원(金在元)은 5 · 16 후의 사회상을 풍자한 「입춘에 묶여온 개나리」와 「무너져 내리는 하늘의 무게」 등으로 주목을 끈 유니크한 조숙한 시인인데, 요즘에 나온 「못 자고 깬 아침」 같은 작품을 보면 이제까지의 풍자를 위한 풍자가 많이 가시고, 사회의 일시적인 유동적 현실에 집중되어 있는 풍자의 촉수가 소시민의 생활 내면으로 접근해 들어가려는 차분한 노력이 보인다.[29]

---

26 유성호, 「타자의 긍정을 통해 '사랑'에 이르는 도정: 김수영의 후기시를 중심으로」, 황현산 편, 『작가 연구』 5, 새미, 1998, 220쪽.

27 김수영, 「해동」(1968), 『전집 2』, 143쪽.

28 김수영, 「민락기」(1967), 『전집 2』, 126쪽.

29 김수영, 「참여시의 정리 - 1960년대의 시인을 중심으로」(1967), 『전집 2』, 392쪽.

김수영은 풍자를 위한 풍자에 비판적이며, 생활에서 작용하는 풍자를 지향하였다. 가령 5 · 16 후의 사회상을 풍자한 시로 주목을 받았던 시인의 시를 비평하면서도 "풍자의 촉수가 소시민의 생활 내면으로" 들어가려 한 것에 의미를 부여하였다. 또한 풍자를 통한 현실 극복을 강조하기도 하였다. 이것은 신동엽의 〈발〉을 풍자를 중심으로 비평하는 대목에서 잘 드러난다.

> 신동엽(申東曄)의 「발」은 이런 정공법으로 그 목표에 도달한 최초의 작품이라고 평자에게는 생각된다.
>
> …(중략)…
>
> 평범한 이미지에 풍자까지 섞어가면서 정형적인 구성 속에 강인한 미래상을 제시하는 데 성공하고 있다. 경하할 일이다.[30]

김수영은 신동엽의 〈발〉이 6 · 25 이후 시단의 주요한 과제, 즉 현실 극복의 과제에 도달한 최초의 작품이라고 평가하는데, 이때 이 시의 풍자에 주목한다. 신동엽은 "풍자"로 "강인한 미래상을 제시하는 데 성공"하였다는 것이다.

사실 본질적으로 풍자는 사회적인 문학 양식이다. 거기에는 현세에 초연한 것은 없다. 풍자는 세상을 버리고 세상에서 버림받은 것을 하나도 다루지 않는다. 초월적인 상태를 자아낼 수 있는 경험은 풍자가 미치지 못하는 범위에 속한다.[31] 그리고 풍자는 흔히 '조소'와 관련된다.

이제까지 한국 현대시사에서도 풍자는 주로 '조소'의 감정과 결부되면서 논의되어 왔다. 널리 알려져 있듯이 1930년대 중반 김기림은 새로운 시가 추구해야 할 방향으로 풍자를 강조하고 풍자의 감정으로 '조소'를 내세웠다.

---

30 김수영, 「젊은 세대의 결실 - 1966년 3월 시평」(1966), 『전집 2』, 546쪽.

31 Arthur Pollard, 앞의 책, 7쪽.

애상, 비탄, 체읍(啼泣), 절망, 단념, 그것들은 허무의 나래 밑에서 길러난 얼마나 잔약(殘弱)한 병든 병아리들이냐.

그것은 모두다 드디어 삶의 의욕을 단념한 상태다.

이것들보다도 조금 진보된 병아리가 있다.

그것은 조소(嘲笑)다.

어떠한 시대이고 간에 그 시대의 「새타이어」의 문학의 근저를 흐르고 있는 저류(低流)는 이것이다.

「엘리엇」·「헉슬레」·「웨스트」 등의 오늘의 「새타이어」 문학에서 울려 나오는 것도 문명에 대한 이 조소의 소리에 틀림없다. 하나 그들은 분노까지는 가지 못하였다.

그것은 보다 더 적극적인 것이다.

그것은 다음 순간에 가질 행동(行動)의 준비 자세거나 그렇지 않으면 적어도 행동에의 가능성을 가지고 있다.[32]

김기림이 말하는 조소는 "애상, 비탄, 체읍啼泣, 절망, 단념"과 같이 허무에서 나오거나 삶의 의욕을 단념한 상태가 아니라, 진보된 감정이며, 풍자의 근저를 흐르고 있는 감정이다. "다음 순간에 가질 행동行動의 준비 자세거나 그렇지 않으면 적어도 행동에의 가능성"을 가지고 있다. "현실을 붙잡고 몸부림할 용기는 감히 없으나 현실의 싸움터에서 한 걸음 물러서서 변환變幻하는 현실의 모순·추악·허위·가면에 대하여 차디찬 조소를 퍼붓는 그러한 문학," 즉 "「새타이어」의 문학"[33]에서 나온 감정이다. 이것은 어디까지나 "행동行動의 준비 자세," "행동에의 가능성"을 지니고 있는 데서 나오는 감정이다.

풍자는 리얼리즘을 지향하는 문학에서는 '분노'의 감정을 표현하는 수사학으로 이해되기도 한다. 루카치는 풍자를 분노나 증오의 감정과 연결시킨 대표적인 이론가이다. 루카치는 "진정한 풍자가 나오기 위해서는 분노, 경멸이나 증오의 뉘앙스를 내포해야만

---

32 김기림, 「속 오전의 시론」, 『김기림 전집 2』, 심설당, 1988, 177쪽.

33 김기림, 「수필·불안·가톨리시즘」, 『김기림 전집 3』, 1988, 112쪽.

하는데 그 증오는 열정의 깊이, 통찰력에 의해 투시력을 갖게 된다"고 하였다. 그는 풍자를 통해 "가장 사소한 징후 속에서, 즉 한 사회 체제의 단순한 가능성이나 우연성 속에서 그 사회체제의 병폐와 치명적 결함을 꿰뚫어보고 형상화한다"고 하였다.[34]

그런데 김수영은 풍자를 '조소'나 '분노'와 결합하지 않고 '사랑'과 결합하였다. 이것은 풍자에 대한 일반적인 관점에서 동떨어진 것이다. 물론 김수영도 생활 가운데 수시로 조소를 드러내었다. 가령 그는 "돈을 벌기 위해서가 아니라 나 자신을 잃지 않기 위해서 하게 되는 것인데, 결과적으로 보아 악마의 조소가 수시로 떠오르는 데는 세상에 대하여서나 나 자신에 대해서나 미안한 일이다"[35]라고 하였다. 그러나 김수영은 현대시의 풍자를 거론할 때에는 풍자를 적극적으로 해석하고 사랑과 관련시켰다.

이것은 당시 김수영이 1930년대 김기림이 지녔던 현실에 대한 태도나 리얼리즘에서의 태도와는 다른 길을 모색한 데서 비롯한다. 또한 풍자를 사랑과 관련하여 이해하였던 오든의 영향도 일정 부분 자리하고 있는 것으로 보인다. 당시 김수영은 오든에게 상당히 경도되어 있었다.

> 내가 시에 있어서 영향을 받은 것은 불란서의 쉬르라고 남들은 말하고 있는데 내가 동경하고 있는 시인들은 이미지스트의 일군이다. 그들은 시에 있어서의 멋쟁이였기 때문이다. 그러나 이들 이미지스트들도 오든보다는 현실에 있어서 깊이 있는 멋쟁이가 아니다. 앞서가는 현실을 포착하는 데 있어서 오든은 이미지스트들보다는 훨씬 몸이 날쌔다.[36]

김수영은 자신의 시가 불란서의 쉬르리얼리즘이 아니라 이미지스트를 동경하고 있으며 이미지스트보다 오든을 더욱 지향한다는 점, 그 이유로 오든이 앞서가는 현실을 포착하는 데 훨씬 몸이 날쌔다는 점 등을 들었다. 실제 김수영의 시론에는 오든의 영향이

---

34 G. 루카치, 김혜원 역, 『루카치 문학 이론』, 세계, 1990, 64쪽.
35 김수영, 「무제」(1955), 『전집 2』, 30~1쪽.
36 위의 글, 30쪽.

많이 발견되고 있다. 김수영은 참여시를 설명할 때에도 오든을 중심으로 논의하여, "오든의 참여시도, 브레히트의 사회주의 시까지도 종국에 가서는 모든 시의 미학은 무의미의 — 크나큰 침묵의 — 미학으로 통하는 것"[37]이라고 하였고, 오든의 시를 "구원의 시"로 소개하기도 하였다.[38]

오든은 1930년대의 영국시를 언급할 때 빠뜨릴 수 없는 "오든 그룹" 또는 "뉴 컨트리파"의 일원이다. 오든은 루이스, 맥니스, 스펜더 등과 함께 예이츠와 엘리어트를 이어받아 20세기 영국시의 한 국면을 장식한 시인이다. 오든은 주로 사회주의 시인 또는 정치시인으로 분류된다. 이들은 1920년대의 엘리어트나 제임스 조이스의 등의 냉소주의를 부정하고 냉소주의와 구분되는 '행동'을 강조하였다. 그리고 현대의 위기를 극복할 수 있는 대안을 적극적으로 모색하였는데, 이 과정에서 '사랑'을 강조하였다. 오든은 시는 사람들을 올바른 방향으로 선도해야 할 의무가 있다고 생각하였다. 이러한 오든의 생각은 모더니즘 시의 대가인 파운드나 엘리어트와 근본적으로 구별되는 점이기도 하다. 그는 영국 사회의 심각한 증상을 치유할 수 있는 최고의 가치는 "사회적 사랑"이라고 하였다.[39]

오든의 시는 항상 인간에 대한 관심과 그들이 살고 있는 환경으로서의 사회에 대한 의문에서 출발한다. 그의 주제는 초기의 성적이고 정치적인 문제, 그리고 후기의 종교적이고 윤리적인 문제를 가릴 것이 없이 일관되게 현실적이었다.[40] 인간이 사회적 어려움이나 정치적 혼란, 구조적 부조리를 이기고 인간에게 내재된 사랑을 행한다면 현실을 바꿀 수 있다는 것이 오든의 메시지이다. 여기서 오든이 말하는 사랑은 개념이 아니라 행동이다.[41]

그런데 오든은 자신이 강조한 행동의 사랑을 풍자와 관련시켰다. 오든은 사회에 사랑

---

37 김수영, 「변한 것과 변하지 않은 것」(1966), 『전집 2』, 367쪽.
38 김수영, 「문맥을 모르는 시인들」(1965), 『전집 2』, 329쪽.
39 김철수, 「오든 시의 사회적 리얼리즘」, 『영미어문학』 55, 한국영미어문학회, 1999. 3, 20쪽.
40 범대순 · 박연성, 『W. H. 오든』, 전남대출판부, 2005, 24쪽.
41 김주성, 「오든 초기 시의 인간중심적 고찰」, 『영미문화』 6-1, 한국영미문화학회, 2006. 4, 40쪽.

이 없을 때, 그 결과로 생기는 비인간적 상황들을 풍자로 대응하고자 하였다. 그는 풍자를 단순한 조소가 아니라 윤리적 개입의 방식으로 사용하고자 하였다.

이것은 오든이 1935년 발표한 「오늘날의 심리학과 예술」에서도 엿볼 수 있다. 오든은 이 글에서 예술을 '도피의 예술'과 '우화의 예술'로 분류하고 "우화의 예술은 증오를 버리고 사랑을 배우도록 인간을 가르치는 것"이라고 주장하였다. 오든에 따르면 우화의 예술은 독자의 실제 생활 속에 충실한 결과를 남기는, 적극적인 것이다. 즉 그것은 현실의 분석과 관찰을 거쳐서 새 현실의 창조를 의도하는 실천의 예술이며, 늘 생활과 연관을 가질 뿐 아니라 생활 속에서 솟아나서 생활 속으로 들어가는 생활을 위한, 생활의 예술이다.[42] 이렇게 오든은 우화의 예술을 사랑의 예술이라고 하였는데, 그는 우화의 효과적인 방법인 풍자에서 무엇보다 교훈적인 내용을 강조하였다.[43] 여기서 오든이 풍자의 감정으로 사랑을 내세우게 된 맥락을 이해할 수 있다.

이와 같이 1930년대 김기림이 흄, 엘리어트 등의 영향 하에 신고전주의 수사학이 기초한, '조소'를 중심으로 한 풍자를 내세웠다면, 1960년대에 김수영은 '사랑'의 풍자를 강조하였다. 김수영은 풍자를 통해 "행동行動의 준비 자세" "행동에의 가능성"[44]을 지니는 데 그치지 않고, 사랑의 행동이 구현되기를 기대하였던 것이다.

3) 이데올로기 비판과 풍자

김수영에게 풍자는 냉전 이데올로기를 극복하는 중요한 수단이다. 김수영은 당시 자본주의나 공산주의 체제 모두를 비판하였다. 김수영이 부정하고자 하는 일차적인 대상은 자본주의 사회이다. 그의 자본주의 사회에 대한 비판은 「들어라 양키들아」에 자세히

---

42 W. H. Auden, "Psychology and Art Today," Edward Mendelson(ed.), *The English Auden: Poem, Essays and Dramatic Writing: 1927-1939*, New York: Random house, 1977, pp.341~2.

43 오든은 종종 풍자의 기법을 사용하여 자신과 그들의 세상을 진지하게 재고하도록 충격을 주곤 했다. 오든이 풍자적 기준을 찾는 것은 결국 교훈적 내용을 찾는 과정이었다. 자세한 논의는 J.G.Blair, *The Poetic Art of W. H. Auden*, Princeton University, 1965, p.56 참조.

44 김기림, 「속 오전의 시론」, 『김기림 전집 2』, 심설당, 1988, 177쪽.

드러나고 있다. 그는 이 글에서 서구 자본주의 현실을 구체적으로 비판하였다.

> 보아라! 그러한, 심장이 폭로하는 자본주의 죄악의 실태는 바티스타 일당들의 것이나 이승만의 더부살이들의 것이나 어쩌면 이렇게도 똑같으냐. 다만 틀린 것이 있다면 쿠바에서는 <혁명 정부는 이러한 모든 실업체를 차압했>지만 여기에는 대부분이 아직 버젓이 건재하고 있다는 것뿐이다.[45]

김수영은 자본주의 현실의 문제점과 죄악상을 한국의 현실을 통해 구체적으로 비판하기도 하였다. 그는 자본주의 사회뿐만 아니라 공산주의 사회에 대해서도 비판하였다. 그는 공산주의권의 많은 작가들에 대해 소개하기도 하고 혁명에 대해서도 관심을 드러내었다. 김수영은 「공산권에서의 문학의 좌절」(『자유공론』 1967. 2)에서 "1956년의 헝가리 폭동 이후에는 폴란드나 헝가리나 체코슬로바키아에서는 작가들이 그들의 문학적 스타일을 선택하는 데 있어서 상당한 자유가 허용되었고, 이런 자유를 허용함으로써 오히려 공산주의를 위한 선전가로서의 작가들로부터(적어도 여전히 공산주의에 대한 신념을 잃지 않고 있는 작가들로부터) 훨씬 더 많은 효과적인 지지를 얻을 수 있"었다고 하였다."[46]

그런데 김수영은 전후 냉전 질서의 비판에 관심을 보이면서 '풍자'의 의미를 새롭게 발견한다. 이것은 특히 러시아 작가 안드레이 시냐프스키 문학의 풍자에 대한 글에서 잘 살펴볼 수 있다. 김수영은 시냐프스키가 "공식적인 공산주의의 신조를 철학적으로, 심리적으로 또한 예술적으로 어떻게 극복해야 할 것이냐 하는 것"에 자신의 과제를 두고 있었다고 하였다.[47] 그리고 시냐프스키의 풍자는 공산주의에 대한 비판적 의미를 지닌다고 하였다.

김수영은 시냐프스키의 풍자에 대해 설명하면서 사회주의 리얼리즘과 풍자와의 관

---

45 김수영, 「들어라 양키들아」(1961), 『전집 2』, 168쪽.
46 김수영, 「공산권에서의 문학의 좌절」, 『자유공론 7』, 1967. 2, 45쪽.
47 김수영, 「안드레이 시냐프스키와 문학에 대해서」(1966), 『전집 2』, 359쪽.

계에 대해서도 고찰하기도 하였다.

> 사회주의 리얼리즘의 작품에는 여러 가지 주제에 대한 가지각색의 스타일이 있다. 그러나 그런 작품의 어느 것에서나 — 다소간 직접적으로, 또한 노골적이거나 은밀한 형태로 — 목적의 관념을 찾아볼 수 있을 것이다. 그것은 공산주의나 그와 관련되는 모든 것의 찬사로 나타나거나, 그의 〈혁명적 발전〉 단계의 생활에 대한 풍자로서 나타나 있다.[48]

김수영은 사회주의 리얼리즘 작품을 소개하면서 그것이 지니고 있는 목적의 관념을 지적한다. 그리고 사회주의 리얼리즘에는 공산주의나 그와 관련되는 모든 것의 찬사로 나타나거나 아니면 혁명적 발전 단계의 생활에 대한 풍자로 나타난다고 하였다.

사실 리얼리즘과 풍자와의 관계는 간단하게 볼 수 없다. 리얼리즘 문학은 작가의 개성에 따라 그 반문화적인 유산을 다양하게 다루게 된다. 이 문학은 반문화적인 과거 업적을 받아들여서 풍자적인 방식으로 이상과 현실의 분열을 드러내거나 혹은 은폐하기도 한다. 이와 관련하여 루카치는 역사에 대한 거시적 전망 위에 자본주의 사회의 문화 비판의 양식으로서 풍자의 중요성을 지적하며 이를 낡은 계급에 대한 진보적 계급의 비판을 형상화하기 위한 간접화된 표현 형식으로 이해하였다. 그는 풍자를 하나의 장르로 보기보다는 일종의 창작방법으로 보았다.[49] 그는 풍자를 리얼리즘의 중요한 창작방법으로 보았던 것이다.

사회주의 리얼리즘에서 풍자는 새로운 형태로 발전하기도 한다. 러시아의 작가 베르트의 경우, 풍자를 혁명적인 프롤레타리아의 승리를 드러내는 사회주의적 풍자로까지 발전시켰다.[50] 그러나 대체로 사회주의 리얼리즘에서는 현실의 진정한 속성을 추구하는 방법적인 노력으로부터 문학 본연의 사명을 수행하는 경우, 풍자적인 면은 엿볼 수

---

48 위의 글, 359쪽.

49 G. 루카치, 앞의 책, 71~3쪽.

50 伊東 勉, 서은혜 역, 『리얼리즘이란 무엇인가』, 세계, 1987, 199쪽.

없다고 하였다.[51]

그런데 김수영은 사회주의 리얼리즘에서와 달리 일상의 풍자를 강조하였다. 그는 이 시기 혁명을 말하더라도, 공산주의 혁명을 염두에 두지 않았다. 김수영은 혁명을 "빠찡꼬를 하듯이 하자. 혹은 슈샤인 보이가 구두닦기 일을 하듯이 하자"[52]고 하면서 일상적인 일로 간주한다. 그는 "혁명이라는 것에 대한 관념이 한 시대 전과는 달라서 인제는 아주 일상 다반사가 되어버렸다"고 하였고, "혁명은 상식이고" "20세기 청년의 <상식적>인 의무"[53]라고도 하였다. 풍자는 바로 이러한 냉전 이데올로기의 극복 과정 가운데, 일상 속에서 나온다.

> 서구라파의 <성난 젊은이들>의 운동을 지지해 온 정신이 동구라파의 젊은 작가들에게도 여전히 살아남아서, 도덕적 · 심미적 본질 같은 것을 제공하고 있다는 것은, 우리들의 시대의 한결 기분 좋은 풍자의 하나일 것이다.[54]

김수영은 체제를 넘어선 예술의 저항 정신으로 풍자를 강조하였다. 서구라파의 "<성난 젊은이들>," 즉 6 · 8혁명의 세대들이 지닌 정신이 동구라파에도 전이되기를, 풍자로 이어지기를 기대하였다. 김명인이 적절하게 지적하고 있듯이 김수영에게 민중은 역사의 주인 운운하는, 새로운 형태의 지배적 질서 형성에의 지향성은 전혀 없었다고 보아야 한다.[55] 대신 그는 끊임없는 부정의 정신을 보여주었다.[56]

---

51 스테판 코올, 여균동 편역, 『리얼리즘의 역사와 이론』, 한밭, 1982, 204쪽.
52 김수영, 「들어라 양키들아」(1961), 『전집 2』, 166쪽.
53 위의 글, 166쪽.
54 김수영, 「안드레이 시냐프스키와 문학에 대해서」(1966), 『전집 2』, 359~60쪽.
55 김명인, 앞의 책, 239쪽.
56 박윤우는 김수영의 시를 부정성의 관점에서 파악하였다. 박윤우, 「1950년대 모더니즘 시의 '부정성' 연구」, 서울대학교 박사논문, 1998 참조.

내가 생각하는 시의 뉴 프런티어, 그것은 내가 생각하는 무한한 꿈이다. 계급문학을 주장하고 노동조합이나 협동조합의 문화센터 운동을 생경하게 부르짖을 만큼 필자는 유치하지 않다. 그러나 언론자유의 <넘쳐흐르는> 보장과 사회제도의 어떠한 변화가 있어야 할 것이라는 것은 필자도 바보가 아닌 바에야 <상식적으로> 느끼고 있으며, 계급문학이니 앵그리문학이니 개똥문학이니 하기 전에 우선 작품이 되어야 한다고 나는 천만 번이라도 역설하고 싶다. 뉴 프런티어의 탐구의 전제와 동시에 본질이 될 수 있는 것이 이것이라고 확신한다.[57]

김수영에게 중요한 것은 어디까지나 시이다. 그는 "내가 생각하는 시의 뉴 프런티어, 그것은 내가 생각하는 무한한 꿈이다"라고 말한다. 그는 계급문학을 말하지 않으며, 노동조합이나 협동조합의 문화센터 운동을 부르짖는 것은 유치한 것이라고 한다. 이 모든 것 앞에 우선시되어야 할 것은 '작품'이다. 그리고 '작품'을 중심에 둔, 끊임없는 영구 혁명이다. 이때 풍자는 냉전 이데올로기 비판으로서의 의미를 지닌다.

김수영은 전후 현실에 적절하게 대응하지 못하는 현대시를 비판하는 과정에서 풍자를 제안하였다. 김수영이 풍자의 중요한 요건으로 강조한 것은 현대성을 파악하는 능력으로서의 '지성'이었다. 김수영에게 풍자는 여러 가지 의미를 지니고 있었다. 그것은 현실에 행동을 가능하게 하는 방법이며, 현대성을 확보할 수 있게 하는 방법이었다. 김수영은 풍자의 감정으로 '사랑'을 강조하였는데, 풍자를 사랑과 관련시킨 것은 현실에 대한 그의 적극적인 태도와 관련된다. 또한 김수영은 풍자를 통해 냉전 이데올로기를 비판하고 일상에서의 혁명을 실천하고자 하였다.

3. 풍자론의 시사적 의의

풍자는 그 주제와 양식이 다양하지만 말 한마디 한마디가 그 뜻을 완전히 나타내야 한

---

57 김수영, 「시의 <뉴 프런티어>」(1961), 『전집 2』, 240쪽.

다.[58] 따라서 김수영이 풍자를 내세웠다는 것은 그 자체로 의미에 중점을 둔 것으로 볼 수 있다. 이것은 김수영이 현대성의 풍자를 내세우고 지성에 의한 설득을 강조한 데서도 드러난다. 그는 시인은 "현대시에서 독자를 리드할 수 있"[59]다고 생각하였고 설득을 통해 독자에게 영향을 주려고 하였다. 김수영은 설득에 대해 지대한 관심을 가지고 있었다. 그는 "〈설득〉에는 자유의 조건이 필요하고 방향의 제시를 전제로 하고 있어야" 한다고 하였다.[60] 설득의 기능은 민주주의 사회를 성립하게 하는 기본적인 요건이라고도 하였다.

> 외국에 다녀온 친구들이 항용 하는 말이 우리나라에는 논설이나 회화에 있어서 〈주장〉만이 있지 〈설득〉이 없는 것이 탈이라는 것이다. …(중략)… 이런 경우에 〈주장〉이란 한 발자국만 더 내디디면 〈명령〉으로 화하는 성질의 것이고, 이런 현상은 으레 문화의 기반이 약하고, 정치적으로는 노상 독재의 위협에 떨고 있는 사회에 수반되는 현상이다.[61]

김수영에 따르면 '설득'은 민주 사회를 유지하는 토대가 된다. 설득이 없고 주장만이 있을 때, 그 주장은 결국은 명령으로 화하고 만다. 이것은 문화의 기반이 약하고 정치적으로 독재의 위협에 떨고 있는 사회에 수반되는 현상이다. 이때 무엇보다 중요한 역할을 해야 할 사람은 지성인이다. 김수영은 "지성인은 그래도 조리 있는 설득과 아름다운 이성으로 줄기차게 자기들의 맡은 각자의 천직을 고수해 나가야 할 것이다"라고, "지성인의 의무"는 "그렇게 싸우는 법을 일반 민중에게 깨우쳐 주는 것"[62]이라고 하였다.

이렇게 김수영은 지성인의 의무로 '설득'을 강조하였는데, 이 설득은 '전달'이 가능한 '진술'에 기초할 때 효과적일 수 있다. 실제 그는 "심금의 교류를 할 수 있는 언어, 오늘날

---

58 Arthur Pollard, 앞의 책, 82~3쪽.
59 김수영, 「평균 수준의 수확 - 1966년 6월 시평」(1966), 『전집 2』, 569쪽.
60 김수영, 「지식인의 사회참여 - 일간신문의 최근 논설을 중심으로」(1968), 『전집 2』, 214쪽.
61 위의 글, 213쪽.
62 김수영, 「자유란 생명과 더불어」(1966), 『전집 2』, 156쪽.

의 우리들이 처해 있는 인간의 형상을 전달하는 의무를 이행할 수 있는 언어, 인간의 장래의 목적을 위해서 선택이 이루어질 수 있는 자유로운 언어"를 요구한다.[63]

때문에 김수영은 진술의 시에 대한 기대를 오래도록 지니고 있었다. 김수영은 "혹자는 오늘날의 세계시의 유행이 진술의 시의 단계를 졸업한 지 오래라고 하지만, 그것은 세계시(즉, 서구시)의 사정이지 우리들의 사정은 아니다"[64]라고 하였다. 그는 진술의 시는 한국 현실에서는 여전히 유효하다고 생각하였다.

김수영은 이러한 진술의 시가 현실에서 쉽게 일반화될 수 없다는 것도 알고 있었다. "우리들의 주위에는 불필요한 장벽이 너무 많고 언론의 자유도 충분한 것이 못"된다. "오늘날 우리들의 시적 풍토가 스테이트먼트의 시를 발전시켜 나가는 데 가장 불리하고 힘이 든다"는 것도 사실이다. 그러나 "그런대로 우리들은 장벽의 조건과 맞서서 제대로의 스테이트먼트를 할 수 없다는 스테이트먼트라도 해야 한다."[65] 김수영은 현실 속에서 제대로 진술을 할 수 없다면 순화된 방향으로도 진술의 시를 이어가야 하며, 이때 풍자는 그 적절한 방법이 될 수 있다고 하였다. 그리고 송욱의 풍자시를 비평하면서 그 방향을 제시하였다.

> 내가 보기에는 송욱도 실험을 위한 실험을 난행(亂行)하다가 지쳐 떨어진 수많은 소위 모더니스트들과 정도의 차이는 있지만 똑같은 실수를 범하고 있는 것 같다. 만약에 그의 실험이 실험을 위한 실험이 아니라면 그는 당연히 그의 스테이트먼트의 장기(長技)를 발전시켜 나가야 할 것이다. 그리고 그의 발전은 순수시로의 퇴보가 아니라, 풍자적인 스테이트먼트의 순화(세련)의 방향을 취해야 할 것이다.[66]

---

63 김수영, 「히프레스 문학론」(1964), 『전집 2』, 283쪽.
64 김수영, 「〈현대성〉에의 도피 - 1954년 6월 시평」(1964), 『전집 2』, 529쪽.
65 위의 글, 528~9쪽. 백낙청은 김수영의 시, 〈폭포〉에서 단순한 서정을 넘어서는, "견고한 지적 스테이트먼트"를 발견하였다. 자세한 논의는 백낙청, 『역사적 인간과 시적 인간』, 창작과비평, 1977, 244쪽 참조.
66 김수영, 「〈현대성〉에의 도피 - 1954년 6월 시평」(1964), 『전집 2』, 528쪽.

김수영은 앞으로 현대시는 "스테이트먼트의 장기長技를 발전시켜 나가야 한다"고 하였고 "풍자적인 스테이먼트의 순화(세련)의 방향"을 취해야 한다고 하였다.

김수영의 풍자는 그의 수사학의 한 축을 이루는 것으로, 의미의 수사학에 속한다. 이것은 그가 모색한 또 다른 수사학, 즉 '해탈'의 수사학과 나란히 하고 있다. 김수영은 '풍자가 아니면 해탈이다'라는 명제를 통해 의미의 수사학과 무의미의 수사학을 동시에 제시하였다.

> 누이야
>
> 풍자가 아니면 해탈이다
>
> 너는 이 말의 뜻을 아느냐
>
> 너의 방에 걸어놓은 오빠의 사진
>
> 나에게는 <동생의 사진>을 보고도
>
> 나는 몇 번이고 그의 진혼가를 피해 왔다
>
> 그 전에 돌아간 아버지의 진혼가가 우스꽝스러웠던 것을 생각하고
>
> 그래서 나는 그 사진을 십년 만에 곰곰이 정시(正視)하면서
>
> 이내 거북해서 너의 방을 뛰쳐나오고 말았다
>
> 10년이란 한 사람이 준 상처를 다스리기에는 너무나 짧은 세월이다
>
>
> 누이야
>
> 풍자가 아니면 해탈이다
>
> 네가 그렇고
>
> 내가 그렇고
>
> 네가 아니면 내가 그렇다
>
> 우스운 것이 사람의 죽음이다
>
> 우스워하지 않고서 생각할 수 없는 것이 사람의 죽음이다
>
> 8월의 하늘은 높다

높다는 것도 이렇게 웃음을 자아낸다

- <누이야 장하고나! - 신귀거래 7>(1961) 부분

김수영의 "풍자가 아니면 해탈이다"는 그의 시, <누이야 장하고나! - 신귀거래 7>에 나오는 시의 한 구절이다. 이 시구는 김수영이 '누이'에게 그 동안 정면으로 바라보지 못했던 가족들의 죽음을 인정하고 수용하게 되는 과정을 고백하는 데서 나온 것이다. 그는 6 · 25 전쟁으로 인한 동생의 죽음조차, 십여 년이 흐른 이제는, "우스운 것이 사람의 죽음이다"라고 말할 수 있게 되었다. 그는 이제 '죽음'을 '웃음'으로 극복하게 되었다고 하였는데, 이를 '해탈'로 표현하였다

김수영은 이러한 고백 속에 당시 현실에 대한 태도의 변화를, 그리고 자신의 시적 지향을 담아내었다. 김수영이 "풍자가 아니면 해탈이다"라고 한 말은 그의 시정신과 방법을 집약적으로 드러낸 표현이기도 하다. 그러면 김수영은 죽음과 해탈을 어떻게 한 문맥에서 논의할 수 있는 것일까? 해탈은 원래 의미는 다음과 같다.

1. 해탈은 번뇌의 얽매임에서 풀리고 마음의 괴로움에서 벗어남. 본디 열반과 같이 불교의 궁극적인 실천 목적이다.
2. 얽매임에서 벗어남.
3. 정상적인 움직임에서 벗어져 나감.[67]

'해탈'은 여러 가지 의미를 지니지만 대체로 "얽매임에서 벗어나 자유로워진 상태"를 의미한다. 이에 반해 '죽음'은 "생물의 생명이 없어지는 현상"[68]이다. 해탈은 죽음과 같은 뜻을 지니고 있지 않지만 "살아 있는 생명의 번뇌로부터 사라짐"을 의미한다는 점에서 죽음과 통한다. 그런데 김수영의 시, <누이야 장하고나! - 신귀거래 7>에서 해탈은 가

---

67 국립국어원 엮음, 『국립국어원 표준국어대사전』, 두산동아, 1999, 6816쪽.
68 위의 책, 5656쪽.

족의 죽음으로부터의 벗어남을 의미하며, 죽음의 또 다른 표현이 된다. 이런 의미에서 김지하가 김수영의 "풍자가 아니면 해탈이다"를 "풍자가 아니면 자살이다"로 오독한 것도 우연이 아니다.[69]

한편 김수영의 "풍자가 아니면 해탈이다"에서 '해탈'은 풍자'와 대등한 관계에서 언급되고 있다. 그런데 '해탈'이 어떻게 수사법인 풍자와 같은 차원에서 논의될 수 있는 것일까? 이 문제는 죽음이 언어의 무의미와 관련하여 광범위하게 논의된다는 점[70]을 고려할 때 이해할 수 있다. 오늘날 언어에서 무의미는 흔히 '죽음'과 관련하여 논의된다. 이렇게 볼 때, 김수영이 말하는 해탈은 죽음의 수사학, 무의미의 수사학과 관련된 것임을 알 수 있다. 이 점은 풍자가 의미를 강조하는 수사법이라는 것과 뚜렷한 대조를 이룬다.

김수영의 수사학 또한 '풍자가 아니면 해탈이다'라는 명제로 압축될 수 있다. 그의 시론에서 풍자가 하나의 줄기를 이룬다면, '해탈,' 즉 '죽음'의 수사학은 또 다른 줄기를 이룬다. 그리고 죽음의 수사학이 무의미에 중심을 둔다면, 풍자의 수사학은 의미에 중점을 둔다고 할 수 있다.

김수영은 '풍자'를 통해 '의미'를, '해탈'을 통해 '무의미'를 강조하는 수사학을 제시하였던 것이다. 이로써 김수영이 "풍자가 아니면 해탈이다"라고 한 의미가 선명히 드러난다. 그리고 김수영 문학을 이루는 두 줄기를 사랑과 죽음이라고 할 때, 풍자는 사랑의 수사학이고, 해탈은 죽음의 수사학을 의미한다고 할 수 있겠다.

---

69 김지하는 「풍자냐 자살이냐」의 글머리를 "누이야 풍자가 아니면 자살이다"로 시작하였다. 김지하는 김수영의 "누이야 풍자가 아니면 해탈이다"를 "누이야 풍자가 아니면 자살이다"로 오독하였다. 김지하, 『김지하 전집 3』 실천문학사, 2002, 27쪽.

70 슈라이퍼는 언어의 무의미를 '죽음'과 관련시키고, 이를 언어의 물질성과도 연결시켜 광범위한 논의를 전개하였다. Ronald Schleifer, *Rhetoric and Death*, University of Ilinois Press, 1990, p.7.

제1부 02

위반 · 에로티즘 · 혼돈의 시학

1. 전위 문학, 프랑스 문학, 바타이유

김수영 문학은 다양한 측면, 양 극단에서 모두 해석될 수 있다. 모더니즘과 리얼리즘, 참여시와 전위시 등에 대한 논의는 그 대표적인 예라 할 것이다. 70년대 이후 80년대에 이르기까지 김수영의 시는 리얼리즘이나 모더니즘의 관점에서, 혹은 참여시나 전위시의 관점에서 논의되어 왔다. 그러나 최근에는 김수영의 문학을 이러한 거대한 틀에서 바라보는 방식을 지양하고 있는 그대로 바라보고자 하는 경향이 자리 잡게 되었다. 이 과정에서 사랑과 죽음의 문제, 풍자와 해탈로 요약되는 수사학적인 논의, 언어에 대한 탐색 등 김수영 문학의 핵심을 가로지르는 다시 문제들이 부각되었고, 여러 각도에서 조명되어왔다.[1] 이에 따라 김수영 문학이 제기하는 문제들은 한국 현대시의 모든 쟁점들을 다시 분출하는 계기가 되었고, 어느 하나로 정리된 듯한 논의들은 다시 재고의 대상

---

1 김수영의 시를 사랑과 죽음을 중심으로 해석하고자 한 논의는 대표적인 예이다. 김상환, 『풍자와 해탈 혹은 사랑과 죽음』, 민음사, 2000; 신형철, 「김수영 시에 나타난 '사랑'과 '죽음'의 의미연구」, 서울대 석사논문, 2002. 2 참조.

이 되곤 하였다.

현 시점에서 김수영 문학에 대한 비교문학적 연구 방법은 유효한 방법으로 떠오르고 있다. 그것은 이 방법이 김수영 문학을 어떤 선입견 없이 들여다 볼 수 있는 계기를 마련하기 때문이다. 김수영 문학에 자양분을 제공하였던 문학을 두루 살피는 일은 김수영에 대한 신화를 거두어들이는 일이 될 수도 있을 것이다.

이제까지 김수영 문학에 대한 비교문학적 연구는 광범위하게 이루어져왔다. 그런데 종래 연구는 주로 영미 문학과의 영향 관계를 중심으로 이어져왔다. 김수영이 영문학을 전공했고 영어 번역을 생업으로 삼았다는 것을 고려할 때, 영미 문학과의 영향을 살피는 일은 당연하다고 할 수 있다. 최근에는 하이데거를 비롯한 실존주의와의 관련 양상을 깊이 조망한 연구들이 나왔다.[2] 이것은 1950년대 한국 문단에 실존주의가 풍미했다는 것을 고려할 때, 반드시 거쳐 가야 할 작업이라 할 수 있다.

그런데 김수영의 문학에는 프랑스 문학의 영향도 상당하다. 특히 1960년대 김수영 문학에는 프랑스의 문단에 많은 영향을 미친 조르주 바타이유Georges Bataille나 모리스 블랑쇼Maurice Blanchot의 영향이 두드러지고 있다. 김수영의 후기 시론은 바타이유와 블랑쇼의 영향 관계에 대한 고찰 없이 온전히 해명될 수 없다.

바타이유는 에로티즘을 그린 소설가이자 '저주의 영역'에 진지한 사유의 빛을 비춘 인류학자, 소비의 경제학을 정립한 사회학자로 알려지고 있다. 바타이유는 인간이 겉으로는 생산에 몰두하는 듯 보이지만 실은 끝없이 소비에 탐닉하는 존재라는 점을 지적함으로써 마르크스의 '생산의 경제학'의 대척점에 섰다. 바타이유가 보기에 인간과 세계가 존속하기 위해 진정으로 중요한 것은 생산과 축적이 아니라 소비와 상실이다. 그는 생산이 아니라 소비의 개념을 중심으로 문명을 이해한다. 그가 말하는 소비의 경제학은 자본주의 경제의 모순과 공산주의 경제의 모순을 다 같이 비판하는 측면을 지니고 있다.[3]

바타이유 사유의 특징은 한마디로 기성 가치의 전복이다. 이러한 그의 사유는 현대

---

2 김유중, 『김수영과 하이데거』, 민음사, 2007.

3 유기환, 『조르주 바타이유』, 살림, 2006, 21~2쪽.

사상의 뼈대를 이룬다. 그는 그래야만 하는 세계가 아니라 있는 그대로의 세계, 즉 윤리가 아니라 현실을 보려고 노력했다. 이에 따라 그는 종래 학문적 논의의 대상에서 배제된 영역들, 가령 사치 · 놀이 · 전쟁 · 예술 · 희생제의 · 축제 · 술 · 섹스 · 도박 등에 대해 열정적으로 사유하였다.[4]

이와 같이 바타이유는 거대 담론이 아니라 미시 담론을 제공하면서, 이성중심주의를 비판하고 혼돈의 의의를 부각시켰다. 이 때문에 서구에서 냉전 체제를 비판하는 젊은 세대, 특히 6 · 8세대들은 바타이유에 열광하였다. 특히 푸코가 그를 20세기 최고 작가의 반열에 올려놓은 이후, 바타이유는 전복과 일탈을 갈망하는 젊은 지식인에게 크게 환영을 받았다. 데리다의 해체주의는 바타이유의 전복적 사유 없이 탄생할 수 없었고, 푸코의 『광기의 역사』는 바타이유의 과잉의 탐구 없이 씌어질 수 없었고, 보드리야르의 『소비의 사회학』은 바타이유의 『소비의 경제학』 없이 성립될 수 없었다.[5]

김수영 역시 프랑스의 6 · 8혁명 세대들이 바타이유를 열망한 것과 동일한 맥락에서 바타이유를 수용하였다. 김수영은 냉전 체제의 희생자로서, 냉전 체제를 극복하는 방법을 다양하게 모색하였다. 이 과정에 그는 위반 · 에로티즘 · 혼돈의 시학을 내세웠는데, 여기에는 바타이유의 영향이 상당 부분 작용하고 있다.

이제까지 김수영과 바타이유의 관련성에 대해서는 몇몇 논자들이 지적한 바 있다. 최현식은 바타이유의 에로티즘을 중심으로 김수영 시의 양상을 조망하였고,[6] 박지영은 김수영의 「반시론」을 고찰하면서 바타이유의 영향 관계에 대해 고찰하였다.[7] 그런데 이들 연구에서는 바타이유의 영향 관계를 전반적으로 살펴보지는 않았다. 김수영은 바타이유를 광범위하게 수용하였기 때문에 이에 대한 다양한 측면에서의 연구가 필요하다.

---

4 조한경 · 고광모, 「바타이유와 에로티즘」, 『한국 프랑스학논집』 29, 한국프랑스학회, 2002. 2, 36쪽.
5 유기환, 『조르주 바타이유』, 살림, 2006, 22~3쪽.
6 최현식, 「'곧은 소리'의 요구와 탐색: 김수영의 시의식과 관련하여」, 황현산 편, 『작가연구』 5, 새미, 1998. 5.
7 박지영, 「김수영 「반시론」에서 '반시'의 의미」, 『상허학보』 9, 상허학회, 2002. 8.

2. 김수영 시론과 바타이유 이론

김수영이 프랑스 문학을 접하는 것은 시작 초기부터이다. 그는 시작 초기부터 "불어도 배우자. 부지런히 배우자. 불란서 잡지를 주문해서 참고로 하자. 오늘뿐만 아니라 내일의 참고로도 하자"[8]고 하여 프랑스 문학을 읽기 위해 프랑스어를 배울 만큼 프랑스 문학에 지대한 관심을 지니고 있었다.

김수영은 아방가르드 예술을 접하면서 자연스럽게 프랑스 문학에 관심을 두게 된다. 김수영의 시작에 깊은 영향을 준 인물로 박일영을 들 수 있는데, 그는 초현실주의를 지향한 화가였다. 그는 "콕토와 자코브, 브르통의 「초현실주의 선언」과 트리스탄 차라를 접하고 박인환을 전위시인으로 꾸며내었다."[9] 김수영은 그와 교류하면서 초현실주의에 관심을 보였다.

> 초현실주의 시대의 무의식과 의식의 관계는 실존주의 시대에 와서는 실존과 이성의 관계로 대치되었는데, 오늘날의 우리나라의 참여시라는 것의 형성 과정에서는 이것은 이념과 참여의식의 관계로 바꾸어 생각할 수 있다.[10]

김수영은 초현실주의의 무의식과 의식의 관계에 비추어 참여시의 이념과 참여의식의 관계를 설명하기도 하고, "내가 이제부터 앞으로 (언젠가) 정말 미쳐버린다면 그건 내가 쉬르레알리슴으로부터 너무 오랫동안 떨어져 있었던 탓이라고 생각해 다오"[11]라고도 하였다.

김수영은 초현실주의 외에도, "제1차 대전 후의 불란서의 시인들의 다다이즘 운동도,

---

8 김수영, 「일기초 2 - 1960~1961. 5」(1961), 『김수영 전집 2 - 산문』 2, 민음사, 2003(이하 『전집 2』으로 표기), 502쪽.

9 자세한 논의는 김수영, 「마리서사」(1966), 『전집 2』, 105~7쪽 참조.

10 김수영, 「참여시의 정리 - 1960년대의 시인을 중심으로」(1967), 『전집 2』, 389쪽.

11 김수영, 「일기초 2 - 1960. 6~1961. 5」(1966), 『전집 2』, 509쪽.

제2차 대전 후의 미국의 젊은 문학자들의 비트 운동도, 쉬운 말로 하자면 모두가 사랑의 운동입니다"[12]라고 하여 다다이즘 운동을 높이 평가하였다. 아방가르드 예술에 대한 김수영의 관심은 그의 시작 말년에까지 이어져, 그는 "구라파의 아방가르드의 새 문학에 면역이 되기까지도, 여편네에 면역을 하기만큼의 긴 세월이 필요했던 것을 생각하면 정말 감개무량하고 대견한 생각이 든다"[13]고 하였다.

김수영은 프랑스의 앙티로망에 대해서도 깊은 관심을 기울였다. 김수영은 앙티로망의 작가인 뷔토르[14]의 의견을 따라 "모든 실험적인 문학은 필연적으로는 완전한 세계의 구현을 목표로 하는 진보의 편에 서지 않을 수 없게 되는 것"라고 하였고,[15] "너 자신의 Anti-Roman을 찾아가라"[16]라고 하여 앙티로망의 이상을 구하기도 하였다.

김수영이 바타이유와 블랑쇼에 대해 관심을 가지는 것은 그 연장선상에 있다. 바타이유의 소설은 아방가르드의 정신을 구현하고 있고, 그가 친근하게 다룬 작가 역시 아방가르드의 정신을 따르고 있으며, 블랑쇼의 소설은 사르트르가 정의한 반소설에 정확히 부합되고 있다.[17] 프랑스 문학에 대한 지대한 관심 속에서 김수영은 자연스럽게 바타이유와 블랑쇼를 접하게 된다.

> 요즘 시론으로는 조르주 바타유의 『문학의 악』과 모리스 블랑쇼의 『불꽃의 문학』을 일본 번역책으로 읽었는데, 너무 마음에 들어서 읽고 나자마나 즉시 팔아버렸다. 너무 좋은 책은 집에 두고 싶지 않다. 집의 서가에는 고본옥에서도 사지 않는 책만 꽂아두면 된다. 이왕 속물근

---

12 김수영, 「요즈음 느끼는 일」(1963), 『전집 2』, 51쪽.

13 김수영, 「벽」(1966), 『전집 2』, 114쪽.

14 미셸 뷔토르(Michel Butor)는 실제 1950년대부터 10여 년간 프랑스에서 각광을 받은 누보로망 작가군에 속하는 작가이다. 프랑스 문학사에서는 뷔토르를 포함하여 이 시대의 작가들을 누보로망 작가라고 지칭하고 있다. 김수영은 뷔토르를 앙티로망의 작가로 소개하고 있는데, 이것을 완전히 틀렸다고 할 수는 없다. 앙티로망은 원래 사르트르가 나탈리 사로트의 소설, 『어느 미지인의 초상』의 서문에서 처음 사용한 용어인데, 1950년대 프랑스에서는 누보로망에 대해서 앙티로망으로 불리기도 하였기 때문이다. 자세한 논의는 김치수 외, 『누보로망 연구』, 문학과지성사, 2016, 37~9쪽 참조.

15 김수영, 「실험적인 문학과 정치적 자유」(1968), 『전집 2』, 221쪽.

16 김수영, 「일기초 2 - 1960.6~1961.5」(1966), 『전집 2』, 510쪽.

17 박혜영, 「불꽃의 미학」, 모리스 블랑쇼, 박혜영 역, 『문학의 공간』, 책세상, 1990, 386쪽.

성을 발휘하려면 이류의 책이나 꽂아 두라.

…(중략)…

노상 느끼고 있는 일이지만 배우도 그렇고, 불란서놈들은 멋있는 놈들이다. 영국 사람들은 거기에 비하면 촌뜨기다. 바타유를 보고 새삼스럽게 그것을 느낀다. 그러나 당분간은 영미의 시론을 좀 더 연구해보기로 하자.[18]

김수영은 바타이유의 『문학의 악』과 블랑쇼의 『불꽃의 문학』을 일본 번역책으로 읽고 무척 마음에 들었지만 즉시 팔아버렸다고 하였다. 그리고 이들을 멋있게 생각하면서도 영미의 시론을 좀 더 연구해보기로 한다고 하였다. 바타이유와 블랑쇼에 대한 김수영의 이러한 태도는 그가 애써 아방가르드의 영향을 부정한 것과도 유사하다. 당시 그는 "내가 시에 있어서 영향을 받은 것은 불란서의 쉬르라고 남들은 말하고 있는데 내가 동경하고 있는 시인들은 이미지스트의 일군이다"[19]라고 하였다. 그러나 실제 김수영의 시에는 이미지즘의 영향이 별반 드러나지 않는다. 이러한 사실을 고려한다면, 그의 진술은 액면 그대로 받아들이기는 곤란한 부분이 있다.

이것은 당대 현실에 대한 소심한 태도에 기인한다고 할 수 있다. 바타이유는 자본주의에 대해 비판적이었고 블랑쇼는 공산주의에 대해 치밀하게 논의하였다. 이로 인해 그의 책은 당시로는 소위 불온서적으로 오해될 여지가 있었다. 또한 그는 "이왕 속물근성을 발휘하려면 이류의 책이나 꽂아두라"고 자조적으로 밝혔듯이 소중한 책을 보관하지 않으려 하였다. 김수영은 현실에 대해 매우 소심한 일면을 지니고 있었다. 그는 자신이 경찰에 소환되는 것에 대해 큰 두려움을 가지고 있었고 그들의 그림자를 무척 의식하였다.[20] 그러면서 창작의 위축을 사직 당국의 심판에 기인한다고 보기도 하였다. "문학하

---

18 김수영, 「시작 노트 4」(1965), 『전집 2』, 441쪽.

19 김수영, 「무제」(1955), 『전집 2』, 30쪽.

20 김수영은 이어령과의 불온시 논쟁 이후 다른 일로 사복경찰에 연행된다. 거기서 동생, 김수경이 북한에 있다는 소식을 접하고 그것 때문에 자신과 가족들이 감시의 대상이 되고 자신의 시나 산문들이 검열의 대상이 될까봐 무척 두려워하였다. 자세한 논의는 최하림, 『김수영 평전』, 실천문학사, 2001, 356~8쪽 참조.

는 사람들이 왜 이다지도 무기력하냐는 비난이 요즈음 자자한 것 같지만 책임은 결코 문학하는 사람에게만 있지 않다. 필자부터도 쓸데없이 몸을 다치기는 싫다"[21]고 하면서 당국의 검열이 부과하는 무게를 표현하기도 한다.

> 그렇지만 창작상에 있어서는 객관적으로 볼 때 그야말로 〈불온사상〉을 가진 것〈같이〉 보여지는 수가 많다. 그리고 이러한 오해의 결과가 사직당국의 심판으로 〈저촉되지 않는다〉는 판결을 가지고 온다 하더라도 문제는 그 판결의 유죄 · 무죄가 중요한 것이 아니다. 문제는 〈만일〉에의 고려(考慮)가 끼치는 창작 과정상의 감정이나 꿈의 위축이다. 그리고 이러한 위축현상이 우리나라의 현사회에서는 혁명 후도 여전히 그 전이나 조금도 다름없이 계속되고 있다는 것을 알아야 한다. 이것은 죄악이다.[22]

김수영은 창작상에 있어서 불온사상을 가진 것같이 보일 때 창작에 미치는 영향을 고려한다. 즉 판결의 유죄 · 무죄와 상관없이 시인이 불온사상을 가졌다고 오해를 받게 될 때의 "창작 과정상의 감정"이나 "꿈의 위축"을 우려한다. 이러한 생각은 시와 정치에 대한 환원론적 해석에 의거한 것으로 다소 문제가 있다. 그런데 여기서 중요한 것은 김수영이 전위시론을 옹호하면서도 한편으로는 불온사상을 가진다는 오해를 받기를 싫어했다는 점이다. 이렇게 볼 때, 김수영이 당시 불온한 담론으로 이해될 수 있는 바타이유에 대한 영향을 직접적으로 드러내지 않는 이유가 드러난다.

그런데 김수영은 바타이유나 블랑쇼의 책을 곧 팔아버리고는 "이왕 속물근성을 발휘하려면 이류의 책이나 꽂아두라"고 하면서 자신의 태도를 조소하였다. 그는 바타이유나 블랑쇼의 책을 멀리하는 것은 속물근성에서 비롯한다고 하여 이들에 대한 애정을 역설적으로 드러내었다.

---

21 김수영은 "정말 공산주의자라면 자기의 신념을 위해서 자업자득하는 수도 있겠지만, 그렇지도 않은데 섣불리 몸을 다칠 필요는 없다"고 하였다. 자세한 논의는 김수영, 「창작 자유의 조건」(1962), 『전집 2』, 179쪽 참조.

22 위의 글, 179쪽.

3. 불온시, 「반시론」, 혼돈의 시학

1) 불온시의 지향과 위반의 글쓰기

1960년대에 들어서 김수영은 당대 현실을 '금기'를 중심으로 이해하였다. 그는 우리 문화를 지배하는 것은 "〈가상적인 어떤 금제의 힘〉"이 아니라 "가장 명확한 〈금제의 힘〉"이라고 하였다. 그리고 이 금제의 힘은 막연한 두려움이나 꼬집어 말할 수 없는 불안과 같은 가상적인 어떤 것이 아니라 명확한 것이라고 하였다. 그것은 "근대화해 가는 자본주의의 고도한 위협의 복잡하고 거대하고 민첩하고 조용한 파괴 작업"과 "유상무상有想無想의 정치권력의 탄압"에서 비롯한다.[23]

이 "금제의 힘"은 글쓰기에도 작용하고 있다. 김수영은 "나는 아직도 글을 쓸 때면 무슨 38선 같은 선이 눈앞을 알찐거린다"고 하였다. "이 선을 넘어서야만 순결을 이행할 것 같은 강박관념, 우리는 무슨 소리를 해도 반 토막 소리밖에는 못하고 있다는 강박관념, 4 · 19 후에 8개월 동안 잠깐 누그러졌다가 다시 굳어진 강박관념."[24] 김수영을 강박관념에 몰아넣는, 그의 글 곳곳에서 빈번하게 등장하는 이 "38선"은 그가 현실에서 느낀 '금기'의 다른 이름이다.

> 시고 소설이고 평론이고 모든 창작활동은 감정과 꿈을 다루는 것이다. 그리고 이 감정과 꿈은 현실상의 척도나 규범을 넘어선 것이다. 말하자면 현실상으로는 38선이 있지만 감정이나 꿈에 있어서는 38선이란 터부는 문제가 되지 않는다. 그런데도 불구하고 우리들은 이 너무나 초보적인 창작활동의 원칙을 올바르게 이행해 보지 못했다.[25]

---

23 김수영, 「지식인의 사회 참여」(1968), 『전집 2』, 217~8쪽.
24 김수영, 「히프레스 문학론」(1964), 『전집 2』, 284쪽.
25 김수영, 「창작 자유의 조건」(1962), 『전집 2』, 177쪽.

여기서 김수영은 금기를 "38선이란 터부"로 언급한다. 그런데 김수영은 현실상으로는 38선이 있지만 감정이나 꿈에 있어서는 38선이란 터부, 즉 금기는 문제되지 않는다고 생각한다. 문학은 감정과 꿈을 다루기 때문에 현실상의 척도나 규범, 즉 금기를 위반할 수 있다는 것이다.

때문에 김수영은 금기를 넘어설 수 있는 문학을 탐색한다. "모든 진정한 새로운 문학은 그것이 내향적인 것이 될 때는 — 즉 내적 자유를 추구하는 경우에는 — 기존의 문학 형식에 대한 위협이 되고, 외향적인 것이 될 때에는 기성사회의 질서에 대한 불가피한 위협이 된다."[26] "모든 전위 문학은 불온"하며, "모든 살아 있는 문화는 본질적으로 불온한 것"이며, "문화의 본질"은 "꿈을 추구하는 것이고 불가능을 추구하는 것"이라고 하였다.[27]

김수영에게 시 역시 기존의 가치에 대한 부정으로서의 의미를 지닌다. 시를 쓴다는 것은 어떠한 기존 형식이나 질서에 얽매일 수 없는 것이며 그래서 매번 새롭게 시작되고 무의 상태에서 다시 건져 올려야 하는 어떤 것이다. 시인은 "다음 시를 쓰기 위해서는 여직까지의 시에 대한 사변四辯을 모조리 파산破算을 시켜야 한다."[28] 이에 따라 그가 지향하는 불온시는 시대와 불화하는 모습을 가질 수밖에 없다.[29]

이와 같이 김수영은 모든 진정한 새로운 문학은 기존의 문학 형식뿐만 아니라 기성 사회의 질서에 대한 불가피한 위협이 되는 불온한 것이라고 생각하였다. 그것은 근본적으로 금기를 위반하는 것이다. 이것이 하나의 명제로 나타난 것이 곧 '시여, 침을 뱉어라'이다.

> 내가 지금 — 바로 지금 이 순간에 — 해야 할 일은 이 지루한 횡설수설을 그치고, 당신의, 당신의, 당신의 얼굴에 침을 뱉는 일이다. 당신이, 당신이, 당신이 내 얼굴에 침을 뱉기 전에.

---

26 김수영, 「실험적인 문학과 정치적 자유」(1968), 『전집 2』, 220쪽.

27 위의 글, 221쪽. 김수영은 이어령의 「누가 그 조종을 울리는가 - 오늘의 한국문화를 위협하는 것」(『조선일보』, 1968. 2. 20)의 반론으로 제출한 「실험적인 문학과 정치적 자유」(『조선일보』, 1968 2. 27)에서 전위문학의 '불온성'에 대해 구체적으로 언급하였다.

28 김수영, 「시여, 침을 뱉어라 - 힘으로서의 시의 존재」(1968), 『전집 2』, 398쪽.

29 허윤회, 「김수영 지우기: 탈식민주의 논의와 관련하여」, 『상허학보』 4, 상허학회, 2005. 2, 123쪽.

자아 보아라, 당신도, 당신도, 당신도, 나도 새로운 문학에의 용기가 없다. 이러고서도 정치적 금기에만 다치지 않는 한 얼마든지 〈새로운〉 문학을 할 수 있다는 말을 할 수 있겠는가. 정치적 자유를 인정하지 않는 사회에서는 개인의 자유도 인정하지 않는다. 〈내용〉을 인정하지 않는 사회에서는 〈형식〉도 인정하지 않는 것이다.[30]

김수영은 기존 질서의 금기에 충격을 주기 위해 지금 해야 할 일은 "당신의 얼굴에 침을 뱉는 일"이라고 한다. '침을 뱉는 일'은 일종의 폭력으로서, 기존 질서에 대한 위반을 의미한다. 이 위반은 김수영이 지향하는 불온시의 전제가 된다.

이와 같이 김수영은 금기가 지배적인 현실에서 꿈과 불가능을 추구하는 불온시를 내세웠는데, 여기에는 바타이유의 영향에서 짙게 배여 있다. 바타이유의 철학은 철두철미 기존 질서에 대한 도전이요 전복이라고 볼 수 있다. 푸코가 바타이유에 대한 경의로서 쓴 글의 제목도 「위반에 대한 서문」이었듯이 위반의 담론 없는 바타이유란 상상할 수 없다. 바타이유는 금기와 위반의 문제를 본격적으로 인식한 최초의 학자인 마르셀 모스Marcel Mauss와 조저 카이유아Roger Caillois 등을 계승하면서 위반의 담론을 발전시켰다. 바타이유에 의하면 인간은 금기에 의해 동물과 구분된다. 금기를 설정하고 거기에 신성을 부여하는 것은 오직 인간뿐이다. 금기가 인간성의 신성화라면 위반은 자연으로의 회귀이다. 범법행위 없이 법이 존재할 수 없듯, 금기 역시 위반 없이 존재할 수 없다.[31]

바타이유는 특히 문학을 통해 삶의 어두운 진실, 밤의 진실, 즉 이면의 세계를 제시하고자 했다. 삶의 어두운 진실은 오직 금기의 위반을 통해서만 드러난다. 때문에 금기의 위반은 인간 사회에서 흔히 윤리적 악으로 간주된다. 『문학과 악』에서 그가 연구한 사드, 보들레르, 주네 등도 모두 위반의 세계를 탐험한 위대한 아웃사이더 작가들이다.[32]

---

30 김수영, 「시여, 침을 뱉어라 - 힘으로서의 시의 존재」(1968), 『전집 2』, 401쪽.

31 유기환, 「위반의 범주: 성, 죽음, 혁명 - 바따이유의 『하늘의 푸르름』」, 『불어불문학연구』 44, 한국불어불문학회, 2000. 12, 319~20쪽.

32 유기환, 『조르주 바타이유』, 살림, 2006, 43쪽.

오직 문학만이, 창조해야 하는 질서와는 상관없이 규범의 위반이 이루어지는 것을 적나라하게 보여줄 수 있었다. 위반이 없다면 규범에는 끝이 없을 것이다. 문학은 공동의 필요를 정리한다는 임무를 담당할 수가 없다.[33]

바타이유에게 문학은 사회적 요구와 타협하고 관습적 질서에 따르는 것이 아니다. 문학은 위반을 그대로 보여준다. 『문학과 악』에서 악에 대한 사유가 나오는 것도 이러한 이유에서이다. 위반을 가정할 때, 위반은 필연적으로 악을 수반한다. 기존의 질서를 따르는 것이 선이라고 한다면, 질서를 위반하는 것은 악이기 때문이다. 바타이유는 문학은 악의 표현이라고, 그러나 이 악은 도덕의 부재를 명하는 것이 아니라 <도덕을 넘어서는 도덕hypermoral>을 요구하는 것이라고 하였다.[34]

그런데 김수영은 바타이유와 같이 문학을 금기의 위반으로 생각하였을 뿐만 아니라 악의 표현이라고 생각하였다.

시에서 욕을 하는 것이 정말 욕이 되는 것은 아니지만, 하여간 문학의 악의 언턱거리로 여편네를 이용한다는 것은 좀 졸렬한 것 같은 감이 없지 않다.[35]

김수영은 실제 "문학의 악"이라는 표현을 쓰고 있으며, 그것이 기존 질서에 대한 위반에서 비롯한다는 점을 분명히 인식하였다. 그는 사회에서 '악'으로 이해될 수 있는 것, 가령 욕을 하는 일, 침을 뱉는 일, 여자를 돈으로 사는 일, 아내에게 폭력을 가하는 일 등을 시에 서슴없이 표현하였다. 김수영은 "하여간 악마의 작업을 통해서라도 내가 밝히고 싶은 것은 나의 위치이다"[36]라고 하면서 이 '악'에 대한 탐구가 도덕을 넘어서는 도덕을 지향한다는 것을 분명히 하였다. 그는 문학에서 악을 구현하는 문인을 선을 실천하는

---

33 조르주 바타이유, 최윤정 역, 『문학과 악』, 민음사, 1995, 29쪽.
34 위의 책, 12쪽.
35 김수영, 「시작 노트 4」(1965), 『전집 2』, 440쪽.
36 김수영, 「무제」(1955), 『전집 2』, 31쪽.

문인과 대등한 위치에 두는 것도 이 때문이다.

> 대척적 — 이 시인(박두진 - 인용자)은 전형적인 기독교적 사고 위에서 건전한 시를 쓰는 사람이고, 그 평론가는 악마적인 생활 위에서 시를 교살해 간 사람이다. 그러면서도 이 두 사람의 공통점이 또한 너무나 뚜렷하다. 즉 순교자. 한 사람은 살아서 한 편 한 편의 시를 통해 죽음을 완료하고 있고, 한 사람은 이미 악의 순교를 육체로써 실제로 완료해 버렸다.[37]

가령 김수영은 작고한 평론가인 박기준을 '악'의 관점에서 바라보면서도 그를 높이 평가하였다. 김수영에 따르면 박기준은 악마적인 생활 위에서 시를 교살해 간 사람으로, 당대의 지배적인 가치를 거부하는 자이지만 문학에 대한 지극한 헌신을 보여준 사람이다. 때문에 그는 기독교적 사고 위에서 건전한 시를 쓴 박두진과 대등한 위치에 놓일 수 있다. 이 둘은 모두 순교자라는 공통점을 지닌다. 박두진이 시를 통해 죽음을 완료하고 있다면, 박기준은 악의 순교를 육체로써 완료하였다고 볼 수 있다.

김수영은 인간을 선과 악 사이에 있는 존재로 규정하고, 악에 속한 이들의 행동이 진지한 시에 보다 가까운 것이라는 주장을 펼치기도 하였다.

> 우리들 중에 죄 없는 사람이 누가 있겠는가. 인간은 신도 아니고 악마도 아니다. 그러나 건강한 개인도 그렇고 건강한 사회도 그렇고 적어도 자기의 죄에 대해서 몸부림은 쳐야 한다. 몸부림은 칠 줄 알아야 한다. 그리고 가장 민감하고 세차고 진지하게 몸부림을 쳐야 하는 것이 지식인이다. 진지하게라는 말은 가볍게 쓸 수 없는 말이다. 나의 연상에서는 진지란 침묵으로 통한다. 가장 진지한 시는 가장 큰 침묵으로 승화되는 시다. 시를 행할 수 있는 사람의 경우를 생각해보더라도 지금의 가장 진지한 시의 행위는 형무소에 갇혀 있는 수인의 행동이 극치가 될 것이다. 아니면 폐인이나 광인. 아니면 바보.[38]

---

37 김수영, 「시의 완성 - 박두진 시집 『거미와 성좌』」(1963), 『전집 2』, 244쪽.

38 김수영, 「제정신을 갖고 사는 사람은 없는가」(1966), 『전집 2』, 185~6쪽.

김수영은 인간은 신도 아니고 악마도 아니라고 하면서 지금 가장 진지한 시의 행위는 형무소에 갇혀 있는 수인의 행동, "아니면 폐인이나 광인. 아니면 바보"의 행동이라고 하였다. 김수영은 제정신을 갖고 사는 사람은 "아직도 과격하고 아직도 수감 중에 있다"[39]고도 하였다.

이러한 김수영의 논리는 모두 바타이유의 영향에서 비롯한다고 볼 수 있다. 바타이유는 "인간성은 언제나 모순을 드러내며, 지극한 선함과 잔인함을, 극도의 순결함과 불순함을, 아주 매력적인 모습과 가장 추한 모습을 시도 때도 없이 드러낸다"[40]고 하였다. 또 바타이유가 『문학과 악』에서 탐구한 작가들, 가령 사드, 보들레르, 주네 등은 모두 위반의 세계를 탐험한 아웃사이더들이며, 바타이유 역시 아웃사이더였다. 그런데 김수영은 우리를 "「시지프의 신화」에 나오는 육중한 바윗돌을 밀며 낭떠러지를 기어올라가는 사람들"[41]로 규정하였다. 그는 우리 자신이 신의 명령을 위반한 시지프스가 됨으로써 기존 질서를 전복하기를 기대하였다.

2) 「반시론」과 에로티즘

김수영은 점차 종래 자아와 세계의 동일성을 지향하는 서정시를 지양하고, 반시의 길을 지향한다. 김수영은 "시를 배반하고 사는 마음이여," "어디로인지 알 수가 없으나/ 어디로이든 가야 할 반역의 정신"(<구름의 파수병>)이라고 토로하였고, 시를 배반하면서 반역의 정신에 따라 반시의 길을 가고자 하였다.

> 그러니까 우리들은 우리들의 시를 절대적으로 경멸해야 하오. 이런 우리의 산상수범(山上垂範) 때문에 우리의 시를 시가 아니라 산문이라고 욕하는 유다들의 비방에 우리들의 시가 책

---

39 위의 글, 189쪽.

40 조르주 바타이유, 조한경 역, 『에로티즘의 역사』, 민음사, 1998, 21~2쪽.

41 김수영, 「제정신을 갖고 사는 사람은 없는가」(1966), 『전집 2』, 187~8쪽.

형을 당해도 우리는 그 오해를 영광스럽게 생각해야 하오.[42]

김수영은 종래 서정시를 배반하는 일을 두고, '산상수범'이나 '유다'와 같이 성경을 빌려오기까지 한다. 산상수훈이 기독교의 핵심 가치를 제시하는 것이고, 유다가 예수를 배반한 인물이라는 점을 고려한다고 할 때, 김수영이 제안하고자 하는 반시는 그만큼 기존 질서에 대한 위반으로서의 가치를 지닌다.

그 길은 산문의 확대 작업으로 구체화되기도 하지만, 무엇보다 핵심적인 것은 시적인 영역의 타파로 나타난다. 김수영은 "시에 있어서의 산문의 확대작업은 〈노래〉의 유보성에 대해서는 침공侵攻적이고 의식적이다"[43]라고 하였다. 또한 서정시의 전통적인 소재 대신 우리가 일상적으로 접하는 일상을 그대로 시에 가져오고자 하였다. 때문에 그는 "나의 이런 일련의 배부른 시는 도봉산 밑의 돈사豚舍 옆의 날카롭게 닳은 부삽날의 반어가 돼야 할 것이다"[44]라고 하였다.

김수영은 반시를 지향하면서, 자신이 말하고 있는 '반시'가 바타이유의 개념을 번역한 것임을 분명히 하였다.[45] 바타이유가 말하는 '반시'는 시의 역이라는 의미인데, 그는 이 반시를 보들레르에게서 전형적으로 발견하였다.

> 오늘날까지 살아남아 있는 시는 언제나 시의 역이라는 것은 사실이다. 소멸성을 목표로 삼고 있으면서 그것을 영원성으로 바꾸어놓았으므로, …(중략)… 결국 객체, 즉 한편 한편의 시에 배반당한 채 시의 혼합적 창조 속에 구현되어 있는, 완강하며 반항하는 세계는, 살 만한 것이 못되는 시인의 삶에 의한 것이 아니다. 엄밀히 말해서, 죽어가는 시인의 기나긴 고통만이 마지막으로 시의 진정성을 드러내 준다.[46]

---

42 김수영, 「글씨의 나열이오」(1967), 『전집 2』, 115쪽.
43 김수영, 「시여, 침을 뱉어라 - 힘으로서의 시의 존재」(1968), 『전집 2』, 399쪽.
44 김수영, 「반시론」(1968), 『전집 2』, 415쪽.
45 박지영, 앞의 글, 290쪽.
46 조르주 바타이유, 최윤정 역, 『문학과 악』, 민음사, 1995, 53쪽.

바타이유는 소멸성을 목표로 삼으면서 그것을 영원성으로 바꾸어 놓은 보들레르의 시에서 반시의 모습을 발견하였다. 낭만주의 시를 비롯한 근대시는 인간과 자연, 주체와 객체, 자아와 세계 사이의 동일성을 추구하면서 유추적 세계상을 지향한다. 그런데 역사의 진보에 따라 그것은 그것이 지니는 화해의 가상을 드러내게 된다. 그런데 보들레르는 영원하고 불변적인 것이 아니라 일시적이고 순간적인 것에서 미의 원리를 확립하고자 했고, 낭만주의 시에서 가정하는 화해의 가상이 헛된 것임을 뚜렷하게 보여주었다.[47] 보들레르는 시에서 자연 대신에 인공, 조화 대신에 부조화, 자연미 대신에 인공미와 괴이한 아름다움과 추를 보여주었다. 그런데 바타이유는 여기서 전형적인 반시의 모습을 보았다.

바타이유는 이제까지 선의 역사는 악이 배제되는 과정이며 미의 역사는 추가 배제되는 역사였는데, 이것은 마치 금기의 역사에서 위반이 배제되는 과정과 같은 것이라고 하였다.[48] 따라서 반시에서는 종래 배제되어왔던 악이나 추를 복원하는 일이 중요하다. 이때, 에로티즘은 중요한 대상이 될 수 있는데, 그것은 에로티즘이 금기의 위반으로서 악에 속하기 때문이다. 바타이유에 따르면 에로티즘은 존재의 불연속성을 넘어서려는, 무한한 위반에의 욕망이다. 성性에 부과된 금기란 위반을 재촉하는 것이기도 하다. 위반을 부르지 않는 대상은 에로티즘과 무관하며, 강도 높은 에로티즘은 늘 금지 명령이 강하게 부과된 대상과 연계되어 있다. 그런 점에서 에로티즘은 그 자체로서 난폭하며 악에 가깝다.[49] 에로티즘은 우리의 통제권 밖에 있는 문제 중의 문제다.[50]

김수영도 반시를 지향하면서 에로티즘에의 지향을 드러낸다. 그는 당시 공개적으로 표현하기 어려웠던 성을 시에서 다루었고, 「반시론」에서는 창녀와의 성적 경험을 밝히고 이 과정에서 자신이 "성스러워지기까지" 하였다고 고백하였다.[51] 뿐만 아니라 아내와

---

47 발터 벤야민, 반성환 역, 『발터 벤야민의 문예이론』, 민음사, 1983, 154쪽.
48 박평종, 「위반의 언어: 조르주 바타이유의 예술론」, 『프랑스학연구』 39, 한국프랑스학회, 2007. 봄, 157쪽.
49 위의 글, 165쪽.
50 죠르쥬 바따이유, 조한경 역, 『에로티즘』, 민음사, 1989, 307쪽.
51 김수영, 「반시론」(1968), 『전집 2』, 407쪽.

의 관계를 구체적으로 표현한 <성性>의 창작 배경을 밝혔다. 그리고 이 과정에서 시와 에로티즘을 노동보다 우위에 둔다.

> 「성」이라는 작품은 아내와 그 일을 하고 난 이튿날 그것에 대해서 쓴 것인데 성 묘사를 주제로 한 작품으로는 처음이다. 이 작품을 쓰고 나서 도봉산 밑의 농장에 가서 부삽을 쥐어보았다. …(중략)…
>
> 그것은 프로스트의 시에 나오는 외경에 찬 세계다. 그러나 나는 프티 부르주아적인 <성>을 생각하면서 부삽의 세계에 그다지 압도당하지 않을 만한 자신을 갖는다. 그리고 여전히 부삽질을 하면서 이것이 농부의 흉내가 되어서는 안 되겠다고 생각한다.[52]

김수영은 자신이 <성性>에 대한 작품을 쓰고, 자신이 하고 있는 시쓰기가 결코 노동에 비해 위축될 수 있다는 것을 깨닫는다. 그런데 이러한 김수영의 깨달음은 바타이유의 이론에서 온다.

바타이유의 모든 주제는 어떻게 과잉 에너지를 지혜롭게 소비할 것인가라는 물음과 관련된다. 바타이유에 의하면, 인간의 내부에는 매순간, 동시에 존재하는 두 가지 성향이 있다. 하나는 노동(재력의 확장)을 향하는 것이고 나머지 하나는 쾌락(재력의 소비)을 향하는 것이다. 노동은 내일을 배려하는 것이고 쾌락은 지금 이 순간에 탐닉하는 것이다. 노동은 쓸모 있는 것이고 사람을 채워주는 것이며 쾌락은 쓸모없는 것이며 뭔가 채워지지 않은 느낌을 남긴다. 그러나 노동에 대한 지나친 강조는 현재를 잘 살 수 있게 하는 것이 아니다. 그것은 끝없이 확대재생산을 꾀하는 자본주의 사회에서 드러나듯, 내일 행복해지기 위해 오늘 허리띠를 졸라매어야 한다. 이러한 현상은 평등을 주장하는 공산주의에서도 여전히 나타난다.[53]

이 과잉 에너지의 소비와 관련하여 가장 두드러진 분야가 에로티즘이다. '소비의 경제

---

52 위의 글, 411쪽.

53 유기환, 『조르주 바타이유』, 살림, 2006, 213~4쪽.

학'이라는 일반경제학의 관점에서 볼 때, 인간의 비생산적 소비 행위 가운데 가장 전형적이고 가장 일상적인 것이 에로티즘이다.[54] 자본주의 사회에서는 저비용, 고효율이 우선 원리로 작용한다. 이에 비해 에로티즘은 생식이나 자식에 대한 배려를 포함한 모든 사회적 활동에 대립한다. 그러나 에로티즘은 과잉 에너지를 지혜롭게 소비하는 영역이다. 이러한 의미에서 에로티즘은 시와도 통할 수 있다. 시 역시 생산의 경제학에 기초한 것이 아니며 노동에 대립하는 것이다.

김수영은 역시 자신의 시, <성性>을 생각하면서 "부삽의 세계에 그다지 압도당하지 않을 만한 자신을 갖는다. 그리고 여전히 부삽질을 하면서 이것이 농부의 흉내가 되어서는 안 되겠다고 생각한다."[55] 그는 바타이유의 이론에 기대어 에로티즘, 시쓰기를 이어가는 것이 노동에 비해 열등한 사실을 확인하게 된 것이다.

이와 같이 김수영은 반시론에서 바타이유의 이론을 광범위하게 수용하였다. 그러나 김수영은 바타이유가 말한 '반시'를 절대시하지는 않았다. 그는 어디까지나 '시와 반시'의 긴장을 추구하고자 하였다. 김수영은 「반시론」의 결말에서 자신은 "시와 반시의 대극의 긴장"을 지향하며, 이 긴장은 더 큰 싸움으로 이어지는 것[56]을 분명히 하였다.

3) 혼돈의 시학과 이성중심주의 비판

김수영은 1968년도에 발표한 「시여, 침을 뱉어라 - 힘으로서의 시의 존재」에서 자신의 시에 대한 사유는 "무한대의 혼돈"을 지향하는 것이라고 하였다.

> 나의 시에 대한 사유(思惟)는 아직도 그것을 공개할 만한 명확한 것이 못된다. 그리고 그것을 조금도 부끄럽게 생각하고 있지 않다. 이러한 나의 모호성은 시작(詩作)을 위한 나의 정신

---

54 위의 책, 214쪽.
55 김수영, 「반시론」(1968), 『전집 2』, 411쪽.
56 위의 글, 416쪽.

구조의 상부 중에서도 가장 첨단의 부분을 차지하고 있는 것이고, 이것이 없이는 무한대의 혼돈에의 접근을 위한 유일한 도구를 상실하는 것이 되기 때문이다.[57]

김수영은 자신의 시에 대한 사유가 명확하지 않으며 이것을 조금도 부끄럽게 생각하지 않는다고, 시에 대한 사유의 모호성은 시작을 위한 정신 구조의 첨단을 이루고 있고 그것은 무한대의 혼돈에 접근하는 도구가 된다고 하였다.

김수영의 시론에는 이 '혼돈'에 대한 언급이 빈번하게 나타난다. 그는 "나도 여러분도 시작하는 것이다. 자유의 과잉을, 혼돈을 시작하는 것이다"[58]고 하였고, 자신이 지향하는 중요한 가치인 "자유와 사랑의 동의어"로 '혼란'을 들었으며[59] '카오스,' 즉 '혼돈'을 기준으로 비평을 하기도 하였다.

이제하(李祭夏)의 「사랑에 대하여」(시문학)는 의도는 충분히 알 수 있으나 작품으로는 실패한 것이다. 그의 카오스는 좀 도가 넘친다. 좀더 생산적인 카오스를 도입할 필요가 있다.[60]

김수영은 시를 비평하면서 '카오스'의 정도로 작품의 실패를 거론하였고, "생산적인 카오스"를 주문하기도 하였다. 김수영에게 시는 질서의 세계와 관련되는 것이 아니라 혼돈의 세계와 관련된다. 그것은 더 이상 이성의 영역에 속하는 세계가 아니며, 질서를 통해 접근할 수 있는 세계도 아니다.

그런데 김수영이 언급하고 있는 '혼돈'은 바타이유의 영향을 받은 것이라고 할 수 있다. 바타이유는 『문학과 악』에서 '혼란'의 의미를 강조한 바 있다.

---

57 김수영, 「시여, 침을 뱉어라 - 힘으로서의 시의 존재」(1968), 『전집 2』, 397쪽.

58 위의 글, 403쪽.

59 김수영, 위의 글, 402쪽. 신형철은 김수영의 '혼란'을 "생산적 카오스(혼란)," "군부독재의 수목형 위계구조에 대항하는 탈중심화된 사회를 지향하는 혼란" 등으로 볼 수 있다"고 하였다. 자세한 논의는 신형철, 앞의 글, 80쪽 참조.

60 김수영, 「젊고 소박한 작품들 - 1966년 11월 시평」(1966), 『전집 2』, 578쪽.

그럼에도 불구하고 내가 이 글들을 때로는 고쳐 써야만 했던 까닭을 여기서 밝혀야겠다. 그것은 내 영혼을 집요하게 물고 늘어지던 혼란의 와중에서, 생각이라는 것이 우선을 불투명한 형체를 띨 수밖에 없었기 때문이다. 혼란이란 근원적인 것이다. 이것이 이 책이 의미하는 바이다.[61]

바타이유는 『문학과 악』의 서문에서 자신의 영혼을 집요하게 물고 늘어지는 것은 혼란이며 『문학과 악』의 의미 역시 바로 이 혼란에 있다고 하였다. 바타이유에 의하면 혼란은 "불가능이라는 방향, 계산된 질서의 방향이 아니라 시적인 폭력의 방향을 향해 불을 밝히"는 것으로, "걷잡을 수 없는, 고뇌하는 시만이 해답을 줄 수 있는, 밤 속에서의 깨어남veil이 될 수는 있"는 성질의 것이다.[62]

한편 김수영은 '혼돈'을 지향함으로써 '질서'를 부정하였는데, 이것은 시뿐만 아니라 다른 영역에도 나타난다. 그가 부정하는 질서는 크게 두 가지 측면을 갖는다. 그 하나는 기성 사회의 질서, 특히 "눈으로는 볼 수 없는, 자각조차 할 수 없는 숨어 있는 것"[63]이다. 또 다른 질서는 예술론에서 말하는 질서이다. "<질서는 위대한 예술이다> — 이것은 정치권력의 시정구호市政口號로서는 알맞지만 문학 백년의 대계를 세워야 할 전위적인 평론가가 내세울 만한 기발한 시사는 못 된다"[64]고 할 때의 질서가 그것이다. 김수영은 이 두 가지 질서를 모두 부정하고자 하였다.

물론 그가 부정하고자 하는 이 질서는 모두 이성중심주의에서 비롯한다. 근대는 인식 주체의 자기 동일성을 전제로 하여 인간을 세계 해석의 중심 원리로 정립시켰다. 가령 데카르트의 코기토적 주체, 즉 의식 활동의 주체로서의 자아는 사유와 존재의 근원적 동일성을 전제한다. 계몽적 이성은 인간에 대한 자연의 지배 상태에서 벗어나 자연을 객관화시킨다. 그것은 자연을 지배와 이용의 대상으로 삼아 인간의 의지 아래 굴복시킨다.[65]

---

61 조르주 바타이유, 『문학과 악』, 민음사, 1995, 12쪽.
62 위의 책, 100쪽.
63 김수영, 「실험적인 문학과 정치적 자유」(1968), 『전집 2』, 222쪽.
64 위의 글, 223쪽.
65 M. 호르크하이머 · Th. W. 아도르노, 김유동 역, 『계몽의 변증법』, 문예출판사, 1993, 23~76쪽.

그런데 김수영은 이성중심주의의 질서가 개인을 억압하는 것을 거부하였다. 그가 일상에서 모든 합리적인 타산과 계산을 의도적으로 거부하는 것도 이와 관련된다. 김수영은 "나는 요즈음 계산은 일체 하지 않기로 하고 있다. 원고료 계산은 물론 정신적인 계산까지도 하지 않기로 하고 있다"[66]고 하였다. 그는 자신이 사용하고 있는 물건조차 이성의 관점에서 파악하지 않고 자신의 방식대로 이해하고자 하였다.

> 물부리 갑 속에 끼여 있는 광고 쪽지를 읽고 나는 흑산호가 제주도산이며 흑산호에는 역시 귀신이 연접하지 못한다는 전설이 있다는 것을 알았다. 그 후 중의 목걸이와 염주가 흑산호로 만들어진 것을 보고 역시 귀신이 연접하지 못한다고 해서 저 나쁜 놈들이 저것을 차고 있구나, 하고 혼자 생각하면서 감탄했다. 그러니 나도 나쁜 놈이라 흑산호를 사랑해야겠다는 마음으로 의식적으로 물부리를 애용한 것이, 요즈음은 제법 밖에 나갈 때도 물부리를 안 가지고 나가면 부적을 잊어버리고 전장에 나간 전사처럼 마음이 서운해진다.[67]

그는 아내가 사 가지고 온 흑산호 파이프를 사용하면서도 그것을 단순히 도구로 보고자 하지 않는다. 흑산호 파이프를 이성적으로만 바라본다면, 그 물건은 유용성의 관점이나 가격에 따라 이해된다. 이때 사물은 그 중심에 떨어져 객체가 되고 만다. 그러나 김수영은 자신의 방식대로 흑산호 파이프를 사랑하고자 한다. 여기서 나아가 그 속에서 신성까지 발견하고자 한다.

김수영의 사물에 대한 이러한 태도는 바타이유가 경제적 유용성과 무관한 곳에서 신성을 발견하려고 한 태도에 비견된다. 바타이유에 따르면, 현실에는 타산적이고 합리적인 세계가 견뎌낼 수 없는, 신의 취기가 일으키는 움직임이 존재한다. 이 움직임은 유년의 과감한 움직임(mouvement primesautier)과 닮은 데가 있다.[68] 바타이유는 인간의 자유

---

66 김수영, 「물부리」(1963), 『전집 2』, 53쪽.
67 위의 글, 54쪽.
68 조르주 바타이유, 최윤정 역, 『문학과 악』, 민음사, 1995, 25쪽.

를 위한 충분 조건은 종교적 신성의 회복에 있는 것으로 보았다. 종교는 경제적으로 유용한 사물의 추구, 즉 경제적 이익의 추구를 초월하는 인간 삶의 내밀한 진실을 재발견하려는 욕망에서 비롯된다.[69] 그가 말하는 신성은 어디까지나 경제적 유용성과 무관한 곳에 존재한다.

김수영 역시 혼돈을 지향함으로써 타산과 계산이 지배하는, 질서가 지배적인 현대 사회를 비판하고자 하였다. 그리고 혼돈의 시학을 추구함으로써 이성 중심의 근대 세계 너머의 세계를 지향하고자 하였다.

4. 바타이유 이론 수용의 의미

1960년대에 김수영이 바타이유를 수용할 당시, 김수영이 처해 있는 환경은 바타이유의 그것과 너무 달랐다. 바타이유가 자본주의가 고도로 발달하고 소비 자본주의의 성격을 지니고 있었던 서구 사회에 대한 문제의식에서 낭비나 탕진, 비생산적 소비 등에 관심을 기울였다고 한다면, 김수영에게는 그러한 환경이 존재하지 않았다. 김수영이 살았던 1960년대 한국은 여전히 가난했고, 소비 자본주의의 모습은커녕 자본주의의 기본조차 제대로 갖추어지지 않았던 상황이었다.

에로티즘에 대한 논의도 당시 한국의 환경에서는 너무나 이질적인 것이었다. 서구의 경우 이미 오래 전에 낭만적 사랑 담론을 중심으로 한 남녀 간의 사랑이 자유로운 환경 속에 있었고, 성에 대한 개방적인 태도 또한 만연하였다. 이에 반해 한국에서는 여전히 낭만적 사랑이 자리 잡지 못하였고, 에로티즘을 공개적으로 논의할 수 있는 환경이 아니었다.

---

69 바타이유는 교회와 헛간의 비교로써 유용성과 신성의 관계를 설명하였다. 교회와 헛간은 모두 일종의 사물이다. 그런데 헛간은 우리에게 수확물 보관이라는 유용한 목적을 가리키지만 교회는 신도들에게 무엇보다 신성을 가리킨다. 교회가 신도들에게 신성을 가리킨다면 그것은 교회가 경제적 유용성의 파괴, 즉 세속적 원리의 초월을 함축하고 있기 때문이다. 자세한 논의는 유기환, 『조르주 바타이유』, 살림, 2006, 107~8쪽 참조.

이렇게 볼 때, 바타이유를 전면적으로 수용하여 그것을 한국의 현실에 비추어 논의를 이어가는 것은 결코 쉽지 않은 일이었을 것으로 보인다. 그럼에도 불구하고 김수영은 바타이유를 수용하여 적지 않은 성과를 내는데, 그것은 김수영이 바타이유가 서구 지식인들 사회에서 관심을 받았던 이유와 동일한 이유로 바타이유를 수용하고 재해석하였기 때문이다. 서구에서 6 · 8혁명 이후 바타이유에 열광한 이유가 냉전 체제를 극복할 수 있는 전복적 사고에 있었다고 한다면, 김수영이 바타이유에게서 본 것 역시 그것이었다. 김수영은 바타이유의 이론을 광범위하게 수용하면서도 이를 자신의 방식대로 해석해나갔다.

이 점은 김수영의 대표적인 시론인 「반시론」과 「시여, 침을 뱉어라 - 힘으로서의 시의 존재」 등에도 잘 드러나고 있다. 김수영은 당대의 억압적 현실 앞에 금기의 위반을 감행하는 '불온시'를 지향하였다. 그리고 '시여, 침을 뱉어라'로 이 위반을 표현하였다. 김수영은 기존 윤리나 도덕의 관점에서 볼 때 악의 영역에 속하는 진실을 드러내고자 하였다. 모든 진지한 문학은 폐인이나 광인 등 아웃사이더 속에 있다고 하였다. 이러한 생각들은 모두 바타이유의 영향을 받은 것이었다.

김수영의 「반시론」에서도 바타이유의 영향을 확인할 수 있었는데, 김수영은 바타이유가 말한 '반시'의 개념을 수용하여 자신의 이론을 전개하였다. 그는 당대에 공개적으로 표현하기 어려웠던 성을 에로티즘의 관점에서 바라보았다. 에로티즘을 노동과 대립시키고 시와 관련하여 논의하였고, 에로티즘과 시에 긍정적인 의미를 부여하였다.

김수영이 시에 대한 논의를 '혼돈'을 중심으로 논의한 데서도 바타이유의 영향을 확인할 수 있었다. 김수영은 「시여, 침을 뱉어라 - 힘으로서의 시의 존재」에서 혼돈에 접근하는 시를 지향한다고 하였다. '혼돈'은 '질서'와 대립되는 개념인데, 김수영은 이 혼돈을 중심으로 질서가 지배적인 사회를 비판하고자 하였다.

김수영은 전후 냉전 시대, 모든 것이 가로막혀 있던 시대, 그 시대를 제대로 바라보고자 하였다. 김수영의 바타이유에 대한 관심도 이러한 맥락 속에 놓여 있는 것이라 할 수 있다. 그는 바타이유를 자신의 방식대로 수용하고 해석하면서 한국 현대시의 새로운 영역을 개척하였다.

제1부 03

시에 나타난 바타이유의 영향

- 에로티즘을 중심으로

1. 욕망, 에로티즘, 바타이유

이제까지 김수영에 대해서는 무수한 논의들이 이어져왔다. 그리고 김수영은 항상 당대의 문제, 당대 문학의 한 가운데에 있었다. 김수영의 문학은 지금도 여전히 문제적이다. 그가 바라본 세계의 문제는 지금도 지속되고 있으며 그의 현실 인식은 현재 한국의 현상들에 대한 진단에도 유효하게 작용한다.

김수영은 낙후된 당대의 현실 속에서 일본과 서구의 서적과 잡지 등을 통해 세계의 동향을 접하고, 서구 사회의 다양한 문제점들도 인식하고 있었다. 그는 1990년대에 들어서 한국 사회에서 중심 담론으로 떠올랐던 과제들, 가령 욕망, 일상, 소비, 에로티즘[1] 등의 문제를 1960년대에 이미 거론하였다. 김수영이 제기한 이러한 논의들은 현재 한국 사회에서도 여전히 중요한 쟁점으로 부각되고 있다.

---

1 유기환에 따르면, 프랑스어 '에로티즘'은 영어 '에로티시즘'을 가리킨다. 그런데 에로티시즘이 다소 외설적인 뉘앙스를 가지는 데 반해 에로티즘은 학문적인 뉘앙스를 더 풍요롭게 자아내는 용어로 이해된다. 자세한 논의는 유기환, 『조르주 바타이유』, 살림, 2006, 131쪽 참조.

그런데 김수영이 현재적이라는 이유로, 논자의 필요에 따라 김수영을 자의적으로 해석하여서는 안 될 것이다. 문학의 해석은 독자에 의해 늘 새롭게 해석될 여지가 있는 것이 사실이다. 그럼에도 불구하고 현재의 관점에서 김수영을 바라보고자 한 의도가 지나쳐 그의 문학을 오해하는 데로 나아가서는 안 될 것이다. 연구자의 시각에 따라 달리 보이는 다면적 성격을 지니고 있는 김수영 문학에 대해 어디까지나 김수영 문학 자체를 충실히 따르는 것으로부터 출발하여야 한다.

현재 한국 사회에서 중요한 화두로 등장하고 있는 욕망, 언어, 소비, 에로티즘 등은 많은 이론가들의 논의를 통해 논쟁의 깊이를 더해가고 있다. 그런데 에로티즘에 국한할 경우, 1960년대에 이미 김수영은 상당한 수준에 이르는데, 이것은 당시 바타이유를 광범위하게 수용한 데서 비롯한다.

바타이유는 인간의 삶과 내적 경험 자체는 에로티즘으로 설명되어야 한다고 한다. 이때, 그가 관심을 둔 에로티즘은 목적으로서의 생식이나 성적 유희와는 무관하다. 단순한 성적 활동은 에로티즘과 다르며, 모든 동물의 삶에서 보인다. 에로티즘이라는 이름을 가진 "악마적" 양상에 의해 정의되는 활동을 보여주는 것은 오직 인간의 삶뿐이다.[2] 바타이유는 우리의 사유 세계가 생산성과 유용성을 지향하는 노동에 주된 초점을 맞추어 온 까닭에 그동안 에너지의 소모로 특징지어지는 에로티즘은 사유의 세계로부터 배척받았다[3]고 하였다. 에로티즘이 사유의 대상에서 배제된 것은 노동과 대립되기 때문이라는 것이다. 그는 종래 비판 이론에서 '생산'을 내세운 것과 달리 '소비'를 내세웠는데[4] 에로티즘은 이 소비의 핵심을 차지한다.

바타이유의 에로티즘 이론은 1960년대에 서구에서 특히 주목을 받았는데, 그것은 에

---

2 죠르주 바따이유, 유기환 역, 『에로스의 눈물』, 문학과의식, 2002, 17쪽.

3 유기환, 「에로티즘의 기원과 역사」, 『한국프랑스학논집』 37, 한국프랑스학회, 2002. 2, 154쪽.

4 여기서 말하는 소비는 사회 인류학자 모스가 '포트래치'라고 하는 북미 서해안 인디언들의 관습에 관해 언급한 것에 근거한 개념이다. 바타이유는 이것을 생산 양식이 아니라 상실 양식으로 간주하고, 이 관습의 존재를 근거로, 어떤 사회에서는 사회 운영이 부의 생산과 습득보다는 부의 파괴, 상실로써 이루어진다는 결론을 끌어내었다. 자세한 논의는 줄리언 페퍼니스, 백준걸 역, 『이질성의 철학』, 시각과언어, 2000, 12~3쪽 참조.

로티즘이 냉전 체제를 비판하는 의미를 지니고 있었기 때문이다. 전 세계적으로 1950년대가 냉전의 시대라고 하면 1960년대는 가히 혁명의 시대라 할 만하다. 1960년대에는 세계적으로 전후 냉전 질서에 대한 부정으로 혁명이 발생하였다. 공산주의 사회에서는 헝가리에서, 자본주의 사회에는 프랑스의 6 · 8혁명이, 그리고 쿠바를 중심으로 한 제3세계에서도 크고 작은 혁명이 일어난 시기이다. 특히 소련의 체코 침공과 중국의 문화혁명, 동구에서의 언론 탄압 등은 공산주의 국가의 위기를 보여주었다. 이러한 상황을 목도한 후 많은 이들은 일상의 민주주의를 지향하면서, 욕망에 관심을 기울이게 된다.

바타이유의 사상은 서구 지식인들에게 '욕망'의 문제를 새롭게 인식하게 되는 계기를 마련해주었다. 욕망의 문제에 대한 관심은 프로이트로부터 시작되어 프랑크푸르트학파, 라이히, 라깡, 바타이유 등의 논의로 이어졌다. 이 중 바타이유는 6 · 8혁명 이후 프랑스 지성사에 큰 영향을 끼쳤는데, 특히 그는 욕망의 문제에 관심을 두어 에로티즘을 중심으로 한 일련의 저술을 남겼다.[5] 60년대의 다양한 예술 운동에서도 사드와 초현실주의가 재조명하면서 에로스의 해방이 요구되었다. 에로티즘은 자본주의를 공격하기 위한 가장 강력한 무기이자 정치 변혁의 필수적 요건으로, 현실 사회주의를 비판하는 계기로 작용하였다. 특히 바타이유의 사상은 기성 가치의 전복으로 이해되었고, 이로 인해 이 시기 많은 이들이 그를 따랐다.[6]

김수영의 문학에는 바타이유의 영향이 다양하게 드러난다. 이제까지 바타이유의 영향과 수용에 대한 논의는 극히 미미한 실정이다. 몇몇 논자들이 김수영과 바타이유와의 관련을 언급하였으나[7] 그 영향 관계를 전반적으로 고찰하지 않았다. 김수영은 시론뿐 아니라 시에서도 바타이유를 광범위하게 수용하였다.

---

5 바타이유는 1943년에 『내적 체험』을, 1947년에 『저주의 몫』을, 1957년에 『문학과 악』과 『에로티즘』을, 1958년에 『에로스의 눈물』을 발표하였다.

6 유기환, 『조르주 바타이유』, 살림, 2006, 22~3쪽.

7 졸고, 「김수영의 시론에 미친 프랑스 문학이론의 영향: 조르주 바타이유를 중심으로」, 『비교문학』 24, 한국비교문학회, 2007. 6 참조.

2. 1960년대 한국 현실과 바타이유 에로티즘

김수영이 에로티즘에 관심을 보이게 되는 것은 1960년대 중반 전후부터이다. 사실 그는 시작 초기부터 '육체'에 대한 관심을 보여 왔다. 그런데 1960년대 중반을 전후하여 육체를 '욕망'이나 '에로티즘'과 관련시켜 거론하기 시작한다. 1967년에 쓴 〈사랑의 변주곡〉에서는 "욕망이여 입을 열어라 그 속에서/ 사랑을 발견하겠다"(〈사랑의 변주곡〉)고 하였으며, 육체에 대한 새로운 발견을 에로티즘과 관련하여 논하기도 한다. 1968년에 쓴 「원죄」에서는 에로티즘을 통해 육체에 대한 온전한 인식에 도달하였다고 하기도 한다.

> 그런데 며칠 전에 아내와 그 일을 하던 것을 생각하다가 우연히 육체가 욕이고 죄라는 생각을 하면서 희열에 싸였다.
>
> …(중략)…
>
> 그래서 나는 겨우 이런 메모를 해본다. ―〈원죄는 죄(=성교) 이전의 죄〉라고. 하지만 나의 새로운 발견이 새로운 연유는, 인간의 타락설도 아니고 원죄론의 긍정도 아니고, 한 사람의 육체를 맑은 눈으로 보고 느꼈다는 사실이다. 그것도 20여 년을 같이 지내온 사람의 육체를 (그리고 정신까지도 합해서) 비로소 완전히 객관적으로 바라볼 수 있었다는 사실이다.[8]

김수영은 육체가 욕이고 죄라는 생각을 인정한다. 그러나 육체를 더 이상 정신에 비해 부정적으로 생각하지 않게 되는데, 그것은 아내의 육체를 새롭게 바라보면서부터이다. 그는 '아내'라는 가장 가까운 존재의 육체를 "맑은 눈으로 보고 느꼈"고, 이를 통해 육체를 정신까지도 합해서 완전히 객관적으로 바라보게 되었다고 고백하고 있다. 이러한 그의 고백이 의미를 지니는 것은 육체가 욕이고 죄라는 사실 자체를 인정하면서도 육체와 정신에 대한 온전한 인식에 도달하였다고 하는 역설적 구조에 있다. 그런데 이러한 인식을 가능하게 한 것은 '성'에 대한 체험이었다.

---

8 김수영, 「원죄」(1968), 『김수영 전집 2 - 산문』, 민음사, 2003(이하 『전집 2』로 표기), 141~2쪽.

이 시기 김수영의 시와 시론에서 중심이 되는 주제의 하나는 바로 에로티즘이다. 「반시론」에서 그는 자신의 시, 〈성性〉에 대해 자세하게 설명하기도 하고 시론의 상당 부분을 자신의 성에 대한 경험에 둔다. 이때 성을 에로티즘의 측면에서, 즉 단순한 생식의 관점이 아니라 쾌락의 관점에서 이해한다.

> 이런 통속적인 주제를 시의 품격을 잃지 않고 살려나갔다는 것이 여간 믿음직스럽게 느껴지지 않는다. 성을 통해서 문명권 밖으로의 해방을 시도하고 성공한 것이 좋고, 이런 성공은 〈야전국 딸기밭 가의 거친 이야기〉라고 자기 규정을 한 것이 여유가 있어 좋다. 자기 고유의 굵은 톤을 발전시켜 나가면서 이제는 자기를 바라볼 수 있는 여유까지도 갖기 시작하고 있는 이 젊은 시인의 앞으로의 작품이 더욱 기대된다.[9]

가령 김수영은 조태일의 시를 평하면서도 이 작품이 성이라는 "통속적인 주제를 시의 품격을 잃지 않고 살려나갔다"는 점에 주목한다. 그리고 성을 통해서 문명권 밖으로의 해방을 시도한 것에 큰 의미를 부여한다.

그런데 김수영이 에로티즘에 기울어지는 것은 바타이유의 수용과 깊은 관련이 있다. 김수영은 1965년 쓴 「시작 노트 4」에서 바타이유의 『문학과 악』을 읽었고, 바타이유를 매력 있는 사람으로 느꼈다고 밝혔다. 실제 1965년 이후 김수영이 쓴 대표적인 시론, 「시여, 침을 뱉어라 - 힘으로서의 시의 존재」와 「반시론」에는 바타이유의 영향이 상당하다.

김수영이 바타이유를 접할 수 있는 통로는 크게 세 가지로 나누어 살펴볼 수 있다.

첫째, 국내에서의 바타이유에 대한 논의이다. 당시 한국의 지성계에서는 바타이유에 대한 논의가 부분적으로 이루어지고 있었다. 가령 김현의 등단 평론인 「나르시스 시론」(『자유문학』, 1962. 3.)에는 바타이유에 대한 언급이 나온다. 이 평론에서 김현은 욕망하는 존재로서의 인간, 악의 추구로서의 문학에 논의의 초점을 두면서 바타이유에 대해 언급하였다.

---

9 김수영, 「젊고 소박한 작품들 - 1966년 11월 시평」(1966), 『전집 2』, 576쪽.

(1) 그러나 너와 나의 간극을 아는 현인처럼 시인은 이 간극이, 이 심연이, 이 악이 연약하다기보다는 오히려 그의 모든 존재에 걸려 있다는 것을 알 수 있다. 확실히 바타이유가 설파하듯이(그의 『문학과 악』 참조) 존재는 악에 헌신하지 않는다. 다만 존재의 초석을 악은 이루고 있으며 그 존재를 개시해주는 역할을 하는 것이다.[10]

(2) 여기서 우리는 하나의 중요한 사실을 알아낸다. 사형수가 신을 향하여 그의 존재를 던질 때 그는 죽음에 무관심해진다.(바타이유의 '음란한 죄악'이란 이것을 상징한다)[11]

프랑스 문학을 전공하고 있었던 김현은 스무 살이라는 비교적 젊은 나이에 등단하면서 바타이유에 관심을 기울였고 이에 의거하여 '악의 형상화'라는 심도 있는 주제를 다루었다. 이렇게 볼 때, 당시 한국 문단에서는 바타이유에 대한 논의가 그리 활발하지 않았지만, 프랑스 문학을 전공하는 이들 사이에는 어느 정도 이루어지고 있었음을 알 수 있다.

둘째, 일본 서적을 통한 수용이다. 당시 일본에서 바타이유의 책은 1950년대 후반부터 번역되었다. 바타이유의 『문학과 악』은 1959년에, 『에로티즘』은 1959년에, 『에로스의 눈물』은 1964년에 번역되었으며 1969년에는 바타이유의 저작집이 간행될 정도로 바타이유는 광범위하게 번역되었다.[12] 평단에서도 바타이유는 광범위하게 논의되고 있었다.[13] 김수영이 읽었던 바타이유의 『문학과 악』 역시 일본어로 번역된 것이었다.[14]

---

10 김현, 「나르시스 시론」(『자유문학』, 1962. 3.), 『김현 문학전집 12』, 문학과지성사, 1992, 18쪽.

11 위의 책, 19쪽.

12 일본 국회도서관에 소장되어 있는 자료를 검토해보면, 바타이유의 저서는 『蠱惑の夜』(大日本雄弁会講談社, 1957) 이래 최근에 이르기까지 거의 다 번역되었다. 김수영이 살았던 1960년대까지 번역된 것으로는 『蠱惑の夜』(大日本雄弁会講談社, 1957), 『エロティシズム』(ダヴィッド社, 1959), 『文学と悪』(紀伊国屋書店, 1959 - 現代文芸評論叢書), 『エロスの涙 』(現代思潮社, 1964), 『青空』(晶文社, 1968 - 今日の文学; 3), 『聖なる神』(二見書房, 1969 - ジョルジュ バタイユ著作集) 등이 있다. 김수영이 읽었다고 한 『문학과 악』은 『文学と悪』(紀伊国屋書店, 1959 - 現代文芸評論叢書)인 것으로 보인다.

13 일본의 비평가, 미우라는 당시 "착실한 사람은 사르트르라든가 카뮈를 읽고 현대사조사의 바다이유를 읽었다"고 하여 바타이유에 독서가 광범위하게 이루어졌음을 시사하였다. 가라타니 코오진 외, 송태욱 역, 『현대 일본의 비평』, 소명출판, 2002, 448쪽.

14 김수영은 조르주 바타이유의 『문학과 악』을 일본 번역본으로 읽었다고 하였다. 김수영, 「시작 노트 4」

근대 이후 우리나라 문인들이 서구 사상을 접할 수 있는 중요한 방법은 일본을 통한 것이었다. 일제 강점기에 서구의 지적 동향은 일본을 통해 중개되었고, 일본어를 모국어처럼 인식했던 문인들에게 유럽어의 독서능력과 정보수집 능력은 크게 상관성이 없었다. 그러나 해방 후 반공을 국시로 채택했던 이승만 정권이 반공만큼 반일을 표방하고 나섰을 때, 일본을 통한 서구 문학의 이론의 수용은 제도적으로 통제되어 있었다.[15] 이에 따라 한국에서 바타이유로 대표되는 전위이론의 수용은 제한적일 수밖에 없었다. 이러한 상황 속에서 바타이유에 대한 담론이 공론화되는 것을 바라기는 지극히 어려운 상황이었을 것이다.

셋째, 서구의 서적과 잡지를 통한 수용이다. 김수영이 문학 활동의 자양분을 대부분 책을 통해 얻었다는 것은 이미 많은 논자들이 지적한 바 있다.[16] 김수영이 바타이유를 접하게 된 것은 일본책을 통해서이기도 하지만, 바타이유 이론의 중요성을 인식하게 된 것은 번역가로서 외국 문학의 동향에 밝았기 때문이다. 당시 김수영이 즐겨 보던 잡지, 『엔카운터*Encounter*』에서는 세계의 정세나 문화의 흐름을 소개하는 하였는데, 1960년대에 들어서는 서구의 신좌익 운동, 프로이트주의와 욕망 이론 등에 대해 자세하게 소개하고 있었다. 그리고 『파르티잔 리뷰*Partisan Review*』에서는 바르트, 라캉, 푸코 등의 후기구조주의 이론을 소개하기도 하고 다양한 성 담론을 실었다.[17]

특히 『파르티잔 리뷰』의 편집위원이었던 수잔 손탁Susan Sontag은 「포르노그래피적 상상력The Pornographic Imagination」에서 그동안 문학의 담론에서 오랫동안 배제되어 왔던 영역인 포르노그래피에 대하여 자세하게 논하였다. 그녀는 이 글에서 바타이유의 에로티즘에 대해서도 언급하였다. 그녀는 바타이유의 책들이 지난 반세기 이상 유럽에서

(1965), 『전집 2』, 441쪽.

15 박훈하, 「서구적 교양주의의 탄생과 몰락: 이어령론」, 『오늘의 문예비평』 27, 1997 겨울, 259~60쪽.

16 김수영과 서구의 잡지의 상관성에 대한 자세한 논의는 조현일, 「김수영의 모더니티관과 『파르티잔 리뷰』」, 김명인 · 임홍배 편, 『살아 있는 김수영』, 창비, 2005 참조.

17 대표적으로 Richard Kluger의 "Sex and Superman"(Winter, 1966), Frederlick C. Crews, "Love in the Western World"(Spring, 1967), Robert Coles, "Beyond the Pleasure Principle"(Summer, 1967), William Phillips, "Writing about Sex"(Fall, 1967) 등을 들 수 있다.

발생하였던 문학의 본성에 대한 지적인 지각변동이 없었더라면 결코 쓰일 수 없는 작품으로, 이성중심주의를 벗어나려는 예술사의 경향에서 이해할 수 있다고 하였다. 뿐만 아니라 1945년 이후 사드에 대한 프랑스 비평가들의 집중된 관심과 그 배경에 대해 설명하면서 바타이유의 에로티즘 문학을 자세하게 소개하였다. 그녀는 바타이유의 소설, 〈눈 이야기Histoire de l'oeil〉와 〈마담 에드와르다Madame Edwarda〉에 대해서도 상당한 지면을 할애하여 논의하였다.[18] 김수영이 평소『파르티잔 리뷰』를 읽었던 것으로 보아, 그는 손탁의 이 논문 역시 읽었을 것으로 추정된다.

물론 김수영의 바타이유 수용은 근본적으로 '혁명'에 대한 인식의 변화와도 긴밀한 관련을 가지고 있다. 김수영은 4 · 19 이후 일상의 혁명이나 '욕망'의 문제에 관심을 기울이게 된다. 그리고 냉전 체제를 비판하는 움직임들, 가령 서구 지식인들의 동향과 소련 체제의 문제점 등을 자세히 살폈다. 이 과정에서 1960년대의 시대적인 상황에 대해 누구보다 분명하게 인식할 수 있었다. 특히 이 시기 세계적으로 번져가고 있던 혁명에 대해 자주 거론하였다. 이러한 상황 인식 속에서 프랑스에서 6 · 8혁명을 전후로 한 시기에 욕망 이론의 핵심에 있었던 바타이유의 이론에 김수영이 관심을 갖는 것은 극히 자연스럽다.

김수영은 당시 문인들이 서구의 지적 동향에 적극적이지 못한 현상을 지속적으로 비판하였다. 김수영은 당시 문인들의 연령을 편의상 대체로 35세를 경계로 해서 나누고, 35세 이상은 대체로 일본어를 통해서 문학의 자양을 흡수하였고, 그 미만은 영어나 우리말을 통해서 그것을 흡수한 사람으로 구분한다. 해방 후 35세 이상의 문인들은 상황의 제약 때문에 세계 문단의 동향을 제대로 읽을 수 없고, 35세 미만의 문인들은 세계 문학의 동향에 민감하지 못하다[19]고 하였다.

> 그러면 35세 이하의 경우는 어떠한가? 이들의 문학 자양의 원천은 기성세대보다도 더 불안

---

18 Susan Sontag, "The Pornographic Imagination," *Partisan Review*, Spring 1967, pp. 188~212.

19 김수영, 「히프레스 문학론」(1964), 『전집 2』, 278~9쪽.

하다. 서울만 하더라도 양서(洋書) 신간점이 일서점(日書店)보다 수적으로는 훨씬 많지만 구매량은 지극히 미소하다. 이들은 기성세대들이 문학공부를 할 때의 독서량에 비하면 현격하게 희미한 양의 밑천을 가지고 문단에 등장한다. 그러니까 이들은 마지못해 국내 작가들의 것을 읽게 되고, 김동리, 서정주, 유치환, 박영준, 안수길, 백철, 이어령의 추천을 받고 나온다. …(중략)… 이런 사람들은 대개가 국문과 출신이고, 서정주나 김동리의 아류가 제일 많이 나오는 곳이 여기이다.[20]

김수영은 젊은 시인들이 문학 이론, 특히 서구 문학 이론을 제대로 접하지 못하는 현상을 지극히 우려하였다. 특히 젊은 시인들이 오히려 기성세대보다 현격하게 희미한 양의 밑천을 가지고 문단에 등장하게 되는 현상, 외국 문학 전공자가 아닌, 국문과 출신이 국내 문학 작품들을 사숙하고 문협파 문인들의 아류가 되는 현상을 비판하였다. 이러한 지적은 해방 후 분단 상황에서 문학마저 냉전 이데올로기에 지배받게 된 상황에 대한 현상, 당대의 문단이 폐쇄적인 집단이 되어가던 현상에 대한 염려에서 비롯한다.

그런데 이 현상에 대한 해결책으로 그는 서구 문학 이론, 특히 전위적인 문학 이론의 수용을 적극 제안한다. 그는 "우리의 현대시가 서구시의 식민지 시대로부터 해방을 하려는 노력은 물론 중요하지만, 그러기 위해서 서구의 현대시의 교육을 먼저 받아야 한다"[21]고 하였다. 세계 문학의 경향을 살피고, 현대성을 확보하는 일이야말로 무엇보다 시급한 과제가 아닐 수 없다. 그가 당대의 문학과 전위 시론의 번역과 수용을 강조한 것도 이러한 맥락에서 이해할 수 있다. 실제 김수영이 관심을 가지고 번역한 문학이나 중요하게 논의의 대상으로 삼은 문학은 항상 당대적인 것이었다.[22] 이에 그는 전위적인 시론집을 번역하는 일, "그것은 신시 60년의 시정신을 위한 일일 뿐만 아니라 실로 국운에 관계되는 일이라고 감히 말해 두고 싶다"[23]고까지 하였다.

---

20 위의 글, 279~80쪽.

21 김수영, 「변하는 것과 변하지 않은 것 - 1966년의 시」(1966), 『전집 2』, 366쪽.

22 한명희, 「새로운 문학, 전위의 문학을 향하여: 김수영 문학의 영향관계」, 『작가세계』 61, 2004. 여름, 104~10쪽.

이렇게 볼 때, 김수영의 바타이유 수용은 자유로운 담론의 장이 마련되지 않은 상황에서, 특히 서구의 문학 이론에 익숙하지 않은 시단의 풍토 속에서 영어와 일본어에 능통하였던 그의 남다른 모색의 결과라 할 수 있다.

3. 위반 · 소모 · 신성의 에로티즘

1) 위반으로서의 에로티즘

1960년대의 한국 상황에서 에로티즘은 공개적으로 논의되지 않았던 문제였고, 시에 에로티즘을 드러내기는 힘든 것이었다. 물론 한국의 현대시 가운데에는 에로티즘이 나타난 경우가 있기도 하였지만 김수영과 같이 자신과 아내와의 성에 대한 이야기를 노골적으로 시에 표현하는 경우는 없었다.

그것하고 하고 와서 첫번째로 여편네와
하던 날은 바로 그 이튿날 밤은
아니 바로 그 첫날 밤은 반시간도 넘어 했는데도
여편네가 만족하지 않는다
그년하고 하듯이 혓바닥이 떨어져나가게
물어제끼지는 않았지만 그래도
어지간히 다부지게 해줬는데도
여편네가 만족하지 않는다

이게 아무래도 내가 저의 섹스를 개관하고

---

23 김수영, 「지성이 필요한 때 - 1967년 12월 시평」(1967), 『전집 2』, 606쪽.

있는 것을 아는 모양이다.
똑똑히는 몰라도 어렴풋이 느껴지는
모양이다

나는 섬찍해서 그 전의 둔감한 내 자신으로
다시 돌아간다
연민의 순간이다 황홀의 순간이 아니라
속아 사는 연민의 순간이다

나는 이것이 쏟고 난 뒤에도 보통때보다
완연히 한참 더 오래 끌다가 쏟았다
한번 더 고비를 넘을 수도 있었는데 그만큼
지독하게 속이면 내가 곧 속고 만다

- 〈성(性)〉(1968) 전문

김수영은 사회에서 일반적으로 통용되고 있는 금기, 즉 성을 주제로 시를 쓰는 것을 주저하지 않는다. 여기서 그가 시에 담아내고 있는 것은 아내와의 관계인데, 그는 내밀한 부부 사이의 성을 적나라하게 표현할 뿐만 아니라 자신이 느끼는 감정을 솔직하게 표현한다. 아내 외의 다른 여성과의 성에 대해서도 언급하고 그것을 아내와의 관계와 비교한다. 그리고 여기서 성은 생산의 문제와 관련이 없으며, "만족"이라는 쾌락의 문제와 관련된다. 당시 금기로 여겨지고 있던 성에 대한 이러한 적나라한 묘사는 그 자체로 충격이거니와 이에 대한 내밀한 감정이 표현되는 것도 놀랍다.

그런데 김수영은 이에 그치지 않고 이 시의 창작 과정을 「반시론」에서 다시 언급하였다. 「반시론」에서 김수영은 "「성」이라는 작품은 아내와 그 일을 하고 난 이튿날 그것에 대해서 쓴 것인데 성 묘사를 주제로 한 작품으로는 처음이다"[24]라고 하여 그 의미를 당당히 밝히고 있다. 이것은 김수영의 시론에서 에로티즘이 중요한 위치를 차지한다는 것을 의미한다.

실제 「반시론」의 상당 부분을 이루는 것은 에로티즘이다. 「반시론」에서 김수영은 창녀와의 관계도 여과 없이 표현하며, 성을 쾌락의 관점에서 제시하였다. 바타이유는 창녀를 성녀로까지 표현한 적이 있는데[25] 김수영 역시 창녀와의 사랑에서 신성을 느낀다고도 하였다. '낭만적 사랑'으로 구체화된 1910년대 이래 한국의 근대적 사랑의 이상은 김수영에 이르러 철저히 부정되고 있는 것이다.

김수영에게 에로티즘은 그 자체로 금기의 위반을 의미하지만, 특히 정치적 금기가 지배적인 사회에서 또 다른 위반을 의미한다. 김수영은 자신의 글쓰기가 검열을 받아 금기의 대상이 되었을 때, 에로티즘으로의 돌파구를 찾는다.

> 이런 때를 지일(至日)로 정하고 있다. 지일에는 겨울이면 죽을 쑤어 먹듯이 나는 술을 마시고 창녀를 산다. 아니면 어머니가 계신 농장으로 나간다. 창녀와 자는 날은 그 이튿날 새벽에 사람 없는 고요한 거리를 걸어나오는 맛이 희한하고, 계집보다도 새벽의 산책이 몇 백 배나 더 좋다. 해방 후에 한번도 외국이라곤 가본 일이 없는 20여 년의 답답한 세월은 훌륭한 일종의 감금생활이다.[26]

김수영은 자신의 글들이 검열에 걸려 삭제되거나 수정될 때, 금기의 위반으로서 에로티즘으로 나아간다. 그것은 현실의 질서에서 그가 위반할 수 있는 최대치이다. 이 글에 대해 강웅식은 초현실주의의 에로티즘을 김수영이 다소 완화시킨 것으로 해석하였다. 즉 우리의 전통적인 문화의 압력 때문에 김수영의 에로티즘은 다분히 굴절되고 변형된 표현이라고 하였다.[27] 그러나 에로티즘에서의 금기의 위반에 주목한다면, 여기에 나타

---

24 김수영, 「반시론」(1968), 『전집 2』, 411쪽.
25 바타이유에게 에로티즘은 제한 없는 성이 받아들여질 수 있는 상황, 저주의 영역에서 발생한다. 자세한 논의는 유기환, 「에로티즘의 기원과 역사」, 『한국프랑스학논집』 37, 한국프랑스학회, 2002. 2, 162쪽 참조.
26 김수영, 「반시론」(1968), 『전집 2』, 406쪽.
27 강웅식, 『김수영 신화의 이면: 주체의 자기 형성과 윤리의 미학화』, 청동거울, 2012, 118~9쪽.

나고 있는 에로티즘은 다른 의미로 해석될 수 있다.

김수영은 금기가 지배적인 사회의 에로티즘에 주목하였다. 그는 창작 활동에서 다루는 "감정이나 꿈에 있어서는 38선이란 터부는 문제가 되지 않는다"[28]고 하였는데, 이 위반의 중심에는 에로티즘이 놓여 있다. 그리고 이러한 위반은 곧 악으로 이어진다.

> 시에서도 이런 치기가 아직 가시지 않고 있다. 여편네를 욕하는 것은 좋으나, 여편네를 욕함으로써 자기만 잘난 체하고 생색을 내려는 것은 치기다. 시에서 욕을 하는 것이 정말 욕이 되는 것은 아니지만, 하여간 문학의 악의 언턱거리로 여편네를 이용한다는 것은 좀 졸렬한 것 같은 감이 없지 않다.[29]

김수영은 "문학의 악의 언턱거리로 여편네를 이용한다는 것"은 "졸렬한" 일이라는 것, 그러나 시에서 욕을 하는 것이 정말 욕이 되는 것은 아니기 때문에 여편네라고 말하는 것이 아내를 비하하는 일은 아니라고 하였다. 이 구절을 들어 조영복과 맹문재는 종래 김수영의 여성관을 비판한 논의에 대한 반론으로 삼았다.[30] 그런데 여기서 김수영이 말하는 악의 개념을 바타이유의 그것으로 볼 수 있다면, 김수영의 여성관을 비판할 일만은 아니다.

바타이유는 문학은 "악의 표현"이라고 하였다.[31] 바타이유에 의하면 문학은 창조해야 하는 질서와 상관없이 규범의 위반을 적나라하게 보여줄 수 있다. "문학은 도덕률 위반과 같이 하나의 위험이기조차 하다. 문학은 모든 것을 다 말할 수 있다."[32] 문학이 추구하는 삶의 어두운 진실은 오직 금기의 위반을 통해 드러나는데, 이 금기의 위반은 윤리적 악으로 간주된다.[33] 에로티즘은 악의 대표적인 사례라 할 것이다.

---

28 김수영, 「창작 자유의 조건」(1962), 『전집 2』, 177쪽.

29 김수영, 「시작 노트 4」(1965), 『전집 2』, 440쪽.

30 조영복, 「김수영, '반여성주의'에서 '반반의 미학'으로」, 『여성문학연구』 6, 한국여성문학회, 2001. 12 참조; 맹문재, 「김수영의 시에 나타난 여성의식」, 최동호 · 강웅식 편, 『다시 읽는 김수영 시』, 작가, 2005.

31 조르주 바타이유, 최윤정 역, 『문학과 악』, 민음사, 1995, 12쪽.

32 위의 책, 29쪽.

김수영이 아내와의 내밀한 관계를 공개적으로 표현하여 아내를 악의 언턱거리로 이용하는 것, 창녀와의 관계 속에서 신성함을 느꼈다고 한 것 등은 바타이유의 에로티즘과 관련된다. 김수영의 시론, 「시여, 침을 뱉어라 - 힘으로서의 시의 존재」에 나오는 '침뱉기,' 역시 악의 표상으로 볼 수 있다. 김수영이 "시여, 침을 뱉어라"라고 할 때의 '침뱉기'는 금기의 위반을 의미한다.

> 내가 지금 — 바로 지금 이 순간에 — 해야 할 일은 이 지루한 횡설수설을 그치고, 당신의, 당신의, 당신의 얼굴에 침을 뱉는 일이다. 당신이, 당신이, 당신이 내 얼굴에 침을 뱉기 전에. 자아 보아라, 당신도, 당신도, 당신도, 나도 새로운 문학에의 용기가 없다. 이러고서도 정치적 금기에만 다치지 않는 한 얼마든지 〈새로운〉 문학을 할 수 있다는 말을 할 수 있겠는가.[34]

김수영이 "시여, 침을 뱉어라"라고 했을 때, 이것은 기존 질서와 문학을 부정하자는 말에 다름 아니다. 새로운 문학은 정치적 금기에까지 이르는 위반이어야 할 터인데, 이 위반은 '침뱉기'로부터 출발한다. 그런데 이 위반의 행위로서의 '침뱉기'는 바타이유가 창녀들의 타락을 설명하는 가운데 나온다.

> 창녀들의 타락은 비참한 생활 조건에서 비롯된다. 그것은 무의지적인 것이다. 그러나 욕설을 예로 들어 보면, 그것은 인간성과 인간의 위엄을 거부하는 행위임을 알 수 있다. 선하게 꾸려져 온 삶이라고 하더라도 일단 타락하면, 즉시 선을 향해 침을 뱉고, 인간의 삶을 향해 침을 뱉을 결심이 따른다.[35]

바타이유는 창녀들의 타락 속에서 위반과 불경이 주는 감정과 유사한 감정을 발견하

---

33 유기환, 『조르주 바타이유』, 살림, 2006, 43쪽.

34 김수영, 「시여, 침을 뱉어라 - 힘으로서의 시의 존재」(1968), 『전집 2』, 401쪽.

35 죠르쥬 바따이유, 조한경 역, 『에로티즘』, 민음사, 1989, 152~3쪽.

였다. 특히 그들의 욕설은 인간성과 인간의 위엄을 거부하는 행위이다. '침뱉기' 역시 이에 해당한다. 바타이유에 의하면, 인간은 "선하게 꾸려져 온 삶이라고 하더라도 일단 타락하면, 즉시 선을 향해 침을 뱉고, 인간의 삶을 향해 침을 뱉을 결심이 따른다"고 하였다. 바타이유의 '침뱉기'는 김수영의 「시여, 침을 뱉어라 - 힘으로서의 시의 존재」에 모티브가 된 것으로 보인다.

이와 같이 김수영의 대표적인 두 시론, 「반시론」과 「시여, 침을 뱉어라 - 힘으로서의 시의 존재」는 모두 바타이유의 영향 속에 씌어졌다. 그리고 제목도 바타이유의 영향 속에 있다. 「반시론」에서 '반시'는 바타이유의 개념이며[36] 「시여, 침을 뱉어라」에서 '침뱉기' 역시 바타이유의 개념이다.

김수영은 시에서도 에로티즘을 통해 반시를 지향하는 모습을 보여준다. 그는 "나는 지금 규제로 시를 쓰고 있다/ 타의의 규제," "언어가 죽음의 벽을 뚫고 나가기 위한/ 숙제는 오래된다 이 숙제를 노상 방해하는 것이/ 성의 윤리와 윤리의 윤리다"(<설사의 알리바이>)라고 하였다. 여기서 그는 성 윤리에 초점을 두고 시의 위반을 말하고 있다. 시는 금기의 위반이라는 것, 금기의 중심에는 성의 윤리가 자리하고 있다는 것이다. 이러한 사유에 기초하여 김수영은 시에 대한 새로운 해석을 내어 놓는다.

> 시(詩)는 쨍쨍한 날씨에 청랑한 들에
>
> 환락의 개울가에 바늘 돋친 숲에
>
> 버려진 우산
>
> 망각의 상기(想起)다
>
> - <적 2>(1965) 부분

---

36 박지영은 최윤정이 『문학과 악』을 번역하면서 '반시(un contraire de la poésie)'를 '시의 역'으로 번역하였는데, 김수영은 이를 '反詩'로 번역하였다는 점에 주목하였다. 이를 근거로 '반시'는 일본식 번역으로 볼 수 있다고 주장하였다. 자세한 논의는 박지영, 「번역과 김수영의 문학」, 김명인 · 임홍배 편, 『살아 있는 김수영』, 창비, 2005, 354쪽 참조.

김수영에 따르면 시는 "쨍쨍한 날씨에 청랑한 들"과 완전히 대조되는 풍경, 즉 "환락의 개울가에 바늘 돋친 숲에" "버려진 우산"으로, "망각의 상기想起"이다. 여기서 시가 '상기'가 아니라 '망각'의 '상기'라는 점도 주목되지만, '환락의 개울가'라는 세계에 속하는 것으로, 에로티즘의 이미지로 표출된 것은 주목할 대목이다.

2) 소모로서의 에로티즘

김수영은 시에서 에로티즘의 내적 체험도 표현한다. 그는 창녀와의 하룻밤 경험을 밝히고 그 느낌을 자세하게 쓰며, 아내와의 성에서 발견한 경험도 소상히 밝힌다. 말하자면, 그는 에로티즘을 대상화하지 않고 내적 체험으로 보여준다. 그런데 에로티즘에 대한 이러한 태도는 바타이유의 사유에 닿아 있다.

바타이유는 성에 대해 과학적으로 접근하는 것에 반대한다. 그가 킨제이 보고서와 프로이트의 성 이론을 비판하는 것도 이 때문이다. 그에 의하면 내적 체험이 결여되어 있는 사물은 목적과 결과만을 염두에 둔 도구일 뿐이다. 그런데 사물의 내밀성은 사물이 깊은 곳에서 사물을 벗어날 때, 다시 말해 대가 없이 비생산적으로 소비되고 희생되는 조건 — 생산물, 상품과는 반대되는 조건 — 아래에서 드러난다.[37] 바타이유가 말하는 '내적 체험'은 사물로부터 벗어난 상태를 의미한다.

바타이유에 따르면 에로티즘은 비생산적 소비로도 번역되고 있는 '소모'[38]의 대표적인 형태이다. 에로티즘에서 내밀한 감정은 소모인데, 내밀한 감정을 표현해주는 것은 사물이 아니라 소모이다. 소모는 사물의 부정이다.[39] 에로티즘은 모든 실용주의적 활동,

---

37 조르주 바타이유, 조한경 역, 『저주의 몫』, 문학동네, 2000, 175쪽.

38 바타이유는 생산적 소비의 개념에는 '콩소마시옹'(consommation)를, 비생산적 소비의 개념에는 '데팡스'(dépense)를 사용하였다. 조한경은 전자를 '소비'로, 후자를 '소모'로 번역하였다. 그런데 유기환은 '소모'라는 용어가 생산도 없지만 의미도 없는 소비로 확대 해석될 위험이 있다고 보고, 전자를 생산적 소비로, 후자를 비생산적 소비로 번역하여야 한다고 하였다. 자세한 논의는 유기환, 『조르주 바타이유』, 살림, 2006, 59쪽 참조.

39 조르주 바타이유, 조한경 역, 『저주의 몫』, 문학동네, 2000, 175쪽.

모든 사회적 활동에 대립하는 것이자 그것 자체를 목적으로 하는 광기 어린 욕망이다. 그런데 김수영의 시에서도 소모로서의 에로티즘에 대한 인식이 나타나고 있다.

> 새로 파논 우물전에서 도배를 하고 난 귀얄을 씻고 간 두붓집 아가씨에게
> 무어라고 수고의 인사를 해야 한다지
> 나들이를 갔다가 아들놈을 두고 온 안방 건넌방은 빈집 같구나
> 문명(文明)된 아내에게 <실력을 보이자면> 무엇보다 먼저
> 발이라도 씻고 보자
> 냉수도 마시자
> 맑은 공기도 마시어두자
>
> 자연이 하라는 대로 나는 할 뿐이다
> 그리고 자연이 느끼라는 대로 느끼고
> 나는 실망하지 않을 것이다
>
> 의지의 저쪽에서 영위하는 아내여
> 길고긴 오늘밤에 나의 사치를 받기 위하여
> 어서어서 불을 끄자
> 불을 끄자

- <사치>(1958) 부분

이 시에서 성은 자연에 속하는 것으로서, 문명이 가하는 인위적인 것들을 해소하는 기능을 지니고 있다. 이 시의 화자인 '나'는 "문명文明된 아내"를 위해 "냉수도 마시"고 "맑은 공기도 마시어두자"고 한다. '나'는 자연이 하라는 대로 하고 자연이 느끼라는 대로 느끼고자 한다. 이와 같이 이 시에서는 성을 통한 문명 비판을 의도하는데, 사실 문명 비판으로서의 에로티즘은 문학의 오래된 주제이기도 하다. 그런데 이 시에서 주목되는 것은

시의 화자가 성을 '사치'로 보고 있으며, 시의 제목도 '사치'라는 점이다. 김수영이 성을 사치로 본 것은 바타이유의 영향에서 비롯한다.

바타이유는 성을 종의 차원에서 보면 성장으로 볼 수도 있지만 개체의 차원에서 보면 사치라고 규정한다. 우리가 물건을 다른 사람에게 거저 주는 것이 사치이듯이 새로운 개체가 모체로부터 분리되는 유성 생식 역시 사치이다.[40] 바타이유는 자연의 기본적인 '사치'로서 먹기, 성, 죽음 등을 들었다.[41]

그런데 사치는 비생산 소비에 속한다. 바타이유는 인간의 소비를 두 가지로 구분한다. 하나는 생산적 소비로서 개인이 생명을 보존하고 생산 활동을 유지하는 데 필요한 소비를 가리킨다. 다른 하나는 비생산적 소비로서 생명 보존과 재생산이 아니라 소비 그 자체를 목적으로 삼는 소비이다. 예를 들면, 사치, 도박 공연, 종교예식들, 그리고 생식이라는 궁극적 목적을 벗어난 성행위, 예술, 좁은 의미의 시 등은 모두 다 비생산적인 소비의 양상들이다.[42] 이 비생산적 소비가 적절하게 해소되어야만 전쟁과 같은 극단적인 상황을 피할 수 있다.

바타이유가 말하는 일반 경제학에 의하면, 개별 경제, 예컨대 가계 경제에서는 에너지의 부족, 즉 빈곤이 발생할 수 있지만, 전체 경제, 예컨대 세계 경제에서는 언제나 에너지의 과잉, 즉 잉여가 발생한다. 이 잉여를 적절히 해소하지 못할 경우 전쟁이 발발한다. 고대 사회는 전쟁을 예방하기 위해 '증여 - 선물교환'이라는 지혜로운 소비 방식을 개발했지만, 매매 - 상품교환에 기반을 둔 현대 사회는 소비를 외면하고 축적에 혈안이 되어 결국 두 번의 대전을 일으켰다.[43] 비생산적 소비는 전쟁이라는 비극적 해결책을 피하기 위해서도 필요한 것이다.

김수영은 바타이유가 말한 비생산적 소비를 '소모'로 지칭하였고, 비생산적인 소비, 즉 소모의 중요성을 인식하고 있었다. 그는 이성과 타산이 지배적인 생활 속에서, 일상

---

40 위의 책, 76쪽.
41 위의 책, 74~6쪽.
42 장 피엘, 조한경 역, 「바타이유와 세계」, 조르주 바타이유, 조한경 역, 『저주의 몫』, 문학동네, 2000, 17쪽.
43 유기환, 『조르주 바타이유』, 살림, 2006, 41쪽.

의 타성에 젖어 소모가 없어지는 현상을 경계하였다. 그는 "항산恒産이 항심恒心이라고, 생활에 과히 불안을 느끼지 않으면 정신의 불필요한 소모가 없어진다"[44]고 하였다. 그리고 비생산적 소비에 속하는 사치에 대해서도 언급하였다. 「반시론」에서는 비생산적 소비에 속하는 '제사'를 '사치'로 명명하고, 이를 자신의 문학 행위와 관련지어 논의하기도 하였다.

> 그리고 아무리 곤란해도 거르지 않고 이어온 제사. 그리고 제대로 담근 식혜와 제대로 만든 저냐. 절에 갖다 줄 돈이 있으면 반찬이나 해잡수시라고 노상 타박을 하다가도 문인장(文人葬)의 식장 같은 데서 향불을 입으로 끄는 무식한 선배들을 보면 노모의 노후의 그나마의 마지막 사치를 그다지 탓하고 싶은 마음도 안 난다. 결국 내 자신의 되지 않은 문학행위도 따지고 보면 노모가 절에 다니는 거나 조금도 다를 게 없다.[45]

김수영은 제사를 사치로 규정하고 노모의 종교 활동과 자신의 문학 행위도 모두 이에 해당한다고 말하고 있다. 사실 제사나 종교 활동, 그리고 문학 행위는 그 자체로 사치라 할 수 없다. 바타이유에 의하면 제사와 종교 활동은 대표적인 비생산적 소비의 형태이며 문학 역시 마찬가지이다. 특히 가장 덜 타락한 형태로, 그리고 가장 덜 지성화된 형태로 활용되는 시는 비생산적 소비의 동의어로까지 간주될 수 있다.[46] 그런데 김수영의 말대로 제사, 종교 활동, 그리고 문학 행위가 사치가 될 수 있는 것은 "아무리 곤란해도 거르지 않고 이어온," "제대로 담근 식혜와 제대로 만든 저냐"로 치루는 제사이기 때문이고, 어려운 형편에도 시주를 하는 종교 활동이기 때문이며, "내 자신의 되지 않은 문학 행위"이기 때문이다.

---

44 김수영, 「반시론」(1968), 『전집 2』, 404쪽.

45 위의 글, 409쪽.

46 '소모'의 관점에서 보면 예술 창작은 두 개의 커다란 범주로 나뉜다. 그 중 첫째는 건축과 춤과 음악으로서 이것은 실제적 또는 외적 소모의 범주이다. 문학과 희곡은 소모의 두 번째 범주를 구성하는 것들이다. 조르주 바타이유, 조한경 역, 『저주의 몫』, 문학동네, 2000, 34~5쪽.

김수영은 이러한 '사치'의 세계에 가담하고 있는 자신을 부끄럽지 않다고 하였다. 그는 "프티 부르주아적인 <성>을 생각하면서 부삽의 세계에 그다지 압도당하지 않을 만한 자신을 갖는다"고 하였다. 그는 노동과 대립되는 에로티즘에서 긍정적인 의미를 찾았다.[47] 김수영에게 사치로 이해되는 에로티즘, 제사, 종교, 그리고 시는 노동에 비해 결코 하찮은 것이 아니다. 이것은 모두 비생산적 소비에 해당하는 것으로서, 과잉 생산을 해소할 수 있는 중요한 영역들이다.

3) 신성으로서의 에로티즘

김수영은 「반시론」에서 에로티즘을 통해 신성을 표현하기도 하고 이에 대한 새로운 해석을 보여주기도 한다. 그는 창녀와 하룻밤을 보낸 다음 날, 이것은 "탕아만이 아는 기분"으로, "머리가 훨씬 단순해지고 성스러워지기까지 한다"고 하였다. 그리고 등교 길에 나온 여학생 아이들을 만나는 때를 "격의 없이 애정으로 바라볼 수 있는 순간, 때 묻지 않은 순간, 가식 없는 순간"이라고도 하였다.[48] 이와 같이 그는 에로티즘이 신성을 낳는다고 생각하였는데, 이 점은 시에서도 두루 나타난다.

> VOGUE야 넌 잡지가 아냐
> 섹스도 아냐 유물론도 아냐 선망조차도
> 아냐 — 선망이란 어지간히 따라갈 가망성이 있는
> 상대자에 대한 시기심이 아니냐, 그러니까 너는
> 선망도 아냐

---

47 자세한 논의는 졸고, 「김수영의 시론에 미친 프랑스 문학이론의 영향: 조르주 바타이유를 중심으로」, 『비교문학』 24, 한국비교문학회, 2007. 6, 107~8쪽 참조.
48 김수영, 「반시론」(1968), 『전집 2』, 407쪽.

마룻바닥에 깐 비닐 장판에 구공탄을 떨어뜨려
탄 자국, 내 구두에 묻은 흙, 변두리의 진흙,
그런 가슴의 죽음의 표식만을 지켜온,
밑바닥만을 보아온, 빈곤에 마비된 눈에
하늘을 가리켜주는 잡지
VOGUE야

신성을 지키는 시인의 자리 위에 또 하나
넓은 자리가 있었던 것을 자식한테
가르쳐주지 않는 죄 — 그 죄에 그렇게
오랜 시간을 시달리면서도 그것을 몰랐다
VOGUE야 너의 세계에 스크린을 친 죄,
아이들의 눈을 막은 죄 — 그 죄의 앙갚음
VOGUE야

- 〈VOGUE야〉(1967) 부분

김수영은 당대에 많은 책들을 소재로 시를 썼는데, 이 시도 그 중 하나이다. 『보그 *VOGUE*』는 유행 패션, 연예인들의 이야기 등을 비롯한 여러 대중문화를 다루는 잡지이다. 그런데 이 잡지는 1960년대 한국의 상황에서는 도달하기 힘든, 에로티즘의 문화를 드러내기도 하였다. 미니스커트를 입는 것 자체가 금기로 인식되던 당대 한국 현실에서 『보그』에 나오는 나체에 가까운 화보들은 김수영에게는 도저히 닿을 수 없는 세계로 보였을 것이다. 이에 따라 『보그』는 "섹스도 아냐 유물론도 아냐 선망조차도 아냐"라고 토로하게 하는 잡지, 그저 "밑바닥만을 보아온, 빈곤에 마비된 눈에 하늘을 가리켜주는 잡지"로 그려진다.

그러나 이 『보그』는 "신성을 지키는 시인의 자리 위에 또 하나/ 넓은 자리가 있었던 것을 자식한테/ 가르쳐주지 않는 죄"가 있다는 것을 느끼게 하는 잡지이기도 하다. 『보그』를 철저히 금기의 대상으로 둔 것, 『보그』에 "스크린을 친 죄," "아이들의 눈을 막은 죄 ―그 죄의 앙갚음," "자식한테 가르쳐주지 않는 죄"를 짓고, "그 죄에 그렇게/ 오랜 시간을 시달리면서도 그것을 몰랐다"고 느낀 죄. 그러나 『보그』의 에로티즘은 금기의 대상에 됨으로써, 신성을 드러낸다.

여기서 드러난 신성의 개념은 바타이유의 그것에 닿아 있다. 바타이유에 따르면 신성의 세계는 금기와 관련이 있다. 신성한 것은 금지된 것, 격렬한 것, 위험한 것, 가 닿기만 해도 소멸이 일어날 것 같은 것을 가리킨다.[49]

김수영이 말하는 신성은 선과 악을 뚜렷하게 구분하기 이전에 존재한다. 그는 "종교의 획득은 종교를 잃었을 때부터 시작되었고/ 나는 그 때부터 차차 늙어가는 탈을 썼다"(<반주곡>)고 한다. "종교와 비종교, 시와 비시의 차이가 아이들과 아이의 차이이다/ 그러니까 종교도 종교 이전에 있다."(<우리들의 웃음>) 때문에 김수영은 신성과 세속을 하나로 보기도 한다.

성속(聖俗)이 같다는 원효대사가
텔레비에 텔레비에 들어오고 말았다
배우 이름은 모르지만 대사는
대사보다도 배우에 가까웠다

그 배우는 식모까지도 싫어하고
신이 나서 보는 것은 나 하나뿐이고
원효대사가 나오는 날이면
익살맞은 어린 놈은 활극이 되나 하고

조바심을 하고 식모 아가씨나 가게

49 조르주 바타이유, 최윤정 역, 『문학과 악』, 민음사, 1995, 202쪽.

아가씨는 연애가 되나 하고
애타하고 원효의 염불 소리까지도
잊고 — 죄를 짓고 싶다

돌부리를 차듯 서투른 원효로
분장한 놈이 돌부리를 차고 풀을
뽑듯 죄를 짓고 싶어 죄를
짓고 얼굴을 붉히고

죄를 짓고 얼굴을 붉히고 —
성속이 같다는 원효대사가
텔레비에 나온 것을 뉘우치지 않고
춘원(春園) 대신의 원작자가 된다

우주시대의 마이크로웨이브에 탄
원효대사의 민활성 바늘 끝에
묻은 죄와 먼지 그리고 모방
술에 취해서 쓰는 시여

- <원효대사 - 텔레비전을 보면서>(1968) 부분

여기에는 성속이 같다는 원효대사가 등장한다. 원효대사는 안방 "텔레비에 텔레비에 들어오고 말았"고, 이제 "대사는/ 대사보다 배우에 가까웠다." 신성은 세속과 단절되어 있지 않으며 서로 연결되어 있다. 원효대사가 추구하는 신성은 텔레비전이 지배하는 세속을 보충한다.

이 시에 나타나고 있는 사유 구조에 대해 유중하는 동아시아적 사유의 관점에서,[50] 김유중은 존재론 사유의 심화라는 관점에서[51] 분석하였다. 그런데 이 시는 에로티즘의 관점에서도 해석될 여지가 있는 것이 아닌가 한다. 우선 이 시에서 원효대사는 성속을 함께 접하는 인물로 등장한다. 금기에 대한 위반이 세속의 원리라고 한다면, 원효대사는 성의 윤리를 파계를 한 인물로서, 금기를 위반한 인물이며 죄를 지은 인물로 그려진다.

원효대사는 죄와 속죄의 반복을 이어간다. 금기가 현실에서 접근을 막고 있는 대상을 신성시하는 것이라면, 그것은 하나의 장애임과 동시에 그에 못지않은 권유이기도 하다.[52] 이 시에서도 원효대사는 "죄를 짓고 싶다"는 욕망을 드러내며, "죄를 짓고 얼굴을 붉히고" 다시 "죄를/ 짓고 얼굴을 붉히고"고 스스로 죄를 짓고자 한다. 이와 같이 원효대사는 죄와 속죄 가운데 놓여 있다.

시 역시 "우주시대의 마이크로웨이브에 탄/ 원효대사의 민활성 바늘 끝에/ 묻은 죄와 먼지, 그리고 모방/ 술에 취해서 쓰는 시"로 제시된다. 시도 죄와 속죄 가운데, 세속과 신성 사이에 있다. 마찬가지 이유에서 김수영은 시인 역시 '방탕'과 '낭비'의 아들이자 순교의 아들이라고 본다.

> 우리는 여지껏 희생하지 않는 오늘의 문학자들에 관해서 너무나 많이 고민해 왔다
> 김동인, 박승희 같은 이들처럼 사재(私財)를 털어놓고 문화에 헌신하지 않았다
> 김유정처럼 그밖의 위대한 선배들처럼 거지짓을 하면서 소설에 골몰한 사람도 없다……
>
> 그러나 덤핑 출판사의 20원짜리나 20원 이하의 고료를 받고 일하는
> 14원이나 13원이나 12원짜리 번역일을 하는
> 불쌍한 나나 내 부근의 친구들을 생각할 때
> 이 죽은 순교자들을 어떻게 생각해야 하나
> 우리의 주위에 너무나 많은 순교자들의 이 발견을

---

50 유중하, 「김수영과 노신(3) - '방법으로서의 동아시아'」, 『중국현대문학』 16, 중국현대문학회, 1996. 6, 308~13쪽.

51 김유중, 앞의 책, 394~6쪽.

52 조르주 바타이유, 최윤정 역, 『문학과 악』, 민음사, 1995, 25쪽.

지금 나는 하고 있다

- <이 한국문학사>(1965) 부분

김수영은 이 시에서 현재의 젊은 세대 속에서 신성이 어떻게 구현될 수 있는지를 선배 세대와 비교하면서 제시한다. 선배 세대 문인들, 가령 김동인, 박승희, 김유정 등은 모두 신성을 구현한 순교자들이다. 김동인이나 박승희는 "사재私財를 털어" "문화에 헌신"하였고 김유정은 "거지짓을 하면서/ 소설에 골몰"하였다. 이들은 예술을 위해 순교를 한 순교자들이다.

이에 반해 자신의 세대 문인들은 "덤핑출판사의 20원짜리나 20원 이하의 고료를 받고 일하는/ 14원이나 13원이나 12원짜리 번역일을 하는" "무의식 대중"에 불과하다. 더 이상 시대의 무게, 문학의 무게를 짊어지고 있는 자들이 아니다.

나는 광휘에 찬 신현대문학사의 시를 깨알같은 글씨로 쓰고 있다
될 수만 있으면 독자들에게 이 깨알만한 글씨보다 더
작게 써야 할 이 고초의 시기의
보다 더 작은 나의 즐거움을 피력하고 싶다

덤핑 출판사의 일을 하는 이 무의식 대중을 웃지 마라
지극히 시시한 이 발견을 웃지 마라
비로소 충만한 이 한국문학사를 웃지 마라
저들의 고요한 숨길을 웃지 마라
저들의 무서운 방탕을 웃지 마라
이 무서운 낭비의 아들들을 웃지 마라

- <이 한국문학사>(1965) 부분

그러나 반전은 일어난다. "나는 광휘에 찬 신현대문학사의 시를 깨알같은 글씨로 쓰

고 있”지만, “독자들에게 이 깨알만한 글씨보다 더/ 작게 써야 할 이 고초의 시기”에 작은 즐거움을 발견한다. 역설적이게도 화자는 이 신현대문학사는 “충만한” 것이라고, “덤핑 출판사의 일을 하는 이 무의식 대중을 비웃지 말라”고 당당하게 말한다.

어떻게 김수영 세대의 시인들이 선배 세대 문인들에 견줄 수 있게 되는 것일까? 그것은 그들이 ‘방탕’과 ‘낭비’의 아들이기 때문이다. 방탕과 낭비를 가졌다는 이유로 그들은 선배 세대 문학들에까지 이르는데, 그들의 ‘방탕’과 ‘낭비’는 바타이유적 의미에서 신성에 이르는 길을 마련한다.

바타이유에 따르면, 에로티즘은 방탕과 결부된다. 에로티즘이 죽음에로의 문을 열어줄 때 이 죽음은 방탕과 결부된다.[53] 이러한 의미의 방탕은 특히 디오니소스 축제에 만연하였다. 고대 사회에서 에로티즘은 디오니소스를 신으로 모시며 통음난무를 주요 내용으로 하는 디오니소스제를 중심으로 전개되었는데, 디오니소스는 술의 신, 축제의 신, 위반의 신, 광기의 신이다. 이 고대 사회의 디오니소스제는 평소의 인간적 질서를 초월하는 종교적 신성의 체험으로서 방탕으로 변질되었다.[54]

바타이유에게 ‘낭비’ 또한 자본주의 사회에서 지극한 선에 이르는 것으로서, 신성을 낳게 한다. 사람들은 유용성이나 이익에 개의치 않는 사람을 볼 때, 사랑을 위해 수억 원을 탕진하거나 빈자를 위해 수백억 원을 희사하는 사람을 볼 때 신성을 느낀다.[55]

이와 같이 바타이유적인 의미에서 ‘방탕’과 ‘낭비’는 모두 신성으로 이르는 통로를 제공하는데, 김수영은 젊은 세대 시인들이 바로 이 방탕과 낭비를 지니고 있다고 보았다. 그들이 순교자가 될 수 있는 것도 이 때문이다. 그리고 김수영은 우리 주위에서 이러한 순교자들, 즉 “고요한 숨길”을 내는 그들, “무서운 방탕”을 보이는 그들, “무서운 낭비의 아들들”을 너무나 많이 발견한다고 하였다.

---

53 죠르쥬 바따이유, 조한경 역, 『에로티즘』, 민음사, 1989, 24쪽.

54 유기환, 『조르주 바타이유』, 살림, 152~4쪽.

55 위의 책, 108쪽.

4. 바타이유 에로티즘 수용의 의미

김수영은 시작 초기에는 이성의 합리성을 인정하고 그것을 추구하였다. 사물을 바로 보고자 하는 의지를 드러낸 것은 그 대표적인 경우이다. 그러나 점차 그는 이성중심주의의 폐해를 깊이 인식하고 비이성의 영역에 관심을 기울인다. 인간을 이성의 존재라기보다 욕망의 존재라고 인식하게 된 것은 그 대표적인 경우이다. 그는 인간을 제대로 이해하기 위해서는 욕망을 제대로 이해하여야 한다고 생각하였고, 욕망의 사회문화적 의미도 읽어내고자 하였다.

김수영은 욕망에 대한 이해 없이 진정한 의미의 혁명은 이루어질 수 없다고 생각하였다. 혁명은 각 개인에서부터 출발하며, 사회 혁명은 개인 혁명과 분리될 수 없다고 보았다. 이에 따라 김수영은 욕망에 대해 관심을 기울이게 되는데, 이것은 전후 냉전 체제를 비판하는 움직임, 가령 서구 지식인들의 동향과 소련 체제의 문제점 등을 모두 인식하는 가운데서 나왔다.

특히 4 · 19 이후를 계기로 그는 일상에 관심을 기울이면서 욕망의 문제를 깊이 사유하게 되었다. 이때, 그는 인간의 가장 기본적인 욕망에 속하는 성에 많은 관심을 두었고, 이를 시에서도 다양하게 표현하였다. 제도와 이념으로 인해 많은 것들이 통제되던 시대에 그는 에로티즘을 중심으로 이를 돌파해나갔다.

김수영의 시에 에로티즘이 드러나게 되는 것은 1960년대 중반을 무렵부터였다. 김수영 시에 나타난 에로티즘은 다음 세 가지 측면에서 살펴볼 수 있었다.

김수영의 시에는 우선 금기의 위반으로서의 에로티즘이 나타났다. 김수영은 〈성性〉에서 당시 금기로 여기고 있던 성에 대해 적나라하게 묘사할 뿐만 아니라, 그것의 창작 과정까지 소상히 밝혔다. 김수영의 시에서 에로티즘은 금기의 위반으로서, 금기가 지배적인 사회를 비판하는 의미를 지니고 있었다. 「시여, 침을 뱉어라 - 힘으로서의 시의 존재」의 '침뱉기' 역시 바타이유의 『에로티즘』에 나오는 것으로서, 에로티즘을 통한 위반으로 해석될 수 있었다.

김수영은 시에서 '소모' 즉, 비생산적 소비로서의 에로티즘에 대한 인식을 보여주었다. 타산과 계산이 지배적인 생활을 부정하고 '소모'를 중시하였다. 또한 김수영은 성을 '사치'로 보았고, 제사나 종교 활동, 자신의 문학 활동도 모두 사치로 보았다. 그런데 김수영이 사치로 본 성, 제사, 종교 활동, 그리고 문학 행위는 모두 바타이유적 의미에서 비생산적 소비에 해당하는 것이었다.

김수영의 시에는 신성의 체험으로서의 에로티즘도 나타났다. 김수영은 에로티즘의 체험을 표현하기도 하고 이에 대한 새로운 해석을 보여주기도 한다. 〈VOGUE야〉에서 보여준, 에로티즘에서의 신성은 바타이유의 그것에 닿아 있었다. 또한 김수영은 선과 악의 이분법적 인식을 부정하고 신성과 세속을 하나로 보았다. 〈이 한국문학사〉에서 김수영은 자신들의 세대가 '방탕'과 '낭비'를 지향함으로써 신성을 추구하였다고 보았다. 여기서 방탕과 낭비는 바타이유의 개념으로부터 나온 것이었다.

1960년대 한국의 현실 속에서 김수영이 시에 에로티즘을 수용한 것은 한국 현대시사에서 중요한 의의를 지니고 있었다.

우선 현대시 제재의 영역을 확장하였다. 종래 한국 현대시에서는 에로티즘을 전면적으로 드러내는 일이 드물었다. 1930년대 서정주 시에서 에로티즘을 발견한다고는 하지만, 서정주가 의식적으로 에로티즘을 실험한 것도 아니며, 그것을 전면화한 것도 아니다. 그러나 김수영은 에로티즘에 대한 뚜렷한 인식을 바탕으로 이를 시에 표현하였다.

반시의 구체적인 예를 보여주었다. 김수영은 오랜 시간 동안 전위 문학을 지향해오면서 마침내 「반시론」에 이르렀다. 김수영이 제안한 반시는 종래 시의 부정으로서, 여러 측면으로 시도될 수 있었다. 그런데 김수영은 반시의 구체적인 예로서 에로티즘의 시를 제출할 수 있었다.

또한 에로티즘을 사회의 영역에까지 관련시켰다. 김수영의 시에서 에로티즘은 지극히 내밀한 영역에 속하는 것이지만 그것은 이성중심주의와 여기서 비롯하는 냉전 체제를 비판하는 의미를 지니고 있었다. 에로티즘은 지극히 사적인 영역에서 발현하는 것이지만, 이성이 낳은 거대한 체제를 무너뜨릴 수 있는 계기를 마련할 수 있었다.

제1부 04

현대성의 미학으로서 질병의 미학

1. 김수영의 문학과 질병

김수영의 문학에는 질병에 대한 언급이 상당하다. 그는 문학 활동 초기부터 질병에 대해 관심을 가져왔다. 이것은 김수영 자신이 일차적으로 질병에 다양하게 노출된 데 기인한다. 그는 전쟁 동안 포로수용소에서 많은 시간을 병원에서 보내었는데, 이때의 경험은 질병에 대해 깊이 생각하는 계기가 되었다. 이후에도 그는 다양한 질병을 경험하면서 이를 미학으로 발전시켰다. 김수영 문학에서 질병은 시인 개인의 체험을 넘어 1950~60년대 한국 사회의 현대성과 깊이 관련되고 있다.

실제 김수영 문학에서 질병이 차지하는 위치를 고려할 때, 이에 대한 논의가 거의 없었다는 것은 의외라 할 것이다. 이제까지 김수영의 문학에서 질병에 대해 고찰한 연구는 아주 소략하다. 이에 대한 연구는 주로 정신적 질병에 초점을 두고 이루어져왔다. 박수연은 김수영 시에 나타나고 있는 '설움'을 김수영의 반복 강박과 관련시켜 논의하였는데, 여기에 국가가 개입하고 있는 측면에 특히 주의를 기울였다.[1] 이후 김수이는 김수영 시에 나

---

1 박수연, 「국가, 개인, 설움, 속도: 1950년대 시를 중심으로」, 김명인 · 임홍배 엮음, 『살아있는 김수영』, 창

타나고 있는 우울증에 대해 다루고 이를 현대성과 관련시켜 논의하였다.[2]

사실 한국 문학사에서 질병은 이미 1910년대부터 문학의 중요한 주제가 되어 왔다. 1910년대에 질병은 작가가 자신의 내면을 개성적으로 연출할 수 있게 하는 계기로, 1920년대에 질병은 결핵과 신경 쇠약 등을 중심으로 예술가의 천재적 감수성으로, 1930년대에는 당대 현상을 드러내는 중요한 모티프로 다루어졌다.[3]

김수영은 이러한 한국 문학사의 전통을 일정 부분 계승하면서, 질병을 현대성의 미학으로 발전시켜 나갔다. 그는 질병을 현대성과 관련시켜 이해하고 이를 통해 현실을 비판하고 미적 현대성을 구현하고자 하였다. 김수영 문학 속의 질병은 종전 문학의 그것과 많은 차이를 보이고 있다. 김수영은 합리적인 선이 작동하지 않는 사회에서, 질병이라는 악을 통해 새로운 사회를 열고자 하였다.

김수영이 문학 속에 표현한 질병에는 어떤 것들이 있는지, 이러한 질병은 당대적 맥락에서 어떤 의미를 지니고 있는지, 이러한 질병들은 미학적 측면에서 어떻게 이해될 수 있는지 등의 문제는 김수영의 문학을 이해하는 데 매우 중요한 물음이 된다. 이 문제는 현대성의 구현과 미적 현대성의 추구라는 관점에서 고찰할 때 보다 분명한 답을 얻을 수 있다.

2. 한국 현대 사회와 규율 대상이 된 질병

1) 6 · 25 전쟁 체험과 질병

김수영은 문학 활동 초기부터 질병에 관심을 가져왔다. 김수영은 젊어서부터 질병에

비, 2005.

2 김수이, 「김수영 시에 나타난 우울증의 양상과 치유기제: 현대성을 기원으로 하는 우울증의 세 차원을 중심으로」, 『한국시학연구』 28, 한국시학회, 2010. 8.

3 임병권, 「1930년대 모더니즘 소설에 나타난 은유로서의 질병의 근대적 의미」, 『한국문학이론과 비평』 17, 한국문학이론과 비평학회, 2002. 12.

노출되었으며, 전쟁 과정에서 다양한 질병을 경험하고 목격하였다. 6 · 25 전쟁 동안 그는 의용군으로 끌려갔다가 부상을 당하기도 하였고,[4] 이후 포로수용소에 있게 되었을 때는 대부분의 시간을 병원에서 보내었다.[5] 그는 포로생활 중 지냈던 거제리 14 야전 병원을 "고향 같은 곳"으로 느낄 정도로 인상 깊은 곳으로 기억하였는데.[6] 이곳에서 여러 질병을 보았다. 이때의 경험은 김수영 문학에 두루 나타나고 있는데, 〈어느 날 고궁을 나오면서〉에도 그대로 녹아들어 있다.

옹졸한 나의 전통은 유구하고 이제 내 앞에 정서(情緖)로
가로놓여 있다
이를테면 이런 일이 있었다
부산에 포로수용소의 제14야전병원에 있을 때
정보원이 너스들과 스펀지를 만들고 거즈를
개키고 있는 나를 보고 포로경찰이 되지 않는다고
남자가 뭐 이런 일을 하고 있느냐고 놀린 일이 있었다
너스들 옆에서

지금도 내가 반항하고 있는 것은 이 스펀지 만들기와
거즈 접고 있는 일과 조금도 다름없다
개의 울음소리를 듣고 그 비명에 지고

---

4 김수영이 의용군으로 갔다가 북한군 포로가 되어 거제도 포로수용소에서 지내게 된 과정에 대한 자세한 설명은 최하림, 『김수영 평전』, 실천문학사, 2001, 133~82쪽 참조.

5 김수영은 1950년 10월 28일 국군에게 체포된 이후 이태원 육군형무소에 끌려갔다가 다시 인천 포로수용소로 옮겨졌다. 그곳에서 그는 다리 부상을 치료받았고, 그 이튿날 낮 적십자 군용병원 열차를 타고 부산 서전병원으로 이송되었다. 이후 다시 부산 거제리 제14 야전병원으로 옮겨졌고 이후 1952년 11월 28일 민간인 포로자로서 석방되었다. 그가 석방된 장소는 충청남도 온양온천 국립 구호병원이었다. 김수영의 부산 거제리 포로수용소 경험에 대한 자세한 논의는 박태일, 「김수영과 부산 거제리 포로수용소」, 『근대서지』 2, 근대서지학회, 2010. 12 참조.

6 김수영, 「시인이 겪은 포로생활」, 『해군』 1953. 6, 45쪽; 위의 글, 392쪽 재인용.

머리에 피도 안 마른 애놈의 투정에 진다
떨어지는 은행나무잎도 내가 밟고 가는 가시밭

아무래도 나는 비켜서 있다 절정 위에는 서 있지
않고 암만해도 조금쯤 옆으로 비켜서 있다
그리고 조금쯤 옆에 서 있는 것이 조금쯤
비겁한 것이라고 알고 있다!

- 〈어느 날 고궁을 나오면서〉(1965) 부분

김수영은 이 시에서 포로수용소 야전병원에서 겪었던 경험을 회고하면서, 당시 자신이 가졌던 태도를 현재와 비추어본다. 10여 년이 흐른 지금 그때의 경험은 현재까지 작동한다. 10여 년 전 김수영이 병원에서 간호사와 함께 스펀지를 만들고 거즈를 개고 있을 때 이에 대해 정보원이 놀리자 애써 외면하였던 일, 그러나 그것이 곧 은밀한 저항이 되었던 체험,[7] 이것은 현재 자신의 현실에 대한 태도에도 그대로 이어진다. "지금도 내가 반항하고 있는 것은 이 스펀지 만들기와/ 거즈 접고 있는 일과 조금도 다름없다." 일상적 삶을 영위하는 자신과 여기에 은밀하게 개입하는 정치, 이 정치에 비켜서서 은밀하게 저항하는 태도, 이것이 김수영의 현실에 대한 태도라고 한다면 이 태도는 야전 병원에서 가진 태도와 동일하다.

김수영은 당시 병원에서 갖가지 외상을 목도한다. 전쟁 중 발생한 부상과 여기서 파생되는 이차 감염 등은 대표적인 예이다. 이러한 질병들은 6 · 25 전쟁이라는 한국의 특수한 상황을 경험한 이만이 겪을 수 있는 것이다. 김수영은 이때의 경험들을 그대로 기록하며, 질병을 치료받는 과정에서 느낀 한국 의료 제도의 변화에 대해서도 기록한다.

---

7 '거즈를 개는 일'을 두고 김재용은 '소극적 저항'이라고 해석하였고, 이명찬은 생명을 살리는 일이라 본질적으로 옹졸하거나 사소한 일이 아니라고 하였다. 자세한 논의는 김재용, 「김수영 문학과 분단 극복의 현재성」, 김명인 · 임홍배 편, 『살아있는 김수영』, 창비, 2005; 이명찬, 「김수영의 〈어느날 고궁을 나오면서〉 다시 읽기」, 『문학교육학』 17, 한국문학교육학회, 2005. 8 참조.

예를 들면 만성 오스티오 염증 환자의 고름이 나오는 구멍에다 미국인 의사는 심지를 꽂아서는 아니 된다고 주장하는데 코리안 닥터들은 마이동풍으로 꼬박꼬박 심지를 넣어준다. 그들이 배워온 의학상으로는 농(膿)을 흡수시키기 위하여 면봉(綿捧)을 넣어두어야 하는 것이 원칙인데 아메리칸 모던 서저리는 면봉을 넣어두면 새살이 나오는 것에 장해가 된다고 하여 대경실색을 한다. 문화가 얕은 민족의 특징인지 무엇인지 모르지만 우리 겨레는 원래 고집이 세다. 도무지 미국인 의사의 말 같은 것은 듣지 않는다. 나중에는 그렇게 면봉을 넣지 말라고 역설을 하여도 들어먹지 않으니까 일일이 책임 추궁을 하기 시작하고 만일 금후부터 면봉을 넣어주는 의사나 간호원은 본 병원으로부터 일제히 해고하겠다고까지 나오게 되었다.[8]

전쟁 중 외상이 낳은 후유증 중 하나는 만성 오스티오 염증이다. 이 질병은 6 · 25 전쟁이라는 특수한 상황을 경험한 이들이 겪었던 대표적인 질병이었다. 그런데 김수영은 이 질병을 앓는 환자에 대한 치료 방식을 둘러싸고 전후 한국 사회가 겪어야 할 변화를 바라본다. 한국인 의사들은 염증 환자의 고름이 나오는 구멍에 꼬박꼬박 심지를 넣어주는데 반해 미국인 의사는 이 심지를 꽂아서는 안 된다고 한다. 이러한 차이는 독일식 의료 방법을 익힌 한국인 의사와 미국식 의료 방법을 익힌 미국인 의사와의 차이이다. 일제 식민지 이래 독일식 치료 방법을 따른 한국식 의료 방식에서 미국식 의료 방식으로의 변화야말로 전후 한국의 의료 시스템이 겪어야 할 필연적인 변화라 할 것이다.

1953년에 들어서선 미군계통 병원은 거의 의과대학을 새로 나온 전후파 의학사들로 대치되었다. 종래와 같은 모던 서저리와의 충돌은 없어졌으나 이들에게는 불쌍하게도 권위가 없다. 환자가 오히려 신진의사보다 조예가 깊은 경우가 생기거나, 젊은 의사보다는 숙련된 간호원에게 신뢰를 두는 것이다. 젊은 의사는 일에 재미가 없어져서 그러는지 더 좋은 자리를 찾아가느라고 그러는지 항상 변동이 끊일 사이가 없었다. 불쌍한 것은 환자뿐이다. 환자는 한 사람의 의사가 오랫동안 맡아놓고 보아주어야만 하는 것이다.

---

8 김수영, 「면봉」(1953), 『김수영 전집 2 - 산문』, 민음사, 2003(이하 『전집 2』로 표기), 19~20쪽.

환자는 우리나라의 민중이라고 할 것 같으면 의사는 우리나라의 문화정책이다. <민족정기로써 사대주의를 박멸하자>라는 삐라가 거리의 한 모퉁이에 붙어 있는 것을 지난날의 전설 같은 면봉이 불현듯 생각이 난다. 나도 알지 못하는 이유에서.[9]

전후 한국의 모든 사회 시스템은 미국식으로 재편된다. 여기에 의료 체계 역시 예외일 수는 없다. 의사들 역시 전후파 의사들로 대치되어 이제 독일식 훈련을 받은 권위 있고 고집이 강한 의사들은 점차 보이지 않게 된다. 일반적으로 일본 의료와의 비교 속에서 미국을 배후로 한 근대 의료는 자율적이며 인도주의적인 것으로 받아들여졌다.[10] 그러나 김수영은 새로 바뀐 미국식 의료 체계에 익숙한 의사들에게는 권위가 없다고 느낀다. 그는 한국의 의료화 과정이 미국식 근대적 질서 속에 통합해가는 과정에 우려의 눈길을 보낸다.[11] 또한 환자를 민중에, 의사를 문화정책에 비유하여, 의료 체계가 민중을 은밀하게 지배할 수 있다는 사실에 주의를 기울인다.

2) 규율 대상이 된 질병

김수영은 질병 체험과 치료 과정을 자세히 관찰하면서, 일상에 작용하는 권력의 미세한 그물을 들여다본다. 그는 모든 것이 서양식으로, 나아가 미국식으로 변화된 환경을 질병을 중심으로 제시한다. 서양 의학을 동양 의학과 상대적인 관점에서 바라보고자 한 것도 이와 관련된다.

---

9 위의 글, 22쪽.

10 조형근에 의하면 해방 이후 의료 체계가 전면적으로 미국식으로 바뀌는 데에는 식민지 기간 동안 진행된 일제 식민 권력과 개신교 선교 의료 세력 사이에 경쟁이 있었기 때문이다. 즉 억압적이고 사회통제적인 일제 공식 의료와의 비교 속에서 미국을 배후로 한 근대 의료는 자율적이며 인도주의적인 것으로 받아들여졌다. 자세한 논의는 조형근, 「일제의 공식 의료와 개신교 선교 의료간 헤게모니 경쟁과 그 사회적 효과」, 『사회와 역사』 82, 한국사회사학회, 2009. 6, 156쪽.

11 남한 지역에 미군이 진주하게 되면서 의학 분야에 새로운 지식이 공급되기 시작하였다. 이에 한국인 엘리트 의사들은 미국에서 단기 유학프로그램을 이수하였고 미국의 의학 지식과 의료 체계를 이상적인 것으로 동경하게 되었다. 김두종, 『한국의학사』, 탐구당, 1993, 547~55쪽.

그래서 나는 의사의 말대로 하기로 하고 집으로 돌아와서 아내에게 물어보니, 아내의 의견은 양약보다도 한약을 복용하는 것이 효험이 많지 않겠느냐고 하면서 내가 병원에 다니는 것을 한사코 반대한다. 그래서 나는 부리나케 아우의 집을 찾아가서 너스의 경험이 있는 계수에게 나의 증세를 세세히 보고하고 병원 의사의 의견이 옳으냐 혹은 아내의 말이 옳으냐고 물어보았다. 이에 대한 계수의 대답은 티아민을 계속하여 맞아보는 것도 좋지만 수혈을 받는 것이 더 한층 좋을 것이라고 한다. …(중략)… 나는 아내의 녹용안과 계수의 수혈안을 비하여 보면서 구원을 받기 어려운 딜레마에 빠져버렸다. 이것은 나에게 있어서 동양철학과 서양철학의 우열에 대한 비교가 되고, 심지어는 한시와 현대시와의 어느 대치와도 통하는 것이라고 생각되었기 때문이다.[12]

김수영은 현기증을 앓으면서 이 질병에 대한 치료를 서양식으로 할 것인가 동양식으로 할 것인가에 대해 고민한다. 이러한 고민에서 출발하여 서양식 치료 방법과 동양식 치료 방법, 즉 동양식을 지지하는 "아내의 녹용안"과 서양식을 지지하는 "계수의 수혈안"의 대립은 서양철학과 동양철학의 대치, 현대시와 한시의 대치와도 통하는 문제라고 생각한다.

이튿날 아침에 세수를 하고 나서 나는 주사약을 가지고 부랴사랴 계수에게로 달려갔다. 우선 한 대를 맞고 나서 상쾌한 기분으로 하루의 일과는 시작하자는 심사였다. 그러나 계수는 주사약을 보더니 이것은 우리나라 제품이 되어서 효력이 적으니 미제로 바꾸어 오라고 한다. 나는 담배도 국산만 피우는 것이 나의 신조이니 그러지 말고 이것이라도 놓아달라고 하였다. 그러나 계수는 자기의 경험에 미루어 보아, 이것은 확실히 효력이 적으니 조금만 돈을 더 내더라도 외국제로 바꾸어 오라고 하면서 끝끝내 나의 말을 듣지 않는다.

나는 하는 수 없이 다시 집으로 돌아와서 아내에게 계수의 말을 전하고 수고스럽지만 외국제품으로 바꾸어가지고 오라고 간청을 하였다. 아내는 하도 나의 처지가 딱하게 보였던지, 그

---

12 김수영, 「현기증」(1956), 『전집 2』, 32~3쪽.

러면 바꾸어가지고 오지요, 하고 쾌히 승낙을 하였다.

독자 여러분! 나의 현기증은 나의 아내가 바꾸어가지고 올 미제 티아민을 맞고서 완전히 쾌유될 수 있을까요?[13]

이러한 대립은 국산 약과 외국산 약의 대립으로까지 이어진다. 그런데 김수영은 전문 간호사인 계수가 말한, 미제 약을 써야 한다는 의견을 따른다. 이것은 당시 현실이 그만큼 미국식 의료 체계로 체계화되었음을 인정하게 된 데서 비롯한다.

이 과정이 대세이고 그것이 어쩔 수 없는 과정임을 알면서도 김수영은 미국식 의료체계에 의문을 던진다. 진정 미제 티아민을 맞고서 완전히 쾌유될 수 있을지 질문한다. 이 질문은 미국식 제도가 한국의 현실 문제를 해결할 수 있는 방안이 될 수 있는가라는 근본적인 질문에 닿아 있다. 김수영은 미국식 제도와 문화가 지배적인 현실을 질병을 통해 성찰하고 있는 것이다.

한편 이 시기 김수영의 문학 속에서 질병은 대체로 극복되어야 할 대상이다. 김수영은 소록도나 병원에서 본 질병, 양계를 하면서 경험한 동물들의 질병, 다른 이들의 질병에 대해 언급할 때, 김수영은 이 질병이 극복되기를 기대한다.[14] 그가 병원이나 약에 대해 많은 기대를 하는 것도 이러한 이유에서이다.

아주머님께 안부 전하시오. 경이놈이 하는 말이 무슨 말인지는 정확히 몰라도 아주머님이 목이 아프시다고 하는 말 같은데, 부디 조심하시도록 보살펴드리시오. 감기 같으면 코푸시럽이 제일 좋지만 그렇지 않으면 지체없이 약 쓰시오. 나 아는 사람도 요즘 편도선으로 고생을 하고 있는데 아무튼 조심이 제일이오.[15]

---

13 위의 글, 34쪽.

14 김수영은 양계를 하면서 겪은 다양한 닭의 질병에 대해서도 구체적으로 거론하였다. 그가 닭의 질병으로 언급한 것은 백리병, 콕시듐, 간병, 소화불량, 감기 등이다.

15 김수영, 「편지」(1965), 『전집 2』, 470쪽.

김수영은 1950년대에 쓴 편지에서 목감기 등 일상에서 흔히 겪는 질병은 지체 없이 치유될 수 있다는 견해를 피력한다. 김수영은 지인이 걸린 감기에 "코푸시럽이 제일 좋"다고 하는 등 약을 적극적으로 제안하였다. 그는 질병을 건강과 이분법적 관점에서 바라보고 질병은 현대 의학으로 극복할 수 있다고 본다. 그가 당시 환자와 건강한 사람을 격리하는 전형적인 제도인 소록도 사업에 대해 긍정적으로 평가하는 것도 이 때문이다. 소록도의 환자들이나 원장과 약속을 하며 나환자 구호 계획에 일조할 생각도 갖는다.[16]

> 오늘날 나병은 고칠 수 있다는 것이 의학상으로는 상식으로 되어 있는데 일반 사회에서는 그에 대한 인식이 부족해서 환자 학생들이 서울에 여행을 와도 여관에서 일체 재워주지를 않으니 그에 대해 좀 계몽을 해달라는 것이 환자들의 전체적인 애원이었다. 그런데 서울에 와서 어떤 글쓰는 친구가 내가 내어 놓은 소록도 사진을 보고 대뜸 물어보는 말이 〈이 사진 소독했소?〉 하는 것이었다. 소설을 쓰는 이 친구까지도 이러니…… 하고 나는 껄껄 웃고 말았지만, 현대소설을 쓰는 사람이면 나균이 태양빛 아래에서는 부지를 못한다는 것쯤 알고 있어야 할 것이다. 나는 봄이 오면 꼭 이 친구를 데리고 소록도를 다시 한번 찾아갈 작정이다.[17]

김수영은 나병은 현대 의학으로 치료될 수 있고, 나병 극복에 소록도 사업은 중요한 버팀목이 될 수 있다는 데 동의한다. 물론 이러한 김수영의 관점은 근본적으로 나병도 치료할 수 있다는 것을 전제한다. 이러한 관점은 나환자가 단순한 격리의 대상이 아니라 추방되어야 할 사람들이며, 수용되어야 할 위험한 사람으로 보는 데서 진일보한 관점이다. 원래 소록도는 일제 강점기 위생담론과 결탁한 추방의 논리에 의해 세워진 공간이다. 이 속에서 나환자는 단순한 격리의 대상이 아니라 추방되어야 할 사람들이며, 우선적으로 수용되어야 할 위험한 사람들이었다.[18] 여기에는 나환자들을 비정상이라고 보

---

16 김수영, 「소록도 사죄기」(1961), 『전집 2』, 44쪽.

17 위의 글, 46쪽.

18 서구의 경우 18세기에 들어서면서 의학은 종래 대상을 인식하고 조직하던 언어적 문법체계를 재편시켜야 했다. 이제 의사는 환자에게 너의 문제가 무엇인가에서 너는 어디가 아픈가라고 묻게 된다. 이 순간부터

는 관점이 작용하고 있다.

사실 근대 의식에 적용된 의학의 범위가 포용해야 할 대상은 건강한 사람을 관리하는 것이다. 근대에 이르러 건강한 사람이란 병에 걸리지 않은 상태를 넘어서 정상적인 사람의 이상을 말하는 데까지 이른다. 이제 사람을 관리한다는 것은 규범적인 문제가 된다. 단순히 건강한 삶의 방향을 제시한다는 차원을 넘어서 사람과 사회가 맺고 있는 육체적이며 도덕적인 관계까지 담당하게 되는 것이다.[19] 이러한 관점은 소록도 사업에도 적용된다.

그러나 1960년대 이후 소록도 재건 사업에서는 이곳을 자기 치유의 의지를 북돋우고 밝은 미래를 약속하는 유토피아적인 술어로 바꾸기 시작하였다. 이러한 규율 체계는 타율적인 규율체계가 내면적인 규율체계로 옮겨간 것에 해당한다.[20] 따라서 소록도 재건 사업은 환자들에게 희망을 줄 수도 있지만 다른 의미에서는 환자들을 다시 규율 속에 가두는 사업이 될 수 있었다.

김수영은 소록도 사업의 진전을 희구하면서도 그것이 지니고 있는 부정적인 측면을 간과하지 않았다. 그리고 육지의 사람을 정상으로, 소록도 사람을 비정상으로 경계지우는 소록도에 대한 배타적인 시선을 비판하였다. 그는 소록도의 병원이 치유의 공간임과 동시에 규율의 공간될 수 있음을 분명히 인식하였다.

시니피에에 대한 시니피앙의 관계, 즉 증상과 의학적 경험의 모든 수준이 전면적으로 개편된다. 일상생활의 구조와 배치 질서가 질병을 분배하고 질서지우는 체계로 자리하게 된다. 그것은 질병의 질서를 인간의 삶을 그대로 옮겨 놓은 것으로 만드는 과정이다. 자세한 논의는 미셸 푸코, 홍성민 역, 『임상의학의 탄생』, 이매진, 2006, 28~39쪽 참조.

19 위의 책, 77쪽.

20 한순미, 「나환과 소문, 소록도의 기억: 나환 인식과 규율체제의 형성에 관한 언술분석적 접근」, 『지방사와 지방문화』 13-1, 역사문화학회, 2010. 6, 442쪽.

3. 현대성 비판과 질병

1) 도시 일상의 질병

1960년대에 들어서 김수영의 문학에 나타나고 있는 질병의 대다수는 도시의 삶과 관련되고 있다. 그는 이 시기 두통, 현기증, 신경증, 우울증 등 각종 정신적 질병을 경험한다. 그런데 그가 경험한 질병의 대부분은 도시 생활에서 비롯한다.

> 그런 자질구레한 일에 무얼 그렇게 신경을 쓸 필요가 있느냐고 하면 그만인 것도 같지만, 나는 워낙 소인이 돼서 그런지 신경과민이 돼서 그런지, 버스를 타고 지나가다가도 꺼멓고 빨건 흙이 내솟은 긴 네모꼴이나 바른 네모꼴의 벌거벗은 흙 위에 피워놓은 어린이들의 소꿉장난 같은 꽃들을 볼 때마다 치가 떨릴 정도의 분격을 느끼게 된다.[21]

김수영은 버스를 타고 지나가다가 신경과민이 되기도 하고 "꺼멓고 빨건 흙이 내솟은 긴 네모꼴이나 바른 네모꼴의 벌거벗은 흙 위에 피워놓은 어린이들의 소꿉장난 같은 꽃들을 볼 때마다 치가 떨릴 정도의 분격을 느끼게 된다." 그리고 이러한 현상을 신경과민에서 비롯하는 것으로 진단한다.

김수영이 말하는 신경과민은 신경증의 일종이다. 김수영의 글에는 신경증과 관련한 질병이 자주 언급되고 있다. 신경증에는 두통, 현기증, 가벼운 통증, 과민 반응, 우울증 등이 있다.[22] 신경증의 증상은 언어의 역할을 하는데, 환자가 경험한 억압은 바로 그 언어를 통해 표출된다. 신체로 표현된 증상의 경우, 증상이 선택한 매체는 언어에 의해 쓰인 신체, 다시 말해서 기표로 쓰인 신체라 할 수 있다.[23]

---

21 김수영, 「로터리의 꽃의 노이로제 - 시인과 현실」(1968), 『전집 2』, 196쪽.

22 미국의 심리치료사들, 정신분석가들, 심리학자들은 신경증에 보다 많은 진단 범주를 포함시키는 경향이 있다. 이들은 우울성 장애, 양극성 장애, 공황 장애, 과민성 장애 최면 상태 등을 모두 신경증의 일종으로 분류한다. 자세한 논의는 브루스 핑크, 맹정현 역, 『라캉과 정신의학』, 민음사, 2002, 203쪽 참조.

그런데 김수영의 신경증은 당시 도시 생활에서의 억압에 따른 것이다. 특히 현대 도시의 삶은 그의 신경증을 더욱 악화시킨다. 신경증은 벤야민이 보들레르를 분석하면서 밝혔듯이 현대 도시에서 경험할 수 있는 대표적인 증상으로서, 특히 지식인 예술가들이 전면적으로 노출되는 질병이다.[24] 김수영의 신경증도 대부분의 경우 현대 도시의 병리적 현상에서 비롯한다. 그는 곧잘 현대 도시의 삶에 이질감을 느낀다. "서울에 돌아온 지 일주일도 못 되는 나에게는 도회의 소음과 광증狂症과 속도와 허위가 새삼스러웁게 미웁고 서글프게 느껴지"(<시골 선물>)게 된다.

> 무허가 이발소의 딱딱한 평상에 앉아서 순차를 기다리는 시간처럼 평화로운 때는 없다. 시내의 다방이나 술집 중에서 어수룩한 한적한 분위기를 찾아다니는 것을 단념한 지는 벌써 오래이고, 변두리인 우리 동네의 이발관에까지도 요즘에 와서는 급격하게 <근대화>의 병균에 오염되어서, 라디오 가요의 독재적인 연주에다가 미인계를 이용한 마사지의 착취까지가 가미되어 좀처럼 신경을 풀고 앉아 있을 수가 없다.
>
> 좌석버스나 코로나 택시에서까지도 가요 팬의 운전사를 만나게 되면, 사색은 고사하고 그날 하루의 재수가 염려될 만큼 신경고문과 세뇌교육이 사회화되고 있는 세상에서는 신경을 푼다는 것도 하나의 위법이요 범죄라는 감이 든다.[25]

김수영은 현대 도시 자체를 질병으로 가득한 곳, 병든 곳으로 바라본다. 도시 시내의 다방이나 술집, 혹은 도시의 뒷골목, 동네의 무허가 이발소에까지 급격하게 들어와 있는 근대화의 흔적은 근대화의 병균으로 오염되어 있다. 근대화의 병균은 "라디오 가요의 독재적인 연주에다" "미인계를 이용한 마사지의 착취까지" 퍼져 있다. 이러한 병든

---

23 위의 책, 201쪽.

24 벤야민에 따르면, 보들레르는 도시에서의 충격을 자신의 정신적·육체적 인격을 가지고 막아내고자 하였다. 그는 충격방어를 위해 스스로를 공포에 내맡겨진 채, 공포를 불러일으키는 증상을 지녔다. 자세한 논의는 발터 벤야민, 반성환 편역, 『발터 벤야민의 문예이론』, 민음사, 1983, 128~9쪽 참조.

25 김수영, 「무허가 이발소」(1968), 『전집 2』, 147쪽.

환경 속에서 그는 좀처럼 신경을 풀고 앉아 있을 수가 없다. 버스를 타고서도 사색할 여유를 갖지 못하며 두통을 느낀다. "신경고문과 세뇌교육이 일반화되고 있는 현실에서 세상에서 신경을 푼다는 것이 오히려 하나의 위법이고 범죄"일 수 있다는 생각마저 갖게 된다.

김수영이 1960년대의 도시에서 새롭게 경험한 질병은 연탄가스 중독이다. 연탄가스 중독은 해방 후 세대가 경험하는 새로운 질병으로서 한국 사회의 도시화와 밀접한 관련을 지니는 질병이다.[26]

> 지난 겨울에 집안 식구 넷이 흠뻑 가스 중독이 됐을 때도 경위는 이와 똑같았다. 구공탄 냄새가 나는지도 모르고 골치가 아픈 것을 겨우 깨달은 뒤에도 감기가 가서 그런 줄만 알고 이틀 밤을 그대로 지냈다. 사흘째 되던 밤에 아이들이 자다가 깨어나서 토하기 시작했는데 그래도 그 원인이 구공탄 냄새인 줄은 몰랐다. 중학교에 다니는 큰놈이 먼첨 토했는데, 저희 어멈은 내가 낮에 그놈을 너무 심하게 때려주어서 그렇게 되었다고 나를 책망했고 나도 그런 줄만 알았지 구공탄 냄새인 줄은 꿈에도 생각하지 못했다. 결국 여편네하고 한참 동안 싸우고 난 뒤에, 의사를 부르러 가려고 방문을 열고 나가자니 마루와 부엌 겸 쓰는 문간 안 현관이 가스로 꽉 차 있다.[27]

김수영이 경험한 연탄가스 중독은 1960년대 한국의 급격한 사회 변화, 특히 도시화와 깊은 연관이 있다. 무엇보다 그것은 해방 이후 서울을 중심으로 한 급격한 도시화 및 산업화에서 비롯한 것으로서 주택과 난방 기술의 변화와 같은 주거사와 관련이 있다.[28] 김

---

26 1950년대 중반, 한국 정부에서는 전쟁으로 황폐해진 산림 보호를 위해 불법적인 벌목을 규제하고 장작의 사용을 억제했다. 이 정책에 이어 박정희 정부에서는 산림녹화 정책을 강화하여 산에서의 연료 채취를 철저하게 봉쇄하고 석탄산업을 장려하고 연탄을 보급하도록 하였다. 1960년대에 연료를 구하기 위해 국유림의 나무를 몰래 채취하는 도벌은 5대 사회악 중의 하나로 여겨졌다. 그 결과 해가 갈수록 많은 사람들이 연탄을 쓰게 되었다. 자세한 논의는 김옥주 · 박세홍, 「1960년대 한국의 연탄가스 중독의 사회사: 부주의로 인한 사고에서 사회적 질병으로」, 『의사학』 21-2, 대한의사학회, 2012. 8, 285쪽 참조.

27 김수영, 「이 일 저 일」(1968), 『전집 2』, 80쪽.

수영이 묘사하고 있는 주택도 당시 한국 도시화의 한 풍경을 잘 보여주고 있다. 취사와 난방을 함께 하는 구조에서 발생한 연탄가스에 김수영은 머리가 아프고 구토를 한다.

그런데 김수영은 가족들과 연탄가스에 중독된 사실 뿐만 아니라 "오늘의 경우도 그렇지만, 구공탄 냄새를 맡았다는 것보다도, 번연히 알고 맡았다는 것, 주의를 하면서 맡았다는 것, 혹은 극도로 신경을 날카롭게 하고 경계를 해가면서 맡았다는 것"이 "어처구니없고 더 분하다"[29]고 한다. 이렇듯 김수영은 나날이 신경을 곤두세울 수밖에 없는 현대 도시의 일상에서 늘 신경증을 경험한다.

2) 정치 현실 비판과 질병

1960년대에 들어서 억압적인 한국의 정치 현실로 인해 김수영은 더욱 다양한 질병에 걸린다. 일련의 급박하게 일어나는 사건들에 대해 격렬한 감정을 드러내었는데, 이러한 격렬한 감정들은 각종 질병을 낳는다. 신경증으로 대표되는 정신적인 질병은 이제 배설기관 질병이나 소화기관 질병으로 이어진다.

> (1) 없는 사람이 잘살아 보겠다고 하는 운동을 노골적으로 억압하는 정부의 처사가 상식화되어 가고 있는 사태처럼 요즈음 우리들을 다시 우울하게 만드는 것은 없다.[30]

> (2) 아무튼 정치하는 놈들이 살인귀나 강도같이 보이는 나의 편심증(偏心症)은 아직 손톱눈만큼도 치유될 기세가 없으니 초조하기만 하다.[31]

> (3) 요즈음 떠드는 〈반공법〉인지 무언지도 어찌나 혼자서 화를 내고 술만 퍼먹었던지 또

---

28 김옥주 · 박세홍, 앞의 글, 281쪽.
29 김수영, 「이 일 저 일」, 『전집 2』, 80쪽.
30 김수영, 「치유될 기세도 없이」, 『전집 2』, 38쪽.
31 위의 글, 39쪽.

간장염이 도지고 말았고, 여편네한테 화풀이하는 바람에 문창호 두 장만 산산조각이 났다.[32]

김수영은 정부의 처사에 곧잘 우울증을 경험하고 화를 내게 된다. 가령 "없는 사람이 잘 살아 보겠다고 하는 운동을 노골적으로 억압하는 정부의 처사에" 우울을 느낀다. 정치인들이 "살인귀나 강도같이 보이는" "편심증偏心症"도 "치유될 기세가 없으니 초조하기만 하다." 그런가 하면 정부에서 새롭게 거론하는 반공법에 화가 나서 술을 마시고 간장염이 도지기도 한다.

특히 김수영은 4 · 19 직후 국가와 법에 대한 사유를 이어 나갔다. 노동자의 파업 문제와 반공 문제, 과도 정부의 무능함 등, 여기에 그는 언론 유감, 반공법 비난과 같은 국가 감정을 드러내면서 즉각적이고 직설적인 비판을 이어나갔다.[33] 김수영은 급박하게 일어나는 사건들에 격렬한 감정을 드러내며 각종 질병에 노출된다.

일본의 〈진보적〉 지식인들은 소련한테는
욕을 하지 않는다고 한다 나도 얼마전까지는
흰 원고지 뒤에 낙서를 하면서
그것이 그럴듯하게 생각돼서
소련을 내심으로도 입밖으로도 두둔했었다
— 당연한 일이다

소련을 생각하면서 나는 치질을 앓고 피를 쏟았다
일주일 동안 단식까지 했다
단식을 하고 나서 죽을 먹고
그 다음에 밥을 떡국을 먹었는데

---

32 김수영, 「밀물」, 『전집 2』, 42~3쪽.
33 임지연, 「1960년대 김수영 시에 나타난 국가/ 법의 의미」, 『겨레어문학』 50, 겨레어문학회, 2013. 6, 290쪽.

새삼스럽게 소화불량증이 생겼다
— 당연한 일이다

…(중략)…

지루한 전향의 고백
되도록 지루할수록 좋다
지금 나는 자고 깨고 하면서 더 지루한
중공(中共)의 욕을 쓰고 있는데
치질이 낫기 전에 또 술을 마셨다
— 당연한 일이다

- <전향기(轉向記)>(1962) 부분

김수영은 소련이나 중공과 같은 공산주의 국가의 정치 형태에 대해서도 질병으로 반응한다. "소련을 생각하면서 나는 치질을 앓고 피를 쏟았다." 한국뿐만 아니라 주변 국가의 정치조차 시인을 실망시키는 것은 마찬가지이다. 이 때문에 단식을 하게 되자 이번에는 소화불량증에 걸렸다. 억압적인 국제 정치 현실에 시인은 또 다시 질병에 걸린다.

이와 같이 김수영은 각종 정치 현실에 대한 분노를 질병으로 표출한다. 그는 당시 왜곡된 정치 현실로 인해 우울과 화를 경험한다. 그리고 두통과 신경과민, 각종 배설기관과 소화기관 질병에 걸린다. 그런데 김수영이 경험하는 치질이나 간장염, 소화불량증과 같은 배설기관과 소화기관 질병은 원래는 정신적 질병에서 비롯한다.[34] 이 질병들은 흔히 신경증의 한 증상인 강박증에서 비롯한다.[35] 김수영의 질병은 모두 국내외 정치 현실

---

34 라캉은 정신 질환을 크게 정신병, 신경증, 도착증 등으로 나누었는데, 신경증의 대표적인 증상으로 히스테리, 강박증, 공포증 등을 들었다. 브루스 핑크, 앞의 책, 201쪽 참조.

35 일반적으로 히스테리는 억압된 것이 신체로 되돌아오는 반면 강박증은 억압된 것이 정신으로 되돌아오는 것이라고 한다. 그러나 이는 결정적인 것이 아니다. 라캉은 신경증에 속한 임상 구조들은 증상에 따라 결정

에서 비롯한다. 이 때문에 그는 "치질도 낫기 전에 또 술을 마셨다."

4. 미적 현대성의 탐구와 질병의 미학

1) 질병의 미학과 이성중심주의 비판

김수영에게 질병은 극복의 대상인 것만은 아니다. 그는 시작 말년에 이르러 질병에 대해 보다 유연한 시각을 갖는다. 질병은 죽음이 그러하듯, 삶과 함께 하는 것이며 삶에 새로운 통찰을 가져다준다.

다병(多病)한 나에게는
파리도 이미 어제의 파리는 아니다

…(중략)…

병을 생각하는 것은
병에 매어달리는 것은
필경 내가 아직 건강한 사람이기 때문이리라
거대한 비애를 갖고 있는 사람이기 때문이리라
거대한 여유를 갖고 있는 사람이기 때문이리라

저 광막한 양지 쪽에 반짝거리는
파리의 소리 없는 소리처럼

되는 것이 아니라 주체가 어떤 위치, 태도를 취하느냐에 따라 규정된다고 하였다. 위의 책, 201~3쪽 참조.

나는 죽어가는 법을 알고 있는 사람이기 때문이리라

- <파리와 더불어>(1960) 부분

여기서 질병은 건강과의 이분법적 대립을 넘어서는 자리에 있다. 질병은 '나'를 살게 하는 존재이다. '내'가 "병에 매어달리는 것은/ 필경 내가 아직 건강한 사람이기 때문"이고, "거대한 비애를 갖고 있는 사람이기 때문"이다. "거대한 여유를 갖고 있는 사람이기 때문"이고 "죽어가는 법을 알고 있는 사람이기 때문"이다. 이와 같이 김수영은 일상 속에 항상 내재해 있으면서 동시에 건강과의 이분법적 대립을 넘어선, 질병에 대한 새로운 시각을 보여준다. 그리고 질병은 사회에서 격리되어 병원이나 특정한 장소에 있어야 하는 대상이 아니라 온 세상에 퍼져 있는 것이다. 그것도 아름다운 모습으로.

먼 곳에서부터
먼 곳으로
다시 몸이 아프다

조용한 봄에서부터
조용한 봄으로
다시 내 몸이 아프다

여자에게서부터
여자에게로

능금꽃으로부터
능금꽃으로……

나도 모르는 사이에

내 몸이 아프다

- <먼 곳에서부터>(1961) 전문

김수영에게 아픔, 곧 질병은 모두에게 나타난다. 그것은 누구나 지니고 있는 것으로, 사람뿐만 아니라 생명체 모두, 나아가 흔히 우리가 아름답다고 느끼고 있는 대상들, 가령 봄, 여자, 능금꽃 등에도 넘쳐난다. "조용한 봄에서부터/ 조용한 봄으로," "여자에게서부터/ 여자에게로," "능금꽃으로부터/ 능금꽃으로……." 그리하여 "나도 모르는 사이에/ 내 몸이 아프다." 질병은 모든 생명체와 더불어, 그리고 아름다움과 함께 온다.

이제 건강과 질병에 대한 이분법적 시각을 벗어남으로써, 김수영은 질병을 현대성을 비판하는 계기로 받아들인다. 한국의 정치 현실이 억압적일 때, 질병은 시인 김수영이 택한 미학적 저항의 기호가 된다.

이렇게 고통스러운 순간이 다닥칠 때 나라는 동물은 비로소 생명을 느낄 수 있고, 설움의 물결이 이 동물의 가슴을 휘감아 돌 때 암흑에 가까운 낙타산의 원경이 황금빛을 띠고 번쩍거리네.

나는 확실히 미치지 않은 미친 사람일세그려.

아름다움으로 병든 미친 사람일세.[36]

김수영은 자신을 "아름다움으로 병든 미친 사람"으로 규정한다. 자신에 대한 이러한 규정은 이성중심주의에 대한 비판과 함께 이루어지고 있다. 고통스러운 순간이 다닥칠 때 "나라는 동물은 비로소 생명을 느낄 수 있"다. 동물로서의 인간, 미친 사람, 이 모두는 이성중심주의에 대한 비판에서 나온다. 이성에 대한 또 다른 이름인 현대성이 광기를 자아낼 때, 시인 김수영은 스스로를 미친 사람으로 규정한다. 이때 질병은 새로운 감각으로 세계를 받아들이는 계기, 새로운 세계를 향한 통로가 된다.

---

36 김수영, 「낙타 과음」(1953), 『전집 2』, 26쪽.

2) 질병의 미학과 「반시론」

김수영은 이제 「반시론」에서 보인 사유와 동일하게 질병을 이해한다. 김수영에게 시는 기존 질서의 거부로서의 의미를 지닌다. 모든 새로운 문학은 "기성 사회의 질서에 대한 불가피한 위협이 된다."[37] 그런데 질병 역시 기존 질서를 거부하는 계기로 작용할 수 있다.

> 간단하게 말하자면, 6 · 8 사태는 5 · 16 이후에 추진된 <근대화>가 약 40년 후의 이 땅에 수입할 서구의 산업혁명 이후의 자본주의 문명의 총 병균의 헛게임 쇼다. 역설적으로 말하자면, 이 쇼의 주밀한 구성에 나는 흐뭇한 감까지도 든다. 악(惡)도 이만큼 빈틈없이 세련되면 한번 싸워볼 만하다.[38]

김수영은 현실을 "자본주의 문명의 총 병균의 헛 게임 쇼"로, 악이 "빈틈없이 세련"된 사회로 이해한다. 그런데 김수영은 질병으로, 악으로 만연한 이 사회에 규율이나 질서로 대응하지 않는다. 오히려 질병으로, 악으로 대응하고자 한다.

> 우리들 중에 죄 없는 사람이 누가 있겠는가. 인간은 신도 아니고 악마도 아니다. 그러나 건강한 개인도 그렇고 건강한 사회도 그렇고 적어도 자기의 죄에 대해서 몸부림은 쳐야 한다. 몸부림은 칠 줄 알아야 한다. …(중략)… 시를 행할 수 있는 사람의 경우를 생각해보더라도 지금의 가장 진지한 시의 행위는 형무소에 갇혀 있는 수인의 행동이 극치가 될 것이다. 아니면 폐인이나 광인, 아니면 바보. 그러나 이 글의 주문의 취지는 영웅대망론(英雄待望論)이 아닐 것이다.[39]

---

37 김수영, 「실험적인 문학과 정치적 자유」(1968), 『전집 2』, 220쪽.
38 김수영, 「로터리의 꽃의 노이로제 - 시인과 현실」(1968), 『전집 2』, 199쪽.
39 김수영, 「제정신을 갖고 사는 사람은 없는가」(1953), 『전집 2』, 185~6쪽.

김수영은 「반시론」에서 사회가 악으로 가득 차 있다면, 진정한 문학은 이 한가운데서 몸부림쳐야 한다고 하였다. 그런데 김수영이 내세운 질병은 악과 마찬가지의 기능을 한다. 이것은 현대 사회에 이르러 질병을 일탈로 보는 관점을 고려할 때, 이해할 수 있다.

일반적으로 현대 사회에서 질병은 사회에서 일탈로 이해된다. 현대 사회에서 죄악, 범죄, 질병 등은 모두 일탈의 형태이며 일탈의 서로 다른 형태이다. 죄악이 종교적 규범을 깨뜨리는 일탈이며 범죄가 법규범을 어기는 행위이라면, 질병은 생물학적인 정상에서 벗어난 상태이다. 그리고 죄악이 종교 제도에 의해서 범죄가 사법제도에 의해서 규정되고 통제된다면, 질병은 의료 제도에 의해서 규정되고 통제될 수 있다는 것으로 가정된다.[40] 현대 사회에서는 종교나 법에 의해 통제되던 죄악이나 범죄조차 질병으로 분류되면서 의료적 통제의 대상이 된다.[41] 이제 질병은 죄악이나 범죄마저 포괄하는 일탈이 되기에 이르렀다.

그런데 김수영에게 일탈로서의 질병은 악의 문학과 동일한 의미를 지닌다. 김수영이 질병의 미학을 내세운 것은 「반시론」에서 폐인이나 광인, 병자 등 아웃사이더를 옹호하면서 악의 문학을 내세운 것[42]과 동일한 맥락 속에 있다.

> 설파제를 먹어도 설사가 막히지 않는다
> 하룻동안 겨우 막히다가 다시 뒤가 들먹들먹한다
> 꾸루룩거리는 배에는 푸른색도 흰색도 적(敵)이다

---

40 김준호, 「질병과 의료의 사회적 성격에 관한 한 연구: 병자 역할과 의료화를 중심으로」, 『인문과학연구』 4, 강원대학교 인문과학연구소, 1997. 2, 119쪽.

41 현대 사회가 합리화 · 관료화 · 세속화되어 갈수록 의료직은 그들의 전문적 지배와 독점을 성공적으로 확대시켜갔고 의료의 영역 또한 확대시켜 왔다. 이에 따라 일탈의 종교적 정의와 일탈의 법률적 정의는 약화되어 가는 반면 일탈의 의료적 정의는 확대된다. 예를 들면 도둑질하지 말라는 종교적 계명을 어기는 일탈 행동은 죄악이 되며 법을 어긴 행위는 절도죄로서 범죄가 된다. 그러나 상습적 도벽 충동은 질병으로 정의될 수 있다. 자세한 논의는 위의 글, 126쪽 참조.

42 자세한 논의는 졸고, 「김수영의 시론에 미친 프랑스 문학이론의 영향: 조르주 바타이유를 중심으로」, 『비교문학』 24, 한국비교문학회, 2007. 6 참조.

배가 모조리 설사를 하는 것은 머리가 설사를
시작하기 위해서다 성(性)도 윤리도 약이
되지 않는 머리가 불을 토한다

여름이 끝난 벽 저쪽에 서 있는 낯선 얼굴
가을이 설사를 하려고 약을 먹는다
성과 윤리의 약을 먹는다 꽃을 거두어들인다

문명의 하늘은 무엇인가로 채워지기를 원한다
나는 지금 규제로 시를 쓰고 있다 타의의 규제
아슬아슬한 설사다

- <설사의 알리바이>(1966) 부분

이 시에서 설사는 질병이지만 굳어진 문명에 대한 약의 기능을 한다. "배가 모조리 설사를 하는 것은 머리가 설사를/ 시작하기 위해서다 성性도 윤리도 약이/ 되지 않는 머리가 불을 토한다." 설사를 하는 것은 문명으로 가득 차 있는 머리를 비우기 위해서이다. "문명의 하늘"이 "무엇인가로 채워지기를 원한다"면, 설사는 이에 반대되는 방향을 취한다.

이와 같이 김수영은 질서보다는 혼란을, 건강보다는 질병을 옹호한다. 사회의 질서는 물리적 건강에 비유되며, 질병의 은유는 종종 새로운 정치 질서를 요청하며 그만큼 반정치적인 모습을 드러낸다.[43] 질병은 기존 정치 질서를 전복할 수 있는 계기로 작용할 수 있다. 김수영은 사회의 질서가 굳어졌을 때, 질병을 통해 새로운 세계로의 전복을 꿈꾸었다.

---

43 사회적 무질서를 질병에 비교하는 전통적인 방식은 균형이라는 고전 의학의 관념을 전제로 한다. 이때 질병은 불균형에서 비롯되는 것이므로 치료의 목적은 정상적인 균형을 회복하는 것이 된다. 자세한 논의는 수잔 손탁, 이재원 역, 『은유로서의 질병』, 이후, 2002, 110~1쪽 참조.

5. 질병의 미학에 이르는 도정

이 글에서는 김수영의 문학에 나타나고 있는 질병의 양상과 의미를 구체적으로 고찰하였다. 이를 위해 김수영이 체험하고 문학 속에 표현한 질병에는 어떤 것들이 있는지, 이러한 질병이 당대적 맥락에서 어떤 의미를 지니고 있는지, 그는 질병의 미학을 통해 어떤 문학을 추구하였는지 등을 살펴보았다.

김수영은 문학 활동 초기부터 질병에 대해 관심을 가져왔다. 김수영은 전쟁을 통해 다양한 질병을 경험하였다. 특히 미군 기관 야전 병원에서의 체험은 외상을 중심으로 한 다양한 질병의 증상과 징후들을 보는 계기가 되었다. 또한 김수영은 소록도나 병원에서 본 질병, 양계를 하면서 경험한 동물들의 질병 등을 보면서 규율 대상이 된 질병에 대해 성찰하였다.

1960년대에 들어서 김수영의 문학 속에서 질병은 한국 사회를 비판하는 의미를 지니고 있었다. 김수영은 당시 한국 사회의 현대성을 질병을 중심으로 파악하였다. 그 대표적인 것이 도시에서의 신경증과 연탄가스 중독이었다. 또한 그는 정치 현실의 억압에 다양한 질병의 증상으로 대응하였다.

시작 말년에 이르러 김수영은 질병을 일상 속에서 만연한 것으로, 삶 속에 내재하는 것으로 이해하였다. 그는 질병과 건강에 대한 이분법을 부정하고 질병을 더 이상 극복의 대상으로 보지 않았다. 오히려 그는 질병의 미학을 마련하고 이를 통해 미적 현대성을 탐색하고자 하였다.

김수영 문학 속에서 질병은 당시 현실과 긴밀한 관련이 있으며, 시기에 따라 다른 의미를 띠고 있었다. 동시에 질병은 단순한 소재의 의미를 넘어서 미학으로 작용하고 있었다. 김수영은 질병에 지극히 의식적으로 대하면서 이를 자신의 문학 속에 표현하였다.

제1부 05

고백체 시의 형성과 전개

1. 냉전 체제의 고백에서 일상의 고백으로

시인들은 시를 왜 쓰는 것일까? 그리고 그들이 시의 주제로 삼고 있는 것은 대체로 무엇일까? 하는 질문을 앞에 두고 볼 때, 김수영은 문제적인 인물이 아닐 수 없다. 그의 문학이 당대 현실을 반영하였다든가 전위의식을 드러내었든가 하는 평가와 별개로 그의 시 가운데는 지극히 사적인 문제들을 대상으로 삼고 있는 것들, 남들에게 드러내놓고 말하기 어려운 것들이 많기 때문이다. 그리고 이러한 주제들은 흔히 고백체 시의 형식을 취한다.

김수영의 시 가운데에는 전쟁 동안 북한을 탈출한 이야기, 포로수용소에서의 사랑 이야기, 집에 도둑이 든 이야기, 아내와 싸운 이야기, 집에 있는 가정부에 대한 이야기, 심지어 창녀와의 잠자리에 대한 이야기에 이르기까지 지극히 내밀한 이야기들이 시의 제재가 된 경우가 많다. 김수영은 그러한 일들을 겪으면서 느낀 내밀한 감정들을 여과 없이 드러낸다. 그리고 자신의 치부나 죄, 잘못을 과감하게 고백한다.

사실 지극히 개인적인 일들이라도 그것이 궁극적으로는 사회라는 장 속에서 움직이고 있다는 사실을 인정한다면, 시에 개인사를 이야기하는 것이 문제될 것은 없다. 이러한 사실을 인정하더라도 1950~60년에 김수영이 보여준 시들은 우리에게 엄청난 놀라움을 가져다준다. 그는 지극히 사적인 기록, 그것을 공개하면 자신에게 치명적인 일이 될 수 있는 내용을 시로 발표한다. 그는 어떤 의도로, 그것도 지속적으로 독자들에게 자신의 이야기를 고백하는 것일까? 여기서 김수영의 고백체 시를 미학적으로 검토할 필요성이 대두된다.

김수영의 고백체 시에 대해서는 이미 몇몇 논자들이 언급한 바 있다. 우선 김현은 일찍이 김수영과 김춘수와 비교하면서 김수영의 시가 자신을 여과 없이 벗기는 경향이 있다는 점을 지적하였다.[1] 김수영의 고백체 시에 대해 이를 고백시로 규정하고 구체적으로 논의한 것은 한명희의 「김수영 시에서의 고백시의 영향」에 이르러서이다.[2] 이 논문에서는 김수영 시에 나타나는 고백체 시를 미국 고백시Confessional Poetry와의 관련 속에서 고찰하였다. 이 글은 김수영의 고백체 시들을 하나의 형식으로 규정하고 그 근거를 밝혔다는 점에서 중요한 의미를 지닌다. 이어 권오만은 미국 고백시 시인, 뢰트케와 김수영 시의 관련성을 구체적으로 검토하고 김수영의 고백체 시를 '고백투'의 시로 그 의미를 제한하였다.[3] 이후 김수영의 고백체 시에 대한 연구가 이어졌는데, 여기서는 미국 고백시의 영향 관계를 보다 광범위하게 고찰하였다.[4]

그런데 김수영의 고백체 시는 미국 고백시의 영향에서 비롯한 것도 있지만 김수영이 일찍이 관심을 보이고 있었던 고백체 글쓰기와도 밀접한 관련이 있는 것으로 보인다. 그는 미국 고백시의 영향을 받기 이전에 이미 고백체 시를 실험하고 있었고, 오랜 시간 고백체 글쓰기를 다양하게 이어나갔다.

---

1 김현, 「김춘수를 찾아서」, 『시인을 찾아서』, 민음사, 1975.

2 한명희, 「김수영 시에서의 고백시의 영향」, 『전농어문연구』 9, 서울시립대학교 국어국문학과, 1997. 3.

3 권오만, 「김수영 시의 고백시적 경향」, 『전농어문연구』 11, 서울시립대학교 국어국문학과, 1999. 2.

4 한명희, 「새로운 문학, 전위의 문학을 향하여: 김수영 문학의 영향관계」, 『작가세계』 61, 2004. 여름; 이승규, 「김수영의 영미시 영향과 시 창작 관련 양상: 비숍, 로웰, 긴즈버그의 영향을 중심으로」, 『한국현대문학연구』 20, 한국현대문학회, 2006.12. 4; 이승규, 「김수영 시의 영향관계와 현실지향성」, 『한국시학연구』 20, 한국시학회, 2007.12.

2. 고백체 시에 이르는 과정

김수영은 시작 초기부터 지극히 개인적인 일들을 그대로 표현하거나, 자신이 겪었던 일들에 대한 내밀한 감정을 여과 없이 드러내곤 하였다. 그러면서 그는 이 지극히 개인적인 일을 공개적으로 제출하는 것을 마다하지 않았다.

> (1) 술이 깰 때 기진맥진한 이 경지가 나는 세상에서 둘도 없이 좋으이. 이것은 내가 〈안다는〉 것보다도 〈느끼는〉 것에 굶주린 탓이라고 믿네. 즉 생활에 굶주린 탓이고 애정에 기갈을 느끼고 있는 탓이야. 그러나 나는 이 고독의 귀결을 자네에게 이야기하지 않으려네. 거기에는 너무 참혹한 귀결만이 기다리고 있는 것만 같아! 내 자신에게 고백하기도 무서워. 이를 테면 죽음이 아니면 못된 약의 중독 따위일 것이니까. 자네는 나를 「잊어버린 주말」에 나오는 레이 미란드 같다고 놀리지만 정말 자네 말대로 되어가는 것 같아.[5]

> (2) 독자 여러분! 나의 현기증은 나의 아내가 바꾸어가지고 올 미제 티아민을 맞고서 완전히 쾌유될 수 있을까요?[6]

김수영은 (1)에서 자신의 친구에게 자신의 속내를 여과 없이 드러내어 고백한다. 물론 "고독의 귀결을 자네에게 이야기하지 않으려네"라고도 하고 "내 자신에게 고백하기도 무서워"라고도 하지만 술이 취하였을 때의 마음, 애인에 대한 이야기까지 친구에게 모두 털어놓는다. 그런가 하면 자신이 현기증을 앓게 되었을 때 미제 티아민을 맞고서 완전히 쾌유될 수 있는지 독자에게 질문을 던진다. 사실 김수영의 독자가 그의 숙취나 현기증까지 모두 알 필요가 있을까? 그러나 김수영은 이러한 지극히 개인적인 경험을 드러내는 글쓰기를 지향하였다.

---

5 김수영, 「낙타과음」(1953), 『김수영 전집 2 - 산문』, 민음사, 2003(이하 『전집 2』로 표기), 25~6쪽.
6 김수영, 「현기증」(1956), 『전집 2』, 34쪽.

김수영이 이러한 글쓰기 방식을 지향하게 된 데에는 김수영 개인의 기질적 특징이 중요하게 작용하였다고 볼 수 있다. 김수영 어머니의 회고에 의하면, 김수영은 개인적 내면에 집중하는 사람이었다고 한다.[7] 이로 인해 김수영은 내면과 일상 현실 사이의 거리를 인식하고 그 간극에서 고뇌하는 자아를 형상화하였고, 이 과정에서 자신과 가족, 자신과 이웃, 그리고 자신과 사회 현실을 서로 비교하는 태도를 드러내는 경향을 보이기도 하였다고 한다.[8]

그런데 여기에는 김수영이 문학 활동을 하던 시대적 상황도 상당 부분 작용한 것으로 보인다. 한국의 1950~60년대는 냉전의 시대로서, 국가의 위기가 일상화하는 동시에 국가 권력이 억압적인 방향으로 나아간 시기였다. 그런데 김수영은 자신의 개인적 경험 속에서 늘 지극히 내밀화된 형태로 작용하는 국가 권력을 바라보았다. 당시 김수영은 국가 권력에 의해 개인의 자유가 억압되어서는 안 된다고 생각하고 있었다. 그는 일상 속에서 바라본 국가 권력의 그물을 '적'으로 명명하기도 하였는데, 그 적은 김수영에게 새로운 삶으로서의 이행을 가로막는 억압적 배치가 되었다.[9] 국가 권력이 개인의 삶을 지배할 때, 김수영은 지극히 개인적인 이야기를 공개적으로 고백함으로써 그러한 억압을 들추어내고자 하였다.

고백체 문학은 오랜 역사적 흐름을 지니고 있다. 아우구스티누스의 『고백록』에서부터 시작하여 루소의 『고백록』에 이르기까지 장대한 역사적 전통을 형성하고 있다. 고백체 문학은 고대 이래로 자신에 대한 성찰이라는 의미에서 주목받아 왔다. 그것은 글쓰는 주체가 자신을 정기적으로 성찰함으로써 훈련시킬 수 있는 방법, 이를 통해 규율을 정하고 자신을 반성하는 수단이 되어 왔다.

그런데 김수영 역시 '성찰'을 문학의 출발점으로 삼았다. 실제 삶에서도 김수영은 전

---

7 박수연, 「국가, 개인, 설움, 속도: 1950년대 시를 중심으로」, 김명인 · 임홍배 엮음, 『살아있는 김수영』, 창비, 2005, 76쪽.

8 강연호, 「'위대한 소재'와 사랑의 발견」, 김명인 · 임홍배 엮음, 『살아있는 김수영』, 창비, 2005, 34쪽.

9 고봉준, 「한국 모더니즘 문학의 미적 근대성 연구: 이상과 김수영의 문학을 중심으로」, 경희대학교 박사논문, 2005, 152~3쪽.

쟁 동안 성서를 늘 가까이 하고 살았으며, 이후 소크라테스나 키에르케고르의 영향도 상당히 받았다. 또한 김수영은 동양 고전을 두루 섭렵하면서 자신의 삶을 성찰하는 태도를 유지하고자 하였다. (그는 <공자의 생활난>에서 자신에 대한 '성찰'을 바탕으로 "사물을 바로 보마"라고 하였다.)

물론 김수영의 고백체 글쓰기가 보다 본격화되는 것은 미국 고백시 시인들의 영향 속에서이다. 김수영은 로웰과 뢰트케 등 고백시 시인들과 시로부터 많은 영향을 받았다.[10] 김수영은 『세계전후문제시집』(1960)에 몇 명의 미국 시인들의 시를 번역하여 게재하였는데, 여기에는 로웰, 뢰트케, 슈왈츠 등의 고백시도 상당수 포함되어 있었다.[11] 당시 김수영이 즐겨보던 잡지, 『파르티잔 리뷰』에도 이들은 자주 언급되었는데[12] 김수영은 이 잡지를 통해서도 고백시를 가까이 할 수 있었던 것으로 보인다.

미국 고백시는 긴즈버거와 같은 비트 시인들로부터도 영향을 받았는데[13] 김수영은 비트 시인들에게도 많은 관심을 두고 있었다. 또한 비숍과 같이, 고백시 시인들은 아니지만 고백적 성향의 시를 쓴 시인들로부터도 영향을 받았다.[14]

그런데 김수영의 고백체 시는 미국 고백시의 영향으로만 설명할 수 없는 부분이 상당하다. 고백시는 하나의 역사적 장르일 뿐 보편적인 장르 개념이 아니며, 문학 용어 사전에 나오지 않는 말이다. 고백시는 1950~1960년대에 미국 시단에 등장한 특정한 시 경향을 일컫는다. 이 말을 맨 처음 사용한 사람은 M. L. 로젠탈인데, 그는 1959년 로웰의 《인생 수업*Life Studies*》이 나왔을 때 이 시집의 시들을 '고백으로서의 시'라고 불렀다. 이후

---

10 미국 고백시 시인들이 김수영의 시에 미친 영향에 대해서는 한명희, 「김수영 시에서의 고백시의 영향」, 『전농어문연구』 9, 서울시립대학교 국어국문학과, 1997. 3; 이승규, 「김수영의 영미시 영향과 시 창작 관련 양상: 비숍, 로웰, 긴즈버그의 영향을 중심으로」, 『한국현대문학연구』 20, 한국현대문학회, 2006. 12. 4 참조.

11 한명희, 앞의 글, 107쪽.

12 『파르티잔 리뷰*Partisan Review*』 1966년 가을 호에는 로버트 로웰의 <테도르 뢰트케를 위하여(For Theodore Roethke)>란 시가 게재되었다. 1967년 봄 호에는 로웰의 시집, 《대양 가까이에(Near The Ocean)》가 소개되었고 1967년 겨울호에는 로웰의 논문이 실렸다.

13 신정현, 「50년대와 60년대의 미국시」, 『외국문학』 19, 1989. 여름, 110쪽.

14 이승규, 「김수영의 영미시 영향과 시 창작 관련 양상: 비숍, 로웰, 긴즈버그의 영향을 중심으로」, 『한국현대문학연구』 20, 한국현대문학회, 2006. 12. 4, 483쪽.

로젠탈은 1967년 《새로운 시인들 *The New Poets: American and British Poetry Since World War II*》이라는 책을 내면서 뢰트케, 플라쓰, 긴즈버거, 베이만, 섹슨 등을 고백시인으로 한데 묶고, 그의 시대에 '고백시'라는 중요한 시 경향이 있음을 공식화하였다.[15] 이들의 고백시는 종래 고백문학과 달리 문명에 대한 절망에서 비롯되어 실존주의와 1950년대 사회심리학의 차원을 넘어서는 허무주의를 보여주었다.[16]

이와 같이 고백시라는 용어 자체가 로젠탈이 1959년 규정하고 이후 60년대 후반에 시적 특징이 정립되었다는 점을 고려할 때, 김수영은 당시 고백시에 대한 장르적 인식을 가지고 있지 않았다는 것을 알 수 있다. 김수영은 1950년대 초에 이미 고백체 시를 다수 발표하였다. 또한 김수영은 미국 고백시 시인들과는 다른 맥락에서 고백을 하며, 그 성격도 다르다. 이렇게 볼 때, 김수영의 고백체 시는 미국 고백시와의 영향 관계 속에서만 이해할 수도 없고, 고백시로 명명할 수도 없다는 것을 알게 된다.

여기서 김수영의 고백체 시의 범위를 어디까지로 할 것인가의 문제가 대두한다. 일반적으로 문학 작품에는 어느 정도 작가의 개인적 체험이나 사상 · 감정 등이 반영된다. 따라서 모든 문학은 어느 정도 고백적 요소를 내포하고 있다. 그러나 그러한 것들을 모두 고백문학이라고 할 수는 없다. 일반적으로 고백문학이라고 할 때에는 작품 전체에 고백이 작품을 구성하는 주요한 모티프로 작용하고 있어야 한다.[17] 또한 고백문학에서는 고백하려는 자의 의도가 중요하다. 이와 관련하여 두디의 견해는 중요한 참조사항이 된다.

> 화자의 의도는 자서전이나 자기 표현의 다른 양식들로부터 고백을 구별하려는 공식적인 목표이다. 이와 같은 공식적인 목적은 또한 고백적 소설들을 다른 일인칭 소설들로부터 구별한다. 그것은 그들의 독자에게 다른 의도와 다른 태도를 가진다.[18]

---

15 송무, 「고백시의 성격과 의의: 전후 미국시의 한 동향에 대한 고찰」, 『영미어문학연구』 1, 영미어문학회, 1984. 5, 88쪽.

16 신정현, 「문명에의 위기 의식과 죄의식: 로웰과 플라스의 고백시」, 『문예중앙』 1997. 봄, 310쪽.

17 유홍주, 「한국 근대 고백소설의 형성과 담론 양상: 이광수의 <어린 벗에게>를 중심으로」, 『현대문학이론연구』 26, 현대문학이론학회, 2005. 12, 194쪽.

18 위의 글, 176쪽.

두디의 견해에 따를 때, 고백이란 자신의 내면을 고백의 대상자에게 이야기하려는 자의식적인 시도를 뜻한다. 이때 고백을 들어주는 자는 그를 규정하는 공동체를 대표한다.[19] 이와 같이 고백문학에서는 고백을 하고자 하는 작가와 그것을 들어주는 독자의 존재가 중요함을 알 수 있다.

이것은 시에서 화자와 청자와의 관계를 중심으로 설명할 수 있다. 고백하려는 화자의 의도는 청자를 향한다. 고백을 한다는 것은 궁극적으로 수신자를 지향하며 수신자의 동의를 구하는 방향으로 나아간다. 고백체 시에서는 고백하고자 하는 자의 의지를 청자에게 전하는 발화의 형태가 나타난다. 이때 화자와 청자는 실제 시인, 함축적 시인, 현상적 화자, 현상적 청자, 함축적 청자, 실제 독자로 나누어 이해할 수 있다.[20] 그런데 김수영의 시에서는 많은 경우 실제 시인과 동일한 현상적 화자가 등장하여 자신의 체험을 고백한다. 그리고 청자는 현상적 청자, 함축적 청자도 등장하지만, 실제 독자를 가정한 경우도 상당하다.

3. 죄의 고백에서 아웃사이더의 고백까지

1) 죄의 고백과 기존 사회의 승인

김수영의 시는 상당 부분 자신의 체험을 바탕으로 이루어지고 있다. 물론 많은 시인들이 자신의 체험을 바탕으로 시를 쓴다. 그런데 김수영은 자신의 체험을 다른 사람에게 고백하는 가운데 자신의 삶을 객관화한다. 이러한 경향은 초기 시에서부터 나타나는데, 이 가운데에는 자신의 죄를 고백함으로써 공동체로부터 용서를 구하는 형태가 나타나

---

19 Terrence Doody, *Confession and Community in the Novel*, the Louisiana State University Press, 1980, p. 4.

20 김준오, 『시론』, 문장, 1982, 209쪽.

고 있다.

그것은 자유를 찾기 위해서의 여정이었다
가족과 애인과 그리고 또 하나 부실한 처를 버리고
포로수용소로 오려고 집을 버리고 나온 것이 아니라
포로수용소보다 더 어두운 곳이라 할지라도
자유가 살고 있는 영원한 길을 찾아
나와 나의 벗이 안심하고 살 수 있는
현대의 천당을 찾아 나온 것이다

-〈조국에 돌아오신 상병포로(傷病捕虜) 동지들에게〉(1953) 부분

김수영은 이 시에서 자신이 6 · 25 전쟁 동안 포로수용소에 가게 된 경위를 자세히 밝힌다. 우선 그는 자신이 의용군이 되었다 탈출한 것은 "포로수용소보다 더 어두운 곳이라 할지라도/ 자유가 살고 있는 영원한 길"을 찾기 위해서였다고 고백한다. 그리고 이 자유가 살고 있는 곳을 "현대의 천당"이라고 부른다. 그는 고백에 '영원'이나 '천당'이라는 단어를 씀으로써 그 무게를 더한다.

나는 원래가 약게 살 줄 모르는 사람이다
진실을 찾기 위하여 진실을 잊어버려야 하는
내일의 역설 모양으로
나는 자유를 찾아서 포로수용소에 온 것이고
자유를 찾기 위하여 유자철망(有刺鐵網)을 탈출하려는 어리석은 동물이 되고 말았다
「여보세요 내 가슴을 헤치고 보세요 여기 장 발장이 숨기고 있던 격인(格印)보다 더 크고 검은
호소가 있지요
길을 잊어버린 호소예요」

「자유가 항상 싸늘한 것이라면 나는 당신과 더 이야기하지 않겠어요
그러나 이것은 살아 있는 포로의 애원이 아니라
이미 대한민국의 하늘을 가슴으로 등으로 쓸고 나가는
저 조그만 비행기같이 연기도 여운도 없이 사라진 몇몇 포로들의 영령이
너무나 알기 쉬운 말로 아무도 듣지 못하게 당신의 뺨에다 대고 비로소 시작하는 귓속 이야기지요」

「그것은 본 사람만이 아는 일이지요
누가 거제도 제61수용소에서 단기 4284년 3월 16일 오전 5시에 바로 철망 하나 둘 셋 네 겹을 격(隔)하고 불 일어나듯이 솟아나는 제62적색수용소로 돌을 던지고 돌을 받으며 뛰어들어 갔는가」

- <조국에 돌아오신 상병포로(傷病捕虜) 동지들에게>(1953) 부분

김수영 문학의 출발은 '전쟁 체험'에 있다고 할 만큼 김수영에게 전쟁 체험은 그의 의식 세계에 깊게 자리하고 있다. 그리고 김수영 문학의 원체험으로 자리 잡은 이 전쟁 체험은 김수영 문학에서 여러 가지 모습으로 나타난다.

그런데 <조국에 돌아오신 상병포로傷病捕虜 동지들에게>에서 김수영은 이러한 전쟁 체험을 배경으로 죄를 고백하는 고백체 시를 선보인다. 이 시에서 김수영이 고백하는 죄 중 가장 큰 죄는 6 · 25 전쟁 동안 겪었던 의용군과 전쟁 포로로서의 죄이다. 구체적으로 말하자면 의용군으로 갔다가 이후 북한의 포로로 분류되고, 이어 포로수용소에 있었던 경험[21]을 말한다. 그런데 김수영은 이때의 경험을 죄로 규정하고 이를 공개적으로 고

---

21 김수영은 6 · 25 이후 의용군으로 징집되었고, 평안도 개천에서 한 달 동안 구보와 사격훈련을 받았다. 그는 많은 고초 끝에 북원을 탈출하려 하였으나 탈주병으로 붙잡혀 총살을 당할 지경에까지 이르렀고 우여곡절 끝에 스스로를 패잔병으로 입증하여 다시 북한군에 편입되었다. 이후 미군이 공격해 오자 손들고 자유인이 된다. 그러나 미군을 따라 서울에 돌아온 그는 다시 경찰에 체포되고, 북한군 포로로 분류되어 거제도 포로수용소로 압송되었다. 자세한 논의는 김혜순, 『김수영: 세계의 개진과 지유의 이행』, 건국대출판부, 1995, 18~20쪽 참조.

백함으로써 여기서 벗어나고자 한다.

이 시에서 화자인 '나'는 자유를 찾아서 포로수용소에 왔다는 것, 자유를 찾기 위하여 철망을 탈출하려는 어리석음을 저질렀다고 고백한다. 그리고 '나'의 이러한 고백을 죄의 고백으로 규정한다. '나'는 '나'의 고백이 "장 발장이 숨기고 있던 격인格印보다 더 크고 검은 호소"라고 말한다. 여기서 '장 발장'은 물론 빅토르 위고의 유명한 소설, <레 미제라블 Les Misérables>의 주인공을 말한다. 조카들을 위해 빵 한 조각을 훔쳤다가 19년 형을 선고받고 감옥 생활을 하였던 장 발장. 그는 작은 죄로 엄청난 댓가를 치루어야 했고 낙인이 찍혔지만, 가슴 깊이 죄를 숨겨두어야 했다. 그런데 <조국에 돌아오신 상병포로傷病捕虜 동지들에게>에서 '나'는 자신의 죄를 장 발장의 그것에 비교하고, 그것을 장 발장이 마음 속 깊이 숨겨놓았던 죄보다 더 큰 죄로 규정한다.

그리고 장 발장이 고백을 통해 죄의 용서, 구원에 이르렀던 것처럼 '나' 또한 죄의 용서를 구하고자 한다. '나'는 전쟁 동안 범했던 죄를 고백함으로써, 죄에서 벗어나고 공동체의 인정을 받고자 한다. 이러한 형태는 고백문학의 전형적인 특징을 보여주는 것이다.

최하림은 이 시를 한 줄 한 줄 뜯어 읽어보면 김수영이 어느 체재를 지향하는지 뚜렷이 남아 있지 않다고 했다.[22] 이 점은 <조국에 돌아오신 상병포로傷病捕虜 동지들에게>가 미발표작으로 남게 된 것과도 연관된다. 이러한 견해를 일면 인정하더라도 이 시의 전체적인 흐름은 의용군으로 들어가게 되어 북한군 포로가 되었던 경험에 대한 죄의 고백이라는 점을 부정할 수 없다.

이것은 이 시가 두 가지 주체, 즉 두 자아가 거울 구조[23]를 이루는 두 자아의 극적 고백[24]이라는 형태를 취하고 있다는 점을 고려할 때 분명히 드러난다. 이 시에서 현재의 '나'는

---

22 최하림, 「김수영의 개인사의 문제들과 검토」, 김명인 · 임홍배 엮음, 앞의 책, 240쪽.

23 이것은 드 만이 말하고 있는 자서전의 구조적 특징에 해당한다고 할 수 있다. 드 만은 자서전에는 두 개의 주체가 서로를 읽는 거울 구조가 있으며, 그것들의 상호반사적 인식 작용이 자서전의 의미를 구성한다고 한다. Paul de Man, *The Rethoric of Romanticism*, Columbia University Press, 1984, p.70.

24 1950년대와 60년대에 미국 고백시는 종전 고백문학과 다른 모습을 지닌다. 그것은 서양의 고백 문학의 전통에서 나온 것이기는 하지만 시대적 부적응으로 위축된 자아를 극적 고백으로 되살려내려는 시도로서 '극적 고백'이라는 모순적 형식을 취하였다. 송무, 앞의 글, 87~98쪽.

과거의 '나'와 구분되며 현재의 '나'는 과거의 '나'의 죄를 고백하고 있다.

나는 그들이 어떻게 용감하게 싸웠느냐 것에 대한 대변인이 아니다
또한 나의 죄악을 가리기 위하여 독자의 눈을 가리고 입을 봉하기 위한 연명을 위한 아유(阿諛)도 아니다
그리고 이러한 변명이 지루하다고 꾸짖는 독자에 대하여는
한마디 드려야 할 정당한 이유의 말이 있다
「포로의 반공전선을 위하여는
이것보다 더 장황한 전제가 필요하였습니다
나는 그들의 용감성과 또 그들의 어마어마한 전과(戰果)에 대하여 말하는 것이 아니라
그들의 싸워온 독특한 위치와 세계사적 가치를 말하는 것입니다」

…(중략)…

그것이 너무나 순진한 일이었기에 잠을 깨어 일어나서
나는 예수 크리스트가 되지 않았나 하는 신성한 착감(錯感)조차 느껴보는 것이었다
정말 내가 포로수용소를 탈출하여 나오려고
무수한 동물적 기도(企圖)를 한 것은
이것이 거짓말이라면 용서하여 주시오
포로수용소가 너무나 자유의 천당이었기 때문이다
노파심으로 만일을 염려하여 말해 두는 건데
이것은 촌호(寸豪)의 풍자미(諷刺味)도 역설도 불쌍한 발악도 청년다운 광기도 섞여 있는 말이 아닐 것이다

- <조국에 돌아오신 상병포로(傷病捕虜) 동지들에게>(1953) 부분

'나'는 자신의 죄를 "조국에 돌아오신 상병포로 동지들"에게, 나아가 익명의 무수한 독

자들에게 고백한다. '나'는 "조국에 돌아오신 상병포로 동지들"이라고 하는 현상적 청자뿐만 아니라 이 시를 읽는 독자 모두에게 용서를 구하고자 한다. '나'는 "이러한 변명이 지루하다고 꾸짖는 독자에 대하여는/ 한마디 드려야 할 정당한 이유의 말이 있다"고 하면서 다시 고백을 이어간다.

현재의 '나'는 자신이 망각하고자 한 과거 '나'의 이야기를 고백함으로써, 죄에서 벗어나고자 한다. 현재의 '나'는 기억을 재생하여 죄를 자각하고 고백을 이어감으로써 속죄로 나아가는 과정을 겪는다.

> 내가 6 · 25 후에 개천(价竹) 야영훈련소에서 받은 말할 수 없는 학대를 생각한다
> 북원(北院) 훈련소를 탈출하여 순천(順天) 읍내까지도 가지 못하고
> 악귀의 눈동자보다도 더 어둡고 무서한 밤에 중서면(中西面) 내무성(內務省) 군대에게 체포된 일을 생각한다
> 그리하여 달아나오던 날 새벽에 파묻었던 총과 러시아 군복을 사흘을 걸려서 찾아내고 겨우 총살을 면하던 꿈같은 일을 생각한다
> 그리고 나는 평양을 넘어서 남으로 오다가 포로가 되었지만
> 내가 만일 포로가 아니 되고 그대로 거기서 죽어버렸어도
> 아마 나의 영혼은 부지런히 일어나서 고생하고 돌아오는
> 대한민국 상병포로와 UN 상병포로들에게 한마디 말을 하였을 것이다
> 「수고하였습니다」
>
> -〈조국에 돌아오신 상병포로(傷病捕虜) 동지들에게〉(1953) 부분

이렇게 볼 때, 〈조국에 돌아오신 상병포로傷病捕虜 동지들에게〉의 고백은 종교적 고백과 유사한 측면을 지닌다. 종교적 고백이 신의 질서의 위배, 신의 공동체로부터의 고립, 자기 소외, 불안과 불행, 고통스러운 자각과 죄의식, 회개와 죄의 공언, 신의 공동체로의 복귀와 자기동일성의 회복 등의 과정을 포함한다[25]고 한다면, 이 시에서의 고백 역시 이러한 과정을 거친다. '나'는 죄를 고백함으로써 기존 사회에 편입되고자 한다.

또한 〈조국에 돌아오신 상병포로傷病捕虜 동지들에게〉에서 고백은 근대적 권력의 장속에서 이루어진 고백[26]이라고도 볼 수 있다. 이 고백은 개인의 일이지만 궁극적으로는 사회를 향한 것이다. '나'의 고백은 사회 질서의 승인을 향한 발언의 형식을 취하고 있다.

2) 고백을 통한 새로운 주체의 형성

1960년대에 들어서 김수영의 고백체 시는 종전과 다르게 나타난다. 이전 시기의 고백이 죄의 용서를 통해 기존 사회의 승인이라는 목적을 지니고 있었던 데 비해, 이 시기의 고백은 새로운 주체의 확립과 관련되고 있다.

> 당신을 찾아갔다는 것은 현실을 직시하기 위하여서였다
>
> 마침 당신은 집에 없고 당신의 아우만이 나와서 당신이 없다고 한다
>
> 부산에서 언제 올라왔느냐고 헛말같이라도 물어보아야 할 것을
>
> 나는 총에 맞는 새같이 가련하게도 당신의 집을 나와버렸다
>
> 그 아우는 물론 들어와서 쉬어가라고 미소를 띄우면서 권하였다
>
> 흔적은 없어도 전재(戰災)를 입은 것만 같은(그렇게 그 문은 나에게는 너무나 컸다)

---

25 위의 글, 96쪽.

26 푸코는 고백을 근대적 권력의 지배형식의 일환으로 이해하였다. 그에 의하면 고백은 권력 관계 안에서 전개되는 의식이다. 서구인은 근대 초기에 의도적인 죄를 면밀히 탐구하는 기술을 실천하는 사람이 되었고 동시에 육체에 결부된 곤란한 느낌을 정독하는 사람이 되었다. 자세한 논의는 미셸 푸코, 이규현 역, 『성의 역사 1 - 앎의 의지』, 나남, 1997, 77쪽 참조.

낡은 대문 사이에 매일같이 흐르는 강물이 오늘에야 비로소 꽉 차 있다

설움의 탓이라고 이 새로운 현상을 경시하면서도

어제와 같이 다시는 〈헛소리〉를 하지 않으려고 결심하면서

자꾸 수그러져 가는 눈을 들어 강과 대안(對岸)의 찬란한 불빛을 본다

햇불로 검은 물속을 비춰가며 고기를 잡는 배가 증언처럼 다가오고

나는 당신의 아우에게로 뛰어가서 나의 〈말〉을 하지 못하는 나를 미워하였다

- 〈말 - K · M에게〉(1956) 전문

이 시는 '나'가 '당신'에게 보내는 편지의 형식으로 되어 있다. 그리고 이 편지에는 '당신'에 대한 '나' 자신의 내면적인 진실, 보다 구체적으로 말하자면, '나'의 마음의 고백이 들어 있다. '나'는 당신을 찾아가 고백하고 싶었다고, 당신을 만나지 못하고 "당신의 아우에게로 뛰어가서 나의 말을 하지 못하는 나를 미워하였다"고 고백한다. 특히 한 문장이 한 연을 이루는 시의 구조 속에서 이러한 고백의 과정은 시간의 흐름과 함께 감정의 변화를 담아내고 있다. 그것이 이 시를 단순한 연서로 볼 수 없게 만드는 면모를 지니고 있다.

시의 화자인 '나'는 '당신'에게 지난 일들을 고백함으로써 새로운 주체를 확립해 나가고자 한다. 그리고 '나'는 현실에 대한 태도도 바꾸고자 한다. '나'는 이제 "현실을 직시"하고자 하고 "어제와 같이 다시는 〈헛소리〉를 하지 않으려고 결심"한다. 뿐만 아니라 "나의 〈말〉을 하지 못하는 나를 미워"함으로써 이제는 말을 하고자 하는 태도를 역설적으로 드러낸다.

그런데 여기서 '나'는 '당신' 이라는 현상적 청자에게 말을 하지만, 실제로는 독자에게 '나'의 말을 한다. '나'는 "나의 말을 하지 못하는 나를 미워하였다"고 독자에게 고백하면

서 새로운 주체로 나아간다.

누이야
풍자가 아니면 해탈이다
너는 이 말의 뜻을 아느냐
너의 방에 걸어놓은 오빠의 사진
나에게는 <동생의 사진>을 보고도
나는 몇 번이고 그의 진혼가를 피해 왔다.
그전에 돌아간 아버지의 진혼가가 우스꽝스러웠던 것을 생각하고
그래서 나는 그 사진을 10년 만에 곰곰이 정시(正視)하면서
이내 거북해서 너의 방을 뛰쳐나오고 말았다
10년이란 한 사람이 준 상처를 다스리기에는 너무나 짧은 세월이다

누이야
풍자가 아니면 해탈이다
네가 그렇고
내가 그렇고
네가 아니면 내가 그렇다
우스운 것이 사람의 죽음이다
우스워하지 않고서 생각할 수 없는 것이 사람의 죽음이다
8월의 하늘은 높다
높다는 것도 이렇게 웃음을 자아낸다

- <누이야 장하고나! - 신귀거래 7>(1961) 부분

여기서는 현상적 화자가 자신의 개인적인 이야기를 누이에게 고백하는 형식을 취하고 있다. 그런데 이 시에서 '나'의 고백을 들어주는 청자가 '누이'라는 것은 의미가 있다.

한국 근대시사에서 누이는 다양하게 등장하였는데, 이 시에서 '누이'는 종래 시에서와는 다른 맥락에서 고백의 청자로 등장하였다. 누이가 '나'에게 말을 하는 것이 아니라 오빠인 내가 누이에게 말을 한다. 그리고 누이는 내가 교화해야 할 대상이 아니라, 오히려 내가 숭배할 대상으로 등장한다.[27]

이 시에서 현재의 '나'는 누이에게 전쟁 이후 자신이 간직해온 상처에 대해 고백한다. "누이의 방"에 들어갔다가 동생의 사진을 보고 "동생"의 "죽음" 또는 "실종"을 기억하지 않았다고 고백한다. "나는 몇 번이고 그의 진혼가를 피해 왔다"고, "그전에 돌아간 아버지의 진혼가가 우스꽝스러웠던 것을 생각하고/ 그래서 나는 그 사진을 10년 만에 곰곰이 정시正視하면서/ 이내 거북해서 너의 방을 뛰쳐나오고 말았다"라고 고백한다.

그런데 이러한 고백이 의미가 있는 것은 그 고백이 현재의 성찰에 바탕을 두고 있기 때문이다. 과거의 '나'는 전쟁 중에 행방불명된 동생과의 이별, 동생의 죽음을 받아들이기 어려웠고 "몇 번이고 그의 진혼가를 피해왔"던 일로 마음의 괴로움을 겪었지만, 현재의 '나'는 "우스운 것이 사람의 죽음이다"라고 단언할 수 있는 경지에 이른다. 그리고 이러한 현재의 심경까지도 '누이'에게 고백한다.

이제 '나'는 고백을 통해 과거에 대한 '회고'와 그것의 '재구성'을 이루며 앞으로 새롭게 나아갈 수 있게 된다. 그리고 세상에 당당하게 말할 수 있다. "누이야 풍자가 아니면 해탈이다"라고. 김수영 시의 유명한 한 구절, "누이야 풍자가 아니면 해탈이다"는 이러한 일련의 고백의 과정을 통해 탄생하였다. '나'는 고백을 통해 새로운 주체로 설 수 있게 된 것이다.

---

27 〈누이야 장하고나! - 신귀거래 7〉와 달리 〈누이의 방〉에서 '누이'는 속물적인 일상인의 모습으로 나타났다. 자세한 논의는 이영섭, 「김수영의 「신귀거래」 시 연구」, 『한국 현대시 형성 연구』, 국학자료원, 2000, 255쪽 참조.

3) 아웃사이더의 고백과 새로운 사회의 추구

김수영은 고백체 시에서 흔히 사람들이 노골적으로 드러내어 놓고 말하기 힘든 문제들, 가령 '돈'이나 '성' 혹은 '이혼'과 같은 문제들, 자신의 치부를 과감하게 드러내기도 한다. 이때 김수영은 자신을 한없이 비속하게 만들어버리고 자의식을 과도하게 드러낸다.

남에게 희생을 당할 만한
충분한 각오를 가진 사람만이
살인을 한다

그러나 우산대로
여편네를 때려눕혔을 때
우리들의 옆에서는
어린 놈이 울었고
비 오는 거리에는
40명가량의 취객들이
모여들었고
집에 돌아와서
제일 마음에 꺼리는 것이
아는 사람이
이 캄캄한 범행의 현장을
보았는가 하는 일이었다
— 아니 그보다도 먼저
아까운 것이
지우산을 현장에 버리고 온 일이었다

- 〈죄와 벌〉(1963) 전문

이 시의 제목은 〈죄와 벌〉이다. 따라서 이 시 역시 겉으로 보기에는 죄를 고백함으로써 용서를 구하는 방식을 취하는 것처럼 보인다. 그러나 그 내용을 자세히 들여다보면 여기서 고백은 죄에 대한 용서를 구하는 방식을 따르지 않는다.

물론 이 시에서 화자가 고백한 일, 우산대로 여편네를 때려 눕혔다는 일은 죄가 되는 일이다. 그런데 이 죄에 대해 '나'는 굳이 용서를 구할 생각이 없다. 이와 관련하여 화자가 우산대로 여편네를 때려눕힌 일을 고백한 다음 집에 돌아와 가졌던 마음을 고백하는 부분에 주목할 필요가 있다. 화자가 "제일 마음에 꺼리는 것"은 "아는 사람이/ 이 캄캄한 범행의 현장을/ 보았는가 하는 일"이며, "지우산을 현장에 버리고 온 일"이다. '나'는 죄에 대한 용서는커녕 죄를 범하고도 아무런 죄의식을 갖지 않는다. 그리고 다른 것에 관심을 두는 위선을 그대로 까발린다. '나'는 죄를 고백함으로써 용서를 구하는 것이 아니라 자기 비하 속에서 자신을 내던지고 있다.

이와 같이 이 시에서 '나'는 죄를 범하고도 반성하지 않는 옹졸한 자아와 그 자아를 바라보는 화자인 '나'로 분열되어 있다. 또한 이 시에서는 화자의 말을 들어주는 청자가 따로 설정되어 있지 않다. 화자의 말을 들어줄 수 있는 사람은 실제 독자뿐이다. 어떤 의미에서 '나'는 나의 자의식을 스스로에게 고백하고 있다고 할 수 있다. 그리고 내가 굳이 고백한 내용을 말하자면, 그것은 아내를 때렸다는 사실보다 아내에 대한 '나'의 태도에 있다.

김수영은 이제 사회가 제시한 선의 기준에 비추어 자신의 죄를 고백하지 않는다. 그는 선과 악에 대한 이분법 자체를 부정한다. 아내와의 관계에 한정하여 보더라고 그는 위선을 넘어 위악을 드러내기까지 한다. 이것은 이혼을 둘러싼 시에서 엿볼 수 있다.

당신이 내린 결단이 이렇게 좋군
나하고 별거를 하기로 작정한 이틀째 되는 날
당신은 나와의 이혼을 결정하고
내 친구의 미망인의 빚보를 선 것을
물어주기로 한 것이 이렇게 좋군

집문서를 넣고 6부 이자로 10만 원을
물어주기로 한 것이 이렇게 좋군

10만 원 중에서 5만 원만 줄까 3만 원만 줄까
하고 망설였지 당신보다도 내가 더 망설였지
5만 원을 무이자로 돌려보려고
피를 안 흘리려고 생전 처음으로 돈 가진 친구한테
정식으로 돈을 꾸러 가서 안 됐지
이것을 하고 저것을 하고 저것을 하고 이것을
하고 피를 안 흘리려고
피를 흘리되 조금 쉽게 흘리려고
저것을 하고 이짓을 하고 저짓을 하고
이것을 하고

-〈이혼 취소〉(1966) 부분

이 시는 '이혼'이라는 개인으로서는 상당히 큰 사건을 둘러싼 일들을 시로 표현한 것이다. 일반적으로 사람들은 이혼에 대해 공개적으로 거론하지 않고, 또 그것을 거론한다고 하더라도 개인의 상처나 이별 등에 대해 말한다. 그런데 이 시에서 화자는 이혼을 둘러싸고 돈 문제를 우선 거론한다. 이혼을 결정하고 무엇보다 아내가 "내 친구의 미망인의 빚보를 선 것을/ 물어주기로 한 것이" 좋다고, "집문서를 넣고 6부 이자로 10만 원을/ 물어주기로 한 것이 이렇게 좋"다고 말한다. 더욱이 화자는 이혼을 앞둔 아내에게 말하기 힘든 화자의 치부까지 고스란히 고백한다. 돈을 빌려준 사람에게 "10만 원 중에서 5만 원만 줄까 3만 원만 줄까"하고 망설이는 치사함도 고백한다.

이 시기 김수영의 고백체 시가 이전과 다른 모습을 보이고 있는 것은 미국 고백시의 영향에서 비롯한다고 할 수 있다. 미국 고백시 시인들은 충격적일 만큼 수치스러운 개인적 체험들을 솔직하게 다루었다. 가령 로웰의 경우《인생 연구》의 주된 소재는 가문의 몰락, 부친의 무능과 비속성, 모친의 이상 성격, 결혼 생활의 갈등, 로웰 자신의 정신 질환, 투옥 경험 등 누구든 감추어 두고 싶을 만한 가족과 개인의 치부, 이전에는 금기시되어 왔던 깊은 사생활의 체험들이었다.[28]

김수영이 이혼을 소재로 하여 개인의 치부를 드러내고 그 속에서 현대 사회의 비인간적인 관계를 보여주는 것은 미국 고백시의 영향에서 비롯한다고 할 수 있다. 그런데 김수영은 여기서 나아가 선과 악에 대한 기준 자체를 새롭게 바라보고자 한다.

> 그러다가 스코틀랜드의 에딘버러 대학에 다니는
> 나이 어린 친구한테서 편지를 받았지
> 그 편지 안에 적힌 블레이크의 시를 감동을 하고
> 읽었지 "Sooner murder an infant in its
> cradle than nurse unacted desire" 이것이
> 무슨 뜻인지 알았지 그러나 완성하진 못했지
>
> 이것을 지금 완성했다 아내여 우리는 이겼다
> 우리는 블레이크의 시를 완성했다 우리는
> 이제 차디찬 사람들을 경멸할 수 있다
> 어제 국회의장 공관의 칵테일 파티에 참석한
> 천사 같은 여류작가의 냉철한 지성적인
> 눈동자는 거짓말이다
> 그 눈동자는 피를 흘리고 있지 않다
> 선이 아닌 모든 것은 악이다 신의 지대(地帶)에는
> 중립이 없다
> 아내여 화해하자 그대가 흘리는 피에 나도

---

28 송무, 앞의 글, 88쪽.

참가하게 해다오 그러기 위해서만

이혼을 취소하자

* 주: 영문으로 쓴 블레이크의 시를 나는 이렇게 서투르게 의역했다. <상대방이 원수같이 보일 때 비로소 자신이 선(善)의 입구에 와 있는 줄 알아라>(원주)

- <이혼 취소>(1966) 부분

여기서 시적 화자인 '나'는 아내에게 이혼 취소를 요구하면서 고백을 이어간다. 이러한 고백에는 친구와의 편지, 블레이크의 시, 그리고 블레이크의 시에 대한 자신의 독자적인 해석 등이 다양하게 활용된다.

'나'의 고백은 여러 이야기들의 몽타주로 이어지고 있다. '나'는 여러 가지 말들을 하면서 아내에게 자신이 새롭게 이해한 삶의 진실을 고백한다. "선이 아닌 모든 것은 악이다 신의 지대地帶에는/ 중립이 없다"고. 그러면서 블레이크 시의 원문을 "상대방이 원수같이 보일 때 비로소 우리는 자신이 선의 입구에 와 있는 줄 알아라"고 의역하여 덧붙인다. 원문을 이렇게 의역하는 것은 진정한 선은 악을 통해서만 가능하다는 깨달음에서 비롯한다. 이어 '나'는 아내에게 악의 입구에까지 갈 때, 거기서 다시 선으로 가는 길을 열 수 있다는 생각을 전한다.

이 과정에 '나'는 더 이상 공동체의 선을 무조건 따르지 않는다. '나'는 죄의 용서를 통해 선에 이르는 길이 아니라 악을 악 자체로 인정하고 그 속에서 선을 보려고 한다. 아내와의 관계에서 파악된 선과 악의 전도를 '나'는 사회의 "차디찬 사람들," "천사같은 여류작가" 속에서도 발견한다. '나'는 선으로 무장한 사람들 속에서 오히려 악을 발견한다. "어제 국회의장 공관의 칵테일 파티에 참석한/ 천사 같은 여류작가의 냉철한 지성적인/ 눈동자는 거짓말이다/ 그 눈동자는 피를 흘리고 있지 않다." 선과 악은 현실에서도 흔히 뒤바뀐다.

이와 같이 <이혼 취소>에서 김수영은 선악의 가치가 전도되는 현실을, '이혼'을 둘러싼 아내로의 고백이라는 지극히 사적인 경험을 통해 보여준다. 그런데 여기서 김수영이 보여준 선과 악의 전도는 이 시기 김수영이 지니고 있었던 악의 문학에 대한 지향[29]과도 부합한다. 그는 이제 공동체 속의 가치가 아니라 아웃사이더 속의 진실을 보고자 한다. 이것은 기존 사회 질서에서 벗어난 개인의 자유도 인정되어야 한다고 사고 속에서 나온 것이었다.

> 정치적 자유를 인정하지 않는 사회에서는 개인의 자유도 인정하지 않는다. 〈내용〉을 인정하지 않는 사회에서는 〈형식〉도 인정하지 않는 것이다. 이러한 문학의 성립의 사회조건의 중요성을 로버트 그레이브스는 다음과 같은 평범한 말로 강조하고 있다. 〈사회생활이 지나치게 주밀하게 조직되어서 시인의 존재를 허용하지 않게 되는 날이 오게 되면, 그 때는 이미 중대한 일이 모두 다 종식되는 때다. …(중략)… 하지만 사람이 고립된 단독의 자신이 되는 자유에 도달할 수 있는 간극(間隙)이나 구멍을 사회기구 속에 남겨놓지 않는다는 것은 더욱더 나쁜 일이다. 설사 그 사람이 다만 기인(奇人)이나 집시나 범죄자나, 바보 얼간이에 지나지 않는다 하더라도.〉 이 인용문에 나오는 기인이나 집시나 바보 멍텅구리는 〈내용〉과 〈형식〉을 논한 나의 문맥 속에서는 물론 후자 즉, 〈형식〉에 속한다.[30]

김수영은 국가 권력의 그물이 "주밀하게 조직되어" 있는 현실에서 "기인奇人이나 집시나 범죄자나, 바보 얼간이"의 자유도 허용되어야 한다고 생각한 그레이브스의 말에 동의하면서 이를 문학의 형식과 관련하여 논의한다. "기인奇人이나 집시나 바보 멍텅구리는 〈내용〉과 〈형식〉을 논한 나의 문맥 속에서는 물론 후자 즉, 〈형식〉에 속한다."[31] 김수영은 이 "기인奇人이나 집시나 바보 멍텅구리," 즉 아웃사이더를 통해 새로운 문학의 가능성을 찾고자 하였다.

이러한 김수영의 생각은 미국 고백시 시인들에게서 더 나아갔다는 특징을 보여주고 있다. 1950~60년대 미국 고백시는 현대 문명 속에서 개체성의 상실이라는 위기의식을

---

29 자세한 논의는 졸고, 「김수영 시에 나타난 바타이유의 영향: 에로티즘을 중심으로」, 『한국현대문학연구』 23, 한국현대문학회, 2007.12 참조.

30 김수영, 「시여, 침을 뱉어라 - 힘으로서의 시의 존재」(1968), 『전집 2』, 401~2쪽.

31 위의 글, 402쪽.

느끼고 전도된 가치를 바로 잡을 길을 탐색하는 과정에 나왔다. 그리고 공동체 속의 개체성을 벗어나는 개체성의 경험을 보여주었다. 공동체 속의 개체성이 아니라 "사회가 제공하는 가짜의 행복과 자유의 체험 반대편 극단에 있는 절실하고 고통스러운 불행의 체험으로서의 개체성," 극단적 개체성[32]이 그것이다. 그런데 미국 고백시의 시인들, 가령 로웰, 뢰트케, 플라스, 베리만 등은 사회로부터 추방당한 국외자들도 아니었고 탈역사를 지향하지도 않았다. 그들은 새로운 감수성의 눈으로 병든 영혼을 정화함으로써 '자아'가 의식과 무의식의 새로운 균형과 융화를 만들어낼 수 있다고 인식하였다.[33] 그런데 김수영은 고백체 시에서 자아의 균형이 아니라 자아의 분열, 아웃사이더의 모습까지 보여주고자 하였다. 이를 통해 그는 기존 사회의 선과 악의 구분 자체를 무효화하고자 하였다.

4. 고백체 시의 확산을 위하여

김수영은 시작 초기부터 고백체 글쓰기를 지향하고 있었고 고백체 시를 썼다. 이후 그의 시세계의 변모 과정에 따라 다양한 고백체 시를 보여주었다. 김수영의 고백체 시는 작품 전체에서 고백이 작품을 구성하는 주요한 모티프로 작용하고 있고, 고백의 의도가 분명하며, 시의 화자가 청자에게 고백하는 형식으로 되어 있었다. 그것은 미국 고백시의 영향으로만 이해될 수 없었다.

김수영의 초기 고백체 시에서는 대체로 화자가 자신의 죄를 고백하고 공동체의 승인을 구하는 방향을 취하였다. 〈조국에 돌아오신 상병포로傷病捕虜 동지들에게〉에서 '나'

---

32 고백시에서의 개체성은 한 세기전의 시에 나타난 개체성과 구분된다. 가령 월트 휘트먼(Walt Whitman)이 개성을 강조할 때, 그는 단일하고 따로 있는 사람(a simple separate person)을 옹호했지만 동시에 집단 속에 있는 인간(en masse)을 주장했다. 그러나 20세기 중반 고백시에서 강조한 개체성은 사회가 제공하는 가짜의 행복과 자유의 체험 반대편 극단에 있는, 절실하고 고통스러운 불행의 체험으로서의 개체성이다. 자세한 논의는 송무, 앞의 글, 93쪽 참조.

33 신정현, 앞의 글, 111쪽.

는 "조국에 돌아오신 상병포로 동지들"이라고 하는 현상적 청자뿐만 아니라 이 시를 읽는 독자 모두에게 용서를 구하는 고백을 이어 나갔다. '나'는 이러한 고백을 통해 공동체의 승인을 구하고자 하였다.

이어 김수영은 자신의 상처를 극복하고 새로운 주체로 나아가기 위해 고백을 하였다. 〈누이야 장하고나! - 신귀거래 7〉에서 고백하는 화자는 공동체로부터 분리되는 모습을 보여주었다. 그리고 화자가 고백하는 청자는 공동체가 아니라 '누이'였다. 누이는 더 이상 권력을 규율하는 존재가 아니라 화자의 결단을 들어주는 존재로서의 의미를 지니고 있었다.

이후 김수영은 자신의 치부를 과감하게 드러내는 고백체 시를 시도하였다. 특히 아내와의 불화와 이혼 등을 시적 제재로 취하는 시, 〈죄와 벌〉, 〈이혼 취소〉 등에서 화자는 자신의 악을 폭로하기 위해 고백을 하였다. 이때, 고백을 들어주는 사람은 실제 독자로 가정되었다. 그리고 화자는 더 이상 공동체의 질서에 편입하기 위해 고백을 하는 것이 아니라 아웃사이더를 자처하기 위해 고백하였다. 이를 통해 김수영은 자신이 살고 있는 세계를 비판하고, 새로운 세계를 지향하고자 하였다.

김수영의 고백체 시는 한국 근대 고백문학의 전통 속에서 새로운 가능성을 보여주었다. 그것은 다음과 같은 몇 가지 의의를 지닌다고 할 수 있다.

첫째, 한국 근대 문학에서 보여주었던 고백문학과는 다른 새로운 지평을 열었다. 근대 문학에서 고백은 개인에 대한 관심과 탐구를 주요한 문학적 지평으로 삼는 형식이었다. 개인의 감정과 내면 표현이 가치 있는 영역으로 공론화되기 시작한 1910년대 중반 이후, 그것은 세계를 재편하는 인간 중심의 글쓰기 기원을 밝혀 주는 것으로 이해되어왔다.[34] 따라서 근대 문학에서 고백하는 주체는 어디까지나 근대 사회 내부에 있는 존재였다. 그러나 김수영의 고백체 시에서는 사회를 비판하기 위하여, 전복하기 위하여 고백을 하는 주체의 모습이 나타났다.

둘째, 전체주의 시대에 억압된 개인의 가치를 내세울 수 있는 형식이 되었다. 1950년

---

34 이은주, 「근대체험의 내면화와 새로운 글쓰기」, 『상허학보』 16, 상허학회, 2006. 2, 41쪽.

대는 냉전의 시대로, 거대한 이데올로기가 전 세계적인 가치로 부각되었던 시기였다. 이에 따라 개인의 가치는 종종 거대 담론에 가려지고 억압되었다. 그런데 김수영은 억압을 강요하는 시대에 개인의 가치를 부각시켰고, 이를 일상 속에서 구현하고자 하였다. 이때 고백체 시는 유효한 장치였다. 그는 고백체 시 속에서 일상에 은밀하게 작용하는 거대 권력을 드러내고자 하였다.

셋째, 전통적 시의 영역을 확대하였다는 의미를 지닌다. 김수영의 고백체 시에서는 일기나 편지 등의 형식, 혹은 일상의 대화가 그대로 활용되었다. 이 과정에서 근대적 고백체의 글쓰기와 다른 형식을 보여주었다. 근대 사회에서 고백의 언어는 내면을 드러내기 위해서 불충분하거나 불투명해서는 안 된다. 그것은 어디까지나 실체나 진실의 인식론적인 우선성, 도구이자 매체로서의 언어의 투명성을 통해 존재할 수 있었다.[35] 그러나 김수영의 고백체 시에서는 시행 구문이 혼란스럽게 되거나 시적 비약이 이어지는 새로운 경향을 보여주었다.

한국 근대 문학의 형성기에 나타난 고백문학에서는 개인의 내면을 고백하는 개성이 나타났고, 세계의 재현과 내면의 표현이 기술방식으로 선택되었다. 이에 반해 김수영의 고백체 시에서는 아웃사이더의 모습도 나타났고, 세계의 반재현과 내면 분열의 기술방식이 나타났다.

이제 시인들은 사회를 이야기하기 위해 더 이상 국가나 민족과 같은 것들을 소재로 삼지 않아도 된다. 오히려 자신과 자신의 주변을 노래하는 것으로 이 모든 것을 이야기하기에 충분하다. 사회가 고도로 현대화될수록 이러한 경향은 더 증가할 것이다. 앞으로 많은 시인들이 자신의 이야기를 하고, 이를 고백체로 표현하는 일이 많아질 것이다. 이때 김수영의 고백체 시는 중요한 참조 사항이 된다.

---

35 양효실, 「보들레르의 『내면 일기』와 고백적 글쓰기의 불가능성」, 『미학』 5, 한국미학회, 2007.12, 183쪽.

제2부

죽음의 시학

제2부 01

시론에 나타난 '죽음'

- 블랑쇼의 영향을 중심으로

1. 김수영 문학과 '죽음'

김수영의 문학에서 '죽음'은 매우 중요한 주제이다. 김수영이 자신의 문학적 지향을 "풍자가 아니면 해탈이다"라고 제시하였을 때, '해탈'은 죽음의 다른 이름이라고 할 수 있다. 그는 시작 초기부터 죽음에 대한 시를 다수 발표하였고 시론에서도 죽음에 대한 논의를 이어갔다. 특히 1960년대에 들어서 일련의 시론을 발표하는데 여기서 '죽음'은 시론 전체의 의미를 파악하는 핵심어가 되고 있다.

이제까지 많은 연구자들이 김수영 시론에 나타난 죽음에 대해 고찰해왔다. 그리고 김수영이 죽음을 거론한 이유에 대해서도 다양하게 해석해왔다. 이 과정에서 김수영 시론에서 죽음은 내용이나 형식에 이르기까지 다양한 의미를 지니고 있는 것으로 드러났다.

김수영의 시가 죽음에 대한 깊은 성찰에서 나온 것이라는 김종철의 지적[1] 이후, 그 사유의 영향 관계를 탐색하려는 노력은 다방면에서 이루어졌다. 트릴링과의 관련를 강조한 논의,[2] 바타이유의 영향을 언급한 최현식의 논의,[3] 하이데거 철학과의 연관 관계를 강

---

1 김종철, 「시적 진리와 시적 성취」, 황동규 편, 『김수영의 문학』, 민음사, 1983.

조한 논의[4] 등을 통해 그 영향 관계를 탐색하는 노력이 이어졌다. 이후 김수영 시론에서 '죽음'의 문제는 주제에 그치는 것이 아니라 시의 주체, 언어의 문제와 관련되는 것으로 드러났다.[5] 이러한 연구들은 김수영 시론에 나타난 죽음의 논의를 한층 진전된 것으로 올린 것으로 판단된다. 그럼에도 불구하고 김수영 시론의 죽음에 대해서는 충분히 밝혀지지 못하였다.

김수영은 죽음을 언어의 문제와 상호 관련시켜 논의하였고, 참여시 논의에서도 죽음의 문제를 언급하였다. 그는 현대시의 두 가지 대립되는 경향도 죽음으로 연결하였는데, 기존 연구에서는 그 연결 고리를 충분히 해명하지 못하였다.

> 이렇게 말하면 영리한 독자는 또 독창성에 대한 〈다람쥐 쳇바퀴 도는〉 식의 강화(講話)로구나 하고 눈살을 찌푸릴지 모르지만 모든 시는 — 마르크스주의의 시까지도 합해서 — 어떻게 자기 나름으로 죽음을 완수했느냐의 문제를 검토하는 방법이라고 해도 과언이 아니다. 그리고 모든 시론은 이 죽음의 고개를 넘어가는 모습과 행방과 그 행방의 거리에 대한 해석과 측정의 의견에 지나지 않는다.[6]

김수영은 "모든 시는 — 마르크스주의의 시까지도 합해서 — 어떻게 자기 나름으로 죽음을 완수했느냐의 문제를 검토하는 방법이라고 해도 과언이 아니다"고 하였고, "모든 시론은 이 죽음의 고개를 넘어가는 모습과 행방과 그 행방의 거리에 대한 해석과 측정의 의견에 지나지 않는다"고 하였다. 이렇게 김수영은 죽음을 통해 현대시의 가장 중요한

---

2 조현일, 「김수영의 모더니티관에 대한 연구: 트릴링과의 영향관계를 중심으로」, 황현산 편, 『작가연구』 5호, 1998. 5; 조영복, 「김수영 시의 죽음 의식과 현대성」, 『한국현대시와 언어의 풍경』, 태학사, 1999.

3 최현식, 「'곧은 소리'의 요구와 탐색: 김수영의 시의식과 관련하여」, 황현산 편, 『작가연구』 5, 새미, 1998. 5.

4 이건제, 「김수영 시에 나타나는 '죽음' 의식 - 그의 시작(詩作)을 중심으로」, 황현산 편, 『작가 연구』 5, 1998; 김유중, 『김수영과 하이데거』, 민음사, 2007.

5 김상환, 『풍자와 해탈 혹은 사랑과 죽음』, 민음사, 2002; 신형철, 「김수영 시에 나타난 '사랑'과 '죽음'에 대한 의미 연구」, 서울대 석사논문, 2002.

6 김수영, 「<죽음과 사랑>의 대극은 시의 본수(本髓) - 1967년 10월 시평」(1967), 『김수영 전집 2 - 산문』, 민음사, 2003(이하 『전집 2』로 표기), 600~1쪽.

과제를 달성하고자 하였다.

그런데 김수영이 시론에서 죽음을 중심으로 이러한 논의들을 펼칠 수 있었던 것은 '죽음의 시학'이라는 평가를 받고 있는 모리스 블랑쇼Maurice Blanchot의 이론[7]을 적극적으로 수용한 결과로 보인다. 블랑쇼가 '죽음'에 대한 논의를 통해 강조한 것은 문학의 죽음, 자아의 죽음, 죽음의 언어 등인데 김수영 시론의 중심축을 이루는 것도 바로 이것이다. 김수영은 블랑쇼의 이론을 다양한 측면에서 수용하였는데, 그 중심에는 '죽음'에 대한 논의가 자리하고 있다.

2. 김수영의 시론과 블랑쇼의 죽음 시학

김수영의 시론은 어느 하나의 이론이나 틀로서 온전히 설명할 수 없다. 김수영은 영미 시론과 프랑스 시론, 하이데거를 비롯한 여러 철학자의 사상, 그리고 동아시아의 사상, 선불교에 이르기까지 다양한 이론을 자양분으로 삼고 자신의 이론을 모색한다. 뿐만 아니라 이러한 이론들을 다시 자신의 방식대로 굴절시키면서 시론을 전개시킨다.

그런데 이제까지 김수영 시론에 미친 블랑쇼에 대한 관심은 미흡하였다. 이것은 공개적으로 김수영이 블랑쇼의 영향을 과소평가한 데서 비롯한다. 그러나 김수영은 실제로 광범위하게 블랑쇼의 영향을 받았고, 특히 후기 시론의 틀을 형성하는 데 상당 부분 참조하였다.

김수영 시론의 특이한 점은 무의미, 침묵, 죽음 등과 같은 논의를 섬세하게 펼치면서도 사회 참여를 주장하고 있다는 점이다. 그러기에 그의 시는 말라르메 시학과 같은 순수시론과도 비교되고, 리얼리즘 시론으로도 이해되어왔다. 그러면서도 이 두 이론으로 온전히 해명되지 않는 부분이 상당하였다. 김수영 시론을 둘러싼 모든 오해도 여기서 비롯한다. 그는 언어의 가장 섬세한 부분까지 다루면서도 동시에 사회 참여를, 혁명을

---

7 박규현, 「블랑쇼, 죽음의 시학」, 『프랑스학연구』 22, 한국프랑스학회, 2002. 3, 200쪽.

말하고 있는 것이다. 이때 김수영은 죽음을 중심에 두고 이러한 논의들을 이어갔다. 이러한 모습은 블랑쇼에게 나타나고 있다. 그는 '죽음'을 중심으로 침묵의 글쓰기를 강조하면서 문학의 사회 참여를 주장하였고, 언어에 대한 탐색을 혁명에 대한 사유와 연결시켰다.

블랑쇼는 서구에서 종전의 주체철학이 프랑스 구조주의, 해체주의, 후기구조주의 등의 새로운 사유에 의해 도전을 받게 되는 과정에서 등장한 사상가들, 가령 푸코, 바타이유, 바르트, 레비나스, 낭시, 라쿠-라바르트 등에게 결정적인 영향을 끼친 작가이다.[8] 블랑쇼는 현대적인 삶 속에서 문학과 예술이 어떻게 가능한가라는 문제를 중심적 화두로 일련의 비평 텍스트들을 저술하였다.

블랑쇼의 문학 이론의 핵심에 자리하고 있는 것은 '죽음'이다. 물론 서구 문학사에서 죽음에 대한 논의는 긴 흐름을 가지고 있다. 헤겔에서 비롯하여 보들레르로 이어지면서 죽음은 모더니즘 문학은 중요한 주제가 되었다. 슈라이퍼는 자본주의 사회의 물질주의 현상을 죽음의 유물론으로 해석하면서 이를 수사학과 관련하여 논의하였다.[9] 최근에도 죽음은 개인의 실존을 넘어 사회 현상, 그리고 언어 작용 등과 관련을 맺으면서 더욱 깊이 논의되고 있다.

블랑쇼는 서구 현대 문학에서 중요하게 부상한 죽음에 대해 새롭게, 깊이 있게 사유한다. 그는 물리적 죽음, 유기체의 종말, 또는 완료된 죽음에 관심을 기울이지 않는다. 그는 죽음을 성찰의 대상으로 파악하지 않고 "죽음으로의 접근"으로 이해한다. 이 죽음으로의 접근은 자아의 불가능성, 세계와의 관계의 불가능성과 마주하는 데서 나온다. 죽음의 경험은 실재로 죽어간다는 사실에 국한되어 전개되는 것이 아니라, 보다 넓게 —그 경험이 결국 세계와 자아의 불가능성으로 귀착되는 한에서 — 모든 바깥의 경험과 연관된다.[10] 죽음은 가장 고유한 나만의 가능성으로서가 아니라 바깥으로의, 타자로의 열림

---

8 김현, 『프랑스 비평사』, 문학과지성사, 1981, 118쪽.

9 Ronald Schleifer, *Rhetoric and Death*, University of Illinois Press, 1990, pp. 1~26.

10 박준상, 『바깥에서』, 인간사랑, 2006, 47쪽.

인 것이다.

이러한 죽음에 대한 새로운 성찰을 토대로 블랑쇼는 문학의 문제를 정치, 그리고 언어의 문제와 연결시켜 논의하였다. 이러한 논의가 집약적으로 드러난 것은 「문학과 죽음의 권리」에서이다. 블랑쇼는 이 글에서 현대 문학의 상황과 프랑스 혁명 당시 공포 정치의 상황, 그리고 언어의 본질을 긴밀하게 연관시켰다.

이 논문에서 블랑쇼는 혁명의 정점에서 모든 시민들은 삶의 권리가 아니라 일종의 죽음의 권리를 체험한다고 하였다. 혁명적 상황에서 '나'의 죽음은 공동체의 절대적 자유를 획득하는 데 기여하는 고귀한 행위이자, 자신이 공화국의 시민이라는 사실을 증명하기 위한 자발적 능력의 산물이다. 또한 그것은 사생활과 비밀스런 삶을 모두 버리고 순수하게 공적인 행위에 자신을 투신할 수 있는 고귀한 권리이다. 죽음은 개인적인 삶이 공동체의 자유로 이어지는 본질적인 부분에 속한다.

블랑쇼는 이와 동일한 운동을 언어에서도 발견한다. 혁명이 개체의 삶을 죽이고 전체의 자유 속에서 그 죽음을 다시 살리듯이, 언어 역시 사물을 죽이고 그 사물을 언어라는 상징 속에서 보존시킨다. 지시체의 죽음을 상징으로 지양하는 것이 언어의 작용이라면, 문학 역시 죽음의 영역에 속함으로써 공동체에 기여한다. 문학은 그 자체로 혁명 속에서 그 자신을 실현하고 혁명 속에서 그것의 정당성을 실현한다.[11]

블랑쇼가 정치와 문학, 그리고 언어를 서로 관련시키면서 '죽음'을 강조한 이 「문학과 죽음의 권리」는 김수영에게 깊은 영향은 준 것으로 보인다. 김수영은 "모리스 블랑쇼의 『불꽃의 문학』을 일본 번역 책으로 읽었는데, 너무 마음에 들어서 읽고 나자마자 즉시 팔아버렸다"고, "너무 마음에 들어서 읽고 나자마나 팔아버렸다"고 하였다.[12] 그런데 블랑쇼의 「문학과 죽음의 권리」는 김수영이 읽은 『불꽃의 문학』의 마지막 장에 게재되어 있다.

---

11 Maurice Blanchot, Charlotte Mandell(tr.), *The Work of Fire*, Stanford University Press, 1995, pp. 318~31 참조.

12 김수영, 「시작 노트 4」(1965), 『전집 2』, 441쪽.

김수영이 읽었다고 밝힌 블랑쇼의 『불꽃의 문학』은 일본에서 1948년 출간된 책으로 보인다.[13] 김수영이 『불꽃의 문학』을 볼 당시, 일본에서는 전위 문학을 지향하는 흐름이 강하게 일고 있었다. 즉 좌익 운동이나 전위 예술 운동의 고양으로 이루어진 모던의 전진 운동은 1960년대에 급속한 진전을 보여주었다. 때문에 이 시기의 사상은 '1968년을 준비한 사상'으로 평가되기도 하는데[14] 이 과정에서 미야카와 쥰 등 일부 비평가들은 블랑쇼에 크게 매료되었다.[15]

이러한 사실을 고려할 때 동시대 문학에 예민한 촉수를 내세우면서 전위 문학을 지향하고 있었던 김수영이 블랑쇼에 관심을 두었을 가능성은 상당하다. 김수영이 전위 문학과 참여문학 모두를 '죽음'으로 넘어서고자 한 것은, 블랑쇼가 서구 현대 문학의 상황을 '죽음'으로 돌파하려 했던 것과 유사하다.

3. 블랑쇼 영향의 구체적 양상

1) 현대시 탐구와 죽음

김수영은 시작 초기부터 현대시의 현대성에 대해 탐색해왔다. 그리고 현대성을 시의 내용과 형식, 양 측면에서 어떻게 구현할 것인가 하는가에 대해서도 고찰하여왔다. 그런데 1960년대에 이르러 그는 현대시의 현대성을 '죽음'과 결부시키기 시작한다.

---

13 이 책은 일본에서 1948년, 『焰の文學』이라는 제목으로 紀伊國屋書店에서 現代文藝評論叢書로 나왔는데, 당시 일본에서 번역된 블랑쇼의 책 중 가장 먼저 나온 것이었다. 당시 일본에서는 상당수의 블랑쇼 책이 번역되어 있었다. 김수영이 살아 있는 동안에도 『불의 몫』(焰の文学, 紀伊国屋書店, 1958), 『문학의 공간』(文学空間, 現代思潮社, 1962), 『토마 알 수 없는 자』(謎の男トマ, 新潮社, 1966), 『기다림 망각』(待つことと忘れること, 思潮社, 1966), 『카프카론』(カフカ論, 筑摩書房, 1968), 『미래의 책』(来るべき書物, 現代思潮社, 1968) 등 당시 발간되었던 블랑쇼의 책들이 거의 다 번역되어 있었다. 日本國會圖書館(http://www.ndl.go.jp/jp/data/opac.html) 참조.

14 가라타니 코오진 외, 송태욱 역, 『현대 일본의 비평』, 소명출판, 2002, 412~3쪽.

15 위의 글, 396~401쪽.

> 나의 현대시의 출발은 어디에서 시작되었나 하고 생각해 보기도 했다. 얼른 머리에 떠오르는 것이 십여 년 전에 쓴 「병풍」과 「폭포」다. 「병풍」은 죽음을 노래한 시이고, 「폭포」는 나태와 안정을 배격한 시다. 트릴링은 쾌락의 부르주아적 원칙을 배격하고 고통과 불쾌와 죽음을 현대성의 자각의 요인으로 들고 있으니까 그의 주장에 따른다면 나의 현대시의 출발은 「병풍」 정도에서 시작되었다고 볼 수 있고, 나의 진정한 시력(詩歷)은 불과 10년 정도밖에는 되지 않는다. 그러나 트릴링도 떠나서 다시 나대로 또 한번 생각해 보면, 나의 처녀작은 지난 6월 2일에 쓴 아직도 발표되지 않은 「미역국」이라는 최근작 같기도 하고, 또 좀 더 깊이 생각해 보면 아직도 나는 진정한 처녀작을 한편도 쓰지 못한 것 같다. 야단이다.[16]

김수영은 자신의 시 가운데 현대시에 해당되는 것으로 〈병풍〉을 들었는데, 그 근거로 〈병풍〉이 죽음이라는 현대성의 자각 요건을 지니고 있다는 점을 들었다. 이때 그는 트릴링이 말한 "고통과 불쾌와 죽음에 대한 인식"을 현대성의 자각 요인으로 전제하였다.

이와 같이 김수영은 현대성을 죽음과 관련시켜 이해하였는데, 한국 현대시의 두 가지 흐름을 초현실주의 시와 참여시로 보면서 이 시들의 문제점을 지적할 때에도 '죽음'을 중심에 두었다.

> 그러나 진정한 참여시에 있어서는 초현실주의 시에서 의식이 무의식의 증인이 될 수 없듯이, 참여의식이 정치 이념의 증인이 될 수 없는 것이 원칙이다. 그것은 행동주의자들의 시인 것이다. 무의식의 현실적 증인으로서, 실존의 현실적 증인으로서 그들은 행동을 택했고 그들의 무의식과 실존은 바로 그들의 정치 이념인 것이다. 결국 그들이 추구하고 있는 것은 하나의 불가능이며 신앙인데, 이 신앙이 우리의 시의 경우에는 초현실주의 시에도 없었고 오늘의 참여시의 경우에도 없다. 이런 경우에 외부가 허락하지 않기 때문에 없다는 것은 말이 안 된다. 외부와 내부는 똑같은 것이다. 그리고 그것은 죽음에서 합치되는 것이다.[17]

---

16 김수영, 「연극 하다가 시로 전향」(1965), 『전집 2』, 337쪽.

17 김수영, 「참여시의 정리 - 1960년대의 시인을 중심으로」(1967), 『전집 2』, 389~90쪽.

초현실주의 시의 의식이나 참여시의 실존은 그 자체로 하나의 이념일 뿐, 이것이 그 자체로 시의 성공을 보장하지 못한다는 것, 이것은 시의 외부와 내부에 해당하는 것으로서 죽음에서 합치되어야 한다는 것, 이것이 김수영이 당시 한국 현대시를 조망하고 내린 결론이다. 이러한 이유에서 그는 「참여시의 정리」에서 "여하튼 요즘 젊은 시인들의 특히 참여시 같은 것을 볼 때, 그것이 죽음을 어떤 형식으로 극복하고 있는지에 자꾸 판단의 초점이 가게 된다"[18]고 하였다. 그는 어디까지나 '죽음'을 중심으로 현대시의 과제를 해결하고자 하였다.

> (1) 그러면서도 이 두 사람의 공통점이 또한 너무나 뚜렷하다. 즉 순교자. 한 사람은 살아서 한 편 한 편의 시를 통해 죽음을 완료하고 있고, 한 사람은 이미 악의 순교를 육체로써 실제로 완료해 버렸다.[19]

> (2) 낡은 것이 새로운 것으로 바뀌는 순간. 이 시에는 죽음의 깊이가 있다.[20]

김수영은 당시 월평을 하면서도 죽음을 강조한다. 즉 '순교'나 '죽음' 등을 기준으로 비평을 하고, 시적인 성취를 이루었는가의 기준도 죽음에 두었다. 그런데 여기서 죽음을 강조한 것을 보면, "낡은 것이 새로운 것으로 바뀌는 순간," 곧 죽음을 통한 새로움의 획득에 있다. 이제까지의 사유나 틀을 벗어나 새로움을 달성할 수 있는 것은 죽음을 통해서이다. 현대시의 현대성은 죽음을 통해 확보될 수 있는 것이다.

그런데 김수영이 현대시를 죽음과 관련시켜 논의한 방식은 블랑쇼가 현대 문학에 대해 고찰하면서 죽음을 강조한 것과 유사하다. 블랑쇼에 따르면 문학은 스스로의 죽음에 대한 끊임없는 탐구의 특권적인 형식으로 출현한다.[21] 블랑쇼는 인간이라는 주체는 죽

---

18 위의 글, 390쪽.

19 김수영, 「시의 완성 - 박두집 시집 『거미와 성좌』」(1963), 『전집 2』, 244쪽.

20 김수영, 「생활현실과 시」(1964), 『전집 2』, 268쪽.

21 M. ブランツョ, 重信常喜 譯, 『焔の文學』, 紀伊國屋書店, 1958, 224쪽.

음이라는, 우리를 어느 곳으로도 인도하지 않는 결정되지도 고정적이지도 않은 움직임 속에 있다고 본다. 인간은 죽음으로 존재에 이른다. 거기에 바로 인간의 희망과 과제가 있다. 무가 있기 때문에 존재가 있다. 죽음은 인간의 가능성, 그의 기회이다. 종말이라는 세계의 미래가 우리에게 여전히 있는 것은 죽음을 통해서이다. 죽음은 인간의 가장 큰 희망이자 인간 존재의 유일한 희망이다.[22] 이러한 입장은 죽음(부정)에 대한 힘을 통해 앎의 세계를 통제하고 지배할 수 있다고 생각한 헤겔과는 극명하게 대조되는 것이다.[23]

블랑쇼는 죽음에 대한 이러한 사유를 문학과 관련시켜 설명한다. 그는 문학은 현실의 재현이 아니라 스스로의 가능성과 불가능성에 대한 메타적 성찰을 통해서 구성되는 것으로 보았다. 문학은 부정이다. 그것은 사물들의 비인간적이고 비결정적인 측면을 무로 인도하며 동시에 사물들을 한정짓고 유한하게 만든다. 이러한 의미에서 문학은 진정, 세계 내에서의 죽음의 작업이라고 할 수 있다.[24] 말하자면 문학은 스스로의 죽음, 불가능성, 부재와 같은 부정성에 대한 끝없는 탐구의 형식으로 출현한다. 그런데 김수영도 현대시는 죽음을 통해 부정성을 이어가고 이를 통해 현대성을 확보할 수 있다고 생각하였다.

2) 언어론과 죽음

김수영은 언어론을 전개하면서 언어를 '죽음'과 관련시켰다. 특히 시의 언어에 대해서도 죽음과 관련하여 구체적으로 논의하였다. 그가 시의 언어에서 죽음과 함께 죽음의 다른 이름으로 거론하는 것은 '침묵,' '무' 등이다.

> 이 무언의 말
> 이 때문에 아내를 다루기 어려워지고

---

22 위의 책, 215쪽.

23 박규현, 「블랑쇼, 죽음의 시학」, 『프랑스학연구』 22, 한국프랑스학회, 2002. 3, 202쪽.

24 M. ブランツョ, 앞의 책, 226쪽.

자식을 다루기 어려워지고 친구를
다루기 어려워지고
이 너무나 큰 어려움에 나는 입을 봉하고 있는 셈이고
무서운 무성의를 자행하고 있다

이 무언의 말
하늘의 빛이요 물의 빛이요 우연의 빛이요 우연의 말
죽음을 꿰뚫는 가장 무력한 말
죽음을 위한 말 죽음에 섬기는 말
고지식한 것을 제일 싫어하는 말
이 만능의 말
겨울의 말이자 봄의 말
이제 내 말은 내 말이 아니다

- 〈말〉(1964) 부분

이 시는 김수영의 언어관이 가장 본격적으로 드러나고 있는 작품이면서 동시에 그가 이후 본격적으로 개진하게 될 시론의 핵심을 이미 선취하고 있는 중요한 작품이라는 평을 받고 있다.[25] 그런데 이 시에서 그는 자신이 지향하는 시의 언어를 죽음과 결부시켜 논한다. "죽음을 꿰뚫는 가장 무력한 말," "죽음을 위한 말 죽음에 섬기는 말" 등이 그것이다.

이와 같이 '언어'를 '죽음'과 관련시킨 〈말〉의 시구들은 블랑쇼의 언어론을 연상하게 한다. 블랑쇼에 따르면 언어는 매순간 죽음을 가져온다. 물론 언어는 구체적 현실을 지칭하는 듯이 보인다. 가령 지금, 여기, 이것과 같이 현존하는 대상을 가장 구체적으로 가리키는 지시 대명사가 사용될 때, 우리는 이런 언어를 통해서 확실한 감각적 대상들이 우리에게 자명하게 주어진다고 생각한다. 그러나 이러한 언어는 언제나 자신이 가리키

25 신형철, 앞의 글, 70쪽.

는 사물과 본질적인 괴리를 갖는다. 언어는 사물을 죽이고 그 사물을 언어라는 상징 속에서 보존시킨다. 지시체의 죽음을 상징으로 지양하는 것이 언어의 작용이다. 죽음이 인간의 가능성이자 동시에 불가능성이듯이 언어 또한 그렇다.[26]

문학과 관련하여 블랑쇼가 '죽음'을 강조한 것도 이러한 이유에서이다. "침묵과 무는 문학의 본질이다."[27] 언어란 태초의 충동을 의미로 전환한, 요약된 기호이다. 기호화하고 의미화하면서 인간은 있는 그대로의 죽음을 잃어버렸다. 그러나 그는 끝내 알 수 없는 모호함, 불가능성 그 자체로서의 죽음을 되살리려고 부단히 노력하며, 문학은 이러한 의도에 부합한다. 사물들을 하나의 표상 아래 단일화하고 그 일반적 속성을 규정하고 동일화하는 것을 부정할 때, 문학은 죽음을 환기할 권리를 지닌다. 언어의 구성적 작용이 한계에 이르렀을 때, 즉 언어의 구성적 작용이 이루어지는 말하는 인간과 사물들의 주객 관계가 역전되었을 때 언어의 자기파괴 행위가 실현된다.[28]

김수영 역시 시의 언어에 대해 논의하면서 죽음의 다른 표현인 '침묵,' '무' 등을 강조한다.

> 언어에 있어서 더 큰 주는 시다. 언어는 원래가 최고의 상상력이지만 언어가 이 주권을 잃을 때는 시가 나서서 그 시대의 언어의 주권을 회수해 주어야 한다. 그런 의미에서 모든 시간의 언어는 언어가 아니다. 그것은 잠정적인 과오다. 수정될 과오. 이 수정의 작업을 시인이 해야 하는 것이다. 그래서 최고의 상상인 언어가 일시적인 언어가 되어서 만족할 수 있게 해야 한다. 아름다운 낱말들, 오오 침묵이여, 침묵이여.[29]

언어는 원래가 최고의 상상력이지만 언어가 그 주권을 잃을 때 시가 언어의 원래적인 주권을 회수해 주어야 한다는 게 김수영의 생각이다. 언어가 잠정적인 과오로서의 언

---

26 M. ブランツョ, 앞의 책, 208~24쪽.
27 위의 책, 191쪽.
28 박준상, 앞의 책, 151쪽.
29 김수영, 「가장 아름다운 우리말 열 개」(1966), 『전집 2』, 378쪽.

어, 일시적인 언어로 가능하게 하는 것은 '침묵'이다. "침묵은 이행enforcement이다."[30] 또한 시가 이러한 언어의 기능을 회복하기 위해서는 무의 체험을 해야 한다. "무 위에서 파괴와 창조가 동시에 이루어진다."[31] 김수영은 시의 언어는 어디까지나 죽음의 언어이며 시의 생성은 언어의 침묵, 무, 죽음 등에서 이루어진다고 보았다. 이러한 언어관은 언어가 지니는 의미의 구성적 작용을 넘어선다는 데 그 의미가 있다.[32]

그런데 이것은 문학이라는 이름으로, 문학을 통해 침묵으로 넘어가는 글쓰기를 지향한 블랑쇼의 그것에 닿아있다. 블랑쇼에게 시인의 글쓰기란 언어의 불가능성을 끌어내려는 노력, 언어 바깥에 접근하려는 노력이다. 시인은 언어의 바깥, 죽음의 영역을 언어로 포착하려는 불가능한 노력을 하는 자라고 할 수 있다.[33] 언어에 내재하는 힘, 그 무엇을 가리키지도 그 무엇으로 돌아가지도 않는 힘, 그것과 더불어 침묵이 완성된다.[34] 언어란 안정과 불안을 동시에 가져오며 침묵, 즉 죽음을 내재하고 있다.

3) 타자의 지향과 죽음

김수영의 시론에서 블랑쇼의 영향이 뚜렷하게 나타나는 또 하나의 양상은 죽음을 통한 '타자'의 지향이다. 김수영은 "진정한 시는 자기를 죽이고 타자가 되는 사랑의 작업이며 자세인 것"[35]이라고 하였다. 그것은 '나'의 글쓰기가 아니라 타자의 글쓰기를 지향하는 것으로 나타난다.

그런데 「잔인의 초」의 초고의 말살된 부분의 최종행이 <잔인도 절망처럼 끝까지 그 자신을

---

30 김수영, 「시작 노트 7」(1966), 『전집 2』, 459쪽.
31 김수영, 「시작 노트 2」(1961), 『전집 2』, 431쪽.
32 자세한 논의는 졸고, 「김수영의 언어론에 대한 연구」, 『개신어문연구』 31, 개신어문학회, 2010. 6, 243~7쪽 참조.
33 고재정, 「모리스 블랑쇼와 공동체의 사유」, 『한국프랑스학논집』 49, 한국프랑스학회, 2005. 2, 196쪽.
34 모리스 블랑쇼, 박혜영 역, 『문학의 공간』, 책세상, 1993, 297쪽.
35 김수영, 「로터리의 꽃의 노이로제」(1967), 『전집 2』, 201쪽.

반성하지 않는다>로 되어 있으니까, 이 다른 두 작품의 비슷한 두 시 행간에는 나의 비밀의 통화가 있다. 아니, 이것은 비밀의 통화이기도 한 동시에 비밀의 통화의 공개이기도 하다. 그리고 〈비밀의〉 〈공개〉는 자살을 뜻한다. 그것은 「절망」을 죽이고 지금 진행되는 작품(즉, 「잔인의 초」가 되려다가 만 것 - 그러나 「잔인의 초」라는 제목은 먼저 붙인 게 아니라 작품을 다 쓴 뒤에 붙인 제목이고, 나는 작품의 제목에 대해서는 그다지 신경을 쓰지 않는 사람이다)을 죽이고 나 자신을 죽인다. 아니 죽여야 한다. 그런데 이 초고의 시행, 〈잔인도 절망처럼……〉은 나 자신을 죽이지 못했다.[36]

1960년대 중반, 김수영은 시론에서 '나'의 죽이기를 강조한다. '나'의 죽이기는 처절할 정도로 집요하다. 시의 성패 여부도 '나'의 죽음에 달려 있을 정도이다. 이러한 '나'의 죽음, 그리고 죽어가는 과정으로서의 실천에 대한 사유는 블랑쇼의 사유를 따른 것이다. 블랑쇼에 의하면, 글쓰기는 우리로 하여금 어떤 완전히 다른 관계를 가정하도록 한다. 그것은 문학에 있어서 모든 문제의 핵심인 중성적인 것의 문제를 구성하며, 타인을 향해 나아가게 한다.[37] 블랑쇼는 글쓰기의 움직임 속에서 주체는 작가 개인이 아니라 익명의 사람들이라고 한다.[38] 블랑쇼는 진정한 죽음이란 결국 사람들의 진리 속에서만 실현되는 것이라 하였다. 이러한 이유에서 블랑쇼의 중요한 주제의 하나는 익명성의 요구가 된다. 침묵의 언어에 작품이라는 형태를 주어야 하는 시인은 언어를 사용하는 주체로서의 특권을 해제당하고 무한히 수동적인 존재, 비인칭의 그가 된다. 죽음은 이러한 글쓰기의 체험에 가장 가까운 것이다. "시구를 파고드는 자는 죽어가고, 심연과도 같은 자신의 죽음을 만난다."[39]

이러한 블랑쇼의 사유 속에서 '죽음'은 타자에로의 열림을 개시한다. 죽음은 실존이란 '내재성' 너머에서 타자와의 관계 내에서만, 즉 '외재성' 내에서만 완전할 수 있다는 사실

---

36 김수영, 「시작 노트 5」(1965), 『전집 2』, 443쪽.
37 박준상, 앞의 책, 133쪽.
38 M. プランツョ, 앞의 책, 188쪽.
39 모리스 블랑쇼, 앞의 책, 40쪽.

을 알린다. 죽음이 지정하는 외재성은 인간 모두에게 공통된 외재성, 공동의 외재성이다.[40]

그런데 김수영도 '나'의 죽음을 이야기하면서 타자에의 지향을 보이며, 이를 통해 공동체에의 지향을 보인다. 그가 참여시의 방향을 논하면서 '나'의 죽음을 강조하는 것은 이러한 이유에서이다.

> 그런데 우리의 젊은 시가 상대로 하고 있는 민중 — 혹은 민중이란 개념 — 은 위태롭기 짝이 없다. 이것은 세계의 일환으로서의 한국인이 아니라 우물 속에 빠진 한국인 같다. 시대착오의 한국인, 혹은 시대착오의 렌즈로 들여다본 미생물적 한국인이다. 이것은 두말할 것도 없이 바라보는 — 즉, 작가가 바라보는 — 군중이고 작가의 안에 살고 있는 군중이 아니기 때문에 그렇게 되는 것이다. 이것은 작가와 함께 앞을 향해 세차게 달리고 있는 군중이 아니라, 작가는 달리지 않고 군중만 달리게 하는 유리(遊離)에서 생기는 현상인 것이다. 오늘의 민중을 대변하는 시는 민중을 바라보는 시가 아니다.[41]

김수영은 젊은 시인들의 시를 비평하면서, "오늘의 민중을 대변하는 시는 민중을 바라보는 시가 아니다"라고 지적한다. 그 이유로 시인 안에 살고 있는 군중이 아니라, 바라보는 군중을 예술의 대상으로 삼고 있다는 점을 들었다. 즉 '나'와 타자의 엄격한 분리로 인해 민중을 대변하는 시가 되지 못하였다는 것이다. "시대착오의 한국인, 혹은 시대착오의 렌즈로 들여다본 미생물적 한국인"이라는 협소한 개념의 자아에 집착하는 것도 문제이다. 따라서 김수영은 젊은 시인들에게 무엇보다 필요한 것은 '나'의 죽음이라고 한다. 그는 '나'의 죽음을 통해 민중이라는 타자를 향해 나아가야 한다고 생각하였다.

---

40 블랑쇼에게 죽음은 내재성에서 외재성으로의 이행의 과정이다. 자세한 논의는 박준상, 「바깥, 죽음: 하이데거에 대한 블랑쇼의 응답」, 『철학과 현상학 연구』 21, 한국현상학회, 2003, 168~9쪽 참조.

41 김수영, 「변한 것과 변하지 않은 것 - 1966년의 시」(1966), 『전집 2』, 370쪽.

(1) 신동엽(申東曄)의 이 시에는 우리가 오늘날 참여시에서 바라는 최소한의 모든 것이 들어 있다. 강인한 참여 의식이 깔려 있고, 시적 경제를 할 줄 아는 기술이 숨어 있고, 세계적 발언을 할 줄 아는 지성이 숨쉬고 있고, 죽음의 음악이 울리고 있다.[42]

(2) 「아니오」의 시에서 〈지붕 혼자 바람 마시며/ 차마 옷 입은 도시 계집 사랑했을 리야〉로 죽음의 야무진 음악을 울리듯이, 여기에서는 〈두 가슴과 그곳까지 내논/ 아사달 아사녀〉가 울리는 죽음의 음악 소리가 들린다. 참여시에 있어서 사상(事象)이 죽음을 통해서 생명을 획득하는 기술이 여기 있다.[43]

김수영은 참여시에 해당하는 신동엽의 시를 비평하면서도 죽음을 강조한다. 신동엽의 시에는 죽음의 음악이 울리고 있으며 사상이 죽음을 통해서 생명을 획득하는 기술이 있다. 이것이 바로 바람직한 참여시의 기술이다.

그가 참여시의 뒷받침이 될 죽음의 연습을 잊지 않고 있다는 것이 무엇보다도 그의 장점이다. 이러한 죽음의 노동을 성공적으로 통과해 나올 때 그의 참여시는 국내의 사건을 세계 조류의 넓은 시야 위에서 명확하고 신랄하게 바라볼 수 있는 여유를 얻게 될 것이다.[44]

김수영은 참여시가 거쳐야 할 하나의 단계로서 죽음을 강조하기도 하였다. 김수영은 참여시의 뒷받침이 될 것으로 "죽음의 연습," "죽음의 노동" 등을 강조하였다. 이러한 죽음의 과제들을 통과할 때에만 진정한 의미의 참여시에 이를 수 있다.

42 김수영, 「참여시의 정리」, 『전집 2』(1967), 394~5쪽.
43 위의 글, 396쪽.
44 위의 글, 393~4쪽.

4. 김수영 시론에 나타난 죽음의 의미

김수영의 시론에는 블랑쇼의 영향이 광범위하게 나타났다. 특히 김수영이 시론에서 언급한 '죽음'은 블랑쇼의 이론을 따른 것이었다. 블랑쇼는 죽음과 관련하여 문학의 죽음, 자아의 죽음, 언어의 죽음 등을 거론하였는데, 김수영의 시론에도 이러한 논의들이 다양하게 나타났다.

김수영 시론의 특이한 점은 '죽음'을 중심으로 시의 언어 작용이 지니는 가장 섬세한 부분까지 다루면서 혁명을 말하고 참여를 말하였다. 그런데 이러한 사유는 블랑쇼의 죽음에 대한 사유에서 그 일단을 찾을 수 있었다. 블랑쇼는 죽음을 중심에 두고 정치와 문학, 그리고 언어를 서로 관련시켰는데, 이러한 논의는 김수영에게 깊은 영향을 주었다.

김수영은 시작 초기부터 현대시의 모더니티에 대해 탐색하였다. 1960년대에 이르러 그는 현대성의 문제를 죽음의 문제와 결부시키기 시작하였는데, 이때 블랑쇼의 논의를 따라 현대시와 죽음을 관련시켜 논의하였다.

김수영은 언어론을 전개하면서 언어를 '죽음'과 관련시켰다. 그는 언어에 내재하고 있는 '침묵,' '무' 등을 강조하였고, 시의 언어는 죽음의 언어로 이해할 수 있다고 하였다. 이것은 블랑쇼의 언어 이론과 일치하는 것이었다.

김수영은 '나'의 죽음을 통한 타자의 지향성을 보였다는 측면에서도 블랑쇼의 영향을 받았다. 1960년대 중반 무렵부터 김수영은 시론에서 '나'의 죽이기를 강조하였다. 이러한 '나'의 죽음, 죽어가는 과정으로서의 실천에 대한 사유는 블랑쇼의 논의를 따른 것이었다. 김수영은 '나'의 죽음을 이야기하고 타자, 공동체에의 지향을 보였다. 그가 참여시의 방향을 논하면서 '나'의 죽음을 강조한 것도 이러한 이유에서였다.

김수영이 시론에서 말한 '죽음'은 우리가 피상적으로 생각하는 것보다 훨씬 더 깊은 의미를 지니고 있었다. 그것은 시의 소재 차원에 머무는 것이 아니라 정치와 언어와도 관련을 맺고 있었다.

제2부 02

시에 나타난 '죽음'의 의미

1. 자아의 죽음에서 타자의 죽음으로

김수영은 시작 초기부터 시작 말년에 이르기까지 죽음에 대한 사유를 거두지 않았다. 그는 1940년대에 문단에 등장하여 1968년에 생을 마감하였는데, 늘 죽음에 둘러싸여 있었다. 김수영의 형과 누나는 모두 어린 나이에 죽음을 맞았고[1] 그의 아우들도 6 · 25 전쟁 동안 행방불명되었다. 김수영 자신도 의용군에 들어가게 되었다가 죽음의 한계 상황까지 갔고, 이후 2년간 포로수용소 생활을 하면서 죽음과 가까이 하게 되었다. 또한 김수영은 교통사고라는 급작스러운 죽음으로 생을 마감하였다. 이처럼 김수영의 삶 자체가 죽음에 둘러싸여 있었다고 하여도 과언이 아니었다.

그런데 김수영은 자신을 둘러싼 죽음을 피하지 않고 오히려 깊이 성찰하면서 죽음의 시학을 완성하였다. 그는 "죽음이라는 전제를 놓지 않고서는 온전한 형상이 보이지 않"

---

1 김수영의 위로 형과 누나가 태어났지만 이름도 갖지 못하고 세상을 떠났다. 이렇게 볼 때, 김수영은 셋째로 태어나서 장남으로 성장하였다고 할 수 있다. 자세한 논의는 맹문재, 「김수영 시인의 연보 고찰(1) - 출생에서부터 일본 유학까지」, 『한국시학연구』 67, 한국시학회, 2021. 8, 43쪽 참조.

으며,[2] "모든 것과 모든 일이 죽음의 척도에서 재어지게 된다"[3]고 하였다. 또 모든 시는 "어떻게 자기 나름으로 죽음을 완수했느냐의 문제를 검토하는 방법이라고 해도 과언이 아니"고 "모든 시론은 이 죽음의 고개를 넘어가는 모습과 행방과 그 행방의 거리에 대한 해석과 측정의 의견에 지나지 않는다"[4]고 하였다. 김수영은 현대시의 현대성을 말할 때나 참여시를 내세울 때나 모두 죽음을 중심으로 설명하였다. 현대시가 모더니티를 이루는 중요한 요인으로 죽음을 들었으며, "참여시 같은 것을 볼 때"에도 "죽음을 어떤 형식으로 극복하고 있는지에 자꾸 판단의 초점이 가게 된다"[5]고 하였다.

김수영은 시작 초기에 <공자의 생활난>을 쓴 것을 필두로 지속적으로 죽음을 소재로 시를 써 왔고, 일상에서의 죽음, 현대 도시에서의 죽음, 전쟁을 둘러싼 죽음, 언어의 죽음 등 여러 영역의 죽음을 시에 표현하였다. 김수영은 시작 초기에는 죽음을 개인의 영역으로 받아들였으나 점차 타자의 죽음에 관심을 기울여나갔다. 그리고 죽음을 한국의 현실과 모더니티와 관련시켜 표현하였다.

이제까지 김수영 시에 나타나고 있는 죽음에 대해서는 많은 이들이 관심을 두어왔다. 김종철은 김수영의 시적 세계의 밑바닥에 죽음에 대한 의식이 짙게 깔려 있다[6]고 하였다. 염무웅도 김수영 시에 나타난 죽음은 삶을 가장 삶답게 하는 궁극적 담보로서의 의미를 지닌다[7]고 하였다. 이들의 논의는 김수영 시의 핵심을 지적하였다는 의의가 있다.

이후 김수영 시에 나타나고 있는 죽음에 대한 다양한 연구들이 이어졌다. 죽음의 의미를 탐색한 연구,[8] 모더니티와 관련짓는 연구,[9] 글쓰기의 문제와 연결시킨 연구,[10] 존재 시

---

2 김수영, 「나의 연애시」(1968), 이영준 엮음, 『김수영 전집 2』, 민음사, 2018(이하 『전집 2』로 표기), 221쪽.
3 김수영, 위의 글, 222쪽.
4 김수영, 「'죽음과 사랑'의 대극은 시의 본수(本髓) - 1967년 10월 시평」(1967), 『전집 2』, 664~5쪽.
5 김수영, 「참여시의 정리 - 1960년대의 시인을 중심으로」(1967), 『전집 2』, 489쪽.
6 김종철, 「시적 진리와 시적 성취」, 황동규 편, 『김수영의 문학』, 민음사, 1983.
7 염무웅, 「김수영론」, 『창작과 비평』, 창작과비평사, 1976. 12.
8 이건제, 「김수영에 나타나는 '죽음' 의식: 그의 시작을 중심으로」, 황현산 편, 『작가 연구』 5, 새미, 1998. 5; 강연호, 「자기 갱신과 모색의 탐구」, 황현산 편, 『김수영』, 새미, 2002; 신형철, 「김수영 시에 나타난 사랑과 죽음에 대한 의미 연구」, 서울대 석사논문, 2002; 오문석, 『시는 혁명이다』, 깊은샘, 2005; 박군석, 「김수영의 시에 나타난 '죽음'의 의미」, 『한국문학논총』 64, 한국문학회, 2013. 8; 방인석, 「김수영 문학에 나타난 '사랑'과 '죽음'」, 『우리문학연구』 61, 우리문학회, 2019. 1.

학과의 관련을 고찰한 연구,[11] 정신분석학적 관점에서 고찰한 연구,[12] 언어론과의 관련성을 고찰한 연구[13] 등이 대표적이다. 이러한 연구들을 통해 김수영 시에서 죽음은 시의 제제, 모더니티, 글쓰기, 언어 등과도 관련되는 문제임이 드러났다.

김수영 시에서 죽음은 다양한 성격을 지니고 있으며, 시기별로도 다른 모습을 띠고 있다. 김수영 시에 나타나는 죽음의 의미를 파악하기 위해서는 죽음의 문제를 시의 주체, 대상, 그리고 언어의 문제와 긴밀하게 연결시키면서 이해하여야 한다. 아울러 시작의 변모에 따라 변모하는 모습을 함께 고찰하여야 한다.

2. 각성 · 생성 · 타자의 죽음

1) 각성의 계기로서의 죽음

김수영은 시작 초기부터 '죽음'을 시의 제재로 삼았다. 그리고 죽음을 삶을 바로 살아가는 각성의 계기로 삼았다. 이 점은 <공자의 생활난>에서부터 잘 나타나고 있다.

꽃이 열매의 상부에 피었을 때
너는 줄넘기 작란(作亂)을 한다

나는 발산한 형상을 구하였으나

---

9 조현일, 「김수영의 모더니티관에 대한 연구: 트릴링과의 영향관계를 중심으로」, 황현산 편, 『작가연구』 5, 1998. 5; 조영복, 「김수영 시의 죽음 의식과 현대성」, 『한국 현대시와 언어의 풍경』, 새미, 1998.

10 김혜순, 「김수영 시 연구: 담론의 특성 연구」, 건국대 박사논문, 1993; 김상환, 「김수영과 책의 죽음: 모더니즘의 책과 저자 2」, 『세계의 문학』 70, 민음사, 1993. 12.

11 김유중, 「김수영 시의 모더니티(2) - 죽음의 한 연구」, 『관악어문연구』 24, 서울대 국어국문학과, 1999. 12.

12 한명희, 『김수영 정신분석으로 읽기』, 월인, 2002.

13 졸고, 「김수영 시론과 '죽음': 블랑쇼의 영향을 중심으로」, 『국어국문학』 159, 국어국문학회, 2011. 12.

그것은 작전 같은 것이기에 어려웁다

국수 — 이태리어로는 마카로니라고
먹기 쉬운 것은 나의 반란성(叛亂性)일까

동무여 이제 나는 바로 보마
사물과 사물의 생리와
사물의 수량과 한도와
사물의 우매와 사물의 명석성을

그리고 나는 죽을 것이다

- 〈공자의 생활난〉(1945) 전문

〈공자의 생활난〉은 김수영의 초기 작품으로서, 한국에서 오랫동안 전통적인 사유의 한 축을 이루어 온 공자의 논어, 「이인里仁편」의 "조문도 석사가의朝聞道 夕死可矣"(아침에 도를 들으면, 저녁에 죽어도 좋다)를 패러디한 것이다.

공자가 도를 듣는 행위로 진리를 사유하였다면, 김수영은 "바로 봄"으로 진리를 보고자 하였다. 그는 "동무여 이제 나는 바로 보마/ 사물과 사물의 생리와/ 사물의 수량과 한도와/ 사물의 우매와 사물의 명석성을// 그리고 나는 죽을 것이다"라고 진리에의 의지를 표명하였다. 이것은 물론 근대 이성에 기초한 진리, 즉 사물을 여러 측면에서 분석하여 바라보는 진리에 따른 삶을 살겠다는 것이다.

여기서 중요한 것은 사물을 "바로 보마"라고 한 진리에의 의지는 "나는 죽을 것이다"라는 결단과 같은 무게를 지니고 있다는 점이다. 이 시에서 '바로보기'는 김현이 일찍이 지적한 바와 같이 〈상식에의 반란〉으로서, 주체의 의식의 강조와 현실 사물과의 거리두기로 볼 수 있다.[14] 공자가 '도'라는 진리를 죽음과 같은 무게로 두었다면, 김수영은 근대적 이성의 진리를 죽음과 같은 무게로 두었다. 이것은 그가 진리에 따라 삶을 살고자 한 의지를 표명한 것이라 할 수 있다.

김수영은 죽음을 삶을 비추는 거울로 이해하였다. 그는 늘 죽음을 통해 삶을 비추어 보고 죽음을 의식하면서 살고자 하였다. "나는 죽음 위에 산다 ―. 이러한 신념 없이는 나는 이 좁은 세상을 단 1분간도 자유로이 살 수가 없"[15]다고 하였고, 죽음을 맞기 바로 전에도 책상머리에다 〈상주사심常住死心〉이라는 구절을 써 놓았다.[16] 시작 초기에 자리 잡은 삶의 각성으로서의 죽음에 대한 김수영의 관심은 이후에도 이어졌다.

> 「25시」를 보고 나서, 포로수용소를 유유히 걸어나와서 철조망 앞에서 탄원서를 들고 보초가 쏘는 총알에 쓰러지는 소설가를 생각하면서, 나는 몇 번이고 가슴이 선득해졌다. 아아, 나는 작가의 ― 만약에 내가 작가라면 ― 사명을 잊고 있는 것이 아닌가. 나는 타락해 있는 것이 아닌가. 나는 마비되어 있는 것이 아닌가. 이 극장에, 이 거리에, 저 자동차에, 저 텔레비전에, 이 내 아내에, 이 내 아들놈에, 이 안락에, 이 무사에, 이 타협에, 이 체념에 마비되어 있는 것이 아닌가. 마비되어 있지 않다는 자신에 마비되어 있는 것이 아닌가. 나는 극장을 나오면서 옆에서 따라오는 여편네와 애놈까지도 보기가 싫어졌다.[17]

김수영은 영화 〈25시〉에 나오는 소설가의 죽음 장면을 보면서, 삶에 대한 각성의 계기를 얻는다. 포로수용소에서 보초가 쏘는 총알에 쓰러지는 소설가를 보면서 그는 자신이 겪었던 포로수용소에서의 경험을 회상할 수도 있었을 것이다. 그런데 김수영은 영화 속 장면을 보면서 작가의 사명과 자신의 삶을 떠올린다. "나는 작가의 ―만약에 내가 작가라면 ― 사명을 잊고 있는 것이 아닌가," "이 극장에, 이 거리에, 저 자동차에, 저 텔레비전에, 이 내 아내에, 이 내 아들놈에, 이 안락에, 이 무사에, 이 타협에, 이 체념에 마비되

---

14 정과리, 『문학, 존재의 변증법』, 문학과지성사, 1985, 239쪽.

15 김수영, 「나에게도 취미가 있다면」(1955), 『전집 2』, 83쪽.

16 이영준, 「김수영과 한국전쟁: "민간 억류인"이 달나라에서 살아남기」, 『한국시학연구』 67, 한국시학회, 2021. 8, 143~4쪽.

17 김수영, 「삼동(三冬) 유감」(1968), 『전집 2』, 218쪽.

어 있는 것이 아닌가," "마비되어 있지 않다는 자신에 마비되어 있는 것이 아닌가" 하고 스스로에게 질문을 던진다.

'메멘토 모리,' '죽음을 잊지 말라'는 의미의 전통을 찾아보면서 김수영이 본 것도 각성의 계기로서의 죽음이었다. 가령 『성서』에서 "그대는 흙이니라, 머지않아 그대는 흙으로 돌아갈 것이니라(「창세기」)"이라고 하거나 "삶의 한복판에서 우리들은 죽음에 둘러싸여 있다(「찬미가」)"고 한 것, 이집트에서 잔치를 베푸는 자리에 미라나 사람의 해골을 갖다 놓은 습관, 로마 장군들이 개선 행진 때 전차에 노예를 태워 끊임없이 죽음을 환기하게 한 관습 등과 같은 메멘토 모리 전통을 김수영은 "끊임없이 각성된 생명을, 끊임없는 새로운 출발을 독려"하는 의미로 이해하였다.[18]

이와 같이 김수영의 초기 시에서부터 자리잡은 죽음의 한 양상은 각성의 계기로서의 죽음이었다. 김수영은 "어떻게 잘 죽느냐 — 이것을 알고 있는 시인을 '깨어 있는' 시인이라고 부르고, 이것을 완수한 작품을 '영원히 남을 수 있는 작품'"이라 하였으며,[19] "정신이 집중될 때가 가장 멋있는 순간"이라면 "죽는 때가 가장 멋있는 때"가 될 것[20]이라고 하였다.

김수영이 죽음을 소재로 쓴 시 중 대표적인 작품 하나인 〈병풍〉에서도 각성의 계기로서의 죽음은 나타난다.

> 병풍은 무엇에서부터라도 나를 끊어준다
> 등지고 있는 얼굴이여
> 죽음에 취한 사람처럼 멋없이 서서
> 병풍은 무엇을 향하여서도 무관심하다
> 죽음의 전면(全面) 같은 너의 얼굴 위에

---

18 김수영, 「죽음에 대한 해학 - 뮤리엘 사라 스파크의 작가 세계」(1968), 『전집 2』, 519~20쪽.
19 김수영, 「'죽음과 사랑'의 대극은 시의 본수(本髓) - 1967년 10월 시평」(1967), 『전집 2』, 664쪽.
20 김수영, 「멋」(1968), 『전집 2』, 205쪽.

용이 있고 낙일(落日)이 있다
무엇보다도 먼저 끊어야 할 것이 설움이라고 하면서
병풍은 허위의 높이보다도 더 높은 곳에
비폭(飛瀑)을 놓고 유도(幽島)를 점지한다
가장 어려운 곳에 놓여 있는 병풍은
내 앞에 서서 죽음을 가지고 죽음을 막고 있다
나는 병풍을 바라보고
달은 나의 등 뒤에서 병풍의 주인 육칠옹 해사(六七翁海士)의 인장(印章)을 비추어 주는 것이었다

- 〈병풍〉(1956) 부분

이 시는 김수영 스스로 "죽음을 노래한 시"[21]라고 밝힌 시이다. 병풍은 우리 사회에서 오래도록 삶과 죽음을 가르는 도구로 사용되어왔다. 특히 장례에서 병풍은 병풍 이편에 있는 살아 있는 자들과 병풍 건너편에 있는 죽은 자들을 분리시킨다. 김수영의 시에서도 병풍은 "죽음에 취한 사람처럼 멋없이 서서" "무엇을 향하여서도 무관심"한 모습으로 내 앞에 있다. "병풍은/ 내 앞에 서서 죽음을 가지고 죽음을 막고 있다."

그러나 역설적으로, 병풍은 살아 있는 자를 죽음과 관계를 맺게 해준다. 병풍은 '나'로부터 죽음을 막지만 동시에 '나'로 하여금 죽음을 의식하게 한다.[22] 일반적으로 현대 사회에서는 죽음이 가져오는, 육체를 사라지게 하는 활동을 감소시키는 경향을 지니고 있다.[23] 그런데 이 시에서 병풍은 죽은 자의 육체를 가까이에서 느끼게 한다. 이를 통해 죽음을 일상으로 가져온다. "나는 병풍을 바라보고/ 달은 나의 등 뒤에서 병풍의 주인 육칠옹 해사六七翁海士의 인장印章을 비추어 주는 것이었다"는 것은 병풍을 통해 죽음을 인식

21 김수영, 「연극하다가 시로 전향 - 나의 처녀작」(1965), 『전집 2』, 427쪽.
22 김혜순은 김수영 시에 나타난 '죽음'이 "병풍 뒤에 안치된 주검과 병풍의 성격을 함의한 주검이라는 이중적 의미를 지닌다"고 하였다. 김혜순, 앞의 글, 78쪽.
23 P. 아리에스, 이종민 역, 『죽음의 역사』, 동문선, 1997, 73쪽.

할 때, 일상 너머의 진리가 드러난다는 의미이다.[24]

이처럼 김수영은 죽음을 각성의 계기로 보았기 때문에 항상 죽음을 의식하고자 하였다. 때문에 그는 일상의 현실에서 늘 죽음을 목격한다. 그는 해방 후 진리가 제대로 작동하지 못하는 현실도 죽음으로 인식한다. 〈국립도서관〉에서 표현되고 있는 죽음도 이에 속한다.

전쟁의 모든 파괴 속에서
불사조같이 살아난 너의 몸뚱아리 —
우주의 파편같이
혹은 혜성같이 반짝이는
무수한 잔재 속에 담겨 있는 또 이 무수한 몸뚱아리 — 들은
지금 무엇을 예의(銳意) 연마하고 있는가

흥분할 줄 모르는 나의 생리와
방향을 가리지 않고 서 있는 서가 사이에서
도적질이나 하듯이 희끗희끗 내어다보는 저 흰 벽들은
무슨 조류(鳥類)의 시뇨(屎尿)와도 같다

오 죽어 있는 방대한 서책들

너를 보는 설움은 피폐한 고향의 설움일지도 모른다
예언자가 나지 않는 거리로 창이 난 이 도서관은

24 김유중은 〈병풍〉에서 "육칠옹 해사(六七翁海士)"를 하이데거로 보면서 여기에 "자기 정립의 의지를 가능케 하는 죽음"에 대한 인식이 드러난다고 하였다. 자세한 논의는 김유중, 『김수영과 하이데거』, 민음사, 2007, 97~102쪽 참조.

창설의 의도부터가 풍자적이었는지도 모른다

모두들 공부하는 속에 와 보면 나도 옛날에 공부하던 생각이 난다

- <국립도서관>(1955) 부분

김수영은 <국립도서관>에서 세상의 모든 지식을 저장하고 있지만 실제로는 아무런 기능을 하지 못하는 국립도서관을 죽음 이미지로 제시한다. 시의 화자는 우선 국립도서관이 "전쟁의 모든 파괴 속에서/ 불사조같이 살아난" 것을 다행으로 생각한다. 그러나 국립도서관은 건물만 멀쩡한 "몸뚱아리"이다. 국립도서관 건물이 전쟁의 포화 속에서도 살아남은 것과 별개로 국립도서관을 둘러싸고 있는 것은 죽음이다. 국립도서관 서가 사이로 보이는 벽들은 "무슨 조류鳥類의 시뇨屎尿와도 같다." 국립도서관에 소장된 책들은 "죽어 있는 방대한 서책들"이다. (<국립도서관>) 현실에서 제대로 작동하지 못하고 있는 수많은 지식들은 "죽어 있는" 것에 다름 아니다.

김수영은 1950년대 현실에서 진리가 죽음의 상태에 놓여 있는 것처럼, 자신 또한 죽음의 상태에 놓여 있다고 생각한다.

…… 활자(活字)는 반짝거리면서 하늘 아래에서
간간이
자유를 말하는데
나의 영(靈)은 죽어 있는 것이 아니냐

…(중략)…

그대의 정의도 우리들의 섬세도
행동이 죽음에서 나오는
이 욕된 교외에서는

어제도 오늘도 내일도 마음에 들지 않아라

그대는 반짝거리면서 하늘 아래에서
간간이
자유를 말하는데
우스워라 나의 영은 죽어 있는 것이 아니냐

- 〈사령(死靈)〉(1959) 부분

김수영은 〈사령死靈〉에서 "나의 영靈은 죽어 있는 것이 아니냐"고 말한다. 비록 "활자는 반짝거리면서 하늘 아래에서/ 간간이/ 자유를 말하"지만, '나'는 활자에 나의 영혼을 담아내지 못하고 있는 것은 아닌지, '나'의 영은 죽음의 상태에 놓여 있는 것은 아닌지 생각한다. 국립도서관이 육체는 가졌으나 죽음의 상태에 놓여 있는 것처럼, '나' 또한 육체는 가졌으나 죽음의 상태에 놓여 있다고도 생각한다. 때문에 '나'는 "그대의 정의도 우리들의 섬세도/ 행동이 죽음에서 나오는/ 이 욕된 교외에서는/ 어제도 오늘도 내일도 마음에 들이 않아라"라고 토로한다.

지금 고갈(枯渴) 시인의 절정에 서서

이름도 모르는 뼈와 뼈
어디까지나 뒤퉁그러져 나왔구나
— 그것을 내가 아는 가장 비참한 친구가 붙이고 간 명칭으로 나는 정리하고 있는가

나의 명예는 부서졌다
비 대신 황사가 퍼붓는 하늘 아래
누가 지어논 무덤이냐
그러나 그 속에서 부패하고 있는 것

— 그것은 나의 앙상한 생명

PLASTER가 연상(燃上)하는 냄새가 이러할 것이다

오욕 · 뼈 · PLASTER · 뼈 · 뼈

뼈 · 뼈………………………………

- <PLASTER>(1954) 부분

<PLASTER>[25]에서는 '나'의 영혼이 죽어있는 상태를 'PLASTER', 즉 석고로 제시한다. "오욕 · 뼈 · PLASTER · 뼈 · 뼈." '나'의 영혼은 죽었고 육체만 있으며, 그 육체조차 온전히 있지 않은 상태로, 뼈만 남았다.

이렇게 김수영이 스스로를 석고로 보게 되는 것은 자신이 "오욕" 속에 있다고 보기 때문이다. 자신이 "오욕" 속에 있게 된 것은 "명예는 부서졌다"고 보기 때문이며, 명예가 부서졌다고 보는 것은 시인의 사명을 다하지 않고 있다고 보기 때문이다. 그는 진리를 잃어버린 삶을 죽음과 같은 상태로 표현하였다.

그런데 김수영은 이 죽음과 같은 현실을 죽음을 통한 각성으로 벗어나고자 한다. 특히 그는 시인으로서 스스로 죽음을 극복하고자 하는 의지를 드러낸다. 이에 그는 아주 '나비'와 같은 아주 작은 생명의 죽음에서도 의미를 찾고자 한다.

나비의 몸이야 제철이 가면 죽지마는

그의 몸에 붙은 고운 지분은

겨울의 어느 차디찬 등잔 밑에서 죽어 없어지리라

그러나

고독한 사람의 죽음은 이러하지는 않다

…(중략)…

---

25 'PLASTER'는 플라스터, 석고를 뜻한다. 김수영, 이영준 엮음, 『김수영 전집 1 - 시』, 민음사, 2018, 81쪽.

등잔은 바다를 보고
살아 있는 듯이 나비가 죽어 누운
무덤 앞에서
나는 나의 할 일을 생각한다

- 〈나비의 무덤〉(1955) 부분

〈나비의 무덤〉에서 시의 화자는 '나비'의 죽음에 비추어 자신의 삶을 바라본다. 나비의 몸은 제철이 가면 죽어 없어진다. 그리고 나비가 남긴 나비의 지분은 머지않은 시간에 "겨울의 어느 차디찬 등잔 밑에서 죽어 없어"질 것이다. 그러나 "고독한 사람의 죽음은 이러하지는 않다." "고독한 사람"인 시인이 나비와 다른 것은 "나의 할 일을 생각한다"는 데 있다. 그리고 "나의 할 일을 생각"할 수 있는 것은 죽음을 인식하고 있기 때문이다. '나'는 "나비가 죽어 누운/ 무덤 앞에서," "나의 할 일을 생각한다."

나비의 지분이
그리고 나의 나이가
무서운 인생의 공백을 가르쳐 주려 할 때
나비의 지분에
나의 나이가 덮이려 할 때

나비야
나는 긴 숲을 헤치고
너의 무덤을 다시 찾아오마

…(중략)…

나비야 나비야 더러운 나비야

네가 죽어서 지분을 남기듯이
내가 죽은 뒤에는 고독의 명맥을 남기지 않으려고
나는 이다지도 주야를 무릅쓰고 애를 쓰고 있단다

- <나비의 무덤>(1955) 부분

죽음에 대한 각성이 "나의 할 일"을 일깨우는 계기가 됨을 알기에, '나'는 나비의 죽음도 오래 기억하고자 한다. '나'는 "나비의 지분이/ 그리고 나의 나이가/ 무서운 인생의 공백을 가르쳐 주려 할 때/ 나비의 지분에/ 나의 나이가 덮이려 할 때," "너의 무덤을 다시 찾아오마"라고 다짐한다. 그리고 '나비'가 "죽어서 지분을 남기듯이" '나' 또한 "죽은 뒤" "고독의 명맥을 남기지 않으려고" "이다지도 주야를 무릅쓰고" 애를 쓴다.

이와 같이 김수영은 "나비의 죽음"을 통해 "나의 할 일"을 다시 생각하고 그것에 의미를 부여하고자 하였다. 시인은 죽음을 통해 시인의 사명을 자각하고자 한다.

눈은 살아 있다
떨어진 눈은 살아 있다
마당 위에 떨어진 눈은 살아 있다

기침을 하자
젊은 시인이여 기침을 하자
눈 위에 대고 기침을 하자
눈더러 보라고 마음 놓고 마음 놓고
기침을 하자

눈은 살아 있다
죽음을 잊어버린 영혼과 육체를 위하여
눈은 새벽이 지나도록 살아 있다

기침을 하자

젊은 시인이여 기침을 하자

눈을 바라보며

밤새도록 고인 가슴의 가래라도

마음껏 뱉자

- 〈눈〉(1956) 전문

〈눈〉에서 죽음은 시인의 사명을 각성하게 하는 의미를 지니고 있다. 이 시에서 "눈은 살아있다"는 행은 1연과 3연에서 반복되고 있다. 그런데 시의 화자가 "눈은 새벽이 지나도록 살아 있다"고 한 것은 눈이 곧 죽음을 맞을 것을 알고 있기 때문이다. 눈은 곧 죽음을 맞을 것이기에 오히려 "죽음을 잊어버린 영혼과 육체"를 깨운다.

'나'는 죽음을 통해 "눈은 살아 있다"고, 젊은 시인에게 "기침을 하자"고, "눈을 바라보며/ 밤새도록 고인 가슴의 가래라도/ 마음껏 뱉자"고 한다. 젊은 시인이 무언가의 소리라도 내어야 한다면, "죽음을 잊어버린 영혼과 육체"를 깨워 죽음을 잊지 않아야 한다.

김수영은 〈눈〉을 발표하고 1년 뒤 〈광야〉를 쓰는데, 여기서도 시인의 사명은 죽음 이미지로 제시되고 있다. 그런데 〈광야〉에서는 죽음에 대한 능동성의 사유[26]가 드러나고 있어 주목된다.

이제 나는 광야에 드러누워도

시대에 뒤떨어지지 않는 나를 발견하였다

시대의 지혜

너무나 많은 나침반이여

---

26 이러한 사유 속에서 "죽음은 행해야 하는 것, 즉 하나의 임무, 우리가 능동적으로 쟁취하는 것, 우리의 활동과 우리의 기량의 원천이 되는 것이다." 이것은 서구의 철학사에서 오랫동안 자리 잡은 '가능한 죽음'에 대한 관념에서 나온 사고라고 할 수 있다. 이 '가능한 죽음'에 대한 사고는 헤겔, 니체, 하이데거 모두에게 이어져 왔다. 자세한 논의는 모리스 블랑쇼, 이달승 역, 『문학의 공간』, 그린비, 2010, 127~8쪽 참조.

밤이 산등성이를 넘어 내리는 새벽이면
모기의 피처럼
시인이 쏟고 죽을 오욕의 역사
　　　　　　　　　그러나 오늘은 산보다도
　　　　　　　　　그것은 나의 육체의 융기

…(중략)…

광야에 와서 어떻게 드러누울 줄을 알고 있는
나는 너무나도 악착스러운 몽상가
　　　　　　　　　조잡한 천지(天地)여
간디의 모방자여
여치의 나래 밑의 고단한 밤잠이여
"시대에 뒤떨어지는 것이 무서운 게 아니라
어떻게 뒤떨어지느냐가 무서운 것"이라는 죽음의 잠꼬대여
　　　　　　　　　그러나 오늘은 산보다도
　　　　　　　　　그것은 나의 육체의 융기

- <광야>(1957) 부분

<광야>에서 시의 화자인 '나'는 시인의 사명을 죽음에 견주어 표명한다. 우선 "이제 나는 광야에 드러누워도/ 시대에 뒤떨어지지 않는 나를 발견하였다"고 한다. 시의 화자가 이렇게 말할 수 있는 것은 "시대의 지혜"를 발견하였기 때문이다. 1945년, <공자의 생활난>에서 강조되었던 근대 이성의 진리는 이제 "시대의 지혜"로 변화하였다. 그리고 <공자의 생활난>에서 진리와 대등한 무게를 지니고 있었던 죽음은 "시대의 지혜"와 대등한 무게를 지니게 되었다. 그러면 <광야>에서 말하는, 죽음에 버금할 "시대의 지혜"란 무엇인가? 그것은 "새벽이면/ 모기의 피처럼/ 시인이 쏟고 죽을 오욕의 역사," 이러한

역사 속에서도 "나의 육체의 융기," 그것을 행하는 것이다. 시인은 죽음을 각오하고 자신을 우뚝 세워야 한다.

또한 시의 화자는 "죽음의 잠꼬대"를 통해 시인의 사명을 보다 구체적으로 듣는다. "시대에 뒤떨어지는 것이 무서운 게 아니라/ 어떻게 뒤떨어지느냐가 무서운 것"이라는 죽음의 잠꼬대." 이러한 잠꼬대로, '나'는 "나의 육체의 융기"라는 시대의 사명을 재차 확인한다. 〈광야〉는 시의 전체 분위기가 장엄하다. 그것은 이 시의 시어 자체가 광야, 천지, 시대, 죽음 등 거창한 것이기도 하지만 화자의 어조가 장엄한 데서 비롯한다. 이러한 장엄한 분위기 속에 화자는 죽음을 적극적으로 지배할 수 있다는 의지를 드러낸다. "시인이 쫀고 죽을 오욕의 역사" 속에서도 "나의 육체의 융기"를 내세운 것은 그 명료한 표현이다. 이것은 죽음을 지배할 수 있다는, 죽음에 대한 능동성에 따른 사유에서 비롯한다.

2) 생성으로서의 죽음

김수영이 바라보는 죽음의 또 다른 모습은 죽음이 생성을 낳는다는 것이다. 죽음은 끝이 아니고, 거듭됨으로써 새로움을 낳게 한다. 〈구라중화九羅重花〉는 이 점을 잘 보여주는 시이다.

물이 아닌 꽃
물같이 엷은 날개를 펴며
너의 무게를 안고 날아가려는 듯

늬가 끊을 수 있는 것은 오직 생사의 선조(線條)뿐
그러나 그 비애에 찬 선조도 하나가 아니기에
너는 다시 부끄러움과 주저(躊躇)를 품고 숨 가빠 하는가
결합된 색깔은 모두가 엷은 것이지만
설움이 힘찬 미소와 더불어 관용과 자비로 통하는 곳에서

늬가 사는 엷은 세계는 자유로운 것이기에
생기와 신중을 한 몸에 지니고

사실은 벌써 멸하여 있을 너의 꽃잎 위에
이중의 봉오리는 맺고 날개를 펴고
죽음 위에 죽음 위에 죽음을 거듭하리
구라중화(九羅重花)

- <구라중화(九羅重花)>(1954) 부분

이 시에서 구라중화는 글라디올러스의 다른 이름이다. 글라디올러스는 긴 꽃대 위에 꽃이 계속 이어서 피는 특징을 지니고 있다. 아래 꽃이 지면 위에 꽃이 피고, 그 꽃이 지면 또 그 위의 꽃이 피어나는 글라디올러스. 이 시에서 김수영은 이러한 글라디올러스의 특성을 모티브로 하여 죽음에 대한 사유를 드러낸다.

우선 시의 화자는 글라디올러스의 꽃이 "물이 아닌 꽃"이지만 "물같이 엷은 날개를 펴며/ 너의 무게를 안고 날아가려는 듯" 보인다고 한다. 먼저 핀 꽃이 시들고 또 그 위에 새로운 꽃이 피어나기에 글라디올러스는 "생사의 선조線條"를 끊는 것 같이 보이고, "부끄러움과 주저躊躇를 품고 숨 가빠하"며 "생기와 신중을 한 몸에 지니고" 있는 것같이도 보인다.

그런데 김수영은 글라디올러스가 펼쳐보이는 이러한 모습 속에서 끊임없이 이어지는 죽음을 본다. "사실은 벌써 멸하여 있을 너의 꽃잎 위에/ 이중의 봉오리를 맺고 날개를 펴고/ 죽음 위에 죽음 위에 죽음을 거듭하리." 반복되는 죽음은 반복되는 생성을 낳는다. 김수영은 <구라중화九羅重花>에서 보여준 죽음에 대한 사유에 기초하여 현대를 바라보기도 한다.

순간이 순간을 죽이는 것이 현대
현대가 현대를 죽이는 '종교'

현대의 종교는 '출발'에서 죽는 영예(榮譽)

그 누구의 시처럼

…(중략)…

결의하는 비애

변혁하는 비애……

현대의 자살

그러나 오늘은 비가 너 대신 움직이고 있다

무수한 너의 '종교'를 보라

- 〈비〉(1958) 부분

〈비〉에서 김수영은 현대를 "순간이 순간을 죽이는 것"으로 요약한다. "현대의 종교는 '출발'에서 죽는 영예榮譽"라고 하고, "결의하는 비애/ 변혁하는 비애"를 "현대의 자살"이라고도 한다. 서양에서 죽음은 오래도록 영원성의 관점에서 파악되어왔다. 서양 고대철학에서 헤겔에 이르는 고전형이상학에서 다루었던 주요한 철학적 주제 가운데 하나는 죽음의 문제였는데, 이는 '불멸(영원성)'의 관점에서 고찰된 것이다.[27] 그런데 김수영은 죽음을 순간과 관련하여 이해하고 이를 현대성과 관련시켰다.

김수영은 현대성은 죽음을 통해 생성을 이어간다고 생각한다. 〈네이팜 탄〉에서는 네이팜 탄'[28]라고 하는 현대 신무기를 빌어 현대를 죽음과 관련시킨다.

너를 딛고 일어서면

---

27 발터 슐츠, 「죽음의 문제에 대하여」, 정동호 외편, 『죽음의 철학』, 청람, 1997, 33쪽.

28 네이팜 탄은 미국에서 발명된 유도탄으로 시간과 방향을 조정하여 발사하면 원하는 시간과 위치에서 폭발하여 적을 초토화시키는 신무기이다. 현재는 비인도적 무기로서 사용이 금지되어 있다.

생각하는 것은 먼 나라의 일이 아니다
나의 가슴속에 흐트러진 파편들일 것이다

너의 표지의 원활과 각도에 이기지 못하고 미끄러지는 나의 발을
나는 미워한다
방향은 애정 —

…(중략)…

죽음이 싫으면서
너를 딛고 일어서고
시간이 싫으면서
너를 타고 가야 한다

창조를 위하여
방향은 현대 —

- 〈네이팜 탄〉(1955) 부분

〈네이팜 탄〉에서 시의 화자는 네이팜 탄이 가져온 죽음을 딛고 앞으로 나아가고자 한다. "죽음이 싫으면서/ 너를 딛고 일어서고/ 시간이 싫으면서/ 너를 타고 가야 한다." 죽음을 딛고 나아가야 하는 이유는 "창조를 위하여"서이고, 그 "방향은 현대"이다. 이렇게 '죽음'을 가져온 현대이지만 다시 죽음을 넘어 그 방향으로 나아가야 한다. 이러한 죽음에 대한 태도는 파괴를 통해서만 창조에 이르는 삶의 경로를 수락하는 모습, 근대적 삶의 아포리아를 수락하는 태도,[29] 즉 현대성에 따른 태도라 할 수 있다. 이렇게 죽음은 새

---

29 박수연, 「국가, 개인, 설움, 속도: 1950년대 시를 중심으로」, 김명인 · 임홍배 엮음, 『살아있는 김수영』, 창

로운 생성을 이어감으로써 모더니티를 형성해나간다.

김수영은 현대시의 모더니티도 죽음과 관련시켰다. 김수영은 현대시의 모더니티는 새로움에서 올 수 있는데, 이 새로움은 죽음과 관련하여 알 수 있다[30]고 하였다. 시에서 "낡은 것이 새로운 것으로 바뀌는 순간," 죽음의 깊이가 있으며[31] 시인은 "'자기 나름'으로, 즉 자기의 나름의 스타일을 가지고 죽어야 한다"[32]고 하였다. 김수영은 자신의 시 가운데 현대시의 출발점을 이루는 작품으로 〈병풍〉을 내세울 때에도, 현대성의 자각 요인인 죽음에 주목하였다.[33]

김수영은 현대 도시의 죽음도 시에 표현하였다. 그는 현대 도시에서 숱한 죽음을 본다. 현대 도시의 죽음은 "골고다의 언덕이 아닌/ 현대의 가시 철망 옆에"(〈구라중화九羅重花〉), 생활 가운데, "나의 백골"로 "생활의 백골"(〈애정지둔愛情遲鈍〉)로 있다.

기진맥진하여서 술을 마시고
기진맥진하여서 주정을 하고
기진맥진하여서 여관을 찾아 들어갔다
옛날같이 낯선 방이 그리 무섭지도 않고
더러운 침구가 마음을 괴롭히지도 않는데
의치를 빼어서 물에 담가놓고 드러누우니
마치 내가 임종하는 곳이 이러할 것이니 하는 생각이 불현듯이 든다
옆에 누운 친구가 내가 이를 뺀 얼굴이 어린아해 같다고 간간대소하며 좋아한다
이 친구도 술이 취한 얼굴을 보니 처참하다
창을 흔들고 가는 바람 소리를 들어도 불안하지도 않고

비, 2005, 78쪽.

30 자세한 논의는 김수영, 「'죽음과 사랑'의 대극은 시의 본수(本髓) - 1967년 10월 시평」(1967), 『전집 2』, 665쪽 참조.

31 김수영, 「생활 현실과 시」(1964), 『전집 2』, 359쪽.

32 김수영, 「'죽음과 사랑'의 대극은 시의 본수(本髓) - 1967년 10월 시평」(1967), 『전집 2』, 664쪽.

33 김수영, 「연극하다가 시로 전향 - 나의 처녀작」(1965), 『전집 2』, 427쪽.

도회에서 태어나서 도회에서 죽어가는 사람들은
젊은 몸으로 죽어가는 전선(前線)의 전사에 못지않게 불쌍하다고 생각하며
그러한 생각을 함으로써 하루하루 도회의 때가 묻어가는 나의 몸을 분하다고 한탄한다

- <미숙한 도적>(1953) 부분

김수영이 보기에 현대 도시의 죽음은 어떤 특별한 장소, 특별한 사건에서 발생하지 않는다. 그것은 일상 속에 늘 있는 것이고 그만큼 사소한 일이다. "내가 임종하는 곳"도 술에 취해 "기진맥진하여서" 찾아들어간 낯선 여관이 될 수도 있다. 사실 현대 사회에서 죽음은 더 이상 전통 사회에서처럼 가족이 함께 하는 구성원 전체의 일상적 사건이 아니라 개인적 차원에서 감내해야 하는 사건이 된다. 때문에 현대인의 운명은 "죽어가는 자의 고독" 속에 놓여 있으며, 이 가운데 죽음은 그 의미를 잃어간다. 현대인은 삶으로부터만 소외되는 것이 아니라 죽음으로부터도 소외된다.[34] 김수영 역시 이러한 현대의 죽음을 인식하기에, "도회에서 태어나서 도회에서 죽어가는 사람들은/ 젊은 몸으로 죽어가는 전선前線의 전사에 못지않게 불쌍하다"고 생각한다.

3) 타자를 향한 죽음

김수영 시에 나타난 또 다른 죽음은 타자를 향한다는 점이다. 이 타자에 대한 지향은 처음에는 가족에서부터 시작하지만 점차 인류에까지 그 범위를 넓혀 나간다. 1960년대에 들어 김수영은 관념의 죽음이 아니라 구체적 현실의 죽음에 관심을 기울이게 된다. 이전에 김수영은 늘 죽음을 의식하고자 하였지만 정작 구체적 현실의 죽음에 대해서는 외면하였다. 특히 그는 가족들의 죽음에 대해서는 의도적으로 회피하였다. 김수영의 이러한 태도는 1949년에 쓴 시, <아버지의 사진>에 잘 나타나고 있다.

---

34 노르베르트 엘리아스, 『죽어가는 자의 고독』, 김수정 옮김, 문학동네, 2012, 59~64쪽.

아버지의 사진을 보지 않아도
비참은 일찍이 있었던 것

돌아가신 아버지의 사진에는
안경이 걸려 있고
내가 떳떳이 내다볼 수 없는 현실처럼
그의 눈은 깊이 파지어서
그래도 그것은
돌아가신 그날의 푸른 눈은 아니요
나의 기아처럼 그는 서서 나를 보고
나는 모 — 든 사람을 또한
나의 처를 피하여
그의 얼굴을 숨어 보는 것이오

…(중략)…

나는 모든 사람을 피하여
그의 얼굴을 숨어 보는 버릇이 있소

- <아버지의 사진>(1949) 부분

<아버지의 사진>에서 '나'는 오래 전 죽은 아버지의 사진을 보고서도 그의 얼굴을 정면으로 쳐다보지 못하였다. 그래서 "나는 모든 사람을 피하여/ 그의 얼굴을 숨어 보는 버릇이 있소"(<아버지의 사진>)라고 말한다. 물론 그 이유는 "내가 떳떳이 내다볼 수 없는 현실"에 있다.

그러나 1960년대에 들어 김수영은 가족의 죽음을 직시하게 되는데, 이것은 이 시기에 이르러 그가 현실을 정면으로 바로 볼 수 있었던 사실과 깊은 관련이 있다.

누이야

풍자가 아니면 해탈이다

너는 이 말의 뜻을 아느냐

너의 방에 걸어놓은 오빠의 사진

나에게는 '동생의 사진'을 보고도

나는 몇 번이고 그의 진혼가를 피해 왔다

그 전에 돌아간 아버지의 진혼가가 우스꽝스러웠던 것을 생각하고

그래서 나는 그 사진을 십 년 만에 곰곰이 정시(正視)하면서

이내 거북해서 너의 방을 뛰쳐나오고 말았다

십 년이란 한 사람이 준 상처를 다스리기에는 너무나 짧은 세월이다

- 〈누이야 장하고나! - 신귀거래 7〉(1961) 부분

〈누이야 장하고나! - 신귀거래 7〉에서 이제 '나'는 아버지의 죽음과 동생의 죽음이라는 구체적 현실을 직시하고자 한다. 그리고 누이에게 이제까지 누이의 방에 걸어 놓은 "'동생의 사진'을 보고도/ 나는 몇 번이고 그의 진혼가를 피해 왔다"(여기서 '동생'은 의용군에 들어가게 된 김수영의 동생을 말한다.)고 고백한다.[35] 김수영이 6 · 25 전쟁에서 비롯한 동생의 죽음을 직시하지 못한 것은 이념 갈등의 현실을 직시하지 못한 것과 관련된다.[36] 그는 6 · 25 전쟁이 노정한 현실을 바로 볼 수 없었던 것처럼 전쟁의 희생이 된 가족들의 죽음 역시 바로 볼 수 없었다.

누이야

풍자가 아니며 해탈이다

---

35 졸고, 「김수영의 고백체 시 연구」, 『한국현대문학연구』 29, 한국현대문학회, 2009.12, 458~9쪽 참조.

36 최원식, 「김수영학을 위한 시론: 병풍, 누이, 그리고 풀, 50년 후의 시인」, 최원식 외, 『50년 후의 시인: 김수영과 21세기』, 도서출판 b, 2019, 20쪽.

네가 그렇고

내가 그렇고

네가 아니면 내가 그렇다

우스운 것이 사람의 죽음이다

우스워하지 않고서 생각할 수 없는 것이 사람의 죽음이다

팔월의 하늘은 높다

높다는 것도 이렇게 웃음을 자아낸다

누이야

나는 분명히 그의 앞에 절을 했노라

그의 앞에 엎드렸노라

모르는 것 앞에는 엎드리는 것이

모르는 것 앞에는 무조건하고 숭배하는 것이

나의 습관이니까

동생뿐이 아니라

그의 죽음뿐이 아니라

혹은 그의 실종뿐이 아니라

그를 생각하는

그를 생각할 수 있는

너까지도 다 함께 숭배하고 마는 것이

숭배할 줄 아는 것이

나의 인내이니까

- <누이야 장하고나! - 신귀거래 7>(1961) 부분

그런데 이제 '나'는 가족들의 죽음을 온전히 받아들이고, "우스운 것이 사람의 죽음이다/ 우스워하지 않고서 생각할 수 없는 것이 사람의 죽음이다"라고 말하는 여유를 가지

게 된다. 동생을 비롯한 가족들의 죽음을 무조건 받아들이는 것, 죽음이라는, "모르는 것 앞에는 엎드리는 것," "모르는 것 앞에는 무조건하고 숭배하는 것," "그의 죽음뿐이 아니라/ 혹은 그의 실종뿐이 아니라/ 그를 생각하는/ 그를 생각할 수 있는/ 너까지도 다 함께 숭배하고 마는 것," 인간의 이성으로는 도저히 이해할 수 없는 죽음 앞에 굴복하는 것, 이를 통해 '나'는 죽음으로부터 자유로워질 수 있다.

이 시에서 보여주는 죽음은 '수동성passivité'[37]의 죽음이다. 이것은 그가 <눈>이나 <광야>에서 보여주었던 죽음과 전혀 다르다. 김수영은 가족의 죽음이라는, 구체적 현실의 죽음을 받아들이면서 죽음 앞에 처한 자아의 한계를 깨닫게 된다. 이제 그는 나의 의지로 죽음을 지배할 수 있다는 사고를 내려 놓고 죽음에 복종한다. 이제 그에게 죽음의 문제는 수동성이 온전히 드러나는 문제이며 타자의 문제가 된다.

사실 대부분의 사람들은 자아를 우주의 주인으로 여기고 자아의 생명에만 관심을 가진다. 특히 이성을 통해 자아를 발견한 근대적 사유 전략은 '삶'에서 강한 자아의 활동과 생존의 가치를 추구하면서 '죽음'의 자리를 소멸시켜 나갔다. 삶 속에서 자아와 욕망의 자리가 확장된 대신에 죽음의 공간은 축소되었다. 자아가 강하고 그 활동이 크면 클수록, 죽음은 더욱 무의미해지게 되었다.[38] 그러나 현대의 일부 사상가과 비평가들은 현대에 절대적인 가치로 신뢰해온 자아의 의미를 부정하고 죽음에 주목하였다. 그리고 '저자의 죽음'을 내세우는 데까지 이른다.[39]

김수영도 이러한 현대의 죽음에 대한 사유의 흐름 속에서 '시인의 죽음'을 거론하고, "나는 시작詩作의 출발부터 시인을 포기했다"고, "시인이 없어졌을 때 나는 시를 쓰기 시

---

37 블랑쇼는 종래 철학자들이 내세운 '가능한 죽음'이 아니라 '불가능한 죽음'을 강조한다. '불가능한 죽음'은 자아의 절대적 긍정을 가정한 '가능한 죽음'과 달리, 자아의 '수동성'을 가정한 죽음이다. 죽음의 경험은 자아의 것으로 환원되었을, 자아에게 고유한 것으로 여겨졌을 그 모든 것이 무너지는 사건에 대한 경험이다. 자세한 논의는 박준상, 『바깥에서』, 인간사랑, 2006, 47~60쪽 참조.

38 김정현, 「현대에서 '죽음'의 의미」, 『열린정신 인문학 연구』 15-2 원광대학교 인문학연구소, 2014.12.

39 바르트는 「저자의 죽음」이라는 글에서 전통적으로 문학 연구에서 가장 중요한 위치를 차지하고 있던 '저자'에 대해 '죽음'을 선언하였다. 바르트가 의미하는 저자는 모든 형이상학적 신분을 제거된 채 인용과 반복과 메아리와 지시소들의 무한한 저장소인 언어가 교차하고 재 교차하는 위치(십자로)로 축소된다. 자세한 논의는 레이먼 셀던, 현대문학이론 연구회 역, 『현대문학이론』, 문학지성사, 1990, 115~6쪽 참조.

작했다"[40]고 말한다. 특히 그는 1960년대에 들어서면서 현대시의 지향을 "개인의 신념이 아니라 인류의 신념을, 관조가 아니라 실천의 단계"에 두면서 "죽음의 실천"을, "현대의 순교"를 요구하였다. 이제 죽음은 실존의 문제가 아니라 윤리 그 이상의 작품의 image에까지 강력한 영향을 끼치는 보다 더 근원적인 것"[41]이어야 했다. 이에 그는 시인의 죽음을 넘어 언어의 죽음까지 강조하였다. 〈말〉에는 이러한 그의 죽음에 대한 사유가 잘 드러나 있다.

나무뿌리가 좀 더 깊이 겨울을 향해 가라앉았다
이제 내 몸은 내 몸이 아니다
이 가슴의 동계(動悸)도 기침도 한기(寒氣)도 내 것이 아니다
이 집도 아내도 아들도 어머니도 다시 내 것이 아니다
오늘도 여전히 일을 하고 걱정하고
돈을 벌고 싸우고 오늘부터의 할 일을 하지만
내 생명은 이미 맡기어진 생명
나의 질서는 죽음의 질서
온 세상이 죽음의 가치로 변해 버렸다

…(중략)…

이 무언의 말
하늘의 빛이요 물의 빛이요 우연의 빛이요 우연의 말
죽음을 꿰뚫는 가장 무력한 말
죽음을 위한 말 죽음에 섬기는 말

---

40 김수영, 「시인의 정신은 미지(未知) - 나의 시의 정신과 방법」(1964), 『전집 2』, 345쪽.
41 김수영, 「새로움의 모색 - 쉬페르베엘과 비이레크」(1961), 『전집 2』, 326쪽.

고지식한 것을 제일 싫어하는 말

이 만능의 말

겨울의 말이자 봄의 말

이제 내 말은 내 말이 아니다

- 〈말〉(1964) 부분

〈말〉은 일찍이 가장 김수영의 죽음 의식이 선명히 드러나 있는 작품으로 평가받았다.[42] 실제 이 시에는 시의 주체, 시의 대상, 시의 언어에 이르기까지 죽음이 광범위하게 퍼져 있다. 우선 여기서 시의 화자는 "나의 질서는 죽음의 질서/ 온 세상이 죽음의 가치로 변해 버렸다"라고 한다. '나'와 '나'를 둘러싼 모든 환경이 죽음으로 변해버렸다고 하는 것은 그만큼 현실이 암울하다는 것을 의미한다. '말'은 이러한 죽음의 현실에 대응하는 의미를 지닌다. 그런데 이 말은 "죽음을 꿰뚫는 가장 무력한 말/ 죽음을 위한 말 죽음에 섬기는 말," "겨울의 말"이지만, "만능의 말," "봄의 말"이기도 하다.[43]

그런데 여기서 주목되는 것은 말이 "무력한 말"이라는 것, 그리고 "이제 내 말은 내 말이 아니다"라는 부분이다. 시의 주체가 죽음을 통해 '나'의 한계를 넘어서는 것과 마찬가지로, "내 말" 역시 죽음을 통해 '나'의 언어를 넘어선다. 시의 주체나 언어 모두 죽음을 통해 나의 한계를 벗어나 타자로 나아간다.

〈먼지〉는 죽음이 '나'의 한계를 넘어 외재성extériorité[44]으로, 타자로 나아가는 과정을 구체적으로 보여준다.

네 머리는 네 팔은 네 현재는

먼지에 싸여 있다 구름에 싸여 있고

---

42 김종철, 앞의 글, 88쪽.

43 졸고, 「김수영 시론과 '죽음': 블랑쇼의 영향을 중심으로」, 『국어국문학』 159, 국어국문학회, 2011. 12 참조.

44 블랑쇼의 사유에서 죽음은 자아의 내재성(immanence)이 파열되는 사건이며, 외재성(extériorité)을 가져온다. 자세한 논의는 박준상, 앞의 책, 59쪽 참조.

그늘이 싸여 있고 산에 싸여 있고
구멍에 싸여 있고

돌에 쇠에 구리에 넝마에 삭아
삭은 그늘에 또 삭아 부스러져
거미줄에 쳐지고 망각이 들어앉고
들어앉다 튀어나오고

불이 튕기고 별이 튕기고 영원의
행동이 튕기고 자고 깨고
죽고 하지만 모두가 갱(坑)안에서
참호 안에서 일어나는 일

사람의 얼굴도 무섭지 않고
그의 목소리도 방해가 안 되고
어제의 행동과 내일의 복수가 상쇄되고
참호의 입구의 ㄱ자가 문제되고

내일의 행동이 먼지를 쓰고 있다
위태로운 일이라고 낙반(落磐)의 신호를
올릴 수도 없고 찻잔에 부딪치는
찻숟가락만 한 쇳소리도 안 들리고

타면(墮眠)의 축적으로 우리 몸은 자라고
그래도 행동이 마지막 의미를 갖고
네가 씹는 음식에 내가 증오하지 않음이

내가 겨우 살아 있는 표시라

- <먼지>(1967) 부분

<먼지>는 스토리를 지니고 있는 것처럼 보이는 형식의 시이다. 그러나 실제로는 끊임없는 요설이 이어질 뿐 뚜렷한 사건이 제시되지 않는다. 다만 "영원의/ 행동이 튕기고 자고 깨고/ 죽고 하지만 모두가 갱坑안에서/ 참호 안에서 일어나는 일"이라는 시구를 통해 이 시가 전쟁을 배경으로 하고 있다는 것을 추측하게 한다.

이 시의 스토리가 뚜렷하지 않는 것처럼 이 시에 등장하는 '나'와 '너' 역시 뚜렷하지 않다. 우선 시의 화자가 바라보는 '너'는 "삭아 부스러져" 있고, "망각이 들어앉고/ 들어앉다 튀어나오고" "불이 튕기고 별이 튕기고 영원의/ 행동이 튕기고 자고 깨고/ 죽고" 한다. '너'라는 존재는 끊임없는 변화의 흐름 속에 있고, '너'의 죽음 역시 마찬가지이다. 그리고 이러한 흐름은 모두 거대한 "갱坑안에서" "참호 안에서" 일어나며, 이 때문에 "어제의 행동과 내일의 복수가 상쇄"된다. '너'가 뚜렷한 경계를 지니고 있지 않은 것처럼 '나' 역시 그러하다. 6연에 처음 등장한 '나'는 "네가 씹는 음식에 내가 증오하지 않음이/ 내가 겨우 살아 있는 표시라"라고 한 데서 드러나듯, 극히 미약한 존재일 뿐이다. 이러한 상황 속에서 '너'도 '나'도 "겨우 살아 있는 표시"를 낼 뿐이다.

하나의 행동이 열의 행동을 부르고
미리 막을 줄 알고 미리 막아져 있고
미리 칠 줄 알고 미리 쳐들어가 있고
조우(遭遇)의 마지막 윤리를 넘어서

어제와 오늘이 하늘과 땅처럼
달라지고 침묵과 발악이 오늘과
내일처럼 달라지고 달라지지 않는
이 갱 안의 잉크 수건의 칼자국

증오가 가고 이슬이 번쩍이고
음악이 오고 변화의 시작이 오고
변화의 끝이 가고 땅 위를 걷고 있는
발자국소리가 가슴을 펴고 웃고

희화(戱畫)의 계시가 돈이 되고
돈이 되고 사랑이 되고 갱의 단층의 길이가
얇아지고 돈이 돈이 되고 돈이
길어지고 짧아지고

돈의 꿈이 길어지고 짧아지고 타락의
길이도 표준이 없어지고 먼지가 다시 생기고
갱이 생기고 그늘이 생기고 돌이 쇠가
구리가 먼지가 생기고

죽은 행동이 계속된다 너와 내가 계속되고
전화가 울리고 놀라고 놀래고
끝이 없어지고 끝이 생기고 겨우
망각을 실현한 나를 발견한다

- <먼지>(1967) 부분

그런데 이제 너와 나의 경계는 사라지고 행동들만이 이어진다. 이러한 행동들은 그물처럼 이어져가고 증폭된다. "하나의 행동이 열의 행동을 부"른다. 그 결과 모든 것들이 변화한다. '너'와 '나'는 사라지고 "어제와 오늘이 하늘과 땅처럼/ 달라지고 침묵과 발악이 오늘과/ 내일처럼 달라지고," "증오가 가고 이슬이 번쩍이고" "발자국 소리가 가슴을 펴고 웃고" 하게 된다. 너와 나의 경계가 사라짐에 따라 전쟁과 증오도 사라진다.

그러면 누가 이러한 변화를 가져오는가? '너'와 '나'는 이러한 변화를 가져오는 행동의 주체가 아니다. 이와 관련하여 '너'와 '나'의 동사가 모두 수동태로 표현되어 있는 점에 유의할 필요가 있다. "너와 내가 계속되고/ 전화가 울리고 놀라고 놀래고/ 끝이 없어지고 끝이 생기고"……. '너'와 '나'는 행동 속에, 변화의 흐름 속에 있으며, 드디어 '나'는 "망각을 실현한 나를 발견한다."

이와 같이 <먼지>는 처음에는 '너'에 대한 서술에서 출발하였지만 '너'에 대한 서술은 사라지고 '너'에 관여하는 미약한 '나'가 등장하고 마지막에 '나'는 "망각을 실현한 나"가 된다. 중간에 나왔던 '우리'도 뚜렷한 의미를 지니지 않는다. 만일 행동의 주체를 찾는다면 그것은 행동 자체이다. 이러한 행동들도 망각 속에 이어지며, 행동들 역시 "죽은 행동"이다. 이때 "죽은 행동"이 알려주는 것은 '극단적 수동성'의 죽음[45]이라 할 수 있다. 그리고 이러한 수동성의 죽음은 '나'의 죽음을 통해 타자를 향하게 한다. 여기서 죽음은 '나'의 한계를 넘어 외재성extériorité[46]으로, 타자로 나아간다.

한편 '나'의 죽음을 통한 타자로의 열림이라는 주제는 <풀의 영상>에서 또 다른 차원을 열어 보인다.

> 봄이 오기 전에 속옷을 벗고 너무 시원해서 설워지듯이
> 성급한 우리들은 이 발견과 실감 앞에 서럽기까지도 하다
> 　전 아시아의 후진국 전 아프리카의 후진국
> 　그 섬조각 반도조각 대륙조각이
> 　이 발견의 봄이 오기 전에 옷을 벗으려고
> 　뚜껑이 열렸다 닫히는 소리

---

45 우리가 자의적인 죽음에서 찾을 수 있는 것은 '극단적인 수동성'이다. 자세한 논의는 모리스 블랑쇼, 앞의 책, 138쪽 참조.

46 블랑쇼의 사유에서 죽음은 자아의 내재성(immanence)이 파열되는 사건이며, 외재성(extériorité)을 가져온다. 자세한 논의는 박준상, 앞의 책, 59쪽 참조.

…(중략)…

나는 옷을 벗는다 엉클 샘을 위해서
아시아와 아프리카의 무거운 겨울옷을 벗는다
　　겨울옷의 영상도 충분하다 누더기 누빈 옷
　　가죽옷 융옷 솜이 몰린 솜옷……
그러다가 드디어 나는 월남인이 되기까지도 했다
엉클 샘에게 학살당한
월남인이 되기까지도 했다

- 〈풀의 영상〉(1966) 부분

〈풀의 영상〉에서는 베트남 전쟁에서 비롯한 죽음이 재제가 되고 있다. 이 시에서 전쟁으로 희생된, "엉클 샘에게 학살당한/ 월남인"이라는 타자의 죽음은 시의 화자인 '나'와 무관할 수 없다. 물론 "성급한 우리들은" "봄이 오기 전에 속옷을 벗"기도 한다.

그러나 '나'는 이러한 성급함을 거두고, 겨울옷을 벗고 "엉클 샘에게 학살당한/ 월남인"이 된다. 내가 벗는 옷은 "아시아와 아프리카의 무거운 겨울옷," "누더기 누빈 옷," "가죽옷 융옷 솜이 몰린 솜옷" 등이다. 여기서 옷을 벗는다는 것은 사회적 정체성에서 벗어나는 것으로, 자아의 죽음을 의미한다. 이 죽음은 '나'는 타자로 이끈다. 이로써 '나'는 오랜 동안 식민지였던 아시아와 아프리카의 무거운 옷을 벗음으로써 월남인이 될 수 있다.

그리고 시적 화자가 옷을 벗는 이유는 "엉클 샘"을 위해서이기도 하다. '나'는 엉클 샘에게 죽음을 당한 월남인뿐만 아니라 월남인을 학살한 "엉클 샘을 위해서" 옷을 벗는다. '나'는 엉클 샘이라는, 월남에 파병된 군인 역시 제국의 희생자일 수도 있다[47]고 생각한다. '나'는 죽음을 통해, "엉클 샘에게 학살당한/ 월남인"과 월남인을 학살한 "엉클 샘"이라는 타자 모두에게 다가가게 된다.

---

47 박지영, 『'불온'을 넘어, '반시론'의 반어: 김수영 문학과 번역 · 검열 · 섹슈얼리티』, 소명출판, 2020, 273쪽.

3. 타자를 향한 죽음의 시

우리들은 일상을 살아가면서 대체로 죽음을 멀리한다. 물론 가까운 이들이나 자신에게 다가온 죽음을 보면서 죽음을 떠올리기도 하지만 이내 죽음을 인정하지 않으려 한다. 현대에 이르러 죽음은 우리 주변으로 밀려가는 현상이 되었고, 마침내 "금지된 죽음"이 되기에 이르렀다. 전근대 사회에서 죽음은 항상 공동체와 함께 있었지만, 현대 사회에서 죽음은 일상에서 곧 치워버려야 하는 대상이 되었다. 현대 사회 자체가 죽음조차 "거부당한 죽음"으로 만들고 있다. 이제 죽음에 대한 거부는 현대 문명의 중요한 특성으로 부상하였다.[48] 또한 현대 사회에서 죽음은 흔히 "죽어가는 자의 고독" 속에 놓여 있게 된다.[49] 이에 따라 현대 사회에서 우리가 체험하는 타인의 죽음이란 사회적 환경에서 일어나는 하나의 의미 없는 사건으로 간주되기 일쑤이다.

그러나 김수영은 현대 도시에 살면서 늘 죽음을 정면에서 바라보고자 하였고, 타자의 죽음에도 관심을 두고자 하였다. 그는 1950~60년대 한국의 현실 속에서 6 · 25 전쟁이나 베트남 전쟁에서의 죽음, 현대 도시에서의 죽음 등 다양한 죽음을 시의 소재로 삼았다. 이에 따라 그의 시에서 죽음은 다양한 의미를 지니고 있는 것으로 나타났다.

김수영은 시작 초기에는 죽음을 자신의 삶에 대한 각성의 계기로 바라보았다. 이 점은 그의 초기시, 〈공자의 생활난〉에서부터 잘 나타났다. '메멘토 모리,' 즉 '죽음을 잊지 말라'는 의미의 전통을 찾아보면서 김수영이 보고자 한 것은 죽음에 비추어 본 삶이었다. 때문에 그는 일상 생활을 통해 늘 죽음을 의식하고자 하였고, 이를 통해 삶을 각성하고자 하였다. 그는 죽음을 통해 일상의 설움, 허위로부터 벗어나고자 하였고, 시인의 사명을 새롭게 각성하고자 하였다. 특히 그는 〈광야〉에서 죽음을 극복하고자 하는 시인의 의지를 보여주기도 하였다.

---

48 아리에스는 죽음에는 '길들여진 죽음,' '나 자신의 죽음,' '타자의 죽음,' 그리고 '금지된 죽음' 등 네 종류의 죽음이 있는데, 현대에 이르러 죽음은 '금지된 죽음'이 되었다고 한다. 자세한 논의는 P. 아리에스, 앞의 책, 19~83쪽 참조.

49 노르베르트 엘리아스, 앞의 책, 59~64쪽.

김수영이 바라보는 죽음의 또 다른 모습은 새로운 생성을 낳는다는 점이었다. 그는 죽음이 끝이 아니라는 것을, 죽음은 거듭됨으로써 또 다른 생성을 이어간다는 것을 발견하였다. 〈구라중화九羅重花〉에서 보여준 삶과 죽음은 연속적으로 이어지는 것이었다. 김수영은 죽음을 통한 생성의 원리를 현대성에도 적용하였다. 그는 현대는 죽음을 통해 새로움을 이어간다고 생각하였다. 그는 죽음을 딛고 죽음을 넘어서 현대를 향해 나아가고자 하였다.

김수영의 시에 나타난 죽음의 또 다른 양상은 타자를 향한다는 것이다. 김수영은 1960년대에 들어서서 현대시의 방향 전환을 주장하는데, 이 때부터 그는 타자의 죽음에 관심을 기울였다. 그는 자아의 죽음, 언어의 죽음 등을 강조하였고, 자아의 죽음을 통해 타자에 이르는 과정을 시로 보여주었다. 〈풀의 영상〉에서는 타자의 죽음에 대한 관심에서 출발하여 타자에 이르는 과정을 구체적으로 보여주었다.

김수영은 시작 초기에는 죽음을 개인의 실존이나 시인의 사명과 같은 존재의 문제로 받아들였다. 그리고 죽음을 능동성의 관점에서 이해하였다. 그러나 1960년대에 들어서면서 그는 가족과 인류 전체의 죽음에 관심을 기울였다. 죽음은 실존의 문제가 아니라 윤리의 문제 그 이상의 것이어야 했다. 이제 죽음은 수동성의 관점에서 이해되었고 타자를 향하게 되었다.

제2부 03

김수영의 리얼리티 시론

1. 현실, 실재, 리얼리티

한국 현대 시사에서 김수영은 1950년대부터 이미 현실을 깊이 인식하였다. 냉전의 논리가 지배적인 시기에 그는 정면으로 현실을 응시하고 이를 시에 표현하고자 하였다. 그는 시작 초기에는 현실 반영의 관점에서 현실을 인식하였다. 그러나 이후 시와 리얼리티의 관계를 현실 반영의 문제로만 이해될 수 없다고 보고 리얼리티를 구체적으로 탐색하였다. 그는 리얼리티를 주체의 측면에서, 대상의 측면에서, 그리고 언어의 측면에서 다각도로 고찰하였다. 김수영은 시와 리얼리티는 어떤 관계에 있는가, 시가 리얼리티를 담아낸다고 하면 그것은 어떻게 가능한가, 이때 언어는 어떻게 작용하게 되는가 등의 문제를 끊임없이 탐색하였다.

사실 리얼리티에 대해서는 다양한 해석이 가능하지만 용어 그대로는 '실답게 존재하는 것,' '진실로서 다가오는 것'이라는 의미로 이해된다. 그리고 리얼리티는 흔히 '실재' 또는 '현실'로 번역된다.[1] 영어 사용자들에게 'reality'라든가 'real'은 그냥 현실이라기보

---

1 이주영, 「재현의 관점에서 본 예술과 실재의 관계」, 『미학 · 예술학 연구』 22, 한국미학예술학회, 2005.12,

다는 진정으로 있는 것, 실답게 존재하는 것, 진실로서 다가오는 것 등을 뜻한다.[2] 이에 비해 독일어권 사용자들에게는 '실재Realitat'보다는 '현실Wirklichkeit'이란 의미로 더 많이 쓰인다.[3]

김수영은 '리얼리티'와 관련하여 '현실'이라는 용어를 쓰기도 하고 '실재'나 '리얼리티'라는 용어를 쓰기도 한다. 대체로 당대 현실과 관련하여서는 '현실'을, 구체적인 시적 대상의 경우에는 '실재'나 '리얼리티'를 쓰는 경향을 보이고 있다. 그런데 초기 시론에서는 현실을, 후기 시론에서는 실재나 리얼리티을 많이 쓰고 있다.

이제까지 김수영의 문학과 리얼리티의 관련성에 대해서는 많은 이들이 논의해왔다. 그런데 이들 논의의 대부분은 리얼리즘의 리얼리티 논의에 바탕을 두고 있었다. 가령 김수영 문학의 한계를 지적하면서 김수영이 리얼리티를 제대로 인식하지 못하였다고 한 것은 대표적인 예이다. 김수영의 문학을 리얼리즘의 틀에서 해석하고자 하는 경우 김수영의 리얼리티에 대한 인식은 수준 미달일 수밖에 없다.

그런데 리얼리티는 리얼리즘을 통해서만 획득될 수 있는 것이 아니다. 어떤 의미에서 리얼리즘 문학에서 제시하는 리얼리티는 사회적으로 주어진 하나의 코드이다. 리얼리즘 문학은 모든 의사소통 매체를 통하여 끊임없이 확산되어 채택된 글쓰기의 하나이다.[4] 오히려 리얼리티는 보편적으로 주어진 사회적 틀을 벗어날 때 획득될 수 있다.

김수영은 시작 초기에는 리얼리즘의 리얼리티에 관심을 보였지만 이후에는 여기서 벗어난 리얼리티에 관심을 보였다. 물론 이 경우에도 그는 어디까지나 한국의 현실에 바탕을 두고 있었다.

최근 김수영의 시론에 대한 관심이 높아지면서 김수영의 리얼리티를 리얼리즘에서의 그것과 다르게 해석하는 논의들이 나왔다. 박수연은 김수영이 이해한 리얼리티를

5쪽.

2 Realism은 사실주의, 현실주의 등으로 번역될 수 있지만 리얼리즘이라는 외래어로 계속 쓰이고 있다. 자세한 논의는 백낙청, 「로렌스의 재현 및 (가상) 현실 문제」, 『동아영어영문학』 18, 동아대학교 영어영문학과, 2002. 8, 12쪽 참조.

3 이주영, 앞의 글, 6쪽.

4 로잘린즈 코워드 · 존 엘리스, 이만우 역, 『언어와 유물론』, 백의, 1994, 78쪽.

"끊임없이 유예되는 미완성의 리얼리티"라고 보았다. 그는 특히 김수영이 「시작 노트 6」에서 말하는 리얼리티는 삶의 과정에서 해방의 경험을 실현하는 리얼리티로서, 루카치의 리얼리즘에서의 그것과 차별화하는 과정에서 나온 것이라고 하였다.[5] 이러한 논의는 김수영의 리얼리티를 리얼리즘과 비교하고 그것을 구별하였다는 점에서 의미가 깊다. 김유중은 김수영의 리얼리티를 "일체의 외부적인 선입관이 배제된 상태에서 오염되지 않은 순수한 눈으로 사물이나 현상을 대했을 때에 얻게 되는 어떤 결과"라고 해석하였다.[6]

이후 김수영의 리얼리티는 많은 경우 언어의 작용 가운데 형성된다는 연구,[7] 관찰에 의해 파악되는 리얼리티를 자신의 비전에 의해 제시하는 것으로 본 연구,[8] 번역 체험과 리얼리티의 진실한 재현 방식을 연결시킨 연구[9] 등으로 이어졌다. 이러한 연구들은 모두 김수영이 말하는 리얼리티가 리얼리즘의 그것과 다르다는 점에 주목한 것이다.

사실 시와 리얼리티의 관계를 고찰하는 일은 단순하지 않다. 우선 객관적으로 존재하는 리얼리티가 무엇인가 하는 점, 어떤 주체의 시각으로 리얼리티를 인식하는가 하는 점, 리얼리티를 담아내는 언어의 작용은 어떻게 나타나는가 하는 점 등을 모두 고려해야 하기 때문이다. 그런데 김수영은 이 세 가지 문제를 모두 고려하면서 리얼리티를 이해하였다. 이런 의미에서 김수영이 제시하고자 한 리얼리티, 리얼리티에 대한 논의는 현재 우리에게도 문제적인 것이라 할 수 있다.

---

5 박수연, 「1960년대의 시적 리얼리티 논의: 장일우의 『한양』지 시평과 한국 문단의 반응」, 『한국언어문학』 50, 한국언어문학회, 2003. 5.

6 김유중, 「김수영 문학을 어떻게 이해할 것인가」, 『한국문학이론과 비평』 9, 한국문학이론과 비평학회, 2005. 12.

7 졸고, 「김수영의 언어론에 대한 연구」, 『개신어문연구』 31, 2010. 6.

8 조강석, 「김수영의 시 의식 변모 과정 연구: '시적 연극성'과 '자코메티적 전환'을 중심으로」, 『한국시학연구』 28, 한국시학회, 2010. 8.

9 조연정, 「번역 체험이 김수영 시론에 미친 영향: '침묵'을 번역하는 시작 태도와 관련하여」, 『한국학연구』 38, 고려대 한국학연구소, 2011. 9.

2. 리얼리티 시론의 형성

1) 한국의 현실과 리얼리티

김수영은 시작 초기부터 자신의 시가 리얼리티를 추구하는 데 지향점을 두고 있다고 하였으며, 자신의 처녀작 역시 리얼리티를 지향한 것이라고 하였다.

> …… 내가 생각하는 실질적인 처녀작은 여기에 수록된 「아메리칸 타임지(誌)」와 「공자의 생활난」도 아니고 「묘정의 노래」도 아니다.
>
> 「새로운 도시와 시민들의 합창」에 수록된 「아메리칸 타임지」와 「공자의 생활난」은 이 사화집에 수록하기 위해서 급작스럽게 조제남조(粗製濫造)한 히야까시 같은 작품이고, 그 이전에 나는 「아메리칸 타임지」라는 같은 제목의 작품을 일본말로 쓴 것이 있었다.
>
> …(중략)…
>
> 이 일본말로 쓴 「아메리칸 타임지」라는, 내 딴으로의 리얼리스틱한 우수한(?) 작품 이전에 또 하나의 리얼리스틱한 우수한 작품으로 「거리」라는 작품을 나는 썼다.[10]

김수영은 자신의 처녀작으로 〈아메리칸 타임지〉와 〈공자의 생활난〉, 그리고 〈묘정의 노래〉 등이 거론되는 사실을 언급하고, 〈거리〉를 내세운다. 그리고 일본말로 쓴 〈아메리칸 타임지〉와 〈거리〉는 모두 "리얼리스틱한 우수한 작품"이라고 덧붙였다. 여기서 그가 시작 초기에 무엇보다 리얼리티에 관심을 두고 있었으며, 리얼리티의 정도에 따라 작품에 대한 평가를 내리고 있었다는 것을 알 수 있다.

그런데 여기서 김수영이 말한 리얼리티는 현실을 말한다. 즉 독일어권의 미학에서 말하는 '현실'에 해당한다.[11] 실제 김수영은 시작 초기에는 '현실'이라는 용어를 많이 사용

---

10 김수영, 「연극하다가 시로 전향」(1965), 『김수영 전집 2 - 산문』, 민음사, 2003(이하 『전집 2』로 표기), 334~5쪽.

하였다.

이 산만한 눈앞의 현실을 어떻게 형상화하고, 미라와 같은 나의 생활 위에 살과 피가 한데 뭉친 거대한 걸작을 만들 수 있느냐?

나는 이 이상 더 눈앞의 현실을 연구할 필요가 없다. 이것들을 어떻게 〈담느냐?〉가 문제이다.[12]

1954년에 쓴 글에서 김수영은 이미 자신의 눈앞의 현실을 더 이상 연구할 필요가 없으며 그 현실을 어떻게 담느냐가 문제라고 한다. 김수영의 이 말은 그가 현실을 인식하는 일의 중요성에 대해 충분히 인식하고 있었다는 것을 의미한다.

시인의 스승은 현실이다. 나는 우리의 현실이 시대에 뒤떨어진 것을 부끄럽고 안타깝게 생각하지만, 그보다도 더 안타깝고 부끄러운 것은 이 뒤떨어진 현실을 직시하지 못하는 시인의 태도이다. 오늘날의 우리의 현대시의 양심과 작업은 이 뒤떨어진 현실에 대한 자각이 모체가 되어야 할 것 같다. …(중략)… 세계의 시 시장에 출품된 우리의 현대시가 뒤떨어졌다는 낙인을 받는 것을 두려워하기 전에, 우리들에게는 우선 우리들의 현실에 정직할 수 있는 과단과 결의가 필요하다.[13]

김수영은 시인의 스승은 무엇보다 현실이라고 역설하였다. 그리고 당시 시인들이 현실을 직시하지 못하는 태도에 대해서도 여러 차례 비판하였다. 현대시의 작업은 현실에 대한 자각에서 출발하여야 한다는 것, 시인들은 현실에 정직할 수 있는 과단과 결의가 필요하다는 것 등등. 그는 "6 · 25 이후 우리 시단의 현대시의 주요한 추세"로 무엇보다

---

11 존재에 대한 철학적 해석을 암시하는 '실재'에 비해 수많은 요소들이 매개된, 구체적 실재로서의 '현실'이 예술과 실재의 관계를 고찰하는 데 보다 적합하다. 자세한 논의는 이주영, 앞의 글, 6쪽 참조.

12 김수영, 「일기초(抄) 1 - 1954. 11~1955. 2」(1954), 『전집 2』, 482쪽.

13 김수영, 「모더니티의 문제 - 1964년 4월 시평」(1964), 『전집 2』, 516쪽.

"현실 극복의 과제"를 들기도 하였다.[14] 시는 현실을 담아야 하고 현실 극복에 복무해야 한다는 이러한 생각은 그의 시작 말년까지 이어진다.

김수영이 이렇게 비장한 어조로 현실을 강조한 것은 당시 한국 시단의 상황을 고려하였을 때 중요한 의미를 지니는 것이었다. 김수영이 보기에 당시 한국은 전 세계사적으로 보았을 때 냉전의 논리가 첨예하게 대립되는 장소로서 정치적으로나 사회적으로 후진성을 면치 못하고 있었다. 그리고 대다수의 시인들은 이러한 현실에 정면으로 대응하지 못하고 있고, 이로 인해 독자의 불신임을 받기에 이르렀다.[15] 때문에 김수영은 이제 시인들은 시에 현실을 적극 반영하여야 한다고 역설하였다. 물론 이때 그가 말하는 현실은 한국의 구체적인 현실이다.

> (1) 그러나 전체적으로는 이 시는 오늘의 우리의 생활현실을 담지 못했다. 이 세계는 어느 특수층에 속하는 나의 생활현실이지 우리들의 생활현실은 아니다.[16]

> (2) 박이도(朴利道)의 「모자(帽子)」(현대문학)만 하더라도 솜씨는 제법 깔끔하고, 이제하에 비해서 발언도 되어 있어 보이는데 시의 내용이 도무지 한국의 현실 같지가 않다.[17]

김수영은 시에 '현실'을 강조하였고, 시에 현실이 반영되고 있는가를 비평의 척도로 삼았다. 현실을 강조하면서 시와 비시의 구분조차 무화시키기도 하였다. 현실의 실천, 특히 젊은 학생들의 실천은 곧 시의 실천이고, 이 실천은 시보다 앞서 간다[18]고 하였다.

다만 이 시기 김수영은 시에 현실을 담아내는 방식에 대해서는 구체적으로 제시하지 않았다. 그리고 그 이유를, "우리나라와 같은 뒤떨어진 미숙한 사회에서는 아무래도 시

---

14 김수영, 「젊은 세대의 결실 - 1966년 3월 시평」(1966), 『전집 2』, 545쪽.
15 김수영, 「독자의 불신임」(1961), 『전집 2』, 160쪽.
16 김수영, 「생활현실과 시(1964), 『전집 2』, 264쪽.
17 김수영, 「〈현대성〉에의 도피 - 1964년 6월 시평」(1964), 『전집 2』, 530쪽.
18 김수영, 「저 하늘이 열릴 때 - 김병욱(金秉旭) 형에게」(1960), 『전집 2』, 164쪽.

인의 현실적 책임이 시의 기술면에만 치중될 수 없는 애로와 불행이 있지 않은가 한다"[19] 고 하면서 한국 현실에 돌렸다.

2) 리얼리즘 비판과 리얼리티의 탐색

김수영은 시인의 현실 인식이나 시의 리얼리티를 강조하면서 점차 그것을 미학적으로 실현하는 방법론을 탐색한다. 이때, 그는 우선 종래 리얼리즘에 대해 대체적으로 비판적인 태도를 보인다.

> 아무튼 「인생유전」은 시시한 영화다. 그 제목부터가 고색창연하고 내용도 구태의연하다. 나는 이 종류의 불란서적 리얼리즘을 극도로 싫어한다. 결국 「인생유전」은 불란서적 영화 협잡이다.[20]

김수영이 리얼리즘에 대해 처음 언급한 것은 〈인생유전〉이라는 영화를 비평하면서이다. 그는 〈인생유전〉을 시시한 영화로 규정하면서, 그 이유로 자신이 "불란서적 리얼리즘"을 극도로 싫어한다는 사실을 들었다.

김수영은 사회주의 리얼리즘에 대해서는 어느 정도 관심을 두었다. 김수영은 『한양』의 장일우에 대한 비평을 하면서 사회주의 리얼리즘에 대해 언급한다. 김수영은 장일우의 비평을 상당 부분 수용하며 그 의의를 인정하는데, 여기서 주목하는 것은 리얼리즘의 현실 반영 문제이다.

> 이렇게 말하면 장일우의 요점과 나의 요점이 서로 중복되는 것이 상당히 많은 것을 나도 모르는 것은 아니다. 그가 난해한 시라고 욕하는 것이 사실은 〈시가 아니다〉라는 말과 같은 뜻의

---

19 김수영, 「모더니티의 문제 - 1964년 4월 시평」(1966), 『전집 2』, 516쪽.
20 김수영, 「일기초(초) - 1954. 11~1955. 2」(1955), 『전집 2』, 489쪽.

것이라는 것, 양심 있는 시인이라면 오늘의 한국의 현실이 그의 시에 반영되지 않을 수 없다는 점, 그러한 시가 독자를 갖고 있지 않은 것은 너무나 당연하다는 것 — 이런 점들을 위시해서 내가 공감할 수 있는 많은 그의 요점이 나의 요점과 더블되고 있다.[21]

김수영은 시와 현실의 관계에 대해 장일우와 같은 입장을 지닌다고 하였다. 가령 "난해한 시라고 욕하는 것이 사실은 〈시가 아니다〉라는 말과 같은 뜻이라는 것," "양심 있는 시인이라면 한국의 현실을 시에 반영하지 않을 수 없다는 점," 난해한 시가 "독자를 갖고 있지 않은 것은 너무나 당연하다는 것" 등이다. 또한 장일우와 같이 재현의 리얼리티에 대해서도 관심을 보인다.[22] 그러나 김수영은 장일우가 말하고 있는 사회주의 리얼리즘에 대해서는 유보적인 태도를 보인다.

그가 한국 시인들에게 좀 더 사회적 관심이 있는 — 혹은 사회적 관심의 위치 위에 있는 — 시를 쓰라고 하는 말은, 극단적으로 볼 때 이북시인들에게 형이상학적 시를 쓰라는 말과 같은 난제를 포함하고 있다. 그가 제시하고 있는 올바른 시는 (그가 인용한 국내의 시의 모범적인 실례에도 불구하고) 내가 생각하기에는 궁극적으로 볼 때 소셜리스틱 리얼리즘의 시다 — 혹은 소셜리스틱 리얼리즘의 시에 유사한 시라고 해도 좋다.[23]

김수영은 장일우의 비평에 대체적으로 공감하면서도 그가 제시하는 사회주의 리얼리즘에 대해서는 일정한 거리를 두는데, 그 이유로 사회주의 리얼리즘이 당대 현실을 담아내는 데 적합하지 않다는 것을 들었다.

사회주의 리얼리즘의 작품에는 여러 가지 주제에 대한 가지각색의 스타일이 있다. 그러나

---

21 김수영, 「생활현실과 시」(1964), 『전집 2』, 260~1쪽.
22 장일우의 리얼리즘 비평에 대한 자세한 논의는 박수연, 앞의 글, 4~11쪽 참조.
23 김수영, 「생활현실과 시」(1964), 『전집 2』, 259쪽.

그런 작품의 어느 것에서나 — 다소간 직접적으로, 또한 노골적이거나 은밀한 형태로 — 목적의 관념을 찾아볼 수 있을 것이다. 그것은 공산주의나 그와 관련되는 모든 것의 찬사로서 나타나거나, 그의 〈혁명적 발전〉 단계의 생활에 대한 풍자로서 나타나 있다.[24]

김수영은 사회주의 리얼리즘에서는 어디서나 "목적의 관념"을 찾아볼 수 있고, 그 결과 그것은 "공산주의나 그와 관련되는 모든 것의 찬사로서 나타나거나" "〈혁명적 발전〉 단계의 생활에 대한 풍자"로서 나타나게 된다고 하였다.

김수영은 사회주의 리얼리즘이 "목적의 관념"으로 인해 현실을 제대로 담아낼 수 없다고 보았다. 실제 사회주의 리얼리즘에서는 리얼리즘의 미적인 가치와 인식적 가치는 일반적으로 무시된다. 왜냐하면 현실의 진리는 미리 외부로부터 주어지기 때문이다.[25] 이에 김수영은 사회주의 리얼리즘에 비판적인 태도를 보인 작가들에 우호적인 태도를 보이며 이들을 여러 차례 소개하였다.

김수영은 사회주의 리얼리즘과 거리를 두면서 이와 다른 리얼리티 형상화 방식을 모색한다. 우선 외국 문학의 사례를 들면서 외국의 현대 문학 작가들이 문학 속에 어떻게 리얼리티를 담아내는지 탐색한다. 그가 소개하고 있는 작가들은 예이츠, 머독, 스파크, 셍키에비치, 파스테르나크 등인데, 그는 이들 현대 작가들을 통해 리얼리티의 문제를 거론한다.

낡은 리얼리즘도, 낡은 포멀리즘도 이들에게는 통하지 않으며, 도대체가 이들은 자기들 자신이 하나의 우주를 만들고 있다고 생각하고 있지 않다. 말하자면 이러한 이들의 겸손은 철학적인 면을 갖고 있다고 말할 수 있다.

이들은 모든 리얼리티의 이미지로서의 소설의 관념을 피하고 있고, 따라서 자기들의 상상력을 리얼리티의 구성요소나 보충물로서도 생각하고 있지 않는 것 같다. 이러한 문제에 대한

24 김수영, 「안드레이 시냐스프스키와 문학에 대해서」(1966), 『전집 2』, 359쪽.
25 스테판 코올, 여균동 편역, 『리얼리즘의 역사와 이론』, 한밭출판사, 1982, 196쪽.

> 이들의 관심은 총체적으로 인식적이라기보다는 강렬한 윤리적인 것이다. …(중략)… 그러나 대부분의 영국작가들은 감지자(感知者)로서의 자기 자신에게 충실하고 교양 있는 상식의 눈으로써 감지된 사물에 충실하고자 하는 그들 자신의 분투적인 견지에서, 픽션과 리얼리티 사이의 관계를 전반적인 문제로 삼고 있다. 이런 관계의 문제를 가장 단적으로 드러내 보이고 있는 것이 아이리스 머독과 뮤리얼 스파크다.[26]

김수영은 가령 현대 영국 작가들이 "낡은 리얼리즘과 낡은 포멀리즘"도 거부하고 새로운 리얼리티를 형성하는 데 관심을 보이고 있다는 점에 주목한다. 여기서 김수영이 주목한 것은 그들이 "사물에 충실하고자" 하는 견지에서 "픽션과 리얼리티 사이의 관계를 전반적인 문제로 삼고 있다는 점이다. 이와 같이 김수영은 시에 리얼리티를 담아내는 방법을 모색하면서 종래의 리얼리즘을 넘어선 새로운 리얼리티 형상화 방식을 모색하였다.

3. 비사실 · 자아의 죽음 · 언어적 이미지의 리얼리티

1) 비사실의 리얼리티 추구

김수영은 이후 리얼리티에 대한 논의를 더욱 구체화시켜 나간다. 그는 이제 리얼리티와 관련하여 '현실'을 이야기하기보다는 '리얼리티'를 언급한다. 그리고 리얼리즘을 비판하고 리얼리즘의 리얼리티로부터 벗어나고자 한다.

> (가) 이것으로 이 작품의 리얼리즘의 백 본을 삼으려는 음흉한 내심이 있었다. 내가 싫은 것은 이것이다. 이 공리성이 싫다.[27]

---

26 김수영, 「새로운 윤리 기질 - 머독과 스파크의 경우」(1966), 『전집 2』, 379~80쪽.

(나) 그러나 물론 이런 대결의식이 시의 본질에 속한다고 해서 이 「잔인의 초」가 성공을 했다는 말은 아니다. 「만용에게」와 비교해 볼 때, 이 작품은 리얼리즘의 냄새가 상당히 엷게 되었다. 공리성이 상당히 희박해졌다. 성공이라면 이런 점이 성공이다.[28]

김수영은 리얼리즘을 규범으로 삼는 시작 태도를 비판하는데 그것은 리얼리즘의 공리성 때문이다. 그는 시에서는 공리성이 우선되어서는 안 된다는 입장에서 "리얼리즘의 공리성이 희박해졌"을 때 작품으로서는 "성공"이라고 하였다.

사실 리얼리즘 예술은 한마디로 정의하자면 현실의 미적 반영인데 그 현실은 구체적 · 역사적 현실이다. 리얼리즘은 언제나 현실의 통일적 기초를 전제로 하는데, 현실은 그 겉모습이 극히 복잡하여 파악하기 힘든 것처럼 보여도 사실은 전체적인 연관 관계를 구성하고 있다. 또한 리얼리즘에서 현실은 예술을 통해 반영될 수 있고 이를 통해 변혁될 수 있다는 공리성을 지니고 있다. 이로 인해 모든 리얼리즘 문학은 어떤 윤리적인 기도로 이해된다.[29] 그런데 김수영은 리얼리즘이 지니고 있는 이러한 공리성을 거부한다. 대신 이미지의 리얼리티에 관심을 보인다.

그러나 이 항에 대한 답변은 간단하다. 봉건 군은 필자가 〈시인〉의 〈현실〉이라고 한 이 〈현실〉의 뜻을 외적 현실만으로 해석하고 있다. 그는 (3)항에서 〈신념〉의 뜻을 오독하듯이 이 〈현실〉의 뜻도 오독하고 있다. 그는 뒤떨어진 사회의 실업자 수가 많은 것만 알았지, 뒤떨어진 사회에 서식하고 있는 시인들의 머릿속의 판타지나 이미지나 잠재의식이 뒤떨어져 있는 것은 인정하지 않는 모양이다. 그의 시의 비평을 쓴 김 시인의 잠재의식이 1930년 전의 앙드레 브르통의 것인지는 모르고 있는 모양이다. 「모더니티의 문제」에서 필자가 한 말은 쉽게 말하자면 퇴색한 앙드레 브르통을 새것이라고 생각하고 무리를 하지 말고 솔직하게 분수에 맞는

---

27 김수영, 「시작 노트 5」(1965), 『전집 2』, 444쪽.
28 위의 글, 445쪽.
29 스테판 코올, 앞의 책, 209~10쪽.

환상을 하라는 말이다. 그처럼, 시인은 자기의 현실(즉 이미지)에 충실하고 그것을 정직하게 작품 위에 살릴 줄 알 때, 시인의 양심을 갖게 된다는 말이다. 좀 더 솔직하게 되란 말이다.[30]

김수영은 시의 현실을 외적 현실에 국한하지 않는다. 그는 리얼리티와 관련하여 시인의 머리 속에 있는 판타지나 이미지, 잠재의식 등을 모두 고려하고자 한다. 그리고 이미지의 리얼리티에 주목한다.

김수영이 추구하고자 하는 리얼리티는 보이는 세계에 초점을 둔 리얼리티가 아니라 보이지 않는 세계에 초점을 둔 리얼리티이다. 김수영은 이 리얼리티를 자코메티가 추구한 리얼리티의 방법에 기대어 설명한다.

there is no hope of expressing my
vision of reality. Besides, if I did,
it would be hideous something to
look away from

내 머리는 자코메티의 이 말을 다이아몬드같이 둘러싸고 있다. 여기서 hideous의 뜻은 몸서리나도록 싫다는 뜻이지만, 이것을 가령 〈보이지 않는다〉라는 뜻으로 해석하여 to look away from을 빼버리고 생각해도 재미있다. 나를 비롯하여 범백(凡百)의 사이비 시인들이 기뻐할 것이다. 나를 비롯하여 그들은 말할 것이다. 나는 말하긴 했지만 보이지 않을 것이다. 보이지 않으니까 나는 진짜야, 라고. [31]

김수영은 자코메티가 한 말을 인용하고 "나는 말하긴 했지만 보이지 않을 것이다. 보이지 않으니까 나는 진짜야"라고 한 대목에 주의를 기울인다. 말하자면 보이지 않는 실

---

30 김수영, 「분맥을 모르는 시인들 - 「〈사기〉론」에 대하여」(1965), 『전집 2』, 330~1쪽.
31 김수영, 「시작 노트 6」(1966), 『전집 2』, 449쪽.

재가 중요하다는 것이다. 이것은 결국 김수영에게 리얼리티란 보이는 세계에 한정된 리얼리티가 아니라는 것을 의미한다.

사실 자코메티의 미술 세계를 한 마디로 규정하기는 힘들다. 그런데 미술에서 블랑쇼와 아주 가깝다고 여겨진 자코메티는 새로운 리얼리티를 추구한 조각가로 널리 알려져 있다. 자코메티는 1942년 이후 상상이나 관념에 의하지 않고 모델을 두고 작업함으로써 대상에 대한 시지각의 실재를 찾기 위해 탐구하였다. 자코메티에게 작품이란 결코 예술가의 어떤 감정이나 주관성에 대한 표현이 될 수 없는 것이었고, "아무리 들여다보아도 가끔씩밖에는 모습을 드러내지 않는 리얼리티를 시각적으로 표현해내기 위해 지치지도 않고 벌이는 끝없는 분투"였다.[32] 그는 자신을 중심으로 사방에 있는 사물을 붙잡아 놓는 관점이 아니라 대상 자체에 초점을 두었다.[33] 자코메티는 새로운 대상과의 대화에 주목하였고, 대상 세계의 내면에 잠재하는, 쉽게 포착할 수 없는 어떤 리얼리티를 추구하였다. 이때 리얼리티는 작가의 주관에서도 혹은 대상 자체에도 존재하지 않는 그 어딘가에 있는 것이다.[34] 자코메티가 미술에서 추구한 이러한 리얼리티를 블랑쇼는 문학에 적용하여 설명하였다.

> 우리가 자코메티(Alberto Giacometti)의 조각들을 바라볼 때, 조각들이 외현의 변화나 관점의 변동에 아랑곳하지 않게 되는 지점이 있다. 우리는 그것들을 절대적으로 보게 된다. 즉, 환원된 것이 아니라 환원을 벗어나 환원할 수 없는 것으로서, 공간 속에서 조각들은 공간을 다룰 수 없는, 깊이가 아닌 깊이, 이미지라는 것의 깊이로 바꾸어 놓음으로써 공간의 주인이 된다. 우리가 조각들을 환원할 수 없는 것으로 바라보게 되는 이 지점은 우리를 무한에 위치하게 하는 지점, 여기가 그 어느 곳과도 일치하지 않는 지점이다. 글을 쓴다는 것, 그것은 이러한 지점을 찾는 것이다. 언어가 이 지점을 유지하거나 이 지점과의 접촉을 불러일으키기 위한 고유

---

32 박준상, 『바깥에서』, 인간사랑, 2006, 155~6쪽.

33 김광호, 「알베르토 자코메티 조각과 회화의 시지각적 특성」, 『기초조형학 연구』 11-5, 한국기초조형학회, 2010.10, 28쪽.

34 위의 글, 31쪽.

한 것이 되게 하지 못한 자는, 그 누구도 글을 쓰는 것이 아니다.[35]

블랑쇼에 따르면 자코메티의 작업이란 아무리 들여다보아도 가끔씩밖에는 모습을 드러내지 않는 리얼리티를 시각적으로 표현해내기 위해 지치지도 않고 벌이는 끝없는 분투로 평가된다. 그것은 일상적 세계를 바탕으로 만들어진 사물의 표상보다도 더 큰 리얼리티를 담고 있는 이미지를 창조하려는 탐색이다.[36]

그런데 김수영은 블랑쇼가 언급한 자코메티의 리얼리티, 즉 사물의 표상보다 더 큰 리얼리티, 사물을 응시하는 보는 자의 시선, 그에 대한 응답으로 보는 자를 다시 응시하는 사물의 시선의 만남과 접촉을 통해 이루어지는 리얼리티에 주목하였다.[37] 그는 자코메티를 통해 재현의 리얼리티에서 벗어난 리얼리티를 탐색할 계기를 얻었다. 김수영이 너무 많은 실재성을 문제 삼는 것은 이와 관련된다.

> 그런데 이와 비슷한 담뱃값의 보이지 않는 메모가 내 머릿속에도 거의 언제나 들어 있다. 요즘의 그 위에 쓰여 있는 메모는 미국시인 시어도어 레트커 시의 짤막한 인용구다. 〈너무 많은 실재성(實在性)은 현기증이, 체증이 될 수 있다 — 너무 밀접한 직접성은 극도의 피로가 될 수 있다.〉 이것은 어떤 시지에 줄 시론을 번역하다 얻은 말인데, 이 말이 나에게 주는 교훈은, 나의 시적 사고의 문맥의 전후관계를 자세히 소개하지 않고는 그 진의를 설명할 수 없는 것이다.[38]

김수영은 리얼리티에 대해 설명하면서 "〈너무 많은 실재성實在性은 현기증이, 체증이 될 수 있다. — 너무 밀접한 직접성은 극도의 피로가 될 수 있다〉"고 한 뢰트케의 구절을

---

35 모리스 블랑쇼, 앞의 책, 56쪽.

36 박준상, 『바깥에서』, 인간사랑, 2006, 157쪽.

37 자세한 논의는 졸고, 「김수영의 언어론에 대한 연구」, 『개신어문연구』 31, 개신어문학회, 2010. 6, 247~52쪽 참조.

38 김수영, 「생활의 극복 - 담뱃갑의 메모」(1966), 『전집 2』, 93쪽.

강조하였다. 너무 많은 실재성, 너무 밀접한 직접성은 피로가 될 수 있다는 것이다. 뢰트케는 미국 고백시 시인으로 개인의 일상에 충실한 리얼리티를 추구한 시인인데,[39] 김수영은 뢰트케가 추구한 실재성에 기반한 리얼리티, 직접성의 표현으로서의 리얼리티를 부정하였다. 김수영의 이러한 태도는 월평에서도 동일하게 나타나고 있다.

> 파스테르나크의 산문은 극도로 유동적이고 시흥적(詩興的)이기 때문에 흘러가는 인상이나 연관성을 포착하기란 거의 불가능하다. 따라서 그러한 인상이나 연관성은 보다 더 영속적인 시인의 이미지의 현실성 속에서 찾아볼 수밖에 없다. 〈예술은 활동만큼 현실적이고 사실(事實)만큼 상징적이다.〉 이것은 화가의 눈과 시인의 상상력이 함께 작용하는 데에서 오는 것이다.[40]

김수영은 실재성에 기반한 리얼리티가 아니라 이미지의 리얼리티를 탐색하고자 한다. 그가 추구하고자 한 리얼리티는 객관적으로 규정된 리얼리티, 규범화된 리얼리티와 관련이 없다. 그는 리얼리즘의 가정하는 재현의 리얼리티를 넘어 이미지의 리얼리티를 탐색하고 이를 통해 "사물의 표상보다 더 큰 리얼리티"를 추구하였다.

모든 사실적 재현은 리얼리티와는 많이 다르며 이를 이루어내는 방식도 모방에 의존하는 것이 아니라 반복적 훈련에 의존한다. 실제 공간과 가장 유사한 공간을 재현할 수 있는 법칙으로 알려진 원근법적 표현 방법도 광학의 법칙과는 많이 다른 하나의 관행에 지나지 않으며 이를 읽는 방법 역시 습득된 것이다.[41] 이러한 사실을 고려할 때, 김수영이 재현의 리얼리티를 벗어나 이미지의 리얼리티를 강조하는 것은 리얼리티에 더욱 충실하려고 한 것임을 알 수 있다. 그런데 이미지는 대상 다음으로 존재하며 대상의 연속이다.[42] 그리

---

39 한명희, 「김수영 시에서의 고백시의 영향」, 『전농어문연구』 9, 서울시립대학교 국어국문학과, 1997. 3, 101~3쪽.

40 김수영, 「도덕적 갈망자 파스테르나크」(1964), 『전집 2』, 312쪽.

41 이주영, 「시각적 재현에 있어서 유사성과 실재의 관계」, 『미학 · 예술학 연구』 24, 한국미학예술학회, 2006.12, 282쪽.

42 모리스 블랑쇼, 이달승 역, 『문학의 공간』, 그린비, 2010, 372쪽.

고 어떤 경우든 이미지가 의미의 경계라고 한다면 이미지는 오히려 의미 작용의 진정한 존재론으로 되돌아가는 것을 가능하게 한다.[43] 이렇게 볼 때, 김수영은 보이는 세계와 보이지 않는 세계 모두를 아우르는 리얼리티를 추구하였다는 것을 알 수 있다.

2) 자아의 죽음과 리얼리티

김수영은 리얼리티와 관련하여 자아를 버리고 사물에 수동적 태도로 다가갈 것을 주문하였다. 그가 자아의 표현으로 스타일을 규정한 수잔 손탁의 「스타일론」을 비판하는 것도 리얼리티에 대한 이러한 인식과 관련이 있다.

> 나는 이 시 노트를 처음에는 Susan Sontag의 「스타일론」을 초역한 아카데믹한 것을 쓰려고 했다. 그러고는 쓰지 않으려고 했다. 다시 Sontag을 초역(抄譯)하려고 했다. 그러나 Steven Marcus의 「소설론」을 번역한 후 생각해 보니 Sontag이 싫어졌다. 게다가 잊어버렸다. Sontag의 「스타일론」은 한마디로 말한다면 Style is the Soul이다.[44]

김수영은 손탁의 「스타일론」을 초역하여 그것을 쓰려 하였으나 쓰지 않았다고 하는데, 그 이유로 손탁이 "Style is the Soul"을 내세운 것을 들었다. 김수영은 새로운 리얼리티를 발견하고자 어디까지나 자아를 버릴 것을 주문하였다.

> 오늘날의 소설 리얼한 시가, 비근한 예로 일본의 시만 보더라도 프로이트적인 요소를 상당히 도입한 모던한 것으로 되어 있는 것을 볼 때, 그만한 것이라면 한국에서도 어떻게 우물쭈물

---

43 한쪽에서는 이미지가 언어에 비해 매우 초보적인 체계라고 생각하고 다른 한쪽에서는 의미작용이 이미지의 말로 표현할 수 없는 풍요로움을 고갈시킬 수 없다고 생각한다. 그런데 이미지는 의미작용의 진정한 존재론을 가능하게 한다. 자세한 논의는 롤랑 바르트, 김인식 편역, 『이미지와 글쓰기』, 세계사, 1993, 86쪽 참조.

44 김수영, 「시작 노트 6」(1966), 『전집 2』, 450쪽.

흉내를 낼 수 있는 날이 머지않아 올 것도 같은데, 장일우 씨가 제시하는 시의 이상형은 내가 느끼기에는 그런 프로이트적인 요소는 그리 좋아하지 않는 것 같다.[45]

김수영이 장일우의 비평을 비판하면서 프로이트적인 요소를 강조하는 것도 시적 주체로서 자아를 상정하지 않았기 때문이다. 그는 시적 리얼리티의 형성 요인으로 무의식을 강조하였다. 그는 프로이트적인 요소를 도입할 때 시의 모더니티가 확보될 수 있다고도 하였다.

대체로 시의 경험이 낮은 시기에는, 우리들은 시를 〈찾으려고〉 몸부림을 치는 수가 많으나, 시의 어느 정도의 훈련과 지혜를 갖게 되면, 시를 〈기다리는〉 자세로 성숙해 간다는 나의 체험이 건방진 것이 되지 않기를 조심하면서, 나는 이런 일종의 수동적 태세를 의식적으로 시험해 보고 있다. 여기에서 〈너무 많은 실재성〉과 〈너무 밀접한 직접성〉은, 그러니까 시를 찾아다니는 결과에서 오는 것이라고 생각하고, 다시 한번 내 자신에게 경고를 주는 의미에서 이런 메모를 해놓게 되었던 것이다. 그리고 이런 시작상의 교훈은 곧 인생 전반의 교훈으로도 통하는 것이다. 너무 욕심을 많이 부리면 도리어 역효과가 나는 수가 많으니 제반사에 너무 밀착하지 말하는 뜻으로도 해석된다.[46]

김수영은 시에 대한 "수동적 태세"를 강조하기도 하였다. 이것 역시 리얼리티에 대한 새로운 태도와 관련되고 있다. "〈너무 많은 실재성〉과 〈너무 밀접한 직접성〉은 시를 찾아다니는 결과에서 나온 것"이다. 이를 대신하여 그는 시에 대해 욕심을 버리는 태도, 수동적 태도를 지향하고자 한다. 욕심 대신 그가 내세우는 것은 수동적 태도, 사랑, 그리고 타자이다.

---

45 김수영, 「생활현실과 시」(1964), 『전집 2』, 259~60쪽.
46 김수영, 「생활의 극복 - 담뱃갑의 메모」(1966), 『전집 2』, 93~4쪽.

나는 사랑을 배우기 시작하는 단계에 있다. 그를 진정으로 사랑하려면 그와 나 사이에 가로 놓여 있는 무서운 장해물부터 우선 없애야 한다. 그 장해물은 무엇인가.

지금 나를 태우고 있는 것이 무엇인가?
욕심, 욕심, 욕심

- 뢰트케의 시에서

욕심이다. 이 욕심을 없앨 때 내 시에도 진경(進境)이 있을 것이다. 딴사람의 시같이 될 것이다. 딴사람 — 참 좋은 말이다. 나는 이 말에 입을 맞춘다.[47]

"욕심을 없앨 때 시에도 진경進境이 있을 것이다." 그것은 사랑으로 가능할 터인데, 그 때 시는 '나'의 시라는 제한을 넘어 "딴사람의 시"같이 될 것이다. "진정한 시는 자기를 죽이고 타자가 되는 사랑의 작업이며 자세인 것이다."[48]

김수영은 "자의식의 괴멸"을 곧 "애정"이라고 보았고[49] 자아가 파악하는 리얼리티의 한계를 인식하였다. 자아가 아니라 타자의 눈으로, 사랑의 눈으로 리얼리티를 파악하기를 주문하였다.

〈제정신〉을 갖고 산다는 것은, 어떤 정지된 상태로서의 〈남〉을 생각할 수도 없고, 정지된 〈나〉를 생각할 수도 없는 일이다. …(중략)… 그리고 이러한 모든 창조생활은 유동적인 것이고 발전적인 것이다. 여기에 순간을 다투는 어떤 윤리가 있다. 이것이 현대의 양심이다.[50]

김수영은 '나'를 고정된 관점에서 바라보지 말 것을 주문하였다. 정지된 '나'는 생각할

47 위의 글, 95~6쪽.
48 김수영, 「로터리 꽃의 노이로제 - 시인과 현실」(1967), 『전집 2』, 201쪽.
49 김수영, 「시작 노트 3」(1963), 『전집 2』, 436쪽.
50 김수영, 「제 정신을 갖고 사는 사람은 없는가」(1966), 『전집 2』, 187쪽.

수 없다. '나'는 고정된 것이 아니다. 때문에 모든 창조생활은 그 자체가 유동적인 것이고 발전적인 것이다. "순간을 다투는 윤리 속에" 리얼리티는 형성된다. 김수영은 자신이 가지게 된 새로운 집념은 상이하게 되는 것이 아니라 동일하게 되는 것이라고 한다. 김수영은 동일하게 되는 가운데, 새로운 스타일이 창조될 수 있다고 하였다. 김수영이 리얼리티의 "변모"를 강조하고 "자의식의 괴멸"을 강조한 것을 고려할 때, 김수영이 상이하게 되는 것이 아니라 동일하게 되는 것을 강조한 것은 모순된 것 같이도 보인다. 그러나 김수영이 시의 스타일과 관련하여 보봐르의 일절을 인용한 것을 보면 그가 "동일하게 되는 것"을 강조한 이유를 알 수 있다.

> 그러나 가장 새로운 집념은 상이하게 되는 것이 아니라 동일하게 되는 것이다. 약간 빗나간 인용처럼 생각키울지 모르지만 보부아르 가운데에 이러한 일절(一節)이 있다.
>
> 「프티 블의 패들은 모두 독창적으로 되려는 버릇이 있다」라고 볼이 말했다. 「그것이 역시 서로 닮는 방식이라는 것을 모르고 있어」 그는 치근치근히 또한 기쁜 듯이 자기 생각을 되풀이하고 있었다.
> 「노동자는 독창성 같은 건 문제 삼지도 않고 있어. 나는 내가 그치들과 닮아 있다고 느끼는 것이 오히려 기쁘단 말이야」
>
> 발뺌을 해두지만 나는 정치사상을 이야기하고 있는 것은 아니다. 시의 스타일에 관해 이야기하고 있는 것이다. 상이(相異)하고자 하는 작업과 심로(心勞)에 싫증이 났을 때, 동일하게 되고자 하는 정신(挺身)의 용기가 솟아난다.[51]

김수영이 인용한 구절은 보봐르의 『타인의 피』에 나오는 대목이다.[52] 이 소설에서 젊

---

51 김수영, 「시작 노트 6」(1966), 『전집 2』, 452쪽.
52 김수영이 인용한 구절은 주인공인 엘렌과 그의 옛 연인이었던 폴의 대화 가운데 폴이 엘렌에게 한 말이다.

은 주인공들은 대체로 개인의 가치를 지향하는데, 한 인물은 공동체주의를 지향한다. 김수영이 이 소설의 여러 인물 가운데 이 인물의 말에 주목한 것은 개인의 독창성보다는 공동체의 동일성을 우위에 두었기 때문이다. 김수영은 자아가 아니라 타자의 눈으로, 사랑의 눈으로 리얼리티를 인식하여야 한다고 보았다. 시의 스타일에 대해 논의하면서 동일하게 되는 것을 강조한 것도 이러한 맥락 속에 있다. 김수영은 시의 스타일에 있어서도 상이하고자 하는 것보다 동일하게 되고자 하는 방법을 지향하였다.

3) 언어적 이미지와 리얼리티의 변모

김수영의 리얼리티 시론에서 또 하나 두드러진 점은 언어에 의해 형성되는 리얼리티에 대한 인식이다. 김수영은 언어의 측면을 두 가지로 나누어 설명하는데 그것은 '언어의 서술'과 '언어의 작용'이다. 그리고 이 두 언어의 측면에 동일한 비중을 둔다.

> 그러면서도 내가 아까부터 이의를 느끼는 것은, 다시 말을 바꾸어 하자면 이러한 현실을 이기는 시인의 방법에 대한 견해와 해석의 차이다. 대체로 그는 이 현실을 이기는 시인의 방법을 (시 작품상에 나타난) 언어의 서술에서 보고 있지만 나는 그것이 언어의 서술에서뿐만 아니라 (시작품 속에 숨어 있는) 언어의 작용에서도 찾아져야 한다고 생각하는 것이다. 이러한 언어의 서술과 언어의 작용은 시의 본질에서 볼 때는 당연히 동일한 비중을 차지해야 할 것이다.[53]

김수영은 시의 언어를 언어의 서술과 언어의 작용 두 가지로 나누어 설명한다. 그는 언어의 의미와 무의미를 모두 중시하였다. 김수영은 "시의 언어의 서술이나 시의 언어의 작용은 새로움이라는 면에서 같은 감동의 차원을 차지하게 된다" 고도 하였다. 따라

폴은 『타인의 피』에서 가장 급진적인 인물로 등장한다. 시몬느 드 보봐르, 전채린 역, 『타인의 피』, 범우사, 1973, 55~6쪽.

53 김수영, 「생활현실과 시」(1964), 『전집 2』, 261쪽.

서 "우리의 생활현실이 담겨 있느냐 아니냐의 기준도, 진정한 난해시냐 가짜 난해시냐의 기준도 이 새로움이 있느냐 없느냐에서 결정되는 것이다."[54] 그리고 언어의 서술과 언어의 작용은 모두 형성 중에 있는 리얼리티를 드러낸다.

리얼리즘 문학에서 리얼리티는 보편적인 사회적 · 자연적 현상을 그대로 기술함으로써 달성되지 않는다. 그것은 특정한 코드의 글쓰기가 지속적으로 반복되면서 기표와 기의 사이의 긴밀한 관계에 대한 공동의 믿음을 산출함으로써 형성된다. 이에 따라 리얼리즘 문학에서 리얼리티는 사회가 그 자신을 만들어내는 특별한 방식으로 나타난다. 문학작품 속에 나타난 리얼리티는 실제 현실 인식의 정확성과 정당성에서보다 특정한 효과를 가지게 되는 언어적 코드로 나타난다.[55]

그런데 김수영이 추구하는 리얼리티는 언어적 코드로 나타나는 리얼리티, 보편적 진실을 재현한다고 가정한 언어에 의한 리얼리티가 아니다. 그것은 언어의 작용 속에서 형성되는 리얼리티이다. 김수영이 리얼리티와 관련하여 시쓰기 과정에서의 변모에 주목하는 것은 이 때문이다.

> 쓰면서 발견할 수 있는 새로운 현상의 즐거움, 이를테면 옛날 일영사전을 뒤져야 한다. — 그것도 있다. 그러한 변모의 발견을 통해서 시의 레알리테의 변모를 자성(自省)하고 확인한다(자코메티적 발견) — 그것도 있다.[56]

김수영에 따르면 시에서 리얼리티란 시인의 대상 인식이 먼저 있고 사후에 이루어지지 않는다. 그것은 "쓰면서 발견하는 새로운 현상의 즐거움" 속에서 형성된다. 그리고 이러한 리얼리티의 변모 과정 가운데 리얼리티는 비사실에로 해방된다.

---

54 위의 글, 264쪽.
55 로잘린드 코워드 · 죤 엘리스, 앞의 책, 107쪽.
56 김수영, 「시작 노트 6」(1966), 『전집 2』, 452쪽.

그대는 사실주의적 문체를 터득했을 때 비로소 비사실에로 해방된다. 웃음이 난다. 이 웃음의 느낌. 이것이 양심일 것이다. 나는 또 자코메티에게로 돌아와 버렸다. 말라르메를 논하자. 독자를 무시하는 시, 말라르메도 독자를 무시하지 않았다. …(중략)… 그러나 정말 독자를 무시한 시는 불성실한 시일 것이다. 침묵의 한걸음 앞의 시. 이것이 성실한 시일 것이다.[57]

김수영은 이를 "사실주의적 문체를 터득했을 때" "비사실에로 해방된다"고 표현하였다. 그리고 자코메티에 이어 이번에는 말라르메를 통해 자신이 추구하는 리얼리티에 대한 설명을 이어간다.

김수영은 시의 리얼리티를 말라르메의 침묵의 언어와 관련하여 논의를 이어간다. 말라르메가 시의 언어에 대해 남다르게 탐색하였다는 것을 고려할 때, 김수영이 시에서 언어의 작용을 강조하였다는 것을 고려할 때, 이것은 자연스러운 일이다. 말라르메의 언어 탐구가 현대시에 미치고 있는 위상, 말라르메에 대한 비평가들의 새로운 해석 등을 고려하면 김수영이 말라르메를 언급한 것은 시적 리얼리티를 탐색하는 과정에서 꼭 거쳐 가야할 일이다.

말라르메는 현대의 비평가들에 의해 날이 갈수록 많은 관심을 받고 있는 시인으로서 언어의 실험을 통해 문학에 대한 새로운 관점을 열어주었다. 말라르메 이전에는 문학이나 예술 작품의 내용을 작가와 분리할 수가 없었는데, 말라르메를 통해 이러한 관념이 해체되었다. 이로 인해 푸코는 말라르메가 죽는 순간까지 헌신했던 과업이야말로 오늘날 우리를 지배하고 있는 과업이라고 했다.[58] 말라르메가 이렇게 많은 이들의 관심의 대상이 된 것은 존재에서 언어로의 전환으로 요약되는 현대성에 대한 새로운 탐색 때문이다. 이것은 언어에 대한 의미와 형식의 이분법적인 사고에서 벗어나 의미 주체들의 활동, 즉 의미 생성에 대한 관심이 증가한 데 따른 현상이다.

말라르메는 시에서 언어는 언어가 지니는 어떤 순간에도 결코 실제적이지 않다는 것

---

57 위의 글, 450쪽.

58 미셸 푸코, 이광래 역, 『말과 사물』, 민음사, 1986, 351쪽.

을 알린다. 시에서 언어는 전체로서 긍정되고, 그 본질은 이러한 전체 속에서만 실재성을 갖는다는 데 있다. 그러나 언어가 그 고유의 본질이 되고, 본질적이 되는 이러한 전체 속에서 언어는 또한 더할 나위 없이 비현실적이다. 언어는 이러한 비현실성의 총체적 실현이다.[59]

그런데 이러한 언어는 역설적으로 공동체의 언어가 된다. 랑시에르는 말라르메가 추구한 순수 언어는 자동사적, 또는 자체가 목적인 언어라고만 볼 수 없고 공동체의 역량의 언어, 인류의 시라고 해석될 수 있다고 한다.[60] 말라르메가 순수 언어를 내세운 것은 상류층의 언어를 탐색하거나 혹은 언어 자체만을 목적으로 삼으려는 목적에서가 아니라 기존의 정치 경제와 분리된 공동체의 상징적 경제에 대한 열망에서 비롯한 것이라는 것이다.[61] 사실 현대 서구의 많은 비평가들은 말라르메에게서 순수시의 면모만을 읽지 않는다. 그들은 말라르메로부터 한 개인의 내면이나 언어의 유희를 보는 것이 아니라 공동체의 지향을 본다. 바디우는 말라르메가 지향하는 평등한 모두는 군중이며 그의 완성되지 못한 책은 바로 군중을 향한 것이라고 하였다.[62] 블랑쇼는 말라르메의 거칠고 즉각적인 언어 속에서 침묵의 언어에 이르는 가능성을 보았다.[63]

이러한 사실을 고려할 때 김수영이 리얼리티를 추구하는 과정에서 말라르메를 언급한 이유를 알 수 있다. 김수영은 시적 리얼리티를 형성하기 위해서는 언어의 작용이 필요하며, 언어의 작용은 보이지 않는 세계를 가져온다는 것을 알았다.[64] 그리고 말라르메가 독자를 무시하지 않았다고 한 것은 말라르메의 언어가 재현의 언어를 넘어섬으로써 오히려 공동체에 이를 수 있다고 보았기 때문이다. 김수영은 말라르메를 따라 리얼리티

---

59 모리스 블랑쇼, 앞의 책, 51쪽.

60 자크 랑시에르, 유재홍 역, 『문학의 정치』, 인간사랑, 2009, 123쪽.

61 순수 언어는 무의미하고 순수하기 때문에 오히려 정치적일 수 있다. 자세한 논의는 박준상, 「침묵의 목소리: 말라르메, 블랑쇼, 데리다」, 『철학논총』 50, 새한철학회, 2007. 10, 183쪽 참조.

62 알랭 바디우, 장태순 역, 『비미학』, 이학사, 2010, 65쪽.

63 모리스 블랑쇼, 이달승 역, 『문학의 공간』, 그린비, 2010, 42쪽.

64 자세한 논의는 졸고, 「김수영 시론과 '죽음': 블랑쇼의 영향을 중심으로」, 『국어국문학』 159, 국어국문학회, 2011. 12 참조.

는 보이지 않는 세계까지 드러내는 일이라는 것, 언어의 작용으로 이루어진다는 것을 확인할 수 있었다.

4. 리얼리티 시론의 특징

김수영은 1950~60년대 한국에서 현실에 대한 관심을 새롭게 환기시키고 이를 구체적으로 실천하고자 하였다. 그런데 김수영이 시론에서 논의한 리얼리티는 현실 반영의 문제로만 이해될 수 없었다. 그는 처음에는 리얼리즘의 관점에서 리얼리티를 이해하였으나 이후 리얼리티를 새롭게 이해하였다.

김수영은 '리얼리티'와 관련하여 '현실'이라는 용어를 쓰기도 하고 '실재'나 '리얼리티'라는 용어를 썼다. 대체로 당대 현실과 관련하여서는 '현실'을, 구체적인 시적 대상의 경우에는 '실재'나 '리얼리티'를 쓰는 경향을 보였다. 때문에 초기 시론에서는 현실을, 후기 시론에서는 실재나 리얼리티을 많이 썼다.

김수영은 시작 초기부터 리얼리티를 추구하였고, 자신의 처녀작 역시 리얼리티를 지향한 것이라고 하였다. 1954년에 쓴 글에서 김수영은 이미 자신의 눈앞의 현실을 더 이상 연구할 필요가 없으며 그 현실을 어떻게 담느냐가 문제라고 하였다. 김수영은 한국의 현실, 생활 현실 등 구체적인 현실이 시에 반영되고 있는가 하는 것을 비평의 척도로 삼았다. 김수영이 이 시기 현실을 강조한 것은 당시 한국 시단의 상황을 고려하였을 때 큰 의미를 지니는 것이었다.

김수영은 시작 초기에는 리얼리즘에 관심을 두었다. 김수영이 리얼리즘에 대한 자신의 입장을 구체적으로 드러낸 것은 일본에서 펴낸 『한양』의 장일우에 대한 비평을 통해서였다. 그는 장일우의 비평을 상당 부분 수용하며 그 의의를 인정하는데, 그것은 시의 현실 반영 문제와 관련이 있었다. 그러나 김수영은 장일우가 제시한 사회주의 리얼리즘에 대해 비판적인 태도를 보였다. 그것은 사회주의 리얼리즘이 지나치게 목적의 관념을 가지고 있어 당대 현실을 담아내는 데 적합하지 않다고 판단하였기 때문이다. 사회주의 리얼리즘을 비판하면서 김수영은 새로운 리얼리티 형상화 방식을 모색하였다.

김수영은 이후 점차 리얼리즘을 비판하였고, 리얼리즘의 공리성에 대해서도 비판적인 태도를 취하였다. 그리고 리얼리즘이 전제하는 재현의 리얼리티와 거리를 두고자 하였다. 그리고 객관적으로 규정된 리얼리티, 규범화된 리얼리티가 아닌, 이미지의 리얼리티를 탐색하였다. 김수영은 리얼리티와 관련하여 판타지나 이미지, 잠재의식 등을 모두 고려하고자 하였다. 김수영이 이미지의 리얼리티를 강조한 것은 리얼리티에 더욱 충실하려고 한 데서 나온 것이었다.

김수영이 제시하는 리얼리티는 자아가 발견한 리얼리티, 자기동일적 주체를 부정한 상태에서 드러나는 리얼리티였다. 그는 자기동일적 주체를 부정하고, 대신 수동적 태도, 사랑, 그리고 타자에 의한 리얼리티를 내세웠다.

김수영의 리얼리티 시론에서 또 하나 두드러진 점은 언어에 의해 형성되는 리얼리티에 대한 인식이었다. 김수영은 시에서 리얼리티는 언어의 작용 속에 이루어진다고 생각하였다. 그는 언어의 작용은 언어의 서술과 함께 새로운 리얼리티를 형성해 나간다고 보았다.

김수영은 리얼리티와 관련하여 자아 너머 타자, 보이는 세계 너머 보이지 않는 세계, 언어의 서술 너머 언어의 작용, 이 모두를 가져옴으로써 리얼리티에 보다 가까이 다가가고자 하였다. 김수영은 객체, 주체, 언어 이 세 가지 문제를 모두 고려하면서 리얼리티를 이해하였다. 이런 의미에서 김수영이 제시한 리얼리티 시론은 현재 우리에게도 문제적인 것이라 할 수 있다.

제2부 04

김수영의 이미지론

1. 새로운 '실천'의 모색과 '이미지'

김수영은 한국 현대 시사에서 새로운 영역을 개척한 시인이다. 그는 한국 현대시에 다양한 물줄기를 제공하였을 뿐만 아니라 시론에서도 상당한 문제의식과 깊이를 가진 논의를 펼쳤다. 김수영의 시론에는 1950~60년대라는 한국 현대사에 온몸으로 맞선 시인의 체험에서 나온 진솔함이 묻어 있다. 뿐만 아니라 시의 형식에 대한 다양한 논의들, 가령 시의 언어, 수사학, 그리고 이미지에 대한 깊은 탐색들이 배어있다.

이제까지 김수영의 이미지론에 대해서는 별반 주목하지 않았다. 그것은 물론 김수영이 자신의 시론을 일정한 체계 속에 정리하지 않았던 데에도 원인이 있겠으나 '이미지'에 대한 우리들의 선입관도 상당 부분 작용하였다. 이미지론은 시의 구상에 남달리 관심을 가지는 시인들이 주목할 것이라는 생각, 김수영과 같은 시대의 전위를 자처한 시인이 공들여 논의하지는 않았을 것이라는 생각 등이다.

김수영은 "내가 동경하고 있는 시인들은 이미지스트의 일군이다. 그들은 시에 있어서의 멋쟁이였기 때문이다"[1]라고 밝힌 바 있다. 물론 그는 이미지즘을 시에 시도하지는 않았지만, 이미지즘이나 이미지에 대한 관심은 가지고 있었다.

1960년대 중반에 들어서 새로운 시를 모색하면서 김수영은 "죽음의 실천"[2]을 강조하고 '이미지'를 전면에 내세웠다. 이때, 그는 "이미지의 순교," 즉 이미지의 죽음을 구체적으로 언급하였다. 이후 자신의 시, <눈>을 해설하면서 이미지의 형성 방법을 제시하였고, 자신의 시작 방법을 설명하면서 이미지론을 전개시켜나갔다.

김수영이 제시한 이미지론은 한국 현대 시론에서 일반적으로 제시되는 이미지론과 구별되는 면모를 지니고 있었다. 때문에 이미지에 대한 일반적인 이해를 가지고 김수영의 이미지론으로 들어가기란 쉽지가 않다. 김수영은 이미지를 설명하기 위해 이미지를 '실천'과 함께 언급하였고, 리얼리티나 언어와 관련하여 논의하였기 때문이다.

김수영의 이미지론은 당시 '침묵', '죽음' 등으로 새로운 리얼리티를 담아내고자 했던 그의 관심 속에서 나온 것이다.[3] 그리고 이것은 이미지를 통해 사물의 표상보다도 더 큰 리얼리티를 담아내고자 한 의도에서 나온 것이다.

김수영은 자신이 새롭게 제시한 이미지의 형성 방법을 통해 새로운 리얼리티를 시에 담아내고자 하였다. 이를 통해 실천하는 시인으로서의 책무를 다하고자 하였다. 과연 그는 어떤 이미지론을 제시하기에 '이미지'와 '실천'을 함께 논의할 수 있는 것일까?

2. 김수영 시론과 '이미지'

김수영은 1960년대 후반기에 들어 종전의 시론에 한계를 인정하고 이미지를 중심으로, 새로운 시론을 모색한다. 그리고 새로운 현대시가 가져야 할 요건으로 "죽음의 실천"과 '이미지'를 내세웠다.

---

1 김수영, 「무제」(1955), 『김수영 전집 2 - 산문』, 민음사, 2003(이하 『전집 2』로 표기), 30쪽.
2 김수영, 「새로움의 모색 - 쉬페르비엘과 비어렉」(1961), 『전집 2』, 235쪽.
3 자세한 논의는 졸고, 「김수영 시론과 '죽음' - 블랑쇼의 영향을 중심으로」, 『국어국문학』 59호, 국어국문학회, 2011. 12 참조.

현대시는 이제 그 <새로움의 모색>에 있어서 역사적인 경간(徑間)을 고려에 넣지 않으면 아니 될 필연적 단계에 이르렀다. 연극성의 와해를 떠받치고 나가야 할 역사적 지주는 이제 개인의 신념이 아니라 인류의 신념을, 관조가 아니라 실천하는 단계를 밟아 올라가고 있다. 그리고 이러한 실천은 윤리적인 것 이상의, 작품의 image에까지 강력한 영향을 끼치는 보다 더 근원적인 것으로 되어 있다. 현대의 순교가 여기서 탄생한다. 죽어가는 자기를 바라볼 수 있는 자기가 아니라, 죽어가는 — 그 죽음의 실천 — 이것이 현대의 순교다. 여기에서는 image는 바라볼 것이 아니라, 자기가 바로 image이다. 이러한 의미에서 그것은 image의 순교이기도 하다.[4]

김수영은 현대시는 이제 "새로움의 모색이라는 역사적 경간徑間"을 고려해 넣어야 할 단계에 이르렀다고 본다. "이제 개인의 신념이 아니라 인류의 신념을, 관조가 아니라 실천"의 단계로 나아가야 한다. 이때의 실천은 윤리적인 것 이상의, "작품의 이미지image에까지 강력한 영향을 끼치는" 것이어야 한다.

개인의 신념 대신 인류의 신념이, 관조 대신 실천이 강조되는 역사적 책무 앞에서 시인에게 부상하는 것은 이미지이다. 그 이미지는 바라볼 것이 아니라 자기가 바로 이미지가 되는 것이다. 이때 이미지는 "죽어가는 자기를 바라볼 수 있는 자기가 아니라 죽어가는 자기," "죽음의 실천"에서 나오는 이미지이다. 김수영은 '실천'과 '이미지'라는 서로 연관성이 없어 보이는 항목들을 함께 논의하고, 이 둘을 연결시켜 새로운 시의 방향을 제시하였다. 그런데 이것을 가능하게 하는 것은 이미지에 대한 새로운 해석에 기인한다.

김수영은 자신의 시론에서 한 축으로 삼고 있는 영미 시론에서 이미지 이론을 끌어 오지 않는다. 가령 김수영은 테이트의 시론으로 대표되는 영미 시론이 자신의 시론의 한 축임을 밝혔지만 동시에 그 한계를 아울러 지적하였다.

그러나 내가 의외로 <낡은 것>만은 확실하다. 이 시에서도, 그밖의 시에서도 나는 앨런 테이트의 시론을 충실히 지키고 있다. Tennyson의 시론이다. 그러나 그의 시론은 검사(檢査)를

4 김수영, 「새로움의 모색 - 쉬페르비엘과 비어렉」(1961), 『전집 2』, 234~5쪽.

위한 시론이다. 수동적 시론이다. 진위를 밝히는 도구로서는 우선 편리하지만 위대성의 여부를 자극하는 발동기의 역할은 못한다. 이것은 오히려 시론의 숙명이다.[5]

김수영은 자신이 신비평가인 앨런 테이트의 시론을 충실히 지키고 있다고 한다. 그러나 테이트의 시론은 "검사檢査를 위한 시론"으로서 "수동적 시론"이어서 "진위를 밝히는 도구로서는 우선 편리하지만 위대성의 여부를 자극하는 발동기의 역할은 못한다"고 하였다. 김수영은 시론에서 신비평 이론의 이미지론에 대해서는 언급하지 않는다.

김수영의 이미지론은 그의 리얼리티 시론과 밀접한 관련을 지니고 있다. 김수영이 이미지에 대해 본격적으로 논의하는 것은 「시작 노트 6」에서이지만, 그 이전 작품 비평을 하면서도 여러 차례 이미지에 대해 언급하였다. 이때, 그는 이미지를 주로 리얼리티와 관련시켜 논의하였다.

그처럼, 시인은 자기의 현실(즉 이미지)에 충실하고 그것을 정직하게 작품 위에 살릴 줄 알 때, 시인의 양심을 갖게 된다는 말이다. 좀 더 솔직하게 되란 말이다.[6]

김수영은 이미지를 곧 '리얼리티'로 보고 있다. "자기의 현실"을 곧 '이미지'로 보며, 이미지에 충실한 것을 곧 시인의 양심을 지키는 일로 생각하기도 한다. 이러한 태도는 소설 비평에서도 마찬가지로 나타나고 있다.

이들은 모든 리얼리티의 이미지로서의 소설의 관념을 피하고 있고, 따라서 자기들의 상상력을 리얼리티의 구성요소나 보충물로서도 생각하고 있지 않는 것 같다. 이러한 문제에 대한 이들의 관심은 총체적으로 인식적이라기보다는 강렬한 윤리적인 것이다.[7]

---

5 김수영, 「시작 노트 6」(1966), 『전집 2』, 453쪽.
6 김수영, 「문맥을 모르는 시인들」(1965), 『전집 2』, 331쪽.
7 김수영, 「새로운 윤리 기질 - 머독과 스파크의 경우」(1966), 『전집 2』, 379쪽.

김수영은 소설 비평을 하면서도 이미지를 강조하고 그것을 리얼리티와 연결시킨다. 그리고 "리얼리티의 이미지"로서의 소설의 관념을 추구하는 데 관심을 보여주었다.

이러한 이미지에 대한 인식은 현대 시론에서 일반적으로 이해되고 있는 이미지에 대한 인식과 차이가 있다. 현대 시론에서 이미지는 심리학적인 상황이나 시 전체적인 분위기 및 구조와 관련된 이미지의 효과나 조직화로 이해된다.[8] 그런데 김수영은 이미지를 무엇보다 리얼리티와 관련시켜 논의하였다. 그리고 이미지에 대한 논의에서 언어의 작용을 강조하였다.

(1) … 더블된 이미지의 의미가 분명히 선명을 결하고 있지만 전체적으로 묵직한 톤이 좋다. 좀 더 카오스를 정리하면 누구보다도 무게 있는 현대시를 쓸 수 있는 소질이 있는 시인이다.[9]

(2) 전자는 매우 호감이 가는 작품인데, …(중략)… 이 대목이 불투명한 이미지의 혼란 — 아니면 전달의 기술상의 혼란 — 을 자아내고 있어 흠이다. 그래도 전반적으로 잘 짜여 있고 종래의 그의 작품에 비해서 산만한 감을 주는 요설이 요설로 그치지 않은 것만 해도 상당히 구제되고 있다.[10]

(1)에서 김수영은 텍스트에서 이미지의 의미가 선명하지 않은 것에 아쉬움을 표하며, (2)에서 불투명한 이미지가 자아내는 혼란을 "전달의 기술상의 혼란"과 동일시하기도 하며, 작품의 결함으로 지적하기도 한다.

이와 같이 김수영은 이미지를 "전달의 기술상의 혼란"과 같은 언어의 작용과 관련시키고 있는데, 이미지에 대한 이러한 태도는 이후에도 일관되게 이어진다.

---

8 조영복, 「이미지의 본질과 감각 이미지 논의의 제문제」, 『어문연구』 38-4, 한국어문교육연구회, 2010. 12, 269~73쪽.

9 김수영, 「즉물시의 시험 - 1964년 5월시평」(1964), 『전집 2』, 524쪽.

10 김수영, 「현대시의 진퇴 - 1966년 1월 시평」(1966), 『전집 2』, 538~9쪽.

3. 시인의 죽음 · 리얼리티 · 언어의 이미지

1) 시인의 죽음과 이미지

이미지란 원래 심상으로서 마음에 자리한 사물에 대한 인식이다. 실제로 이미지는 사물이나 대상이 일으킨 주체에 대한 효과로 이해하는 것이 일반적이다. 문학에서의 이미지 역시 시인이나 독자의 마음에 환기된 상으로 이해되고 있다. 그런데 김수영은 이미지를 시인의 상상력의 산물로 이해하지 않는다.

> 말하자면 〈한번 잔인해 봐라〉 이전의 말살된 부분이다. 말살의 직접적인 원인은 〈적〉이라는 낱말과 〈잔인도 절망처럼 끝까지 그 자신을 반성하지 않는다〉이다. 〈적〉이라는 낱말이 불가한 이유는 이 「적」이라는 제목으로 된 작품이, 이 「잔인의 초」보다 전 작품으로, 지난 2개월 내에 된 것으로 두 편이 있다. 그러니까 다시 이 이미지를 사용하는 것이 시들해졌다. …(중략)… 그리고 〈비밀의〉 〈공개〉는 자살을 뜻한다. 그것은 「절망」을 죽이고 지금 진행되는 작품(즉, 「잔인의 초」가 되려다가 만 것 — 그러나 「잔인의 초」라는 제목은 먼저 붙인 게 아니라 작품을 다 쓴 뒤에 붙인 제목이고, 나는 작품의 제목에 대해서는 그다지 신경을 쓰지 않는 사람이다)을 죽이고 나 자신을 죽인다. 아니 죽여야 한다. 그런데 이 초고의 시행, 〈잔인도 절망처럼……〉은 나 자신을 죽이지 못했다.[11]

김수영은 시작 과정에서 이미지는 여러 가지 단어가 채택되거나 수정되고 폐기되는 과정에서 만들어진다고 보고 있다. 가령 〈적〉이라는 작품에서 "한번 잔인해봐라"라는 문장도 그 이전에 말살된 부분이 있다고 한다. 그런가 하면 시의 제목조차 이러한 언어의 작용과 지움, 수정 속에서 이루어진다고 생각한다. 이와 같이 이미지의 형성 과정에는 시인이 처음 가정한 의도나 시인이 바라본 고정된 이미지 외에 부단한 변형 과정이

---

11 김수영, 「시작 노트 5」(1965), 『전집 2』, 443쪽.

작용한다.

일반적으로 시에서 이미지는 언어를 통해 제시된다. 따라서 그것은 언어로 제시된 작품 자체의 이미지를 갖는 한편 독자가 이 작품을 체험하고 마음속에 갖게 되는 심상의 의미를 갖는다. 문학에서 이미저리란 "언어에 의하여 마음속에 생산된 심상군"을 말하는 것이다. 한때 지각되었으나 현재는 그렇지 않은 어떤 것을 기억하려고 하는 경우나 체험을 거친 마음이 덧없이 표류하고 있는 경우, 상상력에 의해서 지각 내용을 결합시키는 경우, 꿈과 열병에 나타나는 환각의 경우 등 신체적 지각을 통해서가 아니라도 역시 마음은 심상을 제시할 수 있다. 한층 특수한 문학적 용법으로서의 이미저리는 언어에 의하여 마음속에 생산된 심상군을 가리킨다.[12] 따라서 이미지는 직접 감각의 모사 외에도 백일몽이나 환각 상태에서도 제시될 수 있으며, 우리가 갖는 감각과 무관한 의식 상태를 통해서도 제시될 수 있다.[13]

이러한 이유에서 시의 이미지는 상상력과 긴밀한 상관관계를 갖는 것으로 이해된다. 이미지를 무엇보다 강조한 이미지즘 시인들조차 대상에 관심을 가지기는 하지만 실제로는 대상을 바라보는 주체의 감정을 어떻게 표현하는가에 집중하였다.[14]

이에 비해 김수영이 말하는 이미지는 대상에 대한 시인의 상상력에 중심을 두지 않는다. 그는 하나의 이미지가 완성되는 과정을 "자의식의 괴멸"로 이해했다. 그가 말하는 이미지는 시인과 대상, 언어가 끊임없이 관계하는 과정 속에 형성되는 것이다.

> 그러면 이 시의 기간적인 이미지인 벽두의 제 1, 2행 자체는 완전한 것이란 말인가? 그러나 그것도 장담할 수 없다. …(중략)…그러고 보니 이 이미지의 OK교정이 나왔을 때는 이것은 교정이 아니라 자살이 되고 말았고, 본래의 〈이데아〉인 노동의 찬미는 자살의 찬미로 화해 버렸다. 그래서 나는 에스키스의 윗난에다 아래와 같은 낙서를 했다.

---

12 Alex Prminger(ed.), *Encyclopedia of Poetics*, Princeton Univ. Press, 1965, p.363.

13 김용직, 『현대시원론』, 학연사, 1988, 177쪽.

14 문혜원, 『한국 근현대시론사』, 역락, 2007, 85쪽.

갱생(更生) = 변모(變貌) = 〈자기 개조〉 생리의 변경 = 력(力) = 생(生) = 자의식의 괴멸 = 애정[15]

김수영은 시작의 과정은 부단한 언어의 생성으로 이루어진다고 본다. 시에서 이미지는 이러한 “갱생”과 “변모”의 과정에서 나오는데, 그것은 곧 “자의식의 괴멸” 과정을 동반한다. 김수영이 말하는 이미지는 끊임없는 갱생과 변모를 겪게 되는 것으로서, 시인의 상상력에 초점이 놓여 있지 않다. 그에게 이미지는 주체나 객체, 정신이나 물질 어느 한쪽에 귀속시킬 수도 있는 것도 아니며 의식과 사물 하나를 대변하는 것도 아니다. 그것은 그 둘 사이에 위치하는 것으로서 그 둘 다 아니면서 그 둘을 가능하게 하는 것이다.

2) 리얼리티의 추구와 이미지

김수영은 이미지를 리얼리티와 관련시켜 이해한다. 그는 여러 글을 통해 리얼리티의 추구를 새로운 시의 방향으로 잡고 있다. 이 리얼리티에 이르려는 시인의 노력은 다양한 방면에서 모색된다.

> 연극…… 구상(具象)…… 이런 것을 미워하기 시작하면서부터 나는 다시 추상을 도입시킨 작품을 실험해 보았지만 몇 개의 실패작만을 내놓고 말았다. 그러고 보면 아직도 drama를 포기할 단계는 못 된 것 같으나 되도록 자연스럽게 되고 싶다는 것이 요즈음의 나의 심정이다. 현대의 의식의 위기를 극복하는 길은 어디까지나 common sense와 normality이기 때문이다.[16]

김수영은 1960년대 초, 이미 시의 방향을 “자연스럽게 되고 싶다”는 소망 아래 리얼리티의 추구로 삼고 있다. 즉 구상을 부정하면서 “다시 추상을 도입시킨 작품을 실험해 보

---

15 김수영, 「시작 노트 3」(1963), 『전집 2』, 436쪽.

16 김수영, 「새로움의 모색 - 쉬페르비엘과 비어렉」(1961), 『전집 2』, 237쪽.

았지만 실패작만을 내놓고 말았"고, 이것을 다시 극복하기 위해 새로운 상식과 평범함을 추구한다는 것이다. 이 상식과 평범함에서 출발한 리얼리티에 대한 탐색은 리얼리티에 대한 새로운 인식 속에서 더욱 확장되어 나간다.

> 그대는 사실주의적 문체를 터득했을 때 비로소 비사실에로 해방된다. 웃음이 난다. 이 웃음의 느낌. 이것이 양심일 것이다. 나는 또 자코메티에게로 돌아와 버렸다.[17]

김수영은 자신이 새롭게 모색하는 리얼리티는 사실주의적 문체를 넘어 비사실에로 해방되는 것이라고 하였다. 그런데 김수영이 새로운 시의 방향으로 제시한 이 방법, 리얼리티를 넘어서 비사실로 해방되는 방법, 즉 김수영이 "나는 또 자코메티에게로 돌아와 버렸다"며 강조한 이 리얼리티의 탐색 방법은 궁극적으로는 새로운 이미지를 창조하는 것이라 할 수 있다.[18] 사물에 대한 모방을 넘어서 있으며 작가의 자아가 상상력을 통해 투영되어 있지도 않은 자코메티의 작품, 그것은 사물을 대치하는 이미지 또는 사물을 무화시키는 이미지이다. 그것은 사물을 지우는 이미지이며 사물이 놓여 있는 공간을 이미지적인 것으로 만들어 공간의 주인이 되게 하는 이미지이다.[19] 자코메티는 사물의 표상보다도 이미지를 형성하는 일에 주력했다고 할 수 있다. 그런데 김수영은 자코메티가 도달하고자 한 이미지에 관심을 기울인다.

> There is no hope expressing my
> vision of reality. Besides if I did,
> it would be hideous something to
> look away from

---

17 김수영, 「시작 노트 6」(1966), 『전집 2』, 450쪽.
18 박준상, 『바깥에서』, 인간사랑, 2006, 155~6쪽.
19 위의 책, 157쪽.

내 머리는 자코메티의 이 말을 다이아몬드같이 둘러싸고 있다. 여기서 hideous의 뜻은 몸서리나도록 싫다는 뜻이지만, 이것을 가령 <보이지 않는다>라는 뜻으로 해석하여 to look away from을 빼버리고 생각해도 재미있다. 나를 비롯하여 범백(凡百)의 사이비 시인들이 기뻐할 것이다. 나를 비롯하여 그들은 말할 것이다. 나는 말하긴 했지만 보이지 않을 것이다. 보이지 않으니까 나는 진짜야, 라고.[20]

김수영은 여기서 자코메티의 방법을 들어 리얼리티와 이미지를 설명하는데, 우선 자코메티가 한 말을 인용하고 여기서 일부를 변형시켜 "to look away from"을 빼고 "hideous"를 "보이지 않는다"로 해석하는 방법을 제안한다. 이렇게 되면 리얼리티에 대한 비전을 제시해도 그것은 보이지 않는 것이 될 것이다. 이것은 "실재에 대한 나의 비전을 표현할 희망이 없다. 게다가, 만약 내가 그렇게 한다면 보이지 않는 무언가일 것이다"로 의미의 변형을 겪는다. 이 말은 결국 리얼리티는 눈에 보이는 것 외에도 보이지 않는 것을 내재하고 있다는 것, 끊임없이 변모된다는 것을 의미한다.[21] 이것은 그가 리얼리티를 구상적 표현으로만 이해하고 있지 않다는 것을 뜻한다.

사실 구상은 리얼리티를 온전히 담아내고 있는 듯하지만, 시인의 선험적 관념에 의해 인식된 것을 담아낸 것이라 할 수 있다. 이 점에서 그것은 일정한 한계를 지니고 있다. 이에 반해 눈에 보이지 않는 부분, 비사실까지도 담아내는 일은 리얼리티에 대한 새로운 접근이 된다. 그리고 자코메티에게는 보이지 않는 부분을 담아낼 때 드러나는 것, 사물을 지우는 이미지가 중요하다.

그런데 이러한 자코메티의 이미지에 대한 설명은 블랑쇼에 의해 논의되었다. 블랑쇼는 리얼리티에 대한 설명을 하면서, 자코메티의 이미지에 대해 자세히 언급하였다.[22] 그

---

20 김수영, 「시작 노트 6」, 『전집 2』, 449쪽.

21 자세한 논의는 졸고, 「김수영의 시론과 '리얼리티'」, 『국어국문학』 165, 국어국문학회, 2013.12, 498~9쪽 참조.

22 자코메티의 미술 세계를 한 마디로 규정하기는 힘들다. 자코메티에 대한 문인들의 해석도 다소 다른 차이점을 보이고 있다. 싸르트르, 쥬네, 블랑쇼 등이 자코메티론을 썼는데 블랑쇼가 이해한 자코메티의 리얼리티에서 핵심적인 사항은 조각가 개인의 주관적인 관점을 버리는 것이었다. 자세한 논의는 졸고, 「김수영의

리고 자코메티가 조각가 개인의 주관적인 관점을 버리는 태도에 주목하였다. 블랑쇼는 이미지란 사물을 지시하는 것이 아니라 사물이 아닌 것 속에서 태어나는 것으로 이해한다. 그것은 현존하지 않는 사물을 통해 나올 수 있다. 즉 고양이라고 말하면서 개라는 이미지를 생성할 수 있는 것이다. 물론 이때 언어는 움직임 속에 있게 되어 사물이 존재를 벗어나 사물의 불안한 요구에 응하는 것으로 나아간다.[23] 블랑쇼에 따르면 시에서 이미지는 사물이나 존재의 지명이나 예증이 아니다. 그것들은 개인적 기억들의 표현도, 주어진 요소들의 주관적인 연합도 아니다. 그것은 모든 사물들 속으로, 완전히 다른 사물 속으로 변형된다. 그런 식으로 이미지는 변화되고 변형되는 순환 속으로 옮겨진다.[24]

이 시기 김수영은 블랑쇼의 사유 체계에 따라 리얼리티 시론을 구체화시켜 나가고 있었다.[25] 따라서 김수영의 이미지론이 블랑쇼를 통해 이해된 '자코메티의 방법'을 따르게 된 것은 우연한 일이 아니다. 김수영이 자코메티를 통해 배우고자 한 것은 리얼리티를 넘어선 비실재, 사실을 무화시키는 이미지의 영역이었다. 김수영은 자신이 리얼리티 시론을 통해 제시한 이미지를 실제 시에서도 보여주었다.

눈이 온 뒤에도 또 내린다

생각하고 난 뒤에도 또 내린다

응아 하고 운 뒤에도 또 내릴까

한꺼번에 생각하고 또 내린다

시론과 '리얼리티'」, 『국어국문학』 165, 국어국문학회, 2013.12 참조.

23 Maurice Blanchot, Charlotte Mandell(tr.), *The Work of Fire,* Stanford University Press, 1995, p.326.

24 위의 책, 107~8쪽.

25 김수영의 후기 시론의 틀은 블랑쇼의 영향 속에서 형성된다. 자세한 논의는 졸고, 「김수영 시론과 '죽음': 블랑쇼의 영향을 중심으로」, 『국어국문학』 159, 국어국문학회, 2011.12 참조.

한 줄 건너 두 줄 건너 또 내릴까

폐허에 폐허에 눈이 내릴까

- 〈눈〉(1966) 전문

〈눈〉에서 김수영은 눈에 보이는 리얼리티를 벗어난 이미지를 제시하고 있다. 여기서 이미지는 원근법에 따른 구체적인 이미지의 생산이라는 구상의 작업에서 벗어나 있다. 구상에 의한 이미지는 지나치게 자동적이고 익숙하고 손쉬운 이미지라 할 수 있다. 그런데 이 시에서는 구상에 의해서는 드러나지 않는 리얼리티가 드러난다.

이 시에서 내렸다 잦아지는 눈 내리는 풍경은 시간의 경과에 따라 생성된 것이다. 그 결과 눈이 내린다는 진술은 6행으로 이어지는 동안 다양한 시간 이미지[26]를 파생한다. 즉 "눈이 온 눈이 온 뒤에도 또 내린다"에서 시작된 이미지는 "폐허에 폐허에 눈이 내릴까"라는 시간 이미지로 변모되고 있다. 이러한 이미지는 〈풀〉에도 마찬가지로 나타나고 있다.

풀이 눕는다
비를 몰아오는 동풍에 나부껴
풀은 눕고
드디어 울었다
날이 흐려서 더 울다가
다시 누웠다

---

26 들뢰즈에 따르면 모든 재현은 궁극적으로 공간적 성격을 가지고 있다. 시간 이미지는 이러한 공간적 재현이 불가능한, 그리고 그러한 공간적 재현을 불가능하게 하는 이미지이다. 결국 재현의 구조 또는 감각 - 운동 도식에 포착되지 않는 이미지가 시간 이미지라고 말할 수 있다. 박성수, 『들뢰즈』, 이룸, 2004, 107쪽.

풀이 눕는다
바람보다도 더 빨리 눕는다
바람보다도 더 빨리 울고
바람보다 먼저 일어난다

날이 흐리고 풀이 눕는다
발목까지
말밑까지 눕는다
바람보다 늦게 누워도
바람보다 먼저 일어나고
바람보다 늦게 울어도
바람보다 먼저 웃는다
날이 흐리고 풀뿌리가 눕는다

- 〈풀〉(1968) 전문

〈풀〉에도 눈에 보이는 리얼리티를 벗어난 이미지가 나타나고 있다. 풀이 바람이 흔들리는 가운데 나타나는 이미지는 시간의 경과에 따라 반복되면서 변모된다. "풀이 눕는다"는 시 전체의 3연에 걸쳐 다양한 이미지를 낳는다. 이 시에서도 〈눈〉에서처럼 반복이 시의 지배적인 원리로 작용하고 있다. "풀이 눕는다"는 매 연에서 반복된다. 1연에서 "풀은 눕고"가 2연에서는 "풀이 눕는다"로, 다시 "바람보다도 더 빨리 눕는다"로, 3연에서는 "날이 흐리고 풀이 눕는다"로 된다. 이어 "발목까지 말밑까지 눕는다"로, "날이 흐리고 풀뿌리가 눕는다"로 반복된다. 마침내 〈풀〉에서 "풀이 눕는다"에서 시작된 이미지는 "날이 흐리고 풀뿌리가 눕는다"로 전환된다. 그런데 이러한 전환을 가져온 것은 "풀이 눕는다"의 반복이 가져온 시간 이미지이다.

이러한 이미지는 고정된 시선, 원근법적인 시선이 담아내지 못한 이미지들, 감각들의 순환과 흐름을 느끼게 하는 미세함, 보이지 않는 것들의 리듬을 담아내고 있다. 그것은 보이는 것과 보이지 않는 것을 모두 드러냄으로써 구상의 한계를 넘어서게 한다.

김수영이 이 시기 극복하고자 한 구상과 추상은 모두 한계를 지니고 있다. 그것은 이 두 가지 중 어느 것도 감각의 이동과 변형을 다루지 못하기 때문이다. 구상은 재현으로서 스토리와 내러티브를 생산하는 것이기에 감각과 그 변형을 고정된 덩어리로서의 일정한 범주에 귀속시킨다. 이에 반해 추상은 감각을 지적인 작용에 귀속시키고 이론화시키려는 측면을 가지고 있다. 그것은 기존의 진부함에 대한 공격을 지적인 범주의 놀이라는 쪽으로 강화시킴으로써 개념의 진부함으로 전락할 위험을 가지고 있다.[27] 그러나 김수영이 강조한 이미지는 대상에 대한 순간적인 인식에서 나온다. 그것은 사실과 비사실, 구상과 추상을 모두 넘어선다. 그것은 시간의 이미지, 잠재성의 이미지, 새로운 리얼리티를 담아내는 이미지이다.

3) 언어의 작용과 이미지

김수영은 이미지의 형성 과정에 작용하는 언어의 부단한 변모 과정에 주의를 기울인다. 그는 자신의 이미지론을 구현하기 위해 거론한 〈눈〉에 대해 설명할 때에도 시인, 리얼리티, 그리고 언어의 관계에 주목한다.

> 이 시는 〈**폐허에 눈이 내린다**〉의 여덟 글자로 충분하다. 그것이, 쓰고 있는 중에 자코메티적 변모를 이루어 6행으로 되었다. 만세! 만세! 나는 언어에 밀착했다. 언어와 나 사이에는 한치의 틈서리도 없다. 〈**폐허에 폐허에 눈이 내릴까**〉로 충분히 〈**폐허에 눈이 내린다**〉는 숙망(宿望)을 달(達)했다. 낡은 형(型)의 시이다. 그러나 낡은 것이라도 좋다. 혼용되어도 좋다는 용기를 얻었다. 완전한 희생. 아니 완전한 희생의 한걸음 앞의 희생. 독자여, 우쭐거려 미안하다.[28]

---

27 위의 책, 190쪽.

28 김수영, 「시작 노트 6」(1966), 『전집 2』, 452~3쪽.

그는 〈눈〉에 대해 설명하는 과정에서 〈눈〉은 원래 "〈폐허에 눈이 내린다〉의 여덟 글자로 충분하다"고 말한다. 그러나 이 언어가 "자코메티적 변모"를 이루어 6행이 되는 과정, 즉 "폐허에 눈이 내린다"가 "폐허에 폐허에 눈이 내릴까"로 변모되는 과정을 거친다. 이것은 시의 이미지가 형성되는 과정이자 시인이 언어에 밀착하는 과정이기도 하다. 이때 "나는 언어에 밀착했다"고, "언어와 나 사이에는 한치의 틈서리도 없다"고 할 수 있다.

사실 언어는 현상의 리얼리티를 온전히 담아낼 수 없다. 언어는 마치 수의 세계에서 자연수와 같이 일정한 한계를 지니고 있다. 자연수 사이에 있는 무수한 수의 영역, 무한에 이르는 수는 무엇으로 표상할 수 있을까? 김수영이 말하는 이미지는 이 부분을 드러내고자 하는 욕망에서 시작한다. 그가 말하는 이미지는 리얼리티에 접근하고자 하는 과정에서 나온다. 그것도 너무나 명백한 한계를 지니고 있는 언어로. 따라서 실재에 가장 접근한 이미지를 드러낼 때 비로소 시인은 언어에 밀착한다. 언어로 형성하는 이미지에 대한 추구. 따라서 언어의 작용에 대한 김수영의 탐색은 깊어질 수밖에 없다.

> 내 시는 〈인찌끼〉다. 이 「후란넬 저고리」는 특히 〈인찌끼〉다. 이 시에는 결구가 없다. 〈낮잠을 자고 나서 들어보면 후란넬 저고리도 훨씬 무거워졌다〉에 기간적(基幹的)인 이미지가 걸려 있기는 하지만 이것이 과연 결구를 무시한 흠점을 커버해 줄만한 강력한 투영을 가졌는지 의심스럽다.[29]

김수영은 〈후란넬 저고리〉를 해석할 때 우선, 〈낮잠을 자고 나서 들어보면 후란넬 저고리도 훨씬 무거워졌다〉라는 "기간적基幹的인 이미지"에 초점을 둔다. 또한 그것이 시 전체 결점을 아우를 수 있는 "강력한 투영"을 가졌는지 중시한다. 그리고 이 기간적 이미지는 시 전체에 근간으로 작용하는 이미지로서, 하나의 문장으로 제시된다.

〈후란넬 저고리〉에서 기간적 이미지를 설명하는 방식은 그가 〈눈〉에서 "폐허에 눈이 내린다"를 기간적 이미지로 제시하였던 것과 마찬가지 방식을 따른다. 그런데 시에

---

29 김수영, 「시작 노트 3」(1963), 『전집 2』, 435~6쪽.

서 이미지는 이 기간적 이미지와 함께 '이미지의 생성'으로 이루어진다.

> 전자는 단순히 자구(字句)와 문맥을 무시하고 있는데, 후자는 이미지를 무시함으로써 문법을 무시하는 결과를 낳고 있다. 위에 인용한 구절만이 아닌, 양자의 작품의 나머지 부분을 통합해 볼 때 느껴지는 전체적인 인상이 그렇다. 〈나목으로 있게 하며 있는 공간감이 차게 열리다〉만 하더라도 〈있게 하며 있는〉은 이미지의 필연성이 뒤에 스며 있다면 있다고 볼 수 있고 이런 수법으로 성공할 수 있는 가망성도 시적 상식으로 충분히 인정할 수 있는데, 〈사람은 할 수 있는 그것이 되고 만다〉의 〈할 수 있는〉과 〈그것〉은 무엇을 〈할 수 있는〉지 〈그것〉이 무엇인지 이미지의 기반이 결핍되어 있다.[30]

김수영은 이미지를 무시하는 것은 결과적으로 문법을 무시하는 결과를 낳고 있다고 한다. 그러면 이미지의 문법은 어떻게 이루어져야 하는가? 그것은 우선 이미지의 기반이 시적 상식이 충분히 적용되는가를 따른다. 여기에 덧붙여 "사람은 할 수 있는 그것이 되고 만다"의 "할 수 있는"과 그것은 "무엇을 할 수 있는지," "그것이 무엇인지" 등으로 변모되어 나간다. 이와 같이 김수영은 시에서 이미지는 기간적 이미지와 함께 언어의 작용에 따른 이미지의 생성으로 이루어진다고 생각하였다.

4. 이미지를 통한 실천을 위하여

한국 근대 시사에서 이미지에 대한 논의가 본격적으로 전개된 것은 1930년대이다. 1920년대의 낭만주의 시론을 극복하려는 의도에서 나온 이미지즘 시론에서 이미지에 대해 본격적으로 탐구되기 시작하였다. 이때 이미지는 시각적인 영상이나 묘사 차원으로 이해되기도 했지만, 사물 자체가 아니라 시인의 마음에서 떠오르는 것에 초점을 두고

---

30 김수영, 「모더니티의 문제 - 1964년 4월 시평」(1964), 『전집 2』, 518쪽.

있었다. 엄밀한 의미에서 그것은 대상이 아니라 대상을 파악하는 시인의 내면에서 나오는 것이다.[31] 이러한 흐름은 이후에도 지속적으로 이어졌다.

이에 반해 김수영은 새로운 리얼리티를 모색하는 방법으로 이미지를 언급하였다. 김수영은 1950년대 시작 이래, 이미지즘이나 이미지에 대해 관심을 가지고 있었다. 그러다가 1960년대 후반기에 들어서 새로운 현대시의 방향을 모색하면서 '이미지'에 대한 새로운 인식에 이르게 된다. 이 시기 김수영은 시인의 '실천'을 강조하면서 새로운 리얼리티에 의한 이미지를 요구하였다.

이때 김수영은 자신의 시론에서 한 축으로 삼고 있는 영미 시론에서 이미지 이론을 끌어 오지 않았다. 그는 이미지를 마음에 자리한 사물의 심상이라는 일반적인 인식을 벗어나 그것을 주로 리얼리티의 문제와 관련시켜 논의하였다.

김수영에게 이미지는 시인과 리얼리티, 언어 사이에 위치하는 것으로 그 어느 것도 아니면서 그것을 가능하게 하는 것이었다. 이미지에 대한 이러한 인식은 리얼리티에 대한 새로운 인식과 관련이 있었다. 그에게 리얼리티는 사실과 비사실을 아우르는 것이었다. 특히 시의 경우 리얼리티는 쓰면서 발견할 수 있는 현상 속에 있는 것, 부단한 언어의 생성 속에 나오는 것이었다. 김수영이 말하는 이미지는 대체로 다음과 같은 특징을 지니고 있다.

첫째, 시인의 실제 체험에서 나온 이미지이다. 김수영은 자신의 실제 비평에서 이미지에 대한 논의를 하였지만 이러한 논의들이 이론적인 체계를 갖추는 것은 「시작 노트 6」에 이르러서이다. 김수영은 자신이 실제 시를 쓰면서 겪은 체험을 바탕으로 이미지론을 구체화하였다. 김수영은 시는 시인의 상상력의 소산이라는 낭만주의적 시론을 부정하고 시의 모더니티를 추구하였다. 그리고 일상의 세계를 바탕으로 만들어진 사물의 표상에 관심을 기울이면서 일상의 언어, 현실의 리얼리티에 주목하였다. 그런데 그는 이러한 리얼리티의 범위를 넘어 선 더 큰 리얼리티를 담아보려는 시도를 하게 된다. 이 과정에서 만나게 되는 것이 실재와 비실재를 아우르는, 새로운 리얼리티를 담고 있는 이미

31 문혜원, 앞의 책, 88쪽.

지이다. 그것은 주관성의 표현이 아니라 주관과 대상, 그리고 언어의 만남과 접촉을 통해 생성되는 이미지이다.

둘째, 이미지 존재론의 계보에 속하는 이미지이다. 김수영이 말하는 이미지는 주관과 객관의 이분법을 넘어선다. 김수영의 시론에서 이미지는 시인, 대상, 그리고 언어 모두에 걸쳐 있는 것이었다. 실재에 대한 접근에서 주관주의의 한계도, 객관적인 고정된 실재도, 언어의 감옥에 갇혀 있는 언어도 넘어설 수 있는 것으로서의 이미지이다.

이러한 논의는 베르그송 이래 서양 이미지론의 큰 줄기를 이루고 있는 이미지 존재론에 닿아 있다고 할 수 있다. 사실 베르그송의 철학적 문제의식은 철학사를 관통하는 양대 조류, 실재론과 관념론의 대립을 넘어서려는 데 있다. 그에 따르면 우리가 이미지로 의미하는 것은 관념론자가 표상이라고 부른 것 이상의, 그리고 실재론자가 사물이라 부른 것보다는 덜한 어떤 존재, 즉 사물과 표상 사이의 중간에 위치한 존재이다.[32] 이러한 이미지에 대한 사유는 블랑쇼를 거쳐 들뢰즈에 이르기까지 이어졌다.

블랑쇼는 이미지를 관계 속에 있는 것으로 보았다. 그는 시 속의 이미지는 사물의 지칭이 아니라, 그 사물의 소유나 파괴가 이루어지는 방식으로 이해하였다. 이미지란 시인이 그것과 함께, 그것 위에서, 시인이 공감의 감정, 혹은 혐오의 감정 속에서 실질적이고 물질적인 접촉을 이루고 만나게 되는 관계 속에 있는 것이다.[33] 들뢰즈도 블랑쇼를 따라 이미지를 중심으로 실재를 사유하였고 그것을 관계 속에서 파악하였다. 그에 따르면 이미지는 어떤 것이 지각되기 위한 역능이며, 지각 작용과 이미지화는 그것들의 인간적인 형식을 훌쩍 넘어선 관계성 자체로 정의된다.[34] 김수영이 새로운 리얼리티를 발견하고 그것을 이미지로 제시하고자 한 것은 이러한 이미지 존재론의 계보에 닿아 있다고 할 수 있다.

셋째, 정치적 의미를 함의하고 있는 이미지이다. 김수영은 종전 자신의 시론을 반성

---

32 앙리 루이스 베르그송, 박종원 역, 『물질과 기억』, 아카넷, 2005, 22쪽.

33 Maurice Blanchot, 앞의 책, 108쪽.

34 클레어 콜브록, 정유경 역, 『이미지와 생명, 들뢰즈의 예술 철학: 『시네마』, 예술, 정치학』, 그린비, 2008, 96쪽.

하면서 '실천'과 '이미지'라는 두 항목을 내세웠다. 어떻게 보면 상호 연결될 수 없을 것 같은 이러한 항목들을 함께 강조한 것은 이미지에 대한 그의 새로운 이해와 해석에서 비롯한다고 할 수 있다. 왜 이미지가 정치적일 수 있으며, 행동으로서의 시와 같이 '실천'의 문제와 연결될 수 있는가? 그것은 이미지가 주체도 객체도 아닌 중간적인 상태로 존재하는 것으로서, 잠재성을 드러내기 때문이다. 이미지는 새로운 리얼리티의 추구와 관련됨으로써, 기존의 개념이나 이데올로기를 벗어나 끊임없이 변모해가는 새로운 실재를 담아내게 된다. 시의 이미지는 경계가 확연히 지워진 기존의 개념을 부수고 상투성을 해체할 수 있다. 따라서 새로운 이미지를 산출하는 일은 미학적 행동이자 정치적 의미를 담는 일이 된다.

한국 근대 시사에서 이미지는 일반적으로 사물에 대한 시인의 마음에서 떠오는 것으로 이해되어왔다. 이러한 흐름은 이후에도 지속적으로 이어졌다. 이에 반해 김수영은 새로운 리얼리티를 모색하는 방법에서 나온 이미지를 제시하였다. 김수영이 제시한 이미지는 시인, 리얼리티, 언어 등과 깊은 관련을 지니고 있었고, 정치적 의미를 지니고 있었다.

김수영의 제안한 이미지는 이후 한국 현대 시사에서 크게 주목해야 할 것으로, 지속적으로 탐구해야 할 대상이라고 생각한다. 이러한 이미지가 김수영의 실제 작품 속에서 구현되는 모습을 구체적으로 살펴보는 일은 한국 현대시의 계보를 탐색하는 중요한 출발점이 될 것으로 보인다.

제3부

침묵의 시학

제3부 01

침묵의 시학의 형성과 전개

1. 김수영 문학과 '침묵'

김수영은 시작 활동 동안 여러 차례 '침묵'에 대해 언급하였고, 시작 말년에 이르러서는 자신의 진정한 비밀은 침묵에 있다고 하였다.

> 나의 진정한 비밀은 나의 생명밖에는 없다. 그리고 내가 참말로 꾀하고 있는 것은 침묵이다. 이 침묵을 지키기 위해서라면 어떤 희생을 치러도 좋다. 그대의 박해를 감수하는 것도 물론 이 때문이다. 그러나 그대는 근시안이므로 나의 참뜻이 침묵임을 모른다.[1]

김수영은 자신이 진정으로 지향하는 것은 침묵이며, 이를 위해서는 어떤 희생을 치러도 좋고, 박해를 감수할 수 있다고 한다. 이 침묵은 근시안을 가지고 있는 독자들은 쉽게 알 수 없는 영역이라고도 하는데, 김수영이 말하는 침묵. 그것은 과연 무엇인가?

일상적 의미에서 '침묵'은 말을 하지 않는 상태를 뜻한다. 물론 침묵에는 말을 하지 않

---

1 김수영, 「시작 노트 6」(1966), 『김수영 전집 2 - 산문』, 민음사, 2003(이하 『전집 2』로 표기), 451쪽.

는 것 외에 아무 소리가 나지 않은 상태도 있다. 그러나 침묵은 이러한 단순한 이해를 넘어서 하나의 독자적인 현상으로도 이해되기도 한다. 침묵은 말과 마찬가지로 생산적이며 말과 마찬가지로 인간을 형성한다[2]는 견해가 그것이다. 이 경우 침묵은 말할 무엇을 가지고 침묵하는 간접적인 말로 이해되기도 하며,[3] 말로 나타낼 수 없는 신비한 세계, 존재의 세계이기도 하다.[4] 이러한 의미의 침묵은 종교, 철학, 예술 등에서 다양하게 나타난다.

이 침묵에 대해 시인들도 많은 관심을 가졌고, 각기 다른 방식으로 접근하였다. 서양에서는 특히 근대에 이르러 많은 시인들이 관심을 두어, 괴테는 "언어는 성스러운 침묵에 기초한다"고 하였고, 횔덜린, 랭보, 로트레아몽, 말라르메 등도 침묵의 영역을 개척해 나갔다. 동양에서는 주로 선사들이 관심을 두어왔는데 그들은 자신이 체득한 궁극의 실재를 침묵의 언어로 표현하여 왔다.[5]

20세기를 전후하여 침묵은 현대 예술에서 새롭게 주목을 받는 영역으로 확장되어 나갔는데, 이것은 현대 사회에서 늘어나는 소음과 깊은 관련이 있다.[6] 특히 20세기 1 · 2차 세계 대전과 현대 사회의 변화로 침묵은 종래와 다른 관점에서 파악되기 시작하였다. 이제 침묵은 언어의 가치 하락 현상에 대한 대안으로 떠올랐으며, 현대 정신을 담은 가장 독창적이며 특색 있는 요소가 되었다.[7]

김수영은 동서양의 여러 침묵의 이론을 수용하고 전복하면서 자신의 독자적인 침묵의 미학을 제시하였다. 그리고 이를 바탕으로 시 창작방법론도 제출하면서 침묵의 시학을 완성하였다.

이제까지 김수영이 논의한 '침묵'에 대해서는 몇몇 다양한 논의들이 있었다. 우선 신형철은 김수영 문학을 해명하는 핵심어로 침묵을 들었다. 그는 김수영 문학에서 죽음,

---

2 막스 피카르트, 최승자 역, 『침묵의 세계』, 까치, 2015, 70쪽.
3 모리스 메를로 퐁티, 김화자 역, 『간접적인 언어와 침묵의 목소리』, 책세상, 2005, 30쪽.
4 스티븐 L. 빈대만, 황애숙 역, 『하이데거와 비트겐슈타인』, 부산대출판부, 2011, 12~3쪽.
5 이재복, 「한국현대시와 선(禪)」, 『한국언어문화』 39, 한국언어문화학회, 2009. 8, 270~1쪽.
6 알랭 코르뱅, 문신원 역, 『침묵의 예술』, 북라이프, 2017, 109~112쪽.
7 George Steiner, *Language and Silence*, New York: Penguin Books, 1979, p.68.

생명, 힘 등과 함께 침묵을 해명할 때, 김수영의 시론이 리얼리즘이나 모더니즘이라는 이항적 구도를 가로지르는 새로운 층위를 갖고 있다는 사실이 밝혀질 것이라고 하였다.[8] 김유중은 김수영의 〈말〉에 나타난 침묵을 하이데거의 존재론적 언어와 관련시켜 논의하였다. 이 연구에서는 〈말〉에 나타난 '무언의 말'이 침묵의 말이자 시의 언어에 해당하며, 침묵도 말함의 한 방식이라고 지적하였다.[9]

이후 필자는 김수영의 침묵을 언어론을 중심으로 고찰하였고,[10] 조연정은 김수영의 번역이 언어의 침묵을 드러내는 작업이라고 하였다.[11] 김수영의 침묵에 대한 연구자들의 관심이 이어지는 가운데 요설의 수행과 관련시킨 연구,[12] 소음 미학과의 관련 속에 고찰한 연구[13] 등이 이어졌다. 이러한 연구들을 통해 김수영 시론에서 언어의 침묵에 대해 어느 정도 밝혀졌다. 그러나 김수영의 침묵의 시학을 전체적으로 규명하지는 못하였다. 김수영의 침묵의 시학을 제대로 이해하기 위해서는 우선 그의 침묵의 미학을 이해해야 하며, 그것이 실제 시 창작에 어떻게 구현되고 있는지에 대해서도 살펴보아야 한다.

2. 침묵의 시학의 형성

김수영이 침묵의 시학을 제출하게 된 것은 시의 언어에 대한 성찰을 지속적으로 해왔던 점, 당시 서구에서 활발하게 전개되고 있던 침묵의 미학에 영향을 받았던 점, 다양한 매체와 장르를 접하면서 침묵의 예술에 관심을 기울였던 점 등과 깊은 관련을 지니고 있다.

---

8 신형철, 「김수영 시에 나타난 '사랑'과 '죽음'의 의미 연구」, 서울대 석사논문, 2002.

9 김유중, 『김수영과 하이데거』, 민음사, 2007.

10 졸고, 「김수영의 언어론에 대한 연구」, 『개신어문연구』 31, 개신어문학회, 2010. 6.

11 조연정, '번역 체험'이 김수영 시론에 미친 영향: '침묵'을 번역하는 시작 태도와 관련하여, 『한국학연구』 38, 고려대학교 한국학연구소, 2011. 9.

12 홍성희, 「김수영의 이중 언어 상황과 과오 · 자유 · 침묵으로서의 언어 수행」, 연세대학교 석사논문, 2015.

13 졸고, 「김수영의 시론과 '소음'」, 『어문연구』 91, 어문연구학회, 2017. 3.

김수영은 시인으로서 지속적으로 시의 언어에 대해 모색하였다. 그는 시작 초기에는 지극히 평범한 일상어를 시어로 삼았지만[14] 이후 단순한 전달을 중심에 둔 언어에서 벗어나 "심금의 교류를 할 수 있는 언어"[15]를 찾았다. 그리고 "현실을 이기는 시인의 방법"도 "언어의 서술에서뿐만 아니라 (시 작품 속에 숨어 있는) 언어의 작용"에서 찾고자 하였는데,[16] 이 과정에서 언어의 침묵에 관심을 두게 되었다. 그는 번역을 직업으로 삼으면서 언어의 침묵에 대해서도 주의를 기울였다.

김수영은 1960년대 서구에서 활발하게 논의되고 있던 침묵의 미학에도 관심을 가졌다. 당시 서구에서는 모리스 블랑쇼, 수잔 손탁, 이합 핫산 등을 중심으로 침묵의 미학이 활발하게 논의되고 있었다. 특히 김수영이 정기적으로 구독하고 있었던 『파르티잔 리뷰*Partisan Review*』나 『엔카운터*Encounter*』[17]에서는 침묵의 미학이 광범위하게 소개되었다. 『파르티잔 리뷰』의 대표 집필진이기도 한 손탁은 1967년 「침묵의 미학」을 발표하였고,[18] 블랑쇼의 침묵의 이론도 이 잡지에 소개되었으며,[19] 핫산은 『엔카운터』에 「침묵의 문학」을 게재하였다.[20] 이들은 모두 현대문화를 읽어내는 핵심 어휘로 침묵을 손꼽았는데, 김수영은 이들의 이론을 광범위하게 접하였다.

김수영이 현대 문화의 다양한 매체와 장르에 관심을 둔 것도 침묵의 미학에 기울어지게 된 배경으로 작용하였다. 그는 선, 음악, 소설, 영화, 연극, 음악, 방송, 전화 등 다양한

---

14 김수영, 「시작 노트 2」(1961), 『전집 2』, 432쪽.

15 김수영, 「히프레스 문학론」(1962), 『전집 2』, 283쪽.

16 김수영, 「생활현실과 시」(1964), 『전집 2』, 261쪽.

17 김수영이 이들 잡지에 받은 영향을 받게 된 배경에 대해서는 조현일, 「김수영의 모더니티관과 『파르티잔 리뷰』」, 김명인 · 임홍배 편, 『살아 있는 김수영』, 창비, 2005 참조.

18 수잔 손탁은 1967년 「침묵의 미학("The Aesthetics of Silence")」을 Aspen, 5 · 6, 1967에 게재하였는데, 이 글은 이후 *Styles of Radical Will*(Farrar, Straus and Giroux, 1969)에 다시 실렸다. 이 책은 한국에서 『급진적 의지의 스타일』(이병용 · 안재연 역, 현대미학사, 2003)로 번역 · 출간되었다.

19 『파르티잔 리뷰*Partisan Review*』에서는 여러 차례 블랑쇼의 이론에 대해 소개하였는데, 블랑쇼의 침묵의 이론은 Leo Bersani의 "From Bachelard to Barthes"(*Partisan Review*, Spring, 1967)에 비교적 자세하게 소개되었다.

20 이합 핫산은 1967년 1월호 『엔카운터*Encounter*』에 "The Literature of Silence"을 발표하였다. 이 논문은 이후 한국에서 이합 핫산, 정정호 · 이소영 편역, 『포스트모더니즘 개론』(한신문화사, 1991)에 번역 · 게재되었다.

문화에 관심을 두고 이를 시에 활용하고자 하였다. 그는 음악의 침묵에 대해 남다른 관심을 가졌으며, 방송 중 말에 작용하는 침묵에 대해서도 유의하였다. 또한 침묵을 활용한 현대 연극에 대해서도 많은 관심을 가졌다.[21]

김수영이 처음 침묵에 대해 언급한 것은 〈헬레콥터〉라는 시에서이다. 그는 이 시에서 "오늘에 네가 전하는 자유의 마지막 파편에/ 스스로 겸손의 침묵을 지켜가며 울고 있는 것이다"(〈헬레콥터〉)라고 하여, 헬리콥터 앞에서 지닐 수밖에 없는 무력함을 '침묵'으로 표현하였다. 이후 그는 "나무뿌리를 울리는 신의 발자국소리/ 가난한 침묵"(〈장시 2〉)이라든지 "마지막에 침묵까지 빼앗긴 내가 치러야 할/ 혈세— 화가 있다"(〈제임스 띵〉) 등에서도 다양한 의미로 침묵을 사용하였다.

김수영은 시에서 '침묵'이라는 시어를 사용하지 않고 침묵의 분위기를 자아내기도 하였다. "물소리 빗소리 바람소리 하나 들리지 않는 곳에(〈구라중화九羅重花〉)"라거나 "말없는 생활들이여/ 마지막에는 해저의 풀떨기같이 혹은 책상에 붙은 민민한 판때기처럼 무감각하게 될 생활이여"(〈구슬픈 육체〉) 등으로 침묵의 공간을 시에 펼쳐보였다.

그런데 김수영의 초기 시에서 '침묵'은 단편적으로 나타나며, 미학에 바탕을 둔 것도 아니었다. 다만 헬레콥터와 같은 문명의 기기 앞에서 침묵을 지키는 모습에서 당시 김수영이 현대 사회의 침묵에 어느 정도 관심을 두고 있었다는 것을 알 수 있다.

1960년대 중반에 들어서면서 그는 현대시에 새로운 미학이 필요하다고 역설하는데, 이 무렵부터 침묵의 미학에 관심을 둔다. 그리고 동 · 서양의 다양한 침묵의 미학을 고찰하고 이를 전복하면서 독자적인 침묵의 미학을 탐색해 나간다.

이와 관련하여 김수영이 우선 주목하는 것은 말라르메의 시학이다. 이 시기에 이르러 김수영은 말라르메의 침묵의 시학을 새롭게 해석한다. 1961년, 김수영은 비어렉과 쉬페르비엘의 시를 비평하면서 이들 시에 "말라르메의 invisibility나 추상적인 술어의 나열 같은 것이 일절 자취를 감추고 있는 것이 마음에 들었다"[22]고 하여 말라르메에 대해

---

21 김수영이 관심을 두고 있었던 이오네스코의 극에서 '침묵'은 중요한 표현 기법으로 사용되었다. 자세한 논의는 박형섭, 『이오네스코의 연극적 상상력』, 한국문화사, 2016, 66~7쪽 참조.

부정적인 태도를 보였다. 당시 김수영은 말라르메 시학에서 "비가시성"이나 "추상적인 술어의 나열"을 보고 있었다. 이것은 말라르메 시학에 대한 일반적 이해에 따른 것이기도 하다.

일반적으로 말라르메는 고독의 시인, 순수 시인, 예지의 선지자로,[23] 침묵과 화석화의 세계를 설립한 순수 예술가,[24] 시에 하나의 보편적인 의미와 가치를 부여하고자 세상의 궁극적인 목적에 합당한 한 권의 책을 구하고자 한 시인[25]으로 알려져 있다. 때문에 말라르메의 고유영역은 난해성, 신비, 무, 부재, 절대의 책, 우연의 폐기, 시의 현상학, 시의 본질적 환원 등으로 요약되기도 한다.[26]

그런데 1966년도에 발표한 「시작 노트 6」에서 김수영은 이전과 다른 관점에서 말라르메를 논한다.

> 말라르메를 논하자. 독자를 무시하는 시. 말라르메도 독자를 무시하지 않았다. — 단지 그만이 독자였었지 않았느냐는 저 수많은 평론가들의 정석적인 이론에는 넌더리가 났다. 제기랄! — 정말로 독자를 무시한 시가 있다. 콕토 류의 분명히 독자를 의식한 아르르칸의 시도 — 즉, 속물주의의 시도 — 독자를 무시하는 시가 될 수 있는 성공적인 경우가 있다. 그러나 정말 독자를 무시한 시는 불성실한 시일 것이다. 침묵의 한걸음 앞의 시. 이것이 성실한 시일 것이다.[27]

여기서 김수영이 말하고 있는 말라르메는 그가 1961년에 언급한 말라르메와 다르다.

---

22 김수영, 「새로움의 모색 - 쉬페르비엘과 비어렉」(1961), 『전집 2』, 229쪽.
23 마르셀 레몽, 김화영 역, 『프랑스 현대시사: 보들레르에서 초현실주의까지』, 현대문학, 2007, 35쪽.
24 사르트르는 말라르메가 예술을 위한 예술의 시대 문인으로, 살아 있는 말, 의미하고 증언하며 참여하는 말을 파괴하는 기획으로 나아갔다고 하였다. 자세한 논의는 자크 랑시에르, 유재홍 역, 『문학과 정치』, 인간사랑, 2009, 121~2쪽 참조.
25 폴 발레리, 김진하 역, 『말라르메를 만나다』, 문학과지성사, 2007, 44쪽.
26 최석, 『말라르메』, 건국대출판부, 1997, 18쪽.
27 김수영, 「시작 노트 6」(1966), 『전집 2』, 450쪽.

김수영은 말라르메가 독자를 무시하였다는 종래 평론가들의 견해를 비판하면서 말라르메가 독자를 무시하지 않았다고 한다. 그리고 말라르메와 더불어 사실주의적 문체를 언급한다. "말라르메를 논하자"고 하면서 말라르메를 따라 "침묵의 한걸음 앞의 시"를 오히려 성실한 시라고도 한다. 말라르메, 사실주의 문체, 그것의 비사실로의 해방, 독자. 이러한 항목들을 하나의 단락에 엮으면서 그는 "침묵의 한걸음 앞의 시"를 내세우고 있는 것이다.

그런데 김수영이 새롭게 이해한 말라르메는 블랑쇼가 이해한 말라르메로 보인다. 블랑쇼는 말라르메가 말하는 침묵의 언어를 글쓰기 경험 자체에서 보고자 하여, 종래 평론가들과 다른 해석을 내놓았다. 그는 "예술작품은 존재로 환원된다"라는 말라르메의 명제를 전복시키면서, 말라르메가 글쓰기를 통해 도달하고자 하는 곳은 절대적인 세계가 아니라 관계 속에서 산출되는 어떤 지점이라고 하였다.[28] 이와 관련하여 블랑쇼는 말라르메가 말한 본질적 언어에 대해서도 새롭게 접근한다.

> 말라르메가 본질적 언어를 말할 때, 때로는 그는 그것을 우리에게 익숙한 것에 불과한 즉각적인 것의 환영과 보증을 제공하는 일상적 언어에 대립시키고, — 그때 그는 사유의 말을, 즉 인간에게 있어서 존재하지 않으리라는, 존재로부터 분리되어 있으리라는 그리고 이러한 분리를 현실화하여 세계를 만들리라는 결정을 보여 주는 침묵의 움직임을, 그 자체가 의미의 작업이자 말인 침묵을 다시 받아들인다. 하지만 이 사유의 말은 그럼에도 또한 '일상의' 말이다. 이 말은 우리를 언제나 세계로 돌려보내고, 우리에게 세계를 때로는 무한한 임무와 노동의 위험으로서, 때로는 우리가 확실한 장소에 있다고 믿을 수 있는 확고한 입장으로서 보여 주고 있다.[29]

말라르메는 일상적 언어와 본질적 언어를 구분하면서 본질적 언어를 침묵의 언어로 규정하고자 하였다. 그런데 블랑쇼는 말라르메가 말하는 본질적 언어는 궁극적으로는

---

28 모리스 블랑쇼, 이달승 역, 『문학의 공간』, 그린비, 2010, 47쪽.
29 위의 책, 44쪽.

일상적 언어에 닿는다고 하였다.[30] 그는 말라르메가 독자를 "조작자"로 부르고 독자들이 시를 무한히 자유롭게 해석할 수 있다고 한 점도 강조하였다.[31] 이와 같이 블랑쇼는 말라르메를 새롭게 읽으면서 글쓰기의 의미를 도출하고, 침묵의 언어에 대해서도 새롭게 논의하였다.

> 글을 쓴다는 것은 쓴다는 것이 아무것도 드러나지 않는 지점으로의, 숨김의 한가운데서 말을 한다는 것이 아직 말의 그림자에 불과한 그 지점으로의 접근일 때 비로소 시작된다. 말의 그림자 그것은 아직 그 자체의 이미지에 불과한 언어, 이미지라는 언어, 이미지라는 것의 언어, 아무도 말하지 않는 것, 결국 자신을 들려두려고 한다면 **침묵**을 부과해야 할 끊이지 않고 끝나지 않는 것의 웅얼거림이다.[32]

블랑쇼는 '말라르메의 경험'을 통해 글쓰기란 추상적 술어로서의 언어 대신 이미지의 언어를 제시하는 것이며, 글을 쓰는 일은 말의 그림자에 불과한 이미지의 언어에 침묵을 부과하는 일이라고 하였다. 즉 침묵의 언어가 따로 있는 것이 아니라 글쓰기 과정 속에 언어의 침묵이 드러나는 것이다.

이러한 사실을 고려할 때, 김수영이 말한 "사실주의적 문체의 비사실로의 환원"은 바로 블랑쇼가 말라르메의 경험을 통해 환기한, 이미지의 언어를 통해 드러나는 지점, 침묵에 이르는 지점이라 할 수 있다. 김수영은 침묵의 시학을 대표하는 말라르메를 새롭게 해석하면서 "비가시성"과 "추상적 술어의 나열"이라는 도식에 갇혀 있던 말라르메를 구출하고, "침묵의 한걸음 앞의 시"를 내세울 수 있었다.

한편 김수영은 1968년, 「와선」이라는 글을 발표하는데, 이 글에서 김수영은 독자적인 침묵의 미학을 제시한다. 이 글에서 김수영은 우선 '와선'에서부터 출발하여 침묵에

30 위의 책, 44~5쪽.

31 모리스 블랑쇼, 심재광 역, 『도래할 책』, 그린비, 2011, 457쪽.

32 모리스 블랑쇼, 이달승 역, 『문학의 공간』, 그린비, 2010, 56쪽.

대한 이야기를 풀어나간다.

> 선(禪) 중에서 제일 어려운 것이 누워서 하는 선, 즉 와선(臥禪)이라고 하는 말을 들은 일이 있다. 선에 대해서는 전혀 문외한이면서도 이 누워서 하는 선이 얼마나 어려운 것인가를 나는 내 딴으로 해석하면서 혼자 좋아하고 있다. 내 딴으로 생각한 와선이란, 부처를 천지 팔방을 돌아다니면서 구하는 것이 아니라 자기의 골방에 누워서 천장에서 떨어지는 부처나 자기의 몸에서 우러나오는 부처를 기다리는 가장 태만한 버르장머리 없는 선의 태도다.[33]

김수영은 우선 와선을 선에서도 제일 어렵다고 하는 "누워서 하는 선," "자기의 골방에 누워서 천장에서 떨어지는 부처나 자기의 몸에서 우러나오는 부처를 기다리는 가장 태만한 버르장머리 없는 선"이라고 소개한다. 그리고 와선을 "내 딴으로 해석하면서" 와선의 미를 발견하였다고 한다. 그러면 김수영이 "내 딴으로 해석하면서" 발견한 와선의 미란 무엇인가? 결론부터 미리 말하자면 그것은 침묵의 미라 할 수 있다. 그러면 김수영이 발견한 와선의 미는 왜 침묵의 미가 될 수 있는가? 이것은 그가 와선에 이어, 헨델의 〈메시아〉, 베트콩 게릴라를 언급하는 데서 찾아볼 수 있다.

> 얼마 전에 크리스마스를 전후해서 라디오에서 틀어주는 헨델의 음악을 들으면서 나는 이 와선의 미에 한층 더 강한 자신을 가졌다. 헨델은 베토벤처럼 인상에 남는 선율을 하나도 남겨주지 않는다. 그의 음은 음이 음을 잡아먹는 음이다. 그의 음악을 낙천주의적이라고 하지만 사실은 소름이 끼치는 낙천주의다. 나는 그의 평화로운 「메시아」를 들으면서 얼마 전에 뉴스에서 본, 마약을 먹고 적진에 쳐들어와 몰살을 당하는 베트콩의 게릴라의 처절한 모습이 자꾸 머리에 떠오르고는 했다.[34]

---

33 김수영, 「와선」(1968), 『전집 2』, 151쪽.

34 위의 글, 151쪽.

김수영은 와선에 대한 설명에 이어 곧바로 헨델의 〈메시아〉에 대한 논의를 이어간다. 그는 "크리스마스를 전후해서 라디오에서 틀어주는 헨델의 음악을 들으면서" 와선의 미에 더욱 자신을 가졌다고 한다. 또 〈메시아〉에서 곧 베트콩 게릴라의 처절한 모습까지 연상하게 되었다고 한다. "내 딴으로 해석"한 '와선의 미'에서 '헨델의 〈메시아〉'로, 다시 '베트콩 게릴라' 등으로 이야기를 이어간다. 와선과 헨델의 〈메시아〉, 그리고 베트콩 게릴라. 한 문맥에서 언급할 수 없는 대상들을 김수영은 어떻게 함께 논의할 수 있으며, 또 여기서 미를 느낄 수 있다는 것일까? 이것은 이 모든 대상들이 '침묵'과 관련된다는 점을 고려할 때, 이해할 수 있다.

> 선에 있어서도, 바깥에서 들리는 소리가 까맣게 안 들렸다가 다시 또 들릴 때, 부처가 나타난다고 하는 말이 있는데, 이 음이 바로 헨델의 망각의 음일 것이다. 그는 자기의 작품을 잊어버릴 것이다. 자기의 작품이 남의 귀에 어떻게 들릴까 하고 골백번씩 운산(運算)을 해보지 않아도 되는 그의 현명만이라도 나 같은 우둔파 시인에게는 얼마나 귀중한 〈메시아〉인지 모르겠다. 이번 크리스마스의 유일한 선물이었다고 생각하고 있다.[35]

사실 선이 지향하는 진리는 말의 가르침을 초월해 있는 세계로, 흔히 언어도단, 이심전심, 교외별전, 불립문자의 세계로 알려져 있다. 그것은 흔적도 없고 형체도 없으며 모습도 없기 때문에 문자 언어로 추구할 수 없고 침묵으로만 전달될 수 있다. 선의 침묵은 흔히 몸짓이나 행위와 결합된다. 선에서 몸짓이나 행위는 침묵과 등가 관계에 있고 침묵이 발전한 것이고 침묵의 변주라 할 수 있다.[36] 그런데 김수영은 선의 침묵 가운데 나타나는 소리, 즉 "바깥에서 들리는 소리"에 관심을 두고 있다. 이 소리가 들릴 때, "선에 있어서도, 바깥에서 들리는 소리가 까맣게 안 들렸다가 다시 또 들릴 때, 부처가 나타난다"고 언급한다.

---

35 위의 글, 152쪽.

36 이승훈, 「선과 침묵의 언어」, 『시와 세계』 10, 2005. 여름, 83~5쪽.

그런데 김수영은 선에서 발견한 침묵의 소리를 헨델의 〈메시아〉에서도 듣는다. 김수영은 헨델은 "인상에 남는 선율을 하나도 남겨주지 않"는데 "그의 음은 음이 음을 잡아먹는 음"이라고 한다. 헨델의 음악을 "소름이 끼치는 낙천주의"라 할 수 있는 것[37]도 바로 이 "음이 음을 잡아먹는 음" 때문이다. 이것은 "망각의 음"으로서, 선에서의 침묵의 소리에 해당한다.

일반적으로 〈메시아〉는 헨델의 작품 가운데 일반인들에게 가장 친숙한 곡이며, 그리스도의 탄생과 수난, 부활의 전 과정을 다루고 있는 곡으로서 크리스마스를 전후로 많은 이들이 듣는 음악이다. 〈메시아〉는 헨델이 오페라 작곡가로서 실패했던 상황을 만회하기 위해 오라토리오라는 형식으로 만든 것이기 때문에 오페라의 장식적인 요소들이 축소되는 특징이 있다. 게다가 〈메시아〉는 수차례 수정 작업을 거치면서 연주되는데, 이 또한 축소의 방향을 따른다. 이에 따라 〈메시아〉는 결정적으로 레치타티보의 균형을 파괴하는 특징을 가진다. 대화는 없으며, 계속 저음의 반주를 가져서 단순한, 짧은 '셈플리체' 레치타티보가 주를 이른다.[38] 그리고 두 개의 인성부와 리토르넬로[39]의 다양한 조성 구조가 합창 악장과 합창 악장들 사이에 다양하게 변형되면서 반복된다.[40]

그런데 김수영이 〈메시아〉에서 들은 망각의 음, "음이 음을 잡아먹는 음"은 〈메시아〉의 리토르넬로에 해당하는 것으로 보인다. 그것은 이 리토르넬로가 변형되면서 반복되는 반복구로서, 차이나는 반복을 이어가는 음이기 때문이다. 〈메시아〉의 리토르넬로는 합창 악장에서 전개될 때는 변형과 반복의 과정 속에 커다란 소리로 낳게 되고 또 큰 의미를 가져다주게 된다.[41] 이로 인해 〈메시아〉는 산업 혁명 후 거대한 기계의 소음에 노

---

37 김수영, 「와선」(1968), 『전집 2』, 151쪽.

38 도널드 버로우, 김지순 역, 『헨델: 메시아』, 동문선, 2006, 112쪽.

39 리토르넬로는 바로크 시대 합주 협주곡에서 나타나는, 변형되면서 반복되는 반복구를 말한다. 들뢰즈와 가타리는 리토르넬로를 무의식의 공간 및 시간적 형식과 그것의 역사적 형성물과 결부시켜 논의하였다. 이로써 리토르넬로는 현대 철학에서 중요한 개념으로 부각되었다. 들뢰즈와 가타리의 리토르넬로에 대한 자세한 논의는 질 들뢰즈 · 펠릭스 가타리, 김재인 역, 『천개의 고원』, 새물결, 2001, 589~670쪽 참조.

40 2중창에서 유래한 곡의 시작은 완전한 대위법 악장의 주제에 획기적인 리토르넬로 유형의 종지로 이어진다. 자세한 논의는 도널드 버로우, 앞의 책, 131~2쪽 참조.

41 〈메시아〉에서 1부는 간주, 솔로, 합창 순으로 이어지는데, 처음 솔로의 경우 미천한 처지에 있는 사람이 복

출되고 인간 문화의 수난을 경험했던 노동자들이 크리스마스 때 수천 명씩 모여 대합창으로 불리기도 하였다.[42] <메시아>의 합창은 산업 혁명 후 기계적 소음에 대한 일종의 저항 행위로 작용하였는데, <메시아>에서 신성을 드러내는 장치로 작용하였던 리토르넬로는 어느 순간 현대성을 구현하는 음들로 바뀌게 된 것이다.

사실 헨델은 많은 종교음악을 쓰기도 하였지만 도시에서 살면서 길거리의 노래나 소음에서 영감을 받았던 최초의 작곡가 가운데 한 사람이었다.[43] 그리고 독일에서 망명하여 영국에서 작곡가로 활동하면서 오라트리오라는 양식을 본격적인 궤도에 올려놓았는데, 이 과정에서 무수한 갈등과 혁신을 모색하였다.

그런데 김수영은 "유심적인 면에서는 요즘의 나는 헨델을 따라가고 있는 듯한 생각이 든다. 모든 문제는 우리집의 울타리 안에서 싸워져야 하고 급기야는 내 안에서 싸워져야 한다"[44]고 하면서 자신의 삶의 모델로 헨델을 내세웠다. 이 말은 4 · 19혁명 후 싸움을 일상에서의 편재성으로 방향을 바꾼 것[45]과 관련이 있다. 그는 헨델의 "망각의 음," 즉 "음이 음을 잡아 먹는 음"을 통해 일상에서의 저항이라는 의미를 발견하였던 것이다.

한편 베트콩 게릴라의 처참한 모습 역시 소음의 제국주의[46]가 만연한 시대의 무수한 반복의 저항을 연상하게 한다. 대포나 전투기에 대응한 베트콩 게릴라들은 작지만 지속성을 가지는, 전면전이 아닌 저항을 전개하였다. 헨델의 망각의 음이나 베트콩 게릴라들의 행동은 모두 침묵에서 시작하여 반복을 통해 점점 커져나가는 소리와 행동으로 이어지는 공통된 특징을 지니고 있다. 아울러 헨델의 망각의 음이나 베트콩 게릴라들의 행위는 산업 사회의 기계 소음이나 현대의 전쟁 소음에 대한 대응의 의미를 지닌다.

음을 전하기 때문에 알토의 저음으로 시작하며 이후 많은 사람들에 의해 복음이 알려지면서 큰 소리의 합창으로 이어진다. 자세한 논의는 김성욱, 「헨델의 <메시아>에 나타난 아름다운 소식에 관한 분석」, 『교회와 문화』 33, 한국성경신학회, 2014. 8, 268~9쪽 참조.

42 R. 머레이 쉐이퍼, 한명호 · 오양기 역, 『사운드 스케이프』, 그물코, 2008, 126~7쪽.

43 쉐이퍼는 "베를리오즈와 바그너를 만나기까지 도시의 음향 상태에 대해 헨델의 귀에 필적하는 음악문헌은 아무 것도 없었다"고 하였다. 자세한 논의는 위의 책, 172쪽 참조.

44 김수영, 「삼동(三冬) 유감」(1968), 『전집 2』, 313쪽.

45 김명인, 『김수영, 근대를 향한 모험』, 소명출판, 2002, 150쪽.

46 R. 머레이 쉐이퍼, 앞의 책, 133쪽.

한편 김수영이 '와선', '헨델,' '베트콩 게릴라' 등에서 침묵을 발견하였다고 할 때, 이 침묵은 단순한 침묵이 아니다. 김수영은 와선의 침묵 가운데 바깥에서 들리는 소리를, 헨델의 침묵 속에서 망각의 음을, 베트콩 게릴라의 침묵 속에서 저항의 행동을 발견하였다. 따라서 그가 말하는 침묵은 상대적 침묵에 해당한다. 서양의 경우 오랜 시간 동안 침묵은 절대적 침묵으로 다가왔다. 침묵은 전근대사회의 특징으로, 소음은 현대 사회의 특징으로 이해되었다.[47] 하이데거도 횔덜린의 시를 비평하면서 서구의 역사가 궁핍한 시대를 맞이하게 된 이유로 사람들이 침묵에 귀 기울이지 않고 소음에 귀가 멀게 되었기 때문이라는 사실을 들었다.[48]

이에 대해 현재 서구의 많은 예술가들은 '상대적 침묵'을 발견하는데,[49] 김수영에게 영향을 광범위하게 미친 블랑쇼나 손탁도 모두 상대적 침묵을 내세웠다.[50] 그들은 침묵에 소리를 포함시켰다. 블랑쇼는 침묵의 바탕에 익명의 속삭임, 영원히 되풀이되는 말, 떠도는 말과 같은 중얼거림 등이 있다고 하였다.[51] 손탁도 「침묵의 미학」에서 침묵은 항상 대립 개념을 내포하고 있으며, 상당수 현대 예술은 침묵 속에 소리를 내포하고 있다고 하였다. 그녀는 케이지를 그 대표적인 경우로 언급하였는데, 케이지는 "침묵이라는 것은 없다. 어떠한 일이 항상 일어나고 소리를 내고 있다"(케이지는 소리가 전혀 들리지 않는 침실에 있을 때에는 자신의 심박과 혈액이 순환하는 소리가 들린다고 했다)고 했다.[52] 케이지가 침묵 속에 드러낸 소리가 소음인 것은 널리 알려진 사실이다.

김수영이 「와선」에서 와선과 헨델의 〈메시아〉, 그리고 베트콩 게릴라를 함께 논의할 수 있었던 것은 현대에 들어서 부각된 상대적 침묵에 대한 이해를 갖고 있었기 때문이

---

47 막스 피카르트, 앞의 책, 24~5쪽.

48 홍순희, 「김수영 시에 나타난 하이데거의 '시적 진리'에 관한 연구」, 서울대 박사논문, 2015, 76쪽 참조.

49 쉐이퍼는 '상대적 침묵'의 개념을 제시하는데, 그는 이 상대적 침묵으로 서양인들은 현재 서양 예술의 가장 높은 가능성을 드러내었다고 주장한다. R. 머레이 쉐이퍼, 앞의 책, 390~1쪽.

50 김수영은 「시작 노트 4」에서 블랑쇼의 『불꽃의 문학』을 읽었다고 밝혔고, 「시작 노트 6」에서 손탁의 「스타일론」에 대해서 거론하였다.

51 모리스 블랑쇼, 이달승 역, 『문학의 공간』, 그린비, 286쪽.

52 손탁은 케이지의 유명한 작품, 아무런 곡도 연주하지 않고 침묵과 소음이 음악이 되는 〈4분 33초〉에 대해 언급하였다. 수잔 손탁, 이병용 · 안재연 역, 『급진적 의지의 스타일』, 현대미학사, 2004, 21쪽.

다. 김수영은 상대적 침묵에 대한 이해 속에, 침묵 속에 자리한 소리, 침묵 속에 자리한 행동, 침묵 속에 자리한 저항 등을 발견할 수 있었다. 김수영이 제시한 와선의 미는 결국 침묵에 대한 동 · 서양의 논의를 수용하고 전복하면서 그가 독자적으로 제시한 침묵의 미라 하겠다.

3. 침묵의 언어 · 미학 · 시 창작방법론

1) 시의 언어와 침묵의 언어

김수영은 시작 초기에는 시의 언어로 일상어를 내세웠다. 그러나 1960년대 중반부터 침묵의 언어에 관심을 두는데 〈말〉에서도 시의 언어는 침묵의 언어로 나타나고 있다.

이 무언의 말
하늘의 빛이요 물의 빛이요 우연의 빛이요 우연의 말
죽음을 꿰뚫는 가장 무력한 말
죽음을 위한 말 죽음에 섬기는 말
고지식한 것을 제일 싫어하는 말
이 만능의 말
겨울의 말이자 봄의 말
이제 내 말은 내 말이 아니다

- 〈말〉(1964) 부분

이 시에서 무언의 말, 즉 침묵의 언어는 시의 언어로 이해된다. 이 침묵의 언어는 시의 언어이며 "하늘의 빛이요 물의 빛이요 우연의 빛이요 우연의 말"이다. 그런데 김수영의 〈말〉에서 침묵의 언어는 죽음과 관련되며, 우연과 무력함 속에 있는 언어로 나타나고 있다.[53] 또한 침묵의 언어는 철학의 언어처럼 하나의 개념으로 향하지 않기에 무한한 가능성을 지니게 된다. 즉 시의 언어로서 그것은 사물들 사이에서 침묵의 움직임을 드러낸다.[54]

김수영은 시론에서도 '침묵'을 중심으로 시의 언어를 설명하였다. 그의 이러한 생각은 「가장 아름다운 우리말 열 개」에 잘 드러나는데, 여기서 그는 자신의 시작 체험을 바탕으로 침묵의 언어에 대한 생각들을 이어나간다.

> (1) 지금의 과오도 좋고 앞으로의 과오는 더 좋다. 지금 저지른 나도 모르는 앞으로의 과오. 모든 과오는 좋다. 나는 시 속의 모든 과오를 사랑한다. 과오는 최고의 상상이다. 그리고 시간의 과오는 과오가 아니다. 그것은 감정적인 과오다. 수정될 과오. 그래서 최고의 상상인 과오가 일시적인 과오가 되어도 만족할 줄 안다.[55]

> (2) 모든 언어는 과오다. 나는 시 속의 모든 과오인 언어를 사랑한다. 언어는 최고의 상상이다. 그리고 시간의 언어는 언어가 아니다. 그것은 잠정적인 과오다. 수정될 과오. 그래서 최고의 상상인 언어가 일시적인 언어가 되어도 만족할 줄 안다.[56]

> (3) 지금의 언어도 좋고 앞으로의 언어도 좋다. 지금 나도 모르게 쓰는 앞으로의 언어.[57]

여기에 인용된 글들은 김수영이 <거대한 뿌리>에서 "제2인도교"를 "제3인도교"로 잘못 써서 오히려 시적으로는 성공한 경험을 토대로 쓴 메모들이다. 그는 처음 메모를 쓰고 이것을 연이어 수정해나갔는데, 여기에는 시의 언어에 대한 김수영의 생각이 잘 드러

---

53 자세한 논의는 졸고, 「김수영 시론과 '죽음': 블랑쇼의 영향을 중심으로」, 『국어국문학』 159, 국어국문학회, 2011. 12 참조.

54 박준상, 『바깥에서』, 인간사랑, 2006, 174~8쪽.

55 김수영, 「가장 아름다운 우리말 열 개」(1966), 『전집 2』, 373쪽.

56 위의 글, 374쪽.

57 위의 글, 374쪽.

난다.

김수영은 (1)에서 시의 언어는 과오에서 나오며, 이 과오는 자신도 모르게 저질렀고 앞으로도 저지를 것이라고 하였다. 그런데 (2)에서는 모든 언어는 과오이며, 자신은 시 속의 모든 과오인 언어를 사랑한다고 적고 있다. 이제는 언어 자체가 과오이며 그것은 최고의 상상이라는 생각에 이른다. (3)에서는 앞서의 생각을 재차 수정하여 지금의 언어나 앞으로의 언어는 모두 그 자체로 좋다는 것, 그리고 이 언어는 나도 모르게 쓰는 언어라는 생각을 하게 된다.

이와 같이 김수영은 시작 메모를 쓰면서, 시의 언어와 언어 일반에 대한 생각을 보다 명료하게 가지게 된다. 이제 그는 "제2인도교"를 "제3인도교"로 쓴 것, 실재하지 않는 대상을 지칭한 것은 더 이상 과오가 아니며, 모든 언어는 그 자체로 좋다는 생각에 이른다. 그리고 시의 언어는 일시적인 언어로 새로운 언어의 생성을 이루어가며, 결국 침묵의 언어에 이른다고 생각한다.[58]

> 언어에 있어서 더 큰 주는 시다. 언어는 원래가 최고의 상상력이지만 언어가 이 주권을 잃을 때는 시가 나서서 그 시대의 언어의 주권을 회수해 주어야 한다. 그런 의미에서 모든 시간의 언어는 언어가 아니다. 그것은 잠정적인 과오다. 수정될 과오. 이 수정의 작업을 시인이 해야 하는 것이다. 그래서 최고의 상상인 언어가 일시적인 언어가 되어서 만족할 수 있게 해야 한다. 아름다운 낱말들, 오오 침묵이여 침묵이여.[59]

김수영에 따르면 언어는 원래 "잠정적인 과오, 수정될 과오" 속에 있으며 "모든 시간의 언어는 언어가 아니다." 특히 시의 언어는 잠정적인 과오, 수정될 과오를 내포하며, 최고의 상상의 작용을 할 수 있다. 따라서 "언어에 있어서 더 큰 주는 시다." 시인은 언어에서 침묵의 기능을 적극적으로 드러내어야 한다. "언어가 주권을 잃을 때, 시가 나서서 그 시

---

58 자세한 논의는 졸고, 「김수영의 언어론에 대한 연구」, 『개신어문연구』 31, 개신어문학회, 2010. 6 참조.
59 김수영, 「가장 아름다운 우리말 열 개」(1966), 『전집 2』, 378쪽.

대의 언어의 주권을 회수해 주어야 한다." 그리고 이 모든 것을 가능하게 하는 것은 '침묵'이다.

이러한 김수영의 논의는 침묵이 언어의 전제 조건이고 시의 역할은 침묵을 드러내는 데 있다고 보는 말라르메의 침묵의 시학에 닿아 있다. 말라르메는 시의 역할은 언어에 족쇄를 채우고 있는 현실을 언어를 사용해서 청소하는 것이며, 언어의 사용이란 사물 주위에 침묵을 창조하는 것이라고 하였다.[60] 또한 언어의 침묵은 쓴다는 행위 속에서 나온다고 보았다. 쓴다는 오직 그 행위를 통해 시인은 "한편으로는 거칠거나 즉각적이면서 다른 한편으로는 본질적인 말의 이중적 상태"을 발견한다. 그리고 "허구적이고 우리를 허구로 인도하는 비현실의 언어, 그 언어에서 침묵으로부터 와서 침묵으로 돌아간다."[61]

김수영도 시의 언어는 시 쓰는 과정 속에서 침묵에 이른다고 보았다. 언어의 침묵은 "잠정적인 과오" 상태에 있는 언어의 생성으로 이루어지는 것이다. 김수영이 번역에 큰 의미를 부여하면서, 번역을 시쓰기와 공통된 위상을 갖는 의미를 지닌다고 본 것[62]도 이 때문이다. 번역 과정에 원문에 갇혀 있는 언어의 침묵을 보게 되는 것은 시 쓰기 과정에 언어의 침묵을 발견하는 것과 다르지 않다.

2) 침묵의 미학과 현대성의 미학

1960년대 후반에 들어서면서 김수영은 한국 현대시는 무엇보다 새로운 미학을 필요로 한다고 하였다. 그의 이러한 진단은 시인들 대부분, 예술파의 전위조차 "작품상으로나 이론상으로 자기들의 새로운 미학을 제시하지 못하고 있다"는 판단 때문이다. 이에 따라 그는 우선 "그들의 시나 시론이 정상적으로 발전해나갈 수 있는 영양의 보급로를 찾아야" 하며 이를 위해 "서구의 현대시의 교육을 먼저 받아야 한다"고 하였다.[63]

---

60 수잔 손탁, 앞의 책, 39쪽

61 모리스 블랑쇼, 이달승 역, 『문학의 공간』, 그린비, 2010, 39~41쪽.

62 조연정은 김수영의 번역을 침묵의 번역으로 이해하고 이를 시쓰기와 비교하면서 논의하였다. 자세한 논의는 조연정, 앞의 글, 471~3쪽 참조.

이런 미학적 사상의 근거가 없는 곳에서는 새로운 시의 형태는 나오지 않고 나올 수도 없다. 그리고 이런 미학적 사상이 부르주아 사회의 사회적 사상과 얼마나 유기적인 생생한 연관성을 갖고 있는가 하는 것은 비근한 예가 뷔토르나 귄터 그라스를 보면 알 수 있다. 진정한 폼의 개혁은 종래의 부르주아 사회의 미(美) — 즉, 쾌락의 —관념에 대한 부단한 부인과 전복에 의해서만 이루어진다.[64]

김수영은 새로운 "미학적 사상의 근거가 없는 곳에서는 새로운 시의 형태가 나올 수 없다"고 하면서 새로운 미학을 요구하였다. 그리고 이것은 종래 미학에 대한 부인과 전복을 통해서만 이루어진다고 하였다. 실제 그는 새로운 미학을 찾고자 하였는데, 이때 침묵의 미학에 관심을 기울인다. 그는 예술, 종교, 자연 등에서 침묵의 미학을 탐구하고, 이를 새롭게 해석하고 전복하면서 독자적인 침묵의 미학을 완성하였다. 그것은 다음 몇 가지 특징을 지니고 있다.

첫째, 소리를 내재하는 침묵의 미학이다. 김수영은 시작 초기부터 침묵을 소리와의 관계 속에서 표현하였다. 가령 "파리의 소리 없는 소리처럼"(<파리와 더불어>), 혹은 "소리 없이 기고 소리없이 날으다가/ 되돌아오고 되돌아가는 무수한 하루살이," "그러나 나의 머리 위의 천장에서는 너의 소리가 들린다"(<하루살이>), "파도처럼 요동하여/ 소리가 없고"(<긍지의 날>) 등으로 침묵 속의 소리를 표현하였다.

그런데 김수영은 시작 후반으로 갈수록 침묵 속에 드러나는 소음에 관심을 보인다. 「시작 노트 7」에서는 "소음의 철학"까지 거론한다.[65]

시를 쓰는 도중에도 나는 소음을 듣는다. 한 1초나 2초가량 안 들리는 순간이 있을까. 있다고 하기도 없다고 하기도 말하기 어려운 문제다. 이것을 말하면 <문학>이 된다.[66]

---

63 김수영, 「변한 것과 변하지 않은 것 - 1966년의 시」(1966), 『전집 2』, 365~6쪽.

64 위의 글, 368쪽.

65 졸고, 「김수영의 시론과 '소음'」, 『어문연구』 91, 어문연구학회, 2017. 3 참조.

66 김수영, 「시작 노트 7」(1966), 『전집 2』, 458쪽.

김수영에게 절대 침묵은 없다. 그는 "시를 쓰는 도중에도 나는 소음을 듣는다"고 하고, "이것을 말하면 〈문학〉이 된다"고도 한다. 실제 김수영은 침묵 속의 소음에 민감하게 반응하였다.

(1) 나의 메모와 메모의 배경과 도구를 돌이켜볼 때, 나의 내부의 저변에서 모기소리처럼, 그러나 뚜렷하게 들려오는 소리. 이 소리의 음미.[67]

(2) 이런 생각을 하다 보니 나는 본지가 정하는 〈자유제(自由題)〉의 수필도 쓰고 싶은 마음이 없어졌다. 그러다가 며칠 후에 다시 이 글을 쓰고 싶은 생각을 들게 한 것이 역시 마루의 난로 위에 놓인 주전자의 조용한 물 끓는 소리다. 조용히 끓고 있다. 갓난아기의 숨소리보다도 약한 이 노랫소리가 「대통령 각하」와 「25시」의 거수(巨獸) 같은 현대의 제악(諸惡)을 거꾸러뜨릴 수 있다고 장담하기도 힘들지만, 못 거꾸러뜨린다고 장담하기도 힘든다. 나는 그것을 「25시」를 보는 관중들의 조용한 반응에서 감득할 수 있었다.[68]

김수영은 (1)에서처럼 침묵의 상태에서 내면의 소리를 듣고 그 소리를 음미하기도 하며, (2)에서처럼 주전자의 조용한 물 끓는 소리에서 "갓난아기의 숨소리보다도 약한 이 노랫소리"를 듣고, "거수巨獸 같은 현대의 제악諸惡을 거꾸러뜨릴 수 있다"는 메시지를 읽는다.

둘째, 행동을 내재하는 정지의 미학이다. 김수영은 침묵을 '동작'이나 '행위'와 동일시하기도 하였다. 그에게 침묵은 행동을 동반한다.

(1) 새싹이 솟고 꽃봉오리가 트는 것도 소리가 없지만, 그보다 더한 침묵의 극치가 해빙의 동작 속에 담겨 있다. 몸이 저리도록 반가운 침묵. 그것은 지긋지긋하게 조용한 동작 속에 사

---

67 김수영, 「생활의 극복 - 담뱃값의 메모」(1966), 『전집 2』, 96쪽.
68 김수영, 「삼동(三冬) 유감」(1968), 『전집 2』, 132쪽.

랑을 영위하는, 동작과 침묵이 일치되는 최고의 동작이다.[69]

(2) 피가 녹는 것이라고 생각해 본다. 얼음이 녹는 것이 아니라 피가 녹는 것이다. 그리고 목욕솥 속의 얼음만이 아닌 한강의 얼음과 바다의 피가 녹는 것을 생각해 본다. 그리고 그 거대한 사랑의 행위의 유일한 방법은 침묵이라고 단정한다.[70]

김수영은 "새싹이 솟고 꽃봉오리가 트는" 침묵, "몸이 저리도록 반가운 침묵," 그보다 더한 해빙이라는 침묵의 극치 속에서 조용한 동작을, "사랑을 영위하는, 동작과 침묵이 일치되는 최고의 동작"을 본다. 침묵 가운데 일어나는 "해빙의 동작" 속에서 사랑을 본다. 그리고 거대한 사랑의 행위의 유일한 방법은 바로 침묵이라고 한다. 이에 따라 김수영에게 침묵은 '행동'으로서 모든 정지되어 있는, 경직된 현대 사회에 대한 저항의 의미를 지니기도 한다. 이러한 김수영의 논리는 침묵을 사회적 제재 속에서의 거부 행위[71]로 파악한 것에 해당한다.

셋째, 의미를 내재하는 무의미의 미학이다. 김수영은 의미를 껴안고 들어가서 무의미를 추구한다. 김수영에 따르면 모든 진정한 시는 무의미한 시이고, 그것은 침묵의 미학으로 통한다. 여기에는 오든의 참여시나 브레히트의 사회주의 시까지도 포함된다.[72] 그가 무의미시에 참여시를 포함시키는 것은 특이한 주장이라고 할 수 있는데, 그것은 참여시는 무엇보다 강한 의미를 내재하고 있기 때문이다. 그런데 김수영은 이러한 무의미시를 "크나큰 침묵의 — 미학"[73]으로 새롭게 규정함으로써 이 문제를 돌파해 나간다.

---

69 김수영, 「해동」(1968), 『전집 2』, 143쪽.

70 위의 글, 143~4쪽.

71 현대 예술 속에서 침묵은 흔히 결단, 자기 응징, 사회 제재의 응징 등으로 나타난다. 수잔 손탁, 앞의 책, 19쪽 참조.

72 김수영, 「변한 것과 변하지 않은 것 - 1966년의 시」(1966), 『전집 2』, 367쪽.

73 위의 글, 367쪽.

그런데 김춘수의 경우는 이런 본질적인 의미의 무의미의 추구를 하는 것이 아니라, 먼저부터 〈의미〉를 포기하고 들어간다. 물론 〈의미〉를 포기하는 무의미의 추구도 되겠지만, 〈의미〉를 껴안고 들어가서 그 〈의미〉를 구제함으로 무의미에 도달하는 길도 있다.[74]

김수영은 김춘수와 같이 의미부터 먼저 포기하고 들어가는 것이 아니라 의미를 껴안고 들어가서 그 의미를 구제함으로써 무의미에 도달하는 길을 따르고자 한다. 그는 의미에 여러 차례 부호까지 넣으면서 의미를 강조하고 있는데, 이것은 무의미가 의미와 긴장 관계 속에 있다고 보기 때문이다. 그는 무의미에 대한 새로운 해석을 토대로 김춘수와 다르게 무의미시를 규정하는데, 그것은 의미를 내재하는 무의미시이다. 그는 이러한 과정을 거쳐 도달한 시야말로 "크나큰 침묵의 — 시"가 될 수 있다고 주장한다.

넷째, 진지함을 추구하는 미학이다. 김수영에게 침묵의 시는 궁극적으로 현대 사회의 아웃사이더들의 시로서, 행동의 시를 지향한다. 때문에 그것은 유희가 아니라 진지함을 추구한다.[75]

진지하게라는 말은 가볍게 쓸 수 없는 말이다. 나의 연상에서는 진지란 침묵으로 통한다. 가장 진지한 시는 가장 큰 침묵으로 승화되는 시다. 시를 행할 수 있는 사람의 경우를 생각해 보더라도 지금의 가장 진지한 시의 행위는 형무소에 갇혀 있는 수인의 행동이 극치가 될 것이다.[76]

김수영은 "가장 진지한 시는 가장 큰 침묵으로 승화되는 시다"라고 하였다. 이러한 시는 가장 진지한 시의 행위 속에서 나올 수 있는데, 그것은 형무소에 갇혀 있는 수인의 행동에서 나오는 시이다. 김수영은 당시 현실을, 유상 · 무상의 정치권력의 탄압 앞에 아

---

74 위의 글, 367쪽.

75 하이데거는 "시는 일종의 꿈이어서 결코 현실적이지 않고 말들의 놀이이기에 결코 행위의 진지함이 없다"고 하였다. 그는 시를 일종의 유희로 보았다. 하이데거는 참가자가 놀이에서 자기 자신을 망각하는 것과 같은 '일상적 유희'와 현존재의 근거에 자신을 집중시키려는 '자유로운 유희'를 구분하였다. 자세한 논의는 김동규, 『하이데거의 사이 - 예술론』, 그린비, 2009, 176~80쪽 참조.

76 김수영, 「제 정신을 갖고 사는 사람은 없는가」(1966), 『전집 2』, 186쪽.

무런 대항을 하지 못하고 <문화의 침묵>만이 이어지고 있는 것[77]으로 파악하였다. 이에 그는 불온시, 금기를 위반하는 시를 내세우는데[78] 침묵의 시 또한 그 연장선상이 있다.

김수영은 다양한 영역에서의 침묵의 이론을 새롭게 해석하고 "침묵의 한걸음 앞의 시," "내 딴으로 해석한 와선의 미," "크나큰 침묵의 미학" 등의 말로 표현될 수 있는 독자적인 침묵의 미학을 제출하였다. 김수영이 역설의 방법[79]으로 제시한 이 침묵의 미학은 소리, 행동, 의미 등을 내재하며, 진지함을 추구하는 역동적인 미학이었다.

3) 침묵의 시 창작방법론

김수영은 시작 말년에 이르러 자신의 시 창작 경험을 바탕으로, 시작 노트를 연속적으로 게재하는데, 여기서도 "나의 운산은 침묵을 위한 운산이 되기를 원하고 그래야지만 빛이 난다"[80]고 하였다. 그리고 침묵의 시 창작방법론을 구체적으로 제시하는데, 그것은 '이미지의 갱생'과 '요설의 나열'이다. 김수영이 침묵의 시 창작방법론을 두 가지로 나누어 제시한 것은 침묵의 미학자들이 현대의 침묵의 예술을 크게 두 가지로 설명하는 것에 비견된다.[81]

김수영이 침묵의 시 창작방법론으로 우선 내세운 것은 '이미지의 갱생'이다. 여기서 김수영이 말하는 이미지는 운율이나 수사법과 같은 차원에 놓여 있는 시 분석 도구가 아니다. 그에게 이미지는 시인의 상상력의 산물이 아니라 리얼리티를 드러내는 도구로 작용한다. 많은 경우 김수영이 말하는 이미지는 언어적 이미지에 해당한다.

---

77 김수영, 「지식인의 사회참여」(1968), 『전집 2』, 217쪽.

78 졸고, 「김수영 시론에 미친 프랑스 문학이론의 영향: 조르주 바타이유를 중심으로」, 『비교문학』 42, 한국비교문학회, 2007. 6 참조.

79 이승규는 김수영의 후기시에서 역설은 시와 삶에 대한 의식으로까지 나아간다고 하였다. 이승규, 「김수영 시의 역설 의식 연구」, 『한국문학논총』 73, 한국문학회, 2016. 8.

80 김수영, 「시작 노트 7」(1966), 『전집 2』, 460쪽.

81 손탁은 침묵의 예술을 '유연한(soft) 양식'과 '요란한(loud) 양식'이라는 두 경향으로 나누었다. 수잔 손탁, 앞의 책, 74쪽 참조. 이합 핫산도 침묵의 문학을 두 가지로 나누어 기술하였다. 이합 핫산, 앞의 책, 40~3쪽 참조.

김수영은 「시작 노트 3」에서 자신의 실제 시 창작 경험을 바탕으로 '이미지의 갱생'을 "갱생更生 = 변모變貌 = 〈자기 개조〉 생리의 변경 = 력力 = 생生 = 자의식의 괴멸 = 애정" 등으로 도식화한다.[82]

> 그러면 이 시의 기간적인 이미지인 벽두의 제1, 2행 자체는 완전한 것이란 말인가? 그러나 그것도 장담할 수 없다. 맨 처음에는 〈낮잠을 자고 나서 들어보니/ 후란넬 저고리도 무겁다〉로 되어 있던 것이 〈보니〉가 〈보면〉이 되고, 〈무겁다〉가 〈무거워졌다〉라는 과거로 변하고, 게다가 〈훨씬〉이라는 강조의 부사까지 붙게 되었다 그러고 보니 이 이미지의 OK교정이 나왔을 때는 이것은 교정이 아니라 자살이 되고 말았고, 본래의 〈이데아〉인 노동의 찬미는 자살의 찬미로 화해 버렸다.[83]

김수영은 자신의 시, 〈후란넬 저고리〉의 창작 경험에 바탕을 두고 '이미지의 갱생'이라는 시 창작방법론을 구체적으로 설명한다. 이 시는 기간적 이미지가 있고, 이미지의 갱생을 거쳐 하나의 시로 완성된다. 즉 "낮잠을 자고 나서 들어보니/ 후란넬 저고리도 무겁다"라는 기간적 이미지에서 "〈보니〉가 〈보면〉이 되고 〈무겁다〉가 〈무거워졌다〉라는 과거로 변하고, 〈훨씬〉이라는 강조의 부사까지 붙게 되었다." 여기서 이미지의 갱생은 시인의 의지나 의도대로 되는 것이 아니라 언어적 이미지의 운동으로 이루어진다.[84] 그가 시어 하나하나가 바뀌는 과정을 "강조의 부사까지 붙게 되었다"라거나 "노동의 찬미는 자살의 찬미로 화해 버렸다"처럼 수동태로 표현한 것은 이 때문이다. 마찬가지 이유에서 이것은 "교정이 아니라 자살"이다. 요컨대 "인간은 침묵하고 이미지가 말한다."[85]

---

82 김수영, 「시작 노트 3」(1963), 『전집 2』, 436쪽.

83 위의 글, 436쪽.

84 자세한 논의는 졸고, 「김수영의 시론과 이미지」, 『국어교육연구』 50, 한국국어교육학회, 2012. 2, 603~5쪽 참조.

85 김수영, 「도덕적 갈망자 파스테르나크」(1964), 『전집 2』, 306쪽.

그런데 김수영이 설명하고 있는 이러한 언어적 이미지들은 그가 〈말〉에서 제시하였던 명제, 즉 죽음, 무력함, 우연성 등을 보여준다. 이미지의 갱생은 죽음을 전제하며, 자살은 죽음에 의한 시인의 소멸이며, 이미지의 운동은 우연을 통해 새로운 가능성을 열어 놓는다.[86]

한편 김수영이 침묵의 시 창작방법론으로 제시하는 또 다른 방법은 요설의 나열이다. 김수영의 시론에서 '침묵'은 요설을 통해서도 수행되는데, 이때 요설은 언어를 초과하는 무엇을 가능하게 하는 방식이 된다고 볼 수 있다.[87] 김수영은 요설이 궁극적으로 언어의 침묵에 이르게 된다는 것을 일상생활 가운데서 이미 알고 있었다.

> 이런 착오는 개인에만 국한된 것이 아니라, 국가나 정부나 정당의 경우에도 물론 적용된다. 돈이나 권력이 있는 사람들이 24시간 침묵만 지키고 있는 것이 아니다. 이들도 돈 없고 권력 없는 사람들의 경우처럼 수다를 떠는 때가 많다. 그러나 전자의 경우에는 그것이 어쩐지 힘이 안 들어 보인다. 나의 친구 중에 그런 사람이 하나 있는데, 나는 그의 반 시간이나 한 시간 동안의 장광설을 듣고 나서 〈당신이 아무리 그럴싸하게 이로정연하게 떠들어대도 결국 당신은 아무 말도 하지 않은 것이오〉 하고 비꼬아 준 일도 있었다.[88]

김수영은 수다, 즉 요설은 결국 침묵에 다름 아닌 결과를 초래한다는 것을 돈이나 권력이 있는 사람들의 수다 속에서 발견하였다. 수다가 장광설로 이어지면 결국 아무런 의미도 가져오지 않는 상태에 이르게 되어, 침묵과 다르지 않은 결과를 초래한다는 것이다. 김수영은 「시작 노트 7」에서 이 점을 재차 확인하였다.

---

86 곽명숙은 죽음을 거듭하는 자기 갱신 행위를, 끊임없는 개혁을 통해 이르는 사회 혁명, 내용과 형식에서의 새로움의 성취와 동일한 맥락에서 보았다. 곽명숙, 「4 · 19혁명과 김수영의 문학적 변모」, 『한중인문학연구』 46, 한중인문학회, 2015. 3, 84쪽.

87 홍성희, 앞의 글, 77~8쪽.

88 김수영, 「민락기(民樂紀)」(1967), 『전집 2』, 125~6쪽.

> 나의 시 속에 요설(饒舌)이 있다고들 한다. 내가 소음을 들을 때 소음을 죽이려고 요설을 한다고 생각해 주기 바란다. …(중략)… 그러나 내 시 안에 요설이 있다면 〈문학〉이 있는 것이 된다. 요설은 소음에 대한 변명이고, 요설에 대한 변명이 〈문학〉이 된다고 말할 수 있다. 「시 노트」 같은 것을 원수로 생각하는 이유가 여기 있다.[89]

김수영은 자신의 시에 요설이 있다고 하는 사실을 인정하고, 자신이 요설을 하는 이유는 "소음을 들을 때 소음을 죽이려고," 즉 침묵에 이르기 위해서라고 한다. 그리고 시 안에 요설이 있다면 그것은 곧 문학이 있는 것이라고 한다. 이것은 별도의 시적 가공이 없어도 요설 자체로 시가 된다는 것을 의미한다. 실제 그는 일상생활에 바탕을 둔 요설 시들을 상당수 실험하였는데, 〈엔카운터 지誌〉, 〈전화 이야기〉 등은 모두 이에 해당한다.

> 나는 나의 최근작을 열애한다. 나의 서가의 페이퍼 홀더 속에는 최근에 쓴 아직 미발표 중의 초고가 세 편이나 있다. 「식모」, 「풀의 영상」, 「엔카운터 지(誌)」 라는 제목이 붙은 시들 — 아직은 사실은 부정을 탈 것 같아서 제목도 알리고 싶지 않았는데, 이 중의 「엔카운터 지」 한 편만으로도 나는 이병철이나 서갑호보다 더 큰 부자다.[90]

김수영은 자신의 최근작, 〈엔카운터 지誌〉에 대한 각별한 애정을 드러내었다. 이것은 그가 자신이 새롭게 실험한 요설을 중요하게 생각한 데서 비롯한다. 전통적으로 볼 때, 침묵과 요설은 대립되는 영역이다. 가령 하이데거의 경우 요설(Gerede)은 결코 침묵과 함께 할 수 없는 영역이다. 그에게 요설은 현존재의 세계에로의 전락 가운데 두드러지는 현상이다. 침묵이 진정한 말에서만 가능하다면, 요설은 타락한 현존재가 일상생활의 잡다한 것들에 대해 늘어놓는 말이다.[91]

---

89 김수영, 「시작 노트 7」 (1966), 『전집 2』, 458쪽.

90 김수영, 「제 정신을 갖고 사는 사람은 없는가」 (1966), 『전집 2』, 186쪽.

91 하이데거에게 요설은 호기심, 애매모호성과 더불어 존재와 자신을 상실한 데서 오는 불안감과 불만의 표출 방식이다. 김종두, 앞의 책, 394~5쪽 참조. 독일어 '요설(Gerede)'은 현재 '잡담'으로, 프랑스어 요설

그러나 김수영은 침묵의 시 창작방법론에 요설을 포함시켰다. 이것은 당시 그가 관심을 가지고 있었던 많은 침묵의 미학자들이 요설을 침묵의 미학 속에 포함시킨 것과 같다. 블랑쇼는 인간의 내면은 결코 침묵하는 것이 아니어서 말하지 않는 말이 만드는 끊이지 않고 멈추지 않는 흐름이 있다고 하였고,[92] 손탁도 「침묵의 미학」에서 좀 더 전형적인 것은 계속 지껄이는 것이라고 하였다.[93] 그녀는 말하기 위해서 말하고 있을 때 그 사람은 독창적이고 진실한 것을 말하고 있는 것이라는 노발리스의 사유, 즉 요설의 전통은 서구문학에서 오래도록 지속되어 왔다고 하였다. 침묵을 옹호하는 풍조가 널리 퍼지고 있는 시대에 수다스러운 예술이 점점 증가하고 있는 것은 극히 자연스러운 일이라고 하였다.[94] 현대의 침묵의 예술에서 요설은 중요한 하나의 방법이다. 이렇게 볼 때, 김수영이 침묵의 시학을 내세우면서 요설에 주목하는 것은 극히 자연스러운 일이라 할 수 있다.

4. 침묵의 시학의 특징

우리는 시의 주제나 제재를 중심으로, 아니면 운율이나 이미지 혹은 수사법을 중심으로 시를 설명해왔다. 그런데 김수영은 침묵을 중심으로, 언어론, 미학, 시 창작방법론 등을 제시하였다. 김수영은 시의 언어 이론에 대해 오랜 시간 탐구하면서 언어의 침묵 이론에 도달하였고, 동서양의 다양한 침묵의 미학과 1960년대를 전후한 서구에서의 침묵의 미학을 탐색하였다. 그리고 이를 바탕으로 독자적인 침묵의 시학을 완성하였다.

김수영이 침묵의 시학을 제출하게 된 것은 시의 언어에 대한 탐색을 지속적으로 해왔던 점, 당시 서구에서 활발하게 전개되고 있던 침묵의 미학에 영향을 받았던 점, 시의 방법으로 다양한 매체와 장르를 모색하고 있었다는 점 등과 깊은 관련이 있었다. 그는 종

(gerade)은 '잡담'이나 '수다'로 주로 번역되고 있다.

92 모리스 블랑쇼, 심재광 역, 『도래할 책』, 그린비, 2011, 418~9쪽.

93 수잔 손탁, 앞의 책, 16~7쪽.

94 위의 책, 44쪽.

래 문학, 예술, 종교 등에서의 침묵의 논의를 수용하면서도 이를 전복하여 자신만의 독자적인 침묵의 시학을 형성하였다.

김수영은 시작 초기에는 시의 언어로 일상어를 내세웠으나 이후 언어의 침묵에 대한 이해를 바탕으로 침묵의 언어 이론을 전개하였다. 이때 그는 말라르메를 재해석하고, 침묵의 언어에 관심을 기울였다. 또한 시의 언어를 탐구하면서 언어의 생성을 통해 침묵에 이르는 길을 제시하였다.

그리고 김수영은 "크나큰 침묵의 — 미학"이라는, 독자적인 침묵의 미학을 모색해나갔다. 와선, 헨델의 〈메시아〉, 베트콩 게릴라 등에 대한 재해석을 통해 침묵의 의미를 새롭게 발견하였다. 그리고 상대적 침묵에 관심을 기울였다. 그 결과 김수영의 침묵의 미학은 침묵 속에 소리, 행동, 의미 등을 내재하는 진지함의 미학으로 귀결되었다.

김수영은 침묵의 시 창작방법론도 구체적으로 제시하였다. 그 하나의 방법은 이미지의 갱생이며, 다른 방법은 요설의 나열이었다. 이것은 그가 말년에 제출한 〈풀〉의 계열과 〈엔카운터 지誌〉의 계열의 바탕을 이루는 것이었다.

김수영에게 침묵은 존재의 드러남, 지상에서의 초월이나 개인적인 해탈, 혹은 무력함의 표현 등과 상관이 없다. 그가 침묵을 추구한 것은 현대성에 적극적으로 대응하고 미적 모더니티를 확보하기 위해서이다. 때문에 김수영에게 침묵은 헨델의 〈메시아〉나 베트콩 게릴라들의 행동처럼 저항을 의미할 수도 있었고, 말라르메가 보여준 침묵의 언어처럼 언어의 실험으로 이어질 수도 있었다.

제3부 02

소음 시학의 형성과 전개

1. 1950~60년대 한국 현실과 소음

김수영은 시작 초반부터 노래로서의 시, 시적 대상의 소리에 대한 인식을 뚜렷이 지니고 있었다. 그런데 여러 소리 중 김수영이 가장 의식적으로 반응한 것은 소음이고 시작 후반으로 갈수록 소음에 대한 자의식을 뚜렷하게 보인다. 그는 스스로 '소음의 철학'을 획득하였다고 할 정도로 소음을 중시하였다.

김수영은 다양한 음향이나 의성어로, 혹은 청각이미지로 소음을 표현하였다. 산문이나 시론에서는 '소음'이라는 단어를 직접 거론한 경우도 많았는데, 이것은 그가 소음을 미학의 대상으로 뚜렷이 의식하고 있었다는 것을 뜻한다.

김수영 시에 나타나고 있는 소음에 대해서는 최근 들어 논의되기 시작하였다. 이에 대해 처음 주목한 연구는 1960년대 한국의 소음 환경을 고찰하는 과정에서 김수영의 소음에 대해 언급한 것이다.[1] 이 연구에서는 소음의 정치적 의미를 고찰하면서 김수영의

---

1 임태훈, 「국가의 사운드 스케이프와 붉은 소음의 상상력: 1960년대 소리의 문화사 연구를 위하여(1)」, 『대중서사연구』 17-1, 대중서사학회, 2011. 6.

소음에 대한 인식을 간략하게 언급하였다. 이후 김수영 시의 소음에 대해 본격적으로 고찰한 연구들이 나왔다. 김수영 시의 소음을 전자매체의 영향 속에서 고찰하거나[2] 시적 주체의 감각과 관련하여 고찰한 연구[3]가 대표적이다. 이들 연구에서는 모두 소음을 김수영의 후기 시에 나타나는 현상으로 보고 그것을 특정한 소리와 관련시켰다.

그런데 김수영은 시작 초기부터 소음을 시에 도입하였고, 이때 이미 소음에 대한 의식을 지니고 있었다. 그는 사람들의 말소리, 스피커 소리, 모기 소리 등을 모두 소음으로 느꼈다. 이후 이를 미학으로 발전시켜 독자적인 '소음의 철학'을 완성하였다. 김수영의 시에 나타나는 소음은 어떤 종류의 소리인지, 소음을 미학으로 인식하게 된 배경은 무엇인지, 소음을 토대로 어떤 시학을 전개하고 있는지 등의 문제들은 김수영 문학을 해명하는 중요한 열쇠가 된다.

2. 김수영의 '소음의 철학'

한국의 근대 이후 많은 시인들은 소음에 관심을 두어왔다. 특히 1930년대 모더니즘 시인들은 이를 미적 대상으로 인식하고 가공하기에 이른다. 이들은 기차나 자동차, 비행기 등 근대 문명의 소음을 감각적으로 표현하였다.[4] 해방 후 세대인 김수영은 1930년대 모더니즘 시인들과 다르게 소음에 반응하였다.

30년대 모더니즘 시인들이 주로 근대 문명의 소리를 소음으로 받아들였다면 김수영은 소음의 외연을 보다 확장하였다. 김수영에게 소음은 특정한 대상의 소리에 한정되지 않는다. 그것은 산업화 과정에서 발생하는 소음, 정치적 소음뿐만 아니라 일상에서 들

2 나희덕, 「김수영의 매체의식과 감각적 주체의 전환」, 『현대문학의 연구』 40, 한국문학연구학회, 2010. 2.

3 주영중, 「미디어를 통해 본 김수영의 시세계: 대중매체와의 관계를 중심으로」, 『한국문학연구』 43, 동국대 한국문학연구소, 2012. 12.

4 자세한 논의는 졸고, 「김기림 시에 나타난 소음의 변모 과정」, 『국어교육연구』 62, 국어교육학회, 2016. 10, 389~418쪽 참조.

는 소음 등 다양하다.

일반적으로 소음이라는 말은 여러 가지 의미를 가지고 있고 그 뉘앙스도 다양하다. 그 중 가장 중요한 뜻을 몇 가지 들자면 다음과 같다.

1. **원하지 않는 소리** 옥스퍼드 영어사전에서 음을 원하지 않는 소리로 설명하고 그 기원은 1225년에까지 거슬러 올라간다.
2. **음악적이지 않는 소리** 19세기 물리학자인 헤르만 헬름홀츠는 소음이라는 말을 주기적 진동으로부터 생겨나는 음악과 대조시켜서 비주기적 진동으로부터 생기는 소리(예를 들면, 나뭇잎이 바스락거리는 소리)를 표현할 때 썼다.
3. **큰 소리** 일반적으로 소음이 특별히 큰 소리를 가리키는 경우가 자주 있다. 소음 규제 조례는 이러한 의미에서 큰 소리를 금지하거나 데시벨을 이용하여 그 허용한도를 정하고 있다.
4. **신호체계를 방해하는 것** 전자공학을 비롯하여 그 이외의 공학 분야에서 소음은 신호의 성분이 아닌 교란 요소라는 의미를 가지고 있다.[5]

이 네 가지 일반적인 정의 가운데 일상적인 의미에서 널리 쓰이고 있는 것은 첫 번째 것으로 제시된, "원하지 않는 소리"이다. 이러한 정의에 따르면 소음은 어디까지나 주관적인 것이며, 소음을 일으키는 원인도 다양하다.[6] 김수영 문학의 소음도 상당 부분 첫 번째 정의에 해당하는 "원하지 않는 소리"이다. 그는 소음을 소리의 세기, 주파수, 대상에 따라 구별하지 않고 주관적인 것으로 받아들였다.

김수영이 듣는 소음은 동네의 맴질 소리, 라디오의 소리와 음악 소리, 사람들의 잡담 소리, 자연의 소리 등 여러 가지 소리를 포괄한다. 이러한 소음 중 유독 김수영이 강박적으로 느낀 것은 정치적 규율을 강제하는 소리였다. 1960년대 한국에는 특별한 소음들이

---

5 R. 머레이 쉐이퍼, 한명호 · 오양기역,『사운드 스케이프 - 세계의 조율』, 그물코, 2008, 279~80쪽.

6 근대 이전의 소음은 전쟁이나 종교에서의 소음이 주류를 이루었다. 가령 기독교에서 신성한 것을 알리는 교회 종소리는 '성스러운 소음'이 될 수 있다. 위의 책, 95쪽.

있었다. 근대화를 향해 나아가는 과정에 각종 소음들이 넘쳐났다. 통행금지를 알리는 소리, 북한에서 월경해 오는 라디오 소리 등 정치적 금기를 알리는 소리가 두드러졌다. 김수영은 향군무장을 보도하는 투박한 뉴스 소리에 예민하게 반응하였고 북한으로부터 건너오는 방송의 소리에 대해서도 감정적으로 대응하였다.[7]

> 그리고 벽두에 나오는 <×방죽에 물이 넘친다!>의 고함소리가 너무 폭력적인 악성이다. KY의 음악을 듣다가도 이 고함소리가 월경(越境)을 해오면 간이 다 서늘해지고, 6 · 25 때의 생각까지 되살아나서 화가 벌컥 치민다. 그런데 시국물(時局物)이나 대공물(對空物) 치고 으레 이런 송구스러운 고함소리가 아니 나오는 것이 없고, 그 중에서도 심한 것은 그저 고함의 연속이다.[8]

김수영은 새로 산 금성 전축 세트에서 나오는 이북 방송, 시국물이나 대공물에 나오는 고함 소리, 이러한 소리들을 모두 "폭력적인 악성"으로 들었다.

그러나 김수영은 자연의 소리도 소음으로 들었다. 모기 소리, 꽃의 소리 등 미세한 자연의 소리 등은 사실 소음에 해당하지 않을 수 있다. 하지만 그는 "꽃의 소음이 바로 들어오게"(<꽃잎 2>)라고 하거나 "지상의 소음이 번성하는 날은/ 하늘의 소음도 번쩍인다"(<여름 밤>)고 하면서 이들 소리를 '소음'으로 표현하였다. 이 소음은 앞서 언급한 소음의 정의 가운데 두 번째에 해당하는 것으로, "음악적이지 않는 소리," 즉 "비주기적 진동으로부터 생기는 소리"에 해당한다.

김수영이 '소음'이라는 말을 처음 쓴 것은 <시골 선물>에서이다. 이 글에서 그는 "서울에 돌아온 지 일주일도 못 된 나에게는 도회의 소음과 광증狂症과 속도와 허위가 새삼스러웁게 미웁고 서글프게 느껴"진다(<시골 선물>)고 하였다. 그리고 이후 소음에 대해 깊

---

7 김수영은 자신을 둘러싼 1960년대의 정치적 소음과 불화했다. 자세한 논의는 임태훈, 302~7쪽 참조.

8 김수영, 「방송국에 이의 있다」(1962), 『김수영 전집 2 - 산문』, 민음사, 2003(이하 『전집 2』로 표기), 175쪽.

이 사유하고, 스스로 소음의 철학을 완성하였다.

이것은 소리에 대한 그의 남다른 관심에서 비롯한다. 김수영은 시작 초기부터 시에 소리를 광범위하게 표현하였다. 그의 시에는 벌레 소리, 물소리, 사람들 소리, 스피커 소리 등 무수한 소리들이 넘쳐난다. "곧은 소리는 소리이다/ 곧은 소리는 곧은/ 소리를 부른다"(<폭포>)고 한 <폭포>에서는 소리가 정신으로 변모되는 경지도 드러났다.

한편 김수영이 시작 활동을 할 당시 접한 서구의 많은 예술들은 소음의 미학에 바탕을 두고 있었다. 그가 깊은 관심을 기울였던 다다이즘과 비트, 재즈, 60년대 반예술 등의 예술은 모두 소음을 배경으로 하고 있었다.

> 사실은 이런 경우에 내가 말하는 다다이즘이나 비트는 동일한 말입니다. 출판문화의 제약에서 벗어나 야외의 낭독회에서 자유를 느끼는 존 웨인이나, 파도에 연설을 한 지난날의 동료를 찬양하는 요시야 여사는 40년 전의 앙드레 브르통이나 트리스탄 차라와 같은 정신에 있습니다.
>
> 왜 새삼스럽게 케케묵은 다다이즘의 이야기를 꺼내느냐고 눈살을 찌푸리는 청취자도 계실지 모릅니다만, 무슨 이유인지 이 방송원고를 쓰고 있자니 자꾸 다다이즘 생각이 납니다. 용시해 주십시오.[9]

김수영은 라디오 방송을 처음 시작하면서 청취자에게 직접 말을 건네고 다다이즘과 비트를 떠올렸다. 김수영은 이들 예술에서 무엇보다 활자에 구속되지 않고 청취자에게 직접 하는 말, 즉 소리를 떠올렸다. 한국에 비트에 대한 이야기가 유행할 때 서구의 비트와 달리 테이블을 치고 찻잔을 부수는 행동을 하지 않는다[10]고 비판할 때에도 그는 소리를 떠올렸다.

실제 다다이즘과 비트는 모두 소음의 예술에 속한다고 할 수 있다. 다다이즘은 서구

---

9 김수영, 「요즈음 느끼는 일」(1963), 『전집 2』, 48쪽.
10 김수영, 「시의 <뉴 프런티어>」(1961), 『전집 2』, 240쪽.

예술사에서 미래주의의 소음주의를 계승하면서 소음을 실험한 사조이다. 다다이스트들은 여러 명이 동시에 시를 낭송하는 동시시를 실험하였는데, 이때 미친 듯이 혼란스러운 목소리로 소음을 자아내었다.[11] 비트의 예술가들은 형식적인 삶에서 벗어나 자연발생적인 문체를 추구하였으며[12] 시인들도 혼란스럽고 외설스러운 표현을 기괴한 소리로 표현하였다.

이 외에도 김수영은 당시 한국에서 공연된 여러 예술, 가령 음악, 드라마, 그리고 영화에 나타나는 소음에 대해 두루 언급하였다.

> 나는 호세 파라가 고함을 치는 장면을 보고 감탄을 한 일이 있었다. 그가 고함을 치는 얼굴에는 보이지 않는 웃음이 숨어 있다. 이것은 좀 이상하게 들릴지 모르지만 그의 고함치는 소리는 듣기 싫지 않고 오히려 좀 더 듣고 싶고 백 번을 더 들어도 싫지 않을 것 같다. 그것은 웃음보다도 더 매력이 있다. 같은 고함이나 소음이라도 얼마 전에 한운사(韓雲史)의 것에 나온, 배경으로서의 고함과 소음은 재치 있게 소화되어 있는 재미있는 것이었다. 이런 도회적인 배경을 나타내는 주밀한 소음의 효과는 오히려 여기까지 사용되지 않은 것이 이상스러울 정도이다.[13]

김수영은 호세 파라의 고함이나 소음에 매력을 느끼기도 하고, 당시 한국의 대표적인 극작가인 한운사[14]의 작품에 나오는 소음에 감동을 받기도 한다. 그런가 하면 1960년대에 한국에서 상연되기도 한 뒤비비에[15] 영화에 나타나고 있는 소음에 대해서도 자세히

---

11 Dietmar Elger, 김금미 역, 『다다이즘』, 미로니에북스, 2008, 12쪽.

12 비트 세대가 사용한 많은 기법은 원래 다다이스트들에게서 비롯된 것이었다. 자세한 논의는 Erik Mortenson, *Capturing the Beat Mouvement: Cultural Politics and The Poetics of Presence*, Southern Ilinois University Press, 2011, pp.25~6 참조.

13 김수영, 「방송국에 이의 있다」(1962), 『전집 2』, 175쪽.

14 한운사는 1950년대에 활발하게 활동한, 한국의 1세대 TV 드라마 작가이다. 그는 「어느 하늘 아래서」, 「서울이여 안녕」, 「빨간 마후라」, 「남과 북」 등의 작품을 썼다. 「빨간 마후라」와 「잘 살아 보세」 등의 작사가이기도 하다. 그는 정치 · 사회적으로 민감한 소재들을 라디오와 텔레비전에 담는 데 성공하였다. 특히 청각적 이미지로 시각적 이미지를 상상하는 수법을 활용하는 등, 해설이나 장면 구성 등에서 새로운 기법을 개발함으로써 방송극 양식 확립에 많은 기여를 하였다. 자세한 논의는 윤석진, 「극작가 한운사의 방송극 연구」, 『한국극예술연구』 24, 한국극예술학회, 2006.10, 169~174쪽 참조.

언급하였다.

> 옛날에 본, 뒤비비에가 미국에 건너가서 만든 영화에 찰스 로턴이 작곡가로 분장해서 나오는 것이 있었다. 이 작곡가는 고가철도의 옆의 소음의 도가니 속 같은 대도회의 빈민굴에 살고 있었고, 이런 시끄러운 방에서 반 다스도 더 되는 아이들이 쌩이질을 하는 틈에서 작곡을 하고 있었다. 이것을 멋있는 장면으로 지금까지도 기억하고 있고, 소음에 시달림을 받고 신경질이 날 때면 나는 이 장면을 생각하면서 약으로 삼고 있다.[16]

여기서 김수영이 언급하고 있는 영화는 뒤비비에가 미국에서 만든 영화, 〈운명의 향연 - 클래식〉인 것으로 보인다. 이 영화는 6개의 이야기로 구성된 옴니버스 형식의 작품인데 김수영은 이 가운데 가난한 작곡가의 이야기를 다룬 세 번째 이야기를 언급한다. 이 이야기에는 한 작곡가가 도시의 소음 가운데 클래식을 재즈로 변용하여 작곡하는 과정이 잘 드러난다. 작곡가는 클래식을 연주하다가 리듬을 재즈로 바꾸는데, 이때 그가 곡을 변화시키는 중요한 계기가 된 것은 소음이었다.[17]

그런데 김수영은 자신이 소음에 시달림을 받고 신경질이 날 때면 소음이 나오는 뒤비비에 영화의 한 장면을 생각하면서 이를 약으로 삼았다고 고백한다. 김수영은 영화 속 작곡가처럼 소음에 반응하면서 시를 쓰고자 하였다.

---

15 1930년대 당시 프랑스 최고의 영화감독으로 알려진 쥘리앵 뒤비비에는 시적 리얼리즘의 창시자로 당대에 많은 문제작을 제작하였다. 그는 1차 세계대전 후 미국으로 건너가 여러 작품을 만들었다. 크리스틴 톰슨 · 데이비드 보드웰, 주진숙 외 역, 『세계 영화사』, 시각과언어, 2000, 193~4쪽 참조.

16 김수영, 「멋」, 『전집 2』(1968), 139쪽.

17 이 이야기는 미국의 어느 시골, 가난하고 무명의 작곡가가 자신이 작곡한 곡을 우여곡절 끝에 무대에서 연주하게 되는 과정을 다룬 것이다.

3. 침묵 · 요설 · 모더니티의 소리

1) 침묵의 시학과 소음

김수영은 소음을 침묵의 시학과 관련시켜 이해하였다. 김수영은 자신이 진정으로 지향하는 것은 '침묵'이며, "침묵을 지키기 위해서라면 어떤 희생을 치러도 좋다"고 하였다.[18] 김수영이 말하는 침묵의 시학은 물론 무의미, 무의 영역을 드러내고자 하는 의도에서 나왔다.[19] 이것은 서양의 많은 시인 예술가들이 관심을 가져온 영역이기도 하다. 김수영이 관심을 가져 왔던 말라르메, 블랑쇼 등도 모두 시를 침묵과 관련시켜 논의한 바 있다.

그런데 김수영은 이러한 '침묵'을 '이행'의 관점에서 파악하였다. "몸이 저리도록 반가운 침묵. 그것은 지긋지긋하게 조용한 동작 속에" 있다.[20] "침묵은 이행 enforcement이다."[21] 김수영이 말하는 소음이 침묵과 밀접한 관련을 지니는 것도 이 때문이다. 김수영은 침묵을 강조하는 바로 그 자리에서, "좀 비약이 많은 것을 용서해 준다면 나에게 있어서 소음은 훈장이다"[22]라고 하였다.

> 전등에서 소등(消燈)으로
>
> 소음에서 라디오의 중단으로
>
> 모조품 은단(銀丹)에서 인단(仁丹)으로
>
> 남의 집에서 내 방으로
>
> 노동에서 휴식으로

---

18 김수영, 「시작 노트 6」(1966), 『전집 2』, 451쪽.
19 자세한 논의는 졸고, 「김수영 시론과 죽음: 블랑쇼의 영향을 중심으로, 『국어국문학』 159집, 2011 참조.
20 김수영, 「해동」(1968), 『전집 2』, 143쪽.
21 김수영, 「시작 노트 7」(1966), 『전집 2』, 459쪽.
22 위의 글, 459쪽.

휴식에서 수면으로

- <x에서 y로>(1964) 부분

이 시에서 소음은 우선 침묵과 대립 항을 이루고 있다. "x에서 y로"라는 방정식의 각 항에 여러 대상을 집어넣을 수 있다. x축에는 전등, 소음, 모조품 은단, 남의 집, 노동 등이, y축에는 소등, 라디오의 중단, 인단, 내 방, 휴식, 수면 등이 속한다. x축에 있는 소음은 노동과 관련한 영역에, y축에 있는 침묵은 휴식의 영역에 속한다.

그런데 여기서 소음은 곧 침묵으로 이행하고 있다. "소음"은 "라디오의 중단"이 의미하는 '침묵'으로, "전등"은 "소등"으로, "노동"은 "휴식"으로 이어진다. 이러한 항들은 언제든지 다른 것으로 바뀐다. 특히 소음에서 침묵으로의 이행은 글쓰기 작업에서 가장 분명하게 드러난다.

글을 써서 돈을 벌 필요가 없을 만큼 돈이 있다 해도 편안하지 않을 것이다. 그 돈은 어디서 생겼는가? 누가 어떻게 해서 번 것인가? 그러니까 역시 글을 써서 돈벌이를 하면서, 글을 써서 돈벌이를 하는 자기 자신과 싸워가는 수밖에 없다. 요는 휴식을 바라서는 아니 되고 소음이 그치는 것을 바라서는 아니 된다. 싸우는 중에, 싸우는 한가운데에서 휴식을 얻는다. 이 말도 말로 하면 싱겁게 된다.[23]

흔히 글쓰기는 휴식, "소음이 그치는 것," 즉 침묵에 속하는 것으로 생각될 수 있다. 그러나 김수영에게 글쓰기는 돈을 버는 일, 소음의 영역에서 온전히 벗어나지 못한다. 글 쓰는 시인은 "휴식을 바라서는 아니 되고 소음이 그치는 것을 바라서는 아니 된다." 글쓰기는 소음 가운데 있으며, 자신과의 끊임없는 싸움이고 동시에 휴식이다. 그것은 돈벌이와 휴식, 소음과 침묵 가운데 있다. 김수영은 "시를 쓰는 도중에도 나는 소음을 듣는다. 한 1초나 2초가량 안 들리는 순간이 있을까"라고도 하고 소음을 말하면 문학이 된

23 위의 글, 459쪽.

다[24]고도 한다. 소음은 일을 할 때나 시를 쓸 때, 휴식을 할 때 항상 있다.

그런데 소음을 침묵 가운데 발견하는 것은 현대 문화의 두드러진 경향이기도 하다. 이합 핫산에 따르면 현대 문화에서 새롭게 대두하는 것은 회피 혹은 부재의 힘이다. 이 힘은 큰 침묵을 유도해내는데 바로 그 속에서 소음이 터져 나온다. 베케트 또한 침묵과 다정한 친구이자 강박 관념에 사로잡혀 있는 수다꾼이다.[25] 이것은 케이지가 선보인 음악의 방식이기도 하다. 케이지는 어떤 순간이고 침묵 자체로 남아 있는 순간이 없다는 사실을 발견하였다. 침묵을 드러내는 것은 곧 소음을 드러내는 일이 된다. 소리는 그 존재 자체가 침묵에 의존하고 있다. 소리나 침묵 모두 시간의 흐름이라는 특성을 공유한다. 소리가 음악에 수용됨으로써 예술과 일상의 경계는 사라진다. 가령 〈4분 33초〉에서는 작곡가가 전혀 의도하지 않았던 소음이 작품의 일부로 수용된다.[26]

현대 예술에서 침묵을 소음과 함께 주목한 것은 소음이 현대성의 소리이기 때문이다. 손탁이 「침묵의 미학」에서 현대 예술의 두드러진 경향으로 침묵을 제시한 것도 이 때문이다.[27] 아울러 그것은 인간의 모든 경험과 감정을 표현하려는 의도에서 출발한 것이기도 하다. 비트 예술가들은 길거리에서 우연히 발견한 재료에 관심을 두었다. 케이지와 절친했던 라우센버그 역시 비트 시인들처럼 인간의 모든 영역을 표현해보고자 하였다.[28] 케이지가 주변의 소음을 이용한 것도 이러한 이유에서이다.[29]

이렇게 볼 때, 김수영이 침묵 가운데 소음을 강조한 것은 현대 예술의 거대한 흐름 속에 있는 것이라 할 수 있다. 김수영은 소음을 어디까지나 현대성과 관련하여 이해하였고, '이행'의 관점에서 바라보았다.

---

24 위의 글, 458쪽.

25 이합 합산, 정정호 · 이소영 편역, 『포스트모더니즘 개론』, 한신문화사, 1991, 14쪽.

26 김진호, 『매혹의 음색: 소음과 음색의 측면에서 본 20세기 서양 음악의 역사와 이론에 대한 개론서』, 갈무리, 2012, 53쪽.

27 수잔 손탁은 현대예술이 최소한의 이야기 원칙에 집착하는 것은 자본주의적 세계관을 패러디하기 위한 데서 비롯한다고 보고 있다. 자세한 논의는 수잔 손탁, 이병용 · 안재연 역, 『급진적 스타일』, 현대미학사, 2004, 43쪽 참조.

28 이주은, 「비트 세대의 질주」, 『미술세계』 320, 2011. 7, 127쪽.

29 위의 글, 127쪽.

2) 소음의 변명으로서의 요설

김수영은 소음의 의미를 다각도로 탐색하였고, 여러 가지 소음을 다양하게 표현하였다. 그리고 「시작 노트 7」에 이르러는 "소음의 철학"을 얻게 되었다고 하였다.

> 소음에 대해서 한 편의 논문을 너끈히 쓸 수 있을 것 같다. 소음이라면 너무 점잖다. 시끄러운 것이다. 시끄럽다는 것도 추상적이다. 우리 집 바로 옆의 철창 만드는 공장의 땜질 하는 소리다. 이 공장이 무허가로 선 지가 자유당 말기 때니까 여러 해 된다. 그동안에 소음의 철학을 얻었다. 소음에 초연할 수 있는 사람은 참 드물다.[30]

김수영은 일상 속에서 듣는 소음, 가령 "철창 만드는 공장의 땜질하는 소리" 속에서 "소음의 철학을 얻었다"고 한다. 그리고 이 소음은 문학의 방해꾼이 아니라 문학의 자양분이 된다고 한다. "지잉-지이잉-지이이잉-잉잉잉잉." "이 소리가 나면 문학 하지 말라는 소리로 들어야" 하지만 "이 소리를 듣고도 안 들릴 만한 글을 써야한다."[31] 소음을 듣고 쓰는 시, 소음에 대응하는 시, 시는 소음 속에서 나온다.

그러면 소음의 철학에서 나오는 시는 어떤 형식을 갖는가? 그 대표적인 방식은 요설을 통해 소음에 대응하는 것이다.

> 나의 시 속에 요설(饒舌)이 있다고들 한다. 내가 소음을 들을 때 소음을 죽이려고 요설을 한다고 생각해 주기 바란다. …(중략)… 그러나 내 시 안에 요설이 있다면 〈문학〉이 있는 것이 된다. 요설은 소음에 대한 변명이고, 요설에 대한 변명이 〈문학〉이 된다고 말할 수 있다. 「시 노트」 같은 것을 원수같이 생각하는 이유가 여기 있다.[32]

---

30 김수영, 「시작 노트 7」(1966), 『전집 2』, 458쪽.
31 위의 글, 458쪽.
32 위의 글, 458쪽.

김수영은 소음을 들을 때 소음을 죽이려고 요설을 하게 되는데, 시 안에 나타나는 요설은 곧 문학이 된다고 한다. 소음에 대한 변명이 요설이고, 요설에 대한 변명이 곧 문학이 된다는 것이다.

사실 소음은 현대 사회에서 밀접한 관련을 지닌다. 서구의 경우, 소음은 근대가 커다란 변화를 일으키던 시기, 예컨대 18세기 말에부터 시작하여 20세기 초반에 이르기까지 예술에 강력한 영향을 미친다. 그런데 이것이 언어에 변화를 가져온 것이 요설이다. 일상적인 소통의 수단에서 벗어날 때 언어는 소음이 되는데 요설은 언어의 소음화 현상이라 할 수 있다.[33] 이것은 비트 문학과 60년대 반문학과도 밀접한 관련을 지니고 있다. 김수영 문학에 많은 영향을 미친 비트 문학자들, 가령 긴즈버그를 비롯해 케루악 같은 비트 운동의 주요 인물들도 소음에 관심을 가졌다.[34] 또한 베케트나 이오네스코와 같은 반문학의 작가들도 소음을 다양하게 활용하였다.

베케트의 많은 작품들 속에서 사람들의 말은 배경이 되는 소음과 혼합되어 있다. 여기서 바다의 노호소리, 거리의 소음 등은 말이 의미 없는 윙윙거림이 되어버리는 것과 같은 현상으로 제시된다. 베케트의 작품 속 인물들은 흘러넘치는 단어들로 끊임없이 말하는데, 이 말은 흔히 대상들의 소음과 함께 제시된다.[35]

이오네스코도 전통적인 구성과 체계 대신 서로 연관 없는 요설을 소음과 함께 표현하였는데, 그는 대표적인 소음 예술가라 할 수 있는 마리네티에게 많은 영향을 받았다.[36] 이에 따라 작품 속 언어가 "아무것도 의미하는 바가 없는" 소음으로, 사고를 표현하지 않

---

33 김길웅, 「언어와 소음: 노발리스의 『자이스의 제자들』에 나타난 언어관」, 『헤세연구』 27, 한국헤세학회, 2012. 6, 54쪽.

34 '비트'는 여러 가지 의미로 해석되지만, '두드린다'는 뜻으로 해석할 경우 그것은 의미 없는 소리의 반복에 불과하다. 앨런 긴주버그는 <절규>에서 소리치는 듯한 폭풍의 목소리를 시적 음성으로 선택하였다. 최병현, 『미국 현대시: 1950년 이후』, 한신문화사, 1995, 194쪽 참조.: 비트 시인들은 많은 수다의 말들로 '평평한 시'를 만들었다. 자세한 논의는 정은귀, 「횡단하는 나쁜 문장들: 미국 비트 세대의 실험적 장면과 오해들」, 『쓺: 문학의 이름으로』 2, 문학실험실, 2016, 97쪽 참조.

35 베케트 작품 속 주인공 몰리는 "내 자신의 말도 내게는 종종 곤충들이 붕붕대는 소리로 여겨졌소. 자연의 소리나 인간 활동의 소음에 난 나름대로 반응한다고 생각하지. 거기에서 교훈을 얻어낼 생각은 안해요"라고 토로하였다. 마틴 에슬린, 김미혜 역, 『부조리극』, 한길사, 2005, 101~2쪽.

36 박형섭, 「이오네스코와 루마니아」, 『비교문화연구』 26, 경희대학교 비교문화연구소, 2012. 3, 111쪽.

는 수다스러운 표현으로 남는 경우가 많았다.[37]

그런데 이오네스코는 베케트와 함께 김수영이 시작 활동을 할 당시 한국에도 수용되고 있었고 여러 차례 상연되기도 하였다.[38] 이오네스코는 김수영의 후기 문학에 광범위한 영향을 비쳤는데, 김수영은 「시작 노트」에서도 여러 차례 이오네스코에 대해 언급하였다. 사실 김수영의 「시작 노트」라는 제목 자체가 이오네스코의 「노트와 반노트」의 영향을 받은 것으로 보인다. 김수영은 자신의 「시작 노트」를 사적인 경험을 곁들어 연속적으로 개진하였는데, 이것은 이오네스코가 「노트와 반노트」에서 일련의 번호를 매긴 장 속에 사적인 체험을 곁들이면서 문학론을 피력한 방식과 유사하다. 김수영은 〈엔카운터 지誌〉에서 자신이 지향하는 요설을 구현하면서 이오네스코를 직접 언급하기도 하였다.[39]

빌려드릴 수 없어. 작년하고도 또 틀려.
눈에 보여. 냉면집 간판 밑으로 ― 육개장을 먹으러 ―
들어갔다가 나왔어 ― 모밀국수 전문집으로 갔지 ―
매춘부 젊은 애들, 때묻은 발을 꼬고 앉아서
유부우동을 먹고 있는 것을 보다가 생각한 것
아냐. 그때는 빌려드리려고 했어. 관용의 미덕 ―
그걸 할 수 있었어. 그것도 눈에 보였어. 엔카운터
속의 이오네스코까지도 희생할 수 있었어. 그게

---

37 김찬자, 『이오네스코 읽기』, 세창, 2015, 246~7쪽.

38 이오네스코 희곡 중 가장 많이 공연된 것은 〈대머리 여가수〉이다. 이 작품은 1963년 극단 민중이 김정옥 연출로 반도 호텔 무대에 올린 이래, 여러 차례 한국에서 공연되었다. 오세곤, 「이오네스코의 부조리극과 그 한국 공연사」, 『프랑스문화연구』 18, 한국프랑스문화학회, 2009. 5, 208쪽.

39 김수영이 구독하고 있었던 『엔카운터*Encounter*』에 이오네스코는 여러 차례 소개되었고, 그의 글도 여러 차례 실렸다. 김수영이 타개하기 전인 1968년까지, 이오네스코는 네 차례에 걸쳐 기고를 하였다. 이오네스코가 이 시기 기고한 글은 "The Writer & His Problems"(1964.9), "Jounal"(1966.2), "Jounal(Ⅱ)"(1966.5), "Jounal"(1968.9) 등이다.

무어란 말야. 나는 그 이전에 있었어. 내 몸. 빛나는
몸.

- <엔카운터 지(誌)>(1966) 부분

이 시에서 요설은 또 다른 요설로 이어지고 있다. 청자에게 건네는 시적 화자의 요설들은 많은 말들로 이루어져 있지만 정작 그것이 지시하는 의미는 명확하지 않다. 그렇다면 이러한 요설이 지향하는 것은 무엇인가? 시적 화자가 "엔카운터/ 속의 이오네스코까지도 희생"하고 얻는 것, 그것은 "내 몸"이다. 요설을 통해 오히려 무의미가 드러나듯, 요설을 통해 나 이전의 "내 몸. 빛나는 몸"이 드러난다.[40] 이때 요설은 이오네스코의 요설이 그렇듯 정신이나 의미가 아니라, 몸이나 무의미를 드러낸다. 김수영은 <의자가 많아서 걸린다>[41]에서 소음의 요설을 광범위하게 보여준다.

의자가 많아서 걸린다 테이블도 많으면
걸린다 테이블 밑에 가로질러놓은
엮음대가 걸리고 테이블 위에 놓은
미제 자기(磁器) 스탠드가 울린다

마루에 가도 마찬가지다 피아노 옆에 놓은
찬장이 울린다 유리문이 울리고 그 속에
넣어둔 노리다케 반상 세트와 글라스가
울린다 이따금씩 강 건너의 대포소리가

---

40 육체와 관련된 그의 문제의식은 이미 이전 시기에 정립되어 있었다. 자세한 논의는 김유중, 『김수영과 하이데거』, 민음사, 2007, 276쪽 참조.

41 김수영의 <의자가 많아서 걸린다>는 <풀>(1968. 5. 29)을 발표하기 바로 직전인, 1968년 4월 23에 발표된 작품이다.

날 때도 울리지만 싱겁게 걸어갈 때
울리고 돌아서 걸어갈 때 울리고
의자와 의자 사이로 비집고 갈 때
울리고 코 풀 수건을 찾으러 갈 때

38선을 돌아오듯 테이블을 돌아갈 때
걸리고 울리고 일어나도 걸리고
앉아도 걸리고 항상 일어서야 하고 항상
앉아야 한다 피로하지 않으면

울린다 시를 쓰다 말고 코를 풀다 말고
테이블 밑에 신경이 가고 탱크가 지나가는
연도(沿道)의 음악을 들어야 한다 피로하지
않으면 울린다 가만히 있어도 울린다

…(중략)…

바닥이 없는 집이 되고 있다 소리만
남은 집이 되고 있다 모서리만 남은
돌음길만 남은 난삽한 집으로
기꺼이 기꺼이 변해가고 있다

- 〈의자가 많아서 걸린다〉(1966) 부분

이 시는 이오네스코의 〈의자들〉[42]에 상당한 영향을 받은 것으로 보인다. 우선 '의자

---

42 이오네스코의 〈의자들〉은 『엔카운터*Encounter*』(1958. 4)에 자세히 소개되어 있다.

들'이라는 제목의 유사성도 그렇고 여러 소도구들이 증식하고 이러한 사물들의 증식이 요설로 이어지는 것도 그렇다. 의자, 테이블, 엮음대, 미제 자기 스텐드, 찬장, 유리문, 노리다케 반상 세트, 글라스 등 집안에 있는 물건들에 이어 대포와 탱크 등 집밖의 물건들이 요설로 제시되고 있다.

그런데 이러한 요설은 소음을 수반하면서 이어진다. 집안의 미제와 일제 살림 도구들도 소음을 내고 집 밖의 대포와 탱크도 소음을 보태고 있다. 각종 소음은 집 안과 집 밖의 경계마저 지우고 형상들도 무너뜨린다. 사물들은 무한히 확산되면서 다양한 소음을 입체적으로 들려주고 있다.

이 시에서 소음의 요설은 단어뿐만 아니라 음, 음소의 반복 가운데 나타난다. 가령 "울린다," "걸린다"라는 단어나 'ㄴ,' 'ㄹ,' 'ㅇ' 등의 음소는 연속적으로 반복되면서 요설을 이어간다. 이러한 요설은 소리의 증식을 낳아 시 전체를 소리의 울림으로 가득 차게 한다. 시 전체에 걸쳐 마침표는 하나도 나타나지 않고 있는데, 이것은 소리의 요설이 이후에도 지속될 수 있다는 것을 의미한다. 이오네스코의 〈의자들〉의 경우 사물들의 증식이 이어졌다면, 〈의자가 많아서 걸린다〉에서는 소리의 증식이 이어지고 있다. 이러한 소음의 요설로 인해 집은 점차 "소리만 남은 집이 되고 있다."

3) 소음, 모더니티의 소리

김수영은 흔히 소음을 모더니티의 소리로 이해하였다. 김수영은 시에 소리와 소음을 도입하여 한국 현대시의 전위로 자리 잡을 수 있었다는 평가가 있는데,[43] 김수영에게 소음은 현대성과 긴밀한 관계를 지닌다.

김수영은 현대 시인은 모더니티를 지녀야 하는데, "진정한 현대성은 생활과 육체 속에 자각되어 있는 것"이라고 하였다.[44] 이때 그는 극단적인 새로움이 아니라 일상의 모더

43 나희덕, 앞의 글, 471쪽.

44 김수영, 「진정한 현대성의 지향」(1965), 『전집 2』, 317쪽.

니티를 추구하였다. 그가 일상에서 시의 소재를 찾고 일상어로 시를 쓰는 것도 이러한 이유에서이다. 그는 일상의 소음들, 가령 사람들의 잡담 소리, 라디오의 음악 소리 등에서 현대성의 소리를 듣는다. <엔카운터 지誌>의 소음 또한 마찬가지이다.

> 「엔카운터 지」 중의 소음은 <모밀국수>를 먹는 <매춘부 젊은 애들>이나 <식모>와 <가정교사>의 얘기뿐만이 아니다. 가장 귀에 거슬리는 소음은 <시간의 인식만이 빛난다>의 <시간의 인식> 같은 말이다. 우리 동네의 소음에 비한다면 그것은 땜질 하는 소리가 아니라 급행버스 주차장에서 들려오는 배차계의 스피커 소리다. 아니면 다리 건너 언덕 위에 있는 농아학교의 스피커의 음악 소리이다.[45]

김수영에게는 매춘부, 식모, 가정교사의 잡담과 같은 일상의 자잘한 소리에서 소음을 듣는다. 그런데 이러한 소음보다 더 귀에 거슬리는 소음이 있다. 가령 "시간의 인식"과 같은 소리, "급행버스 주차장에서 들려오는 배차계 스피커 소리," "농아학교의 스피커의 음악 소리" 같은 소음이다. <풀의 영상> 중의 스피크 소리는 "<엉클 샘에게 학살당한 월남인>"을 연상하게 하는 소음이다. 이러한 소음들은 모두 현대성의 소리들이다. 그런데 김수영은 프로스트를 통해 현대성의 소음에 대응하는 새로운 소음을 발견한다.

> 「풀의 영상」 중의 스피커 소리는 <엉클 샘에게 학살당한 월남인>이다. 로버트 프로스트의 시론에 이런 말이 있다. <More than once I should have lost my soul to radicalism if it had been the originality it was mistaken for by its young converts.> 나도 이런 과오를 많이 저지른 셈이다. 그러나 그렇다고 앞으로 이런 과오를 다시 저지르지 않겠다는 장담은 할 수 없고, 그런 과오를 더 저지르게 될 것을 두려워하지도 않는다. 어떻게 하겠다, 이런 말이 시의 제작(制作)에서는 일체 통하지 않기 때문이다. 다만 역시 프로스트가 말한 이런 말은 기억해 둘 필요가 있다. <For myself the originality need be more than the freshness of a poem run in

---

45 김수영, 「시작 노트 7」, 『전집 2』, 459~60쪽.

the way I have described: from delight to wisdom.〉 여기에서 〈희열에서 지혜로 — 라는, 내가 말한 방식으로〉가 어떤 방식인지는 그의 시론의 앞부분을 읽어보지 않은 독자에게는 이해가 안 가겠지만, 그런 독자는 〈신선freshness〉이라는 말만 보아두면 된다. 여기의 〈신선〉이라는 것이 감각적인 의미가 아닌 것은 물론이다. 시에 있어서의 진정한 신선은 직관과 감동이 분리되지 않은 신선이다. 그때에 그것이 독창적인 것이 될 수 있다.[46]

김수영은 〈엔카운터 지誌〉와 〈풀의 영상〉을 중심으로 현대성의 소음에 대해 논의를 하고, 이어 프로스트의 시론을 소개한다. 김수영은 세 차례에 걸쳐 프로스트의 원문을 그대로 인용하고 이에 대한 자신의 소감을 곁들이면서 글을 이어나간다.

〈엔카운터 지誌〉와 〈풀의 영상〉의 소음에 대한 논의에 이어 곧 프로스트의 말들을 인용하는 것은 의외라 할 수 있다. 그런데 여기에는 김수영의 소음에 대한 또 다른 인식이 들어 있어 주목된다. 김수영은 프로스트의 원문을 인용하고 독창성을 급진주의로 오해하는 과오를 더는 저지르지 않겠다고 한다. 그리고 프로스트를 따라 시의 새로움은 감각적인 의미에 있지 않고 "직관과 감동이 분리되지 않는 신선"에 있다고, 이것이 진정 독창적인 것이 될 수 있다고 한다. 이어 자신은 시에서 침묵을 지향한다고 밝힌다.

그런데 나의 운산은 침묵을 위한 운산이 되기를 원하고 그래야지만 빛이 난다. 시론이 빛이 나는 것이 아니라 시가 빛이 난다. 이런 말도 해서는 아니 되는 말이다.

하나 더 프로스트의 말을 인용하면, 이런 것이 있다. 〈Our problem is, as modern abstractionists, to have the wildness pure: to be wild with nothing to be wild about.〉 이런

---

46 김수영, 「시작 노트 7」(1966), 『전집 2』, 460쪽. 김수영이 프로스트의 시론 중 인용한 영어 원문을 번역하면 다음과 같다. "젊은 세대가 그것을 독창성으로 오해했다면, 나는 이미 몇 번이고 급진주의에 사로잡혀 내 영혼을 잃었을 것이다"(More than once I should have lost my soul to radicalism if it had been the originality it was mistaken for by its young converts), "나에게 독창성이란 단순히, 내가 설명한 바와 같은 기쁨에서 지혜로 이어지는 시의 신선함 그 이상이 되어야 한다"(For myself the originality need be more than the freshness of a poem run in the way I have described: from delight to wisdom) 등이다. 이 말들은 Robert Frost, *Complete poems of Robert Frost*, New York: Holt, 1949, p.vi에 실려 있다.

말을 「풀의 영상」의 스피크 소리에 적용해 볼 때, 어떨까? 독자 여러분의 감정을 바랄 뿐이다.[47]

김수영은 "나의 운산은 침묵을 위한 운산이 되기를 원하고 그래야지만 빛이 난다"고 말한다. 그리고 프로스트의 말을 원문 그대로 인용하고 "이런 말을 「풀의 영상」의 스피크 소리에 적용해 볼 때, 어떨까?"하고 질문을 던진다.

이와 같이 김수영은 피상적으로 보았을 때, 서로 연결이 되지 않는 프로스트의 말을 자신의 소음과 침묵에 대한 논의 사이에 끼워 넣는다. 그리고 자신의 소음에 대한 생각들은 단편적으로 제시한다. 그런데 이러한 김수영의 논의는 프로스트의 소음에 대한 논의를 참조할 때, 제대로 이해할 수 있다.

여기서 김수영이 인용한 프로스트의 말들은, 프로스트가 시에 "자연을 거친 상태 그 자체로 제시"하고자 한 데서 나온 것이다. 프루스트는 언어 이전에 소리가 있었다고 보고 자연의 소리에 주목하였다. 그는 인간의 언어는 단어와 소리로 구성되지만 자연의 언어는 소리로만 구성된다고 보았다. 자연의 소리는 의미라기보다는 무의미한 소음이나 메아리로 있는데[48] 시인이란 바로 이러한 소리를 아름다운 말과 가락으로 전환시키는 자들이라고 하였다.[49]

이렇게 볼 때, 김수영이 프로스트의 시론에서 읽고자 한 것은 소음에 대한 것임을 알 수 있다. 독창성이란 어떤 급진적인 방식으로 이루어지는 것이 아니라 자연을 야성 그대로 가져오는 데서 이루어진다는 것, 이것은 자연의 소음에도 적용된다. 이러한 소음을

---

47 김수영, 「시학 노트 7」, 『전집 2』, 460쪽. 김수영이 인용한 대목을 번역하면, "우리의 문제는 현대 추상주의 자들처럼, 야성을 순수하게 만들어 버리는 것, 말하자면 버리지 않고 그대로 내버려두는 것이다"(Our problem is, as modern abstractionists, to have the wildness pure: to be wild with nothing to be wild about)이다.

48 케서린 키어즈는 프로스트가 소리와 의미를 교차하는 방법으로 백색 소음을 시에 드러낸다고 하였다. 자세한 논의는 Katherine Kearns, *Robert Frost and a Poetics of Appetite*, Cambridge University Press, 1994, pp. 143~5 참조.

49 신재실, 『로버트 프로스트의 자연시: 그 일탈의 미학』, 태학사, 2004, 179~82쪽.

시에 가져오는 것은 현대성의 소음에 대한 대응이 될 수 있다. 김수영은 프로스트를 통해 현대성의 소음과 다른 소음을 발견하였던 것이다. 그리고 〈엔카운터 지誌〉 중의 소음이나 〈풀의 영상〉의 스피크 소리에 대응되는, 자연 그대로의 소음을 시에 도입하고자 하였다.

실제 김수영은 시에 여러 가지 자연의 소음들을 가져오고, 여기서 시의 독창성을 실현하고자 하였다. 그의 후기 시에 나오는 무수한 소음들, 가령 "우물이 말을 한다/ 어제의 말을 한다/ 「똥, 땡, 똥, 땡, 찡, 찡, 찡……」"(〈등나무 - 신귀거래 3〉), "「꼬오, 꼬, 꼬, 꼬, 꼬오, 꼬, 꼬, 꼬, 꼬」"(〈등나무 - 신귀거래 3〉), "바보의 가족과 운명과/ 어린 고양이의 울음/ 니야옹 니야옹 니야옹"(〈술과 어린 고양이 - 신귀거래 4〉) 등의 소음들은 모두 이에 해당한다.

이러한 소리들은 "원하지 않는 소리"라기보다 "음악적이지 않는 소리"[50]에 해당하는 소음이다. 김수영은 소음에 신경질적인 반응을 보였지만 자연의 소리는 좋아했고 특히 폭포의 소리를 좋아하였다.[51] 김수영은 현대 사회 속에서 살면서 여러 가지 소음들을 들었지만, 자연의 소음으로 미적 모더니티를 형성하기도 하였다.

4. 소음 시학의 특징

한국 현대 시인에게 소리의 문제는 중요한 과제가 아닐 수 없다. 그것은 소리가 시의 공간을 확장하고 시의 분위기를 제시하며, 화자의 정서를 드러내는 데에도 효과적이기 때문이다. 그러나 많은 시인들은 시에 작용하는 소리를 긴요한 과제로 설정하지 않았으며, 이를 본격적으로 탐구하지도 않았다. 한국 현대시사에서 1930년대 김광균이 〈추일서정〉에서 보여주었던, "먼데 여인의 옷 벗는 소리"로 표현된 소리에서 나아간 경우조차 흔치 않았다.

---

50 R. 머레이 쉐이퍼, 앞의 책, 279~80쪽.

51 김현경, 『김수영의 연인』, 실천문학사, 2013, 84~5쪽.

이것은 한국 현대시가 1930년대 이후 종래 음악성을 추구하는 데서 벗어나 회화성을 추구하는 데로 나아갔기 때문이다. 많은 시인들은 소리보다는 이미지나 수사법 등에 보다 많은 주의를 기울여왔고, 이 과정에서 소리를 시에 표현하는 방식에 대해서는 집중적으로 조명하지 않았다.

그런데 1950년대에 들어서 시인들은 소리를 시에 담아내는 데 보다 많은 관심을 드러내었다. 가령 김종삼의 〈북치는 소년〉의 경우, 이 시는 이미지와 서사가 있지만 '소리'의 문제를 도외시하고서는 제대로 감상할 수 없다. 조향은 음향시를 시도하면서 음성을 넘어선 음향까지 시에 담아내고자 하였다.[52]

1950~60년에 문학 활동을 하였던 김수영도 소리의 문제를 집중적으로 조명하고, 이를 시에 표현하고자 하였다. 그는 소리가 현실을 드러내는 데 효과적일 수 있음을 자각하였고, 그것을 미학으로 인식하였다. 그가 특히 관심을 둔 것은 '소음'이다. 김수영이 1950~60년대에 소음에 주목한 것은 소음이 당대 현실의 두드러진 변화를 반영하는 소리였기 때문이다. 이 시기 한국 사회는 근대화 과정 속에서 날로 소음이 늘어났고, 정치 현실의 억압이 심해지면서 소음은 하나의 통제 수단이 되어갔다. 공장의 기계 소리, 자동차 소리뿐만 아니라 전 국민을 대상으로 한 통금 금지 사이렌, 규율과 명령을 통보하는 스피커 소리 등등. 이 시대에는 온통 소음에 둘러싸여 있다고 보아도 과언이 아니었다.

김수영은 이 소음을 기피하거나 소음과 단절하지 않고 소음에 적극 대응하고자 하였다. 그는 현대성의 소음에 대결하기 위해 말의 소음이라 할 수 있는 요설을 다양하게 활용하였다. 그리고 냉전 체제가 가져온 소음, 정치 권력자들의 소음, 근대화가 가져온 소음 등에 대결하기 위해 다른 소음들에 귀를 기울였다. 그리고 얼음물이 녹는 소리, 주전자 물 끓는 소리, 나무에 물오르는 소리, 고양이 우는 소리, 모기 소리 등 다양한 소음을 시에 활용하였다.

---

52 박현수는 청각론의 관점에서 조향의 음향 중심의 시를 고찰하였다. 박현수에 따르면, 조향은 소음을 무조건 긍정하지 않고 시의 내용과 어울리면서 현대적으로 세련된 음향의 교향악을 지향하였다. 자세한 논의는 박현수, 『한국 모더니즘 시학』, 신구문화사, 2007, 298~301쪽 참조.

김수영은 이러한 소음들을 시에 가져올 때, 그것을 유기적 예술 작품을 구성하는 하나의 재료로 취급하지 않았다.[53] 그는 자연의 소음을 날 것 그대로 표현하기도 하며, 의성어를 활용하기도 하고, 무의미한 소음들을 주문처럼 이어가기도 하였다. 또 소음들을 반복하기도 하고 소음의 소리를 분절하여 표현하기도 하였다.

현대 시인이 어떤 소리를, 어떤 방식으로 시에 표현하는가 하는 문제는 현실의 변화에 따라 달라진다. 우리의 소리 환경은 날로 변하고 있으며, 소리를 전달하는 매체 역시 급변하고 있다. 우리가 살고 있는 세계의 현실을 구체적으로 표현하기 위해서 시각 외에도 청각에도 주의를 기울여야 한다. 그런데 김수영은 소음을 시에 도입함으로써 현실을 구체적으로 제시할 수 있었고 시의 모더니티를 확보할 수 있었다. 이런 의미에서 1950~60년대에 김수영이 소음에 주목하고 이를 시작에 광범위하게 활용한 것은 큰 의미가 있다고 하겠다.

---

53 유기적 예술 작품으로 시를 이해할 경우 소음이라는 부분과 시라는 전체는 특정한 유형의 작품으로 통일되고 만다. 유기적 예술 작품의 내용과 형식에 대한 논의는 피터 뷔르거, 『전위예술의 새로운 이해』, 심설당, 1986, 94~5쪽 참조.

제3부 03

요설 미학의 형성과 요설의 실험

1. 요설, 잡담, 수다

김수영은 오랜 시간 '요설饒舌'에 대해 언급하고 요설의 시들을 발표하였다. 또 "요설이 있다면 <문학>이 있는 것이 된다"고 하였다.[1] 김수영이 언급한 요설은 서양에서도 다양한 용어로 쓰여 왔는데,[2] 한국에서는 '요설,' '잡담,' '수다' 등으로 번역되어 왔다. 이와 관련하여 김수영도 '요설,' '잡담,' '수다' 등을 언급하였는데, 시론이나 비평에서는 '요설'을, 시와 기타 산문에서는 '잡담'이나 '수다' 등을 사용하였다. 김수영의 요설에 대한 이해는 문맥에 따라 다르게 나타난다.

---

1 김수영, 「시작 노트 7」(1966), 『김수영 전집 2 - 산문』, 민음사, 2003(이하 『전집 2』로 표기), 458쪽.

2 '요설'과 관련하여 서구에서는 다양한 단어들, 가령 lēros, phluaros, mataiologos, garrulitas, Geschwätz, Gerede, bavardage, snak, sladder 등이 사용되어 왔다. 자세한 논의는 Peter Fenves, *Chatter: Language and History in Kierkegaard*, Stanford University Press, 1993, p. 5. 참조. 현재 영어권에서는 대체로 'chatter'가 쓰인다. 현재 이들 단어에 대해 우리 번역본에서는 '요설', '잡담', '수다' 등이 모두 쓰이고 있다. 여기에서는 김수영이 「시작 노트 7」에서 거론한 방식에 따라 원서는 '요설'로 지칭하고 다른 번역본은 한글로 표기된 것에 따르기로 한다.

(1) 엄격한 의미에서 스테이트먼트라기보다는 꿈의 독백에 가깝지만, 요설(饒舌)이 아닌 이 독백의 뒤에는 뜨거운 발언의 의욕이 숨어 있다.[3]

(2) 그래도 전반적으로 잘 짜여 있고 종래의 그의 작품에 비해서 산만한 감을 주는 요설이 요설로 그치지 않은 것만 해도 상당히 구제되고 있다.[4]

김수영은 요설을 (1)에서처럼 독백과 대립되는 글쓰기 형식으로 보기도 하고, (2)에서처럼 일종의 수사학으로 보기도 하였다. 또 시 비평 도구의 하나로 사용하기도 하였다.

김수영은 시론이나 시 비평 이외의 글쓰기에서는 '잡담'과 '수다'라는 단어를 사용하였다. 그는 1947년에 쓴 시, 〈가까이 할 수 없는 서적〉과 이후에 쓴 〈하 …… 그림자가 없다〉에서, 그리고 여러 산문에서 '잡담'을 사용하였다.

(1) 어린 동생들과의 잡담도 마치고
오늘도 어제와 같이 괴로운 잠을
이루울 준비를 해야 할 이 시간에
괴로움도 모르고
나는 이 책을 멀리 보고 있다

- 〈가까이 할 수 없는 서적〉(1947) 부분

(2) 술을 마시고 웃고 잡담하고
동정하고 진지한 얼굴을 하고

- 〈하…… 그림자가 없다〉(1960) 부분

---

3 김수영, 「〈현대성〉에의 도피」(1964), 『전집 2』, 529쪽.
4 김수영, 「현대시의 진퇴 - 1966년 1월 시평」(1966), 『전집 2』, 539쪽.

(3) 일전에 4월 이후의 새로운 현상에 대한 잡담이 나온 자리에서 어느 문학자 기자가 하는 말이,……[5]

(4) 난로 가장자리에는 불량학생들이 앉아서 하루종일 잡담을 하고 있는 매우 쓸쓸한 다방이다.[6]

(5) 먹고 자고 읽고 잡담을 하고 있는 것이, 평범하게 시간을 즐기면서 사는 맛이 꿀처럼 달다.[7]

김수영은 주로 일상을 관찰하거나 묘사할 때,'잡담'이라는 단어를 사용하였다. 그는 자신의 대표적인 시론인 「반시론」에서도 일상에 대해 말할 경우, '잡담'을 사용하였다.

그래서 나는 서재가 없다. 일부러 서재로 쓰던 방을 내놓고 안방에 와서 일을 한다. 그전에는 잡음 중에도 옆에서 밥을 먹거나 무엇을 씹는 소리가 가장 싫었는데, 요즘에는 그것에도 면역이 된 셈이다. 정 방해가 될 때면 일손을 멈추고 잡담을 한다.[8]

김수영은 「반시론」에서 글쓰기에 잡음이 너무 방해가 될 때 '잡담'을 한다고 하였다. 그런데 김수영은 요설에 해당하는 말로 '수다'를 쓰기도 하였다. 1953년에 쓴 미완성 소설, <의용군>에서는 주인공의 수다스러운 대사 끝에 "그는 이렇게 수다를 떨고 있다"[9]라고 하였다. 이후에 쓴 산문에서는 "돈이나 권력이 있는 사람들이 24시간 침묵만 지키고 있는 것이 아니다. 이들도 돈 없고 권력 없는 사람들의 경우처럼 수다를 떠는 때가 있다"[10]고 하였다.

---

5 김수영, 「독자의 불신임」(1960), 『전집 2』, 158쪽.
6 김수영, 「일기초1, 1954. 12. 30」(1954), 『전집 2』, 487쪽.
7 김수영, 「삼동(三冬) 유감」(1967), 『전집 2』, 130쪽.
8 김수영, 「반시론」(1968), 『전집 2』, 410쪽.
9 김수영, 「의용군」(1953), 『전집 2』, 610쪽.
10 김수영, 「민락기(民樂記)」(1967), 『전집 2』, 125쪽.

김수영은 「시작 노트 7」이나 「반시론」과 같이 같은 시기에 쓴 글에서도 시론에서는 '요설'을, 일상을 다룬 산문에서는 '잡담'을 사용하였다. 이와 같이 김수영은 '요설,' '잡담,' '수다'를 거의 같은 뜻으로 사용하였지만, 시론에서는 '요설'을, 일상을 거론할 때에는 '잡담'이나 '수다'를 사용하였다.

요설에 대한 정의를 내리는 것은 그 어떤 것보다 어렵다고 하는데, 우선 그것은 "쓸데없이 지껄이는 말"이라고 정의내릴 수 있다.[11] 그것은 "말하기 위한 말"에 해당되는 것으로 그 어떤 가치 있는 것도, 중요한 것도, 흥미로운 것도 포함하지 않는 말을 말한다. 때문에 요설은 "알아들을 수 없는 발화, 해독할 수 없는 경구, 심지어 무의미의 현상"으로 이해된다.[12] 또한 요설은 일종의 질병에서 나온 언어로,[13] 타락한 세계에서의 선악에 대한 물음의 언어로 이해되기도 한다.[14]

요설이 지니는 이러한 특성, 즉 발화 가운데 실체 없는 것, 가치 없는 것, 중요하지 않는 것, 관심 없는 것이라는 특성 때문에 종래 대다수 철학자들과 언어학자들은 요설에 크게 관심을 두지 않았다. 그러나 요설은 철학자, 언어학자, 그리고 미학자들 사이에서 간간이 논의되어왔다. 요설은 일찍이 플라톤의 책에도 나타나는 현상이고,[15] 플루타르코스의 「수다에 관하여」에서 그 특성이 규명되기도 하였다.

요설이 주목을 받게 된 것은 슐라이에르마허를 비롯한 낭만주의 시대 철학자에 의해서이며, 이를 자신의 철학 체계 속에 수용한 이는 키에르케고르이다. 키에르케고르가 요설에 주목한 것은 객관적 진리가 아니라 주체적 진리를 추구했기 때문이다. 그에 의하

---

11 국립국어원 편, 『표준 국어대사전』에 따르면, 요설은 "쓸데 없이 말을 많이 함," 잡담은 "쓸데 없이 지껄이는 말," 수다는 "쓸데 없이 말수가 많음, 또는 그 말" 등이다. 국립국어원 엮음, 『국립국어원 표준국어대사전』, 두산동아, 1999, 4608쪽.

12 Peter Fenves, 앞의 책, 1쪽.

13 플루타르코스는 침묵하지 못하는 상태가 듣지 못하는 상태로 이어지는 것, 이것은 바로 수다쟁이들이 걸린 병의 첫 징후라고 하였다. 자세한 논의는 플루타르코스, 천병희 역, 『수다에 관하여: 플루타르코스의 윤리론집』, 숲, 2002, 15~7쪽 참조.

14 발터 벤야민, 최성만 역, 『언어 일반과 인간의 언어에 대하여/ 번역가의 과제 외』, 도서출판길, 2008, 90~1쪽.

15 플라톤의 『크리티아스(Kritias)』에서도 요설을 발견할 수 있다. 논쟁과 구별되는 레로스(smal talk: 일상속 짧은 잡담)가 이에 해당한다. Peter Fenves, 앞의 책, 6쪽.

면, 진리는 직접 전달이 아니라 간접 전달의 방법을 취해야 한다. 때문에 가장 깊은 의미에서 진리는 삶으로 설교하여야 하며 듣는 사람 역시 진리의 고난을 말하여야 한다. 요설이 의미가 있는 것도 이 때문인데 그것은 삶에 대한 언어로서, 본질적인 말함, 회복을 예고한다.[16] 이에 따라 키에르케고르는 요설이라는 범주에 대한 첫 탐험가라는 평가를 받았다.[17] 그의 요설 이론은 이후 비트겐슈타인, 벤야민, 하이데거 등을 통해 말할 수 없고 무의미한 것을 내포하는 철학적 문제의 기원으로 살아남았다.[18]

그러나 요설을 철학적 과제로부터 전환시켜 말하기 위한 말의 기능에 주목하였을 때조차도 그 부정적인 의미를 완전히 극복하지는 못하였다. 이것은 키에르케고르 이래 비트겐슈타인, 하이데거, 벤야민 모두에 해당한다. 이들에게 요설은 일반적으로 타락한 언어로, 죄의 언어로 이해된다. 키에르케고르에 따르면 인간은 신의 말씀을 듣고 싶어 하면서도 쉴 새 없이 소음을 만들고 수다를 늘어놓아 신의 말씀을 듣지 못한다.[19] 비트겐슈타인에게 잡담은 걷기, 먹기, 마시기, 놀기처럼 우리의 자연사에 속하며,[20] 하이데거에게 잡담은 뿌리가 뽑힌 현존재의 존재방식이다.[21] 벤야민이 볼 때, 수다 속에서는 언어를 노예화하는 일과 그 불가피한 결과로서 어리석음 속에 사물들을 노예화하는 일이 나타난다.[22]

그러나 문학의 경우, "아무렇게나 거리낌 없이 꾸밈없이 쓴다"는 뜻의 요설은 18세기에 이미 그 지위를 점하였고,[23] 루소, 노발리스 등 낭만주의 작가들에 의해 활용되었다. 이후 "단지 말하기 위해서 말하고 있을 때 그 사람은 독창적이고 진실한 것을 말하고 있

---

16 슐라이에르마허가 날씨를 중심으로 한 요설로 발화의 정지점을 제공하였다고 한다면, 키에르케고르는 재난에 대한 요설에 집중하였다. 위의 책, 9쪽.

17 위의 책, 9쪽.

18 위의 책, 9쪽.

19 발터 벤야민, 앞의 책, 90쪽.

20 루트비히 비트겐슈타인, 이영철 역, 『철학적 탐구』, 서광사, 2003, 33쪽.

21 마르틴 하이데거, 이기상 역, 『존재와 시간』, 까치글방, 2013, 233쪽.

22 발터 벤야민, 앞의 책, 92쪽.

23 블랑쇼는 '수다'는 18세기 프랑스 작가 인레스티프 드 라 브르톤과 함께 문학 안에서 그 지위를 점하였다고 하였다. 모리스 블랑쇼, 심세광 역, 『도래할 책』, 그린비, 2011, 95쪽.

는 것이다"라고 한 노발리스적 전통은 간헐적으로 이어져왔다. 20세기에 들어서 많은 문학인들, 특히 카프카, 뒤라스, 베케트, 이오네스코 등이 다양한 방식으로 요설을 실험하였다.

김수영은 요설을 자신의 방식대로 수용하고 다양하게 활용하였다. 김수영은 "요설이 있다면 〈문학〉이 있는 것이 된다"고 하였는데, 김수영 시에 나타난 요설을 고찰하는 일은 그가 지향하는 문학의 중요한 줄기를 이해하는 일이 된다.

이제까지 김수영 시의 요설에 대해서는 적지 않은 연구들이 있었다. 대부분의 연구에서는 요설 자체에 주목하기보다는 산문체와 관련하여,[24] 소음과 관련하여[25] 고찰하였다. 언어의 침묵과 관련하여 논의한 연구에서 요설은 침묵과 뚜렷이 구분되는 현상으로 이해되기도 하고,[26] 침묵에 이르는 이행의 방식으로 파악되기도 하였다.[27] 이러한 연구들은 요설을 김수영의 대표적인 시 창작방법론의 하나로 살펴볼 근거를 마련하였다. 필자 역시 김수영 시론에서의 요설을 '소음의 철학'과의 관계 속에서 논의하였고,[28] 침묵의 시 창작방법론과 관련하여 언급한 바 있다.[29] 그런데 김수영 시에 나타난 요설에 대해서는 제대로 고찰하지 못하였다.

2. '모리배'의 언어에서 '반소설'의 언어까지

김수영이 시에 요설을 도입하게 되는 것은 시에 현대성을 도입하고자 한 것과 관련이 있다. 김수영은 시에 '생활'을 내세웠고 〈생활〉이라는 시를 쓰기도 하였다. 생활에 대한

---

24 강연호, 「자기갱신의 모색과 탐구」, 황현산 편, 『김수영』, 새미, 2002.
25 임홍배, 「자유의 이행을 위한 시적 여정: 4 · 19와 김수영」, 김명인 · 임홍배, 『살아있는 김수영』, 창비, 2005; 장석원, 『김수영 시의 수사학』, 청동거울, 2005.
26 강웅식, 『김수영 신화의 이면: 주체의 자기 형성과 윤리의 미학화』, 청동거울, 2012, 29쪽.
27 홍성희, 「김수영의 이중 언어 상황과 과오 · 자유 · 침묵으로서의 언어 수행」, 연세대학교 석사논문, 2015.
28 졸고, 「김수영의 시론과 '소음'」, 『어문연구』 91, 어문연구학회, 2017. 3.
29 졸고, 「김수영의 침묵의 시학」, 『한국현대문학연구』 55, 한국현대문학회, 2018. 8.

강조는 일상에 대한 강조에서 비롯하는데,[30] 그에게 일상은 현대성을 가장 구체적으로 드러내는 장이 된다. 실제 김수영은 스스로를 평범한 일상인으로 규정하고 "한마디로 말해서 나의 환경은 지극히 평범하다. 평범한 남편이요, 평범한 아버지요, 평범한 국민이요, 평범한 경제 상태요, 평범한 옷차림이요, 평범한 인인隣人이다"[31]라고 하였다. 자신이 시에 사용하는 언어도 "지극히 평범한 일상어뿐이다. 혹은 서적어와 속어의 중간쯤 되는 말"들로서, "어머니한테서 배운 말과 신문에서 배운 시사어의 범위 안에 제한되고 있다"고 하였다.[32]

김수영이 시에 일상을 강조한 것은 한국의 현대성이 일상 속에서 구체화되고 지극히 남루하고 비루한 모습을 드러낸다고 보았기 때문이다. 김수영이 스스로를 '모리배'로 견주어 본 것도 이 때문이다.

언어는 나의 가슴에 있다.
나는 모리배(謀利輩)들한테서
언어의 단련을 받는다
그들은 나의 팔을 지배하고 나의
밥을 지배하고 나의 욕심을 지배한다

그래서 나는 우둔한 그들을 사랑한다
나는 그들을 생각하면서 하이데거를
읽고 또 그들을 사랑한다
생활과 언어가 이렇게까지 나에게

---

30 남기혁은 김수영의 생활에 대한 강조를 전통적 가족 질서에 대한 수용으로 확대 · 해석하고 있다. 자세한 논의는 남기혁, 「한국 전후시에 나타난 '가족' 모티브 연구」, 『한국문화』 35, 서울대학교 규장각한국학연구원, 2005. 6, 132쪽 참조.

31 김수영, 「시작 노트 2」, 『전집 2』, 432쪽.

32 위의 글, 432쪽.

밀접해진 일은 없다

언어는 원래가 유치한 것이다
나도 그렇게 유치하게 되었다
그러니까 내가 그들을 사랑하지 않을 수가 없다
아아 모리배여 모리배여
나의 화신이여

- 〈모리배〉(1959) 전문

김수영은 〈모리배〉라는 시를 쓰기도 하였다. 여기서 '모리배'는 하이데거가 '세인'을 일컬을 때 사용한 말로서, 평균적인 이해에 따르고 평균적인 언어를 사용하는 자들을 말한다.[33] 하이데거는 세인의 삶의 방식을 비판하고자 모리배를 내세웠는데, 김수영은 〈모리배〉에서 우선 모리배를 비판하는 듯한 태도를 취한다. 화자인 '나'는 모리배인 '그들'이 "나의 팔을 지배하고 나의 밥을 지배하고 나의 욕심을 지배한다"고 하며, 그들과 거리를 두고자 한다.

그러나 '나'의 모리배에 대한 태도는 그렇게 간단하지 않다. '나'는 곧 이어, 우둔한 그들, 모리배들한테서 언어의 단련을 받고 있으며, 모리배를 사랑한다고 말한다. 뿐만 아니라 '나'는 모리배를 사랑할 때 생활과 언어가 밀접해지며, 모리배를 "나의 화신"으로 보기까지 한다. 그리고 모리배를 따라 "언어는 원래가 유치한 것"이며 "나도 그렇게 유치하게 되었다"고 진술하기도 한다.

이와 같이 '나'는 표면적으로는 모리배를 비판하였지만 스스로 모리배가 되고자 한다. 모리배의 언어를 사랑한다고 말한다. '나'는 모리배에 긍정의 표명을 하고 있는 것이다.[34] 그런데 여기서 '나'는 모리배의 언어를 사랑한다고 하는데, 이것은 곧 요설을 사랑

---

33 김유중은 여기서 '모리배'는 하이데거의 개념을 따른 것이라고 하였다. 자세한 논의는 김유중, 『김수영과 하이데거』, 민음사, 2007, 129~33쪽 참조.

한다는 의미이다. 그것은 요설은 하이데거에게 모래배의 언어에 해당하기 때문이다.[35]

사실 김수영의 하이데거에 대한 태도는 이중적이다. 그는 한편으로는 하이데거의 이론을 차용하지만 다른 한편으로는 끊임없이 여기서 벗어나고자 하였다. 김수영은 하이데거의 「릴케론」을 "거의 안 보고 외울 만큼 샅샅이 진단해보았다"고 하면서도 "여기서도 빠져나갈 구멍은 있을 텐데"라고 하였으며, "뚫고 나가고 난 뒤보다는 뚫고 나가기 전이 더 아슬아슬하고 재미있다"고 고백하였다.[36] 그는 하이데거를 그대로 수용하지 않고 끊임없이 거기서 달아나려고 하였다. 그는 〈모리배〉에서도 하이데거의 논리대로 모리배와 모리배의 언어를 비판하는 것이 아니라, 오히려 모리배를 자처하고 모리배의 언어를 따르고자 하였다.

김수영이 요설에 관심을 두게 된 또 다른 배경으로 '구어'에 대한 관심을 들 수 있다. 1960년대에 들어서 김수영은 다양한 구어를 시에 도입하고자 하였고, 현대시의 낭송 가능성을 모색하기도 하였다. 김수영은 한국 현대시의 새로운 방향을 모색하는 과정에서 모더니즘을 김억이나 김소월 시와 연결하는 작업을 한다. 그가 이러한 모색을 하는 이유는 현대시의 정서를 "힘으로서의 애수" 속에 찾고자 한 데서 비롯한다. 이 과정에서 김수영은 소월의 〈팔벼개 노래〉, 안서의 〈물레〉, 박용철의 〈빛나는 자취〉, 윤곤강의 〈지렁이의 노래〉, 김종한의 〈연봉 제설〉 등의 시가 지니고 있는 구어에 주목하였다.[37]

김수영이 오랜 시간 다다이즘, 비트, 재즈 음악 등 아방가르드 예술에 관심을 가져온 것도 구어에 관심을 갖게 한 배경으로 작용하였다. 그가 아방가르드에서 배운 것은 무엇보다 전위적인 태도였지만, 구어 사용도 있었다. 가령 그는 방송 중에 말을 하면서 자유를 느끼고 곧 다다이즘을 떠올렸다. 이때 그는 다다이스트들이 구어를 강조하였다는 것

---

34 한수영은 〈모리배〉의 2연 1행의 "그래서"와 3연 3행의 "그러니까"의 의미를 새롭게 조명하면서 시적 화자와 모리배 사이에는 일상적 현존재의 관계틀 속에서 자연스럽게 형성되는 커다란 긍정의 표명이 나타나고 있다고 하였다. 자세한 논의는 한수영, 「'일상성'을 중심으로 본 김수영 시의 사유와 방법(1)」, 황현산 편, 『작가연구』 5, 새미, 1998, 64쪽 참조.

35 마르틴 하이데거, 앞의 책, 232쪽.

36 김수영, 「반시론」(1968), 『전집 2』, 410쪽.

37 김수영, 「예술작품에서의 한국인의 애수」(1965), 『전집 2』, 343~51쪽 참조.

을 연상하였다.[38]

실제 다다이스트들은 "사고는 입 안에서 만들어진다"라는 구호를 내세우고 철학적 관념론을 거부하였다. 그들은 사상은 이성이나 지식이 지배하는 머리가 아니라 입안에서 만들어지는 언어처럼 본능적이고 즉각적인 표현으로 이루어진다고 생각하였다.[39] 비트 문학가들도 구어를 중요하게 생각하였고[40] 수다, 즉 요설을 시에 도입하였다.[41] 그런데 이들이 이렇게 구어를 도입한 것은 현대 사회에서 광범위하게 쓰이는 문어가 타락하였다고 보았기 때문이다. 그들은 자신들의 문학에 거친 말과 장황한 언어를 도입함으로써 언어를 쇄신하고자 하였다.[42] 김수영도 아방가르드 예술가들을 따라 구어를 그대로 글로 옮기는 시도를 하였다.

> 그러나 잠시 생각해 보자. 아나운서 동지! 잠깐만 침묵해 주시오! 한 3초 동안만! 나는 라디오를 비방하는 것이 아니오. 라디오드라마를 비방하는 것도 아니오. 아나운서 동지를 비방하는 것은 물론 아니오. 고리대금을 하는 것조차도 이제는 예사로 생각하고 있소. 오히려 용감하다고까지 생각하고 있소.
>
> 다시 잠깐만 침묵해 주시오! 한 3초 동안만! 나는 이 수필을 거꾸로 방송하고 있소. 이 말이 무슨 뜻인지 아시오? 방송을 해서 청자나 필자에게 들려주기 위한 수필을 쓰고 있는 것이 아니라, 내가 라디오에게 들려주는 수필을 쓰고 있단 말이오. 말하자면 나는 내 앞에 놓인 나의 라디오와 연애를 하고 있는 것이오.[43]

---

38 김수영, 「요즈음 느끼는 일」(1965), 『전집 2』, 47~8쪽.

39 이병수, 「벨 에포크와 다다이즘: 근대문화의 총체와 해체」, 『비교문화연구』 33, 경희대학교 비교문화연구소, 2013.12, 173쪽.

40 대표적인 비트 시인인 앨런 긴즈버그의 대표작은 <절규(Howl)>이다. 그는 시를 독경처럼 소리쳐 외치는가 하면 때로는 노래로 부르기도 하였다. 최병헌, 『미국현대시: 1950년 이후』, 한신문화사, 1995, 194~7쪽 참조.

41 비트시인들은 "너무 많은" 수다의 말들로 시를 만들면서 "잘 만들어진 항아리"로서의 미적 개념과는 확연히 다른 평평한 시를 만들었다. 자세한 논의는 정은귀, 「횡단하는 나쁜 문장들: 미국 비트 세대의 실험적 장면과 오해들」, 『쓺: 문학의 이름으로』 2, 문학실험실, 2016, 97쪽.

42 손탁은 아방가르드 예술에서의 구어체 실험들은 흔히 침묵의 미학에 이른다고 하였다. 수잔 손탁, 이병용 역, 『급진적 의지의 스타일』, 현대미학사, 2004, 47쪽 참조.

이 글에는 구어를 수용한 김수영의 글쓰기 모습이 잘 드러나 있다. 여기에는 구어를 수다스럽게 반복하는 요설로 이어가는 글쓰기의 특징도 잘 드러나고 있다. 같은 내용을 여러 번 짧게 반복하고, 이 내용을 반복하면서 다른 내용으로 전환하며, 말들 사이에 침묵을 끼어 넣는 방법이 그것이다.

한편 김수영이 시에 스토리를 배제하고자 한 것도 요설에 주목하게 된 중요한 계기가 되었다. 김수영은 1961년도 쓴 「새로움의 모색 - 쉬페르비엘과 비어렉」에서 현대시의 방향을 새롭게 모색하면서 스토리의 문제를 거론하였다.

> 비어렉의 시에도 연극은 있다. 그러나 그것은 이미 쉬페르비엘의 센 강변의 연극이 아니라 험난한 록키 산록(山麓)의 〈쇼〉다. 현대문명에 정면으로 도전하는 양키의 40년대의 〈쇼〉에서 우리는 그리 순탄한 〈스토리〉성을 바랄 수는 없다. 이미 이 〈스토리〉 속에는 잡음이 섞여 있다. 이러한 잡음만을 취급하고 그 위에 역사의 전망을 실천한 것이 에즈라 파운드이지만 비어렉은 그 점에 있어서도(비어렉은 사학자이며 neo-conservatist이다) 보수적이다. 이와 같은 보수성이 그나마 그에게 마지막 연극성을 유지시키고 있는가 보다.[44]

김수영은 이제 현대시에서는 '스토리성'을 바랄 수는 없고, 스토리 속에 '잡음'이 섞여 있는 것이 역사의 방향이라고 한다. 스토리를 완전히 버리지 못하는 비어렉의 시가 보수적이라면, 스토리 대신 잡음을 취급한 파운드의 작업이 진보적이라고 한다. 스토리 대신 잡음을 취급하고 이미지로 나아가는 것이 현대시의 방향이라는 것이다.

때문에 김수영은 시에 산문을 도입하고자 할 때, 스토리를 배제하는 데 관심을 기울였다. 그는 산문 중에서도 소설, 소설 중에서는 반소설에 관심을 기울였고, 1960년대 초에 쓴 일기에서는 "너 자신의 Anti-Roman을 찾아가라"[45]라는 명령을 스스로에게 내렸다.

---

43 김수영, 「금성라디오」(1966), 『전집 2』, 103쪽.

44 김수영, 「새로움의 모색 - 쉬페르비엘과 비어렉」(1961), 『전집 2』, 234쪽.

45 김수영, 「일기초 2」(1961), 『전집 2』, 510쪽.

김수영이 반소설에서 읽었던 것은 물론 실험성에 있었다. 그는 "얼마 전에 내한한 프랑스의 앙띠로망의 작가인 뷔토르도 말했듯이, 모든 실험적인 문학은 필연적으로는 완전한 세계의 구현을 목표로 하는 진보의 편에 서지 않을 수 없게 되는 것"[46]이라고 하였다. 그러나 김수영이 반소설을 강조한 것은 스토리 해체와도 관련이 있다. "누보로망은 시인이 다다른 막다른 길"이라는 말에서 드러나듯, 소설을 시에 근접시키고자 한 소산[47]으로서, 그 목적을 전통적인 소설 형식을 벗어나 스토리를 해체하는 데 두었다. 김수영 역시 스토리 해체에 관심을 두었다. 그는 소설 비평에서도 스토리 대신 요설과 이미지를 강조하였다.

(1) 이들은 모든 리얼리티의 이미지로서의 소설의 관념을 피하고 있고, 따라서 자기들의 상상력을 리얼리티의 구성요소나 보충물로서도 생각하고 있지 않는 것 같다.[48]

(2) ─ <산문적인 데가 하나도 없고…… 작가가 사건보다도 기분과 이미지에 몰두한> 시인의 소설 ─ 을 읽을 때 느껴지는 쾌락을 감퇴시키기는커녕 오히려 대조적인 의미에서 흥미를 더 돋구어 주고 있다.[49]

김수영은 (1)에서 "모든 리얼리티의 이미지로서의 소설의 관념"을, (2)에서 "사건보다도 기분과 이미지에 몰두한 시인의 소설"을 들면서 소설에서의 이미지 문제를 거론하였다. 그런가 하면 요설이 소설의 여백을 어떻게 메워나가는지에도 주의를 기울였다.

간결한 말투는 스파크의 특히 장편소설의 커다란 특징과 연결되어 있다. 처녀작 「위로하는

---

46 김수영, 「실험적인 문학과 정치적 자유」(1968), 『전집 2』, 220~1쪽.

47 N. 사로트의 소설, 『미지인의 초상(1947)』의 서문에서 J. P. 사르트르가 처음으로 사용한 용어이다. 알랭 로브그리예, 나탈리 사로트, 미셸 뷔토르, 클로드 시몽, 마르그리트 뒤라스 등이 대표적인 작가이다. 자세한 논의는 김치수 외, 『누보로망 연구』, 문학과지성사, 2016, 184쪽 참조.

48 김수영, 「새로운 윤리 기질 - 머독과 스파크의 경우」(1966), 『전집 2』, 379쪽.

49 김수영, 「도덕적 갈망자 파스테르니크」(1964), 『전집 2』, 313쪽.

사람들」 이후, 그녀의 소설에는 똑같은 어구와 똑같은 문장의 반복이 여간 많지 않다. 가장 최근에 쓴 「자력(資力)이 빈약한 아가씨들」 같은 것에는 몇십 행의 문장이 두세 번씩 되풀이되는 곳이 여러 군데 있다. 이런 반복 부분을 잘라버리면 소설의 길이가 아마 삼분지 일도 더 줄어들 것 같다. 원래가 그녀의 장편은 영구적인 표준에서 보면 약간 긴 중편 정도의 분량이기 때문에, 그것은 참말로 안하무인격의 반복이지만 조금도 그것이 지루한 감을 주지 않는다. 오히려 극도로 간결한 인상을 준다. 물론 반복의 기술이 능란하기 때문에 그렇게 느껴진다고 볼 수 있다. 전후관계에 따라서 똑같은 문장이 번번이 뜻하지 않은 새로운 의미와 반향을 불러일으키고 있으니까. 그러나 좀 더 큰 비밀은 그녀의 문장의 질 그 자체에 있는 것 같다. 그것은 반복에 견딜 수 있는 문장인 것이다.[50]

김수영은 소설의 길이를 늘여나가면서도 간결한 인상을 주는 스파크의 소설[51]에서, 간결한 말투, 똑같은 어구와 똑같은 문장의 반복되는 요설이 어떻게 소설의 여백을 채워나가는지 구체적으로 논의하였다.

그런데 이미지와 요설은 현대 소설에서 스토리의 여백을 이루는 대표적인 형식이다. 블랑쇼에 따르면 수다는 소설에서 사건이나 플롯 대신 단지 상태만을 보여주며, 스토리에 일종의 여백을 만든다. 책에서 사람들이 수다를 떨게 한 것은 이야기는 없고 그저 수다만이 있는 삶을 흉내 내기 위해서이다. 수다는 현대 사회에서 의미 있어 보이는 대화가 무의미함으로 이루어져 있는 것을 드러내기 위해서 존재한다.[52] 그리고 작가가 하는 불필요한 반복의 말 많음, 즉 수다는 사건들의 현실이 아닌 그림자에, 대상이 아니라 이미지에 관련된다.[53] 언어는 웅얼거림 위에 열리며, 이 웅얼거림의 언어는 이미지가 되며, 이것은 결국 침묵에 이른다.[54]

---

50 김수영, 「죽음에 대한 해학」(1968), 『전집 2』, 421쪽.

51 뮤리엘 스파크는 요설을 실험하고 『수다쟁이』를 발표하기도 하였던 영국의 소설가이다. 스파크는 1957년에 장편소설 『수다쟁이』를 발표하고 61년에 단편과 라디오 드라마를 모은 『연기하는 목소리』와 『진 브로디양의 청춘』 등을 발표하였다.

52 모리스 블랑쇼, 심세광 역, 『도래할 책』, 그린비, 2011, 292~3쪽.

53 모리스 블랑쇼, 이달승 역, 『문학의 공간』, 그린비, 2010, 19쪽.

김수영은 침묵의 시학을 전개하면서도 요설의 나열을 내세웠다.[55] 그는 요설이 있으면 곧 문학이 있는 것이라고 말하였다.

> 나의 시 속에 요설(饒舌)이 있다고들 한다. 내가 소음을 들을 때 소음을 죽이려고 요설을 한다고 생각해 주기 바란다. 시를 쓰는 도중에도 나는 소음을 듣는다. 한 1초나 2초가량 안 들리는 순간이 있을까. 있다고 하기도 없다고 하기도 말하기 어려운 문제다. 이것을 말하면 〈문학〉이 된다. 그러나 내 시 안에 요설이 있다면 〈문학〉이 있는 것이 된다. 요설은 소음에 대한 변명이고, 요설에 대한 변명이 〈문학〉이 된다고 말할 수 있다. 「시 노트」 같은 것을 원수같이 생각하는 이유가 여기 있다.[56]

김수영은 소음을 들을 때 소음을 죽이려고 요설을 한다고 한다. 요설은 어디까지나 소음에 대한 변명이고 요설에 대한 변명이 문학이다. 그리고 요설은 그 자체로 시가 될 수 있다.

여기서 나아가 김수영은 소리의 요설에까지 관심을 기울이는데, 이것은 이오네스코의 요설 시학을 수용하면서 본격화된다. 김수영은 반연극의 작가인 이오네스코의 글을 번역하고 자신의 글에도 여러 차례 거론하였는데, 그의 이오네스코에 대한 관심은 주로 요설과 관련되어 있다. 이오네스코는 "초현실적인 것은 손으로 잡을 수 있다. 그것은 존재한다. — 일상의 수다 속에"라고 하여[57] 초현실적인 것을 구체화하는 방법으로 요설을 내세웠다. 이오네스코는 반연극이라는 별칭을 얻은 〈대머리 여가수〉에서 사물처럼 부서지고 번식하고 파국을 향해 나아가는 언어를 보여주었다. 특히 그의 요설은 모든 낱말을 다른 말로 바꿀 수 있는 넌센스의 시학에 집중되어 있었다.[58]

---

54 위의 책, 23쪽.

55 자세한 논의는 졸고, 「김수영의 침묵의 시학」, 『한국현대문학연구』 55, 한국현대문학회, 2018. 8 참조.

56 김수영, 「시작 노트 7」(1966), 『전집 2』, 458쪽.

57 외젠 이오네스코, 「출발점」, 김찬자 역, 『이오네스코의 『대머리 가수』 읽기』, 세창미디어, 2013, 135쪽 재인용.

58 김찬자, 『이오네스코의 『대머리 가수』 읽기』, 세창미디어, 2013, 16~34쪽 참조.

> 그러나 아직도 나는 떠 있다. 가라앉아 있지 않다. 문학에 시에 진정으로 절망하고 있지 않다. 진정으로 절망해야겠다는 것조차가 벌써 야심이 있어서 하는 말이다. 우리들은 발가벗어야 한다. 부단히 발가벗어야 한다. 이 부단히 발가벗어야겠다는 욕구조차도 없어질 때까지 발가벗어야 한다. 이것은 이오네스코의 말이다. 나에게 있어서는 역시 다음의 작품을 쓰기 위한 몸부림 정도로 그치는 것이 고작이다.[59]

김수영은 이오네스코의 요설 시학을 수용하면서 무의미의 언어, 날 것 그대로의 언어에 이르고자 시도하였다. 물론 김수영은 이오네스코의 요설 시학을 그대로 따르지는 않는다. 그는 부단히 발가벗는 일은 "다음의 작품을 쓰기 위한 몸부림 정도로 그치는 것"이라고 하여 그 한계를 분명히 하였다. 그는 어디까지나 이오네스코가 제안한, 넌센스에 이르는 요설을 자신이 지향하는 시에 이르는 하나의 과정으로 보았다.

3. 일상어의 요설에서 소리의 요설까지

1) 일상어의 요설과 일상성의 구현

김수영은 시에 요설을 도입하면서 처음에는 일상어의 요설에 중심을 두었다. 가령 〈우선 그놈의 사진을 떼어서 밑씻개로 하자〉, 〈만시지탄은 있지만〉, 〈나는 아리조나 카보이야〉, 〈가다오 나가다오〉, 〈여편네의 방에 와서〉, 〈모르지?〉, 〈누이야 장하고나!〉, 〈이놈이 무엇이지?〉 등이 모두 이에 해당한다. 〈하…… 그림자가 없다〉는 그 대표적인 예이다.

가령 〈하…… 그림자가 없다〉에서 요설은 대부분 일상어로 이루어져 있다. 그리고 시의 제목도 일상어로 되어 있는데, 이것은 이 시기 김수영의 요설 시에 일반적으로 나타

59 김수영, 「시작 노트 7」(1966), 『전집 2』, 461쪽.

나는 특징이기도 하다.

> 우리들의 적은 늠름하지 않다
> 우리들의 적은 커크 더글라스나 리처드 위드마크 모양으로 사나웁지도 않다
> 그들은 조금도 사나운 악한이 아니다
> 그들은 선량하기까지도 하다
> 그들은 민주주의자를 가장하고
> 자기들이 양민이라고도 하고
> 자기들이 선량이라고도 하고
> 자기들이 회사원이라고도 하고
> 전차를 타고 자동차를 타고
> 요릿집엘 들어가고
> 술을 마시고 웃고 잡담하고
> 동정하고 진지한 얼굴을 하고
> 바쁘다고 서두르면서 일도 하고
> 원고도 쓰고 치부도 하고
> 시골에도 있고 해변가에도 있고
> 서울에도 있고 산보도 하고
> 영화관에도 가고
> 애교도 있다
> 그들은 말하자면 우리들의 곁에 있다
>
> - <하…… 그림자가 없다>(1960) 부분

우선 이 시에서는 "우리들의 적"의 모습이 일상어의 요설로 나열되고 있다. 요설로 나열되고 있는 적의 모습은 실상 일상 가운데 있는 우리들의 모습에 다름 아니다. 잡담을 일삼는다는 점에서도 주목되는 "우리들의 적," "그들은 말하자면 우리들의 곁에 있다."

물론 김수영은 일상어의 요설이라는 형식에 시적 긴장을 주기 위해 몇 가지 장치를 마련한다. 그 중 하나가 반복으로서, 그의 상당수 시들은 반복의 원리에 따라 이어진다.[60] 그리고 이러한 반복은 동일성의 원리에 따라 이루어진다.[61] 〈하…… 그림자가 없다〉에서도 1 · 2행의 "우리들의," 3 · 4 · 5행의 "그들은," 6 · 7 · 8행의 "자기들이"의 경우, 동일한 단어가 반복된다. 종결 어미의 경우에도 1 · 2행은 "않다"이지만 3행의 "아니다"는 4행에서 "하다"로, 5~8행에서 "하고"로 동일한 음소가 반복되며, 이것이 다시 "타고," "가고" 등으로 반복되고 있다.

그리고 "우리들"과 "우리들의 적"의 일상이 구체적으로 나열됨으로써, 우리들의 싸움 역시 일상 속에 있는 것으로 제시된다. 이러한 우리들과 우리들의 적의 일상은 반복의 원리를 따라 요설로 이어지고 있다.

> 우리들의 전선(戰線)은 눈에 보이지 않는다
> 그것이 우리들의 싸움을 이다지도 어려운 것으로 만든다
> 우리들의 전선은 뒹케르크도 노르망디도 연희고지도 아니다
> 우리들의 전선은 지도책 속에는 없다
> 그것은 우리들의 집안 안인 경우도 있고
> 우리들의 직장인 경우도 있고
> 우리들의 동리인 경우도 있지만……
> 보이지는 않는다
>
> 우리들의 싸움은 초토작전이나

---

60 오형엽은 김수영의 시들을 반복과 변주의 원리로 설명하면서 그것이 지니는 '이원성의 종합'을 강조하였다. 오형엽, 『한국 모더니즘 시의 반복과 변주』, 소명출판, 2015, 355쪽. 김종훈은 김수영의 후기시에 우연이 개입된 반복이 나타난다고 보았다. 김종훈, 「이상과 김수영 시에 나타난 반복의 상반된 의미」, 『한국문학이론과 비평』 66, 한국문학이론과 비평학회, 2015. 3, 209쪽.

61 1930년대 한국 현대시인, 가령 백석, 이용악, 서정주 등의 시에서 반복은 주로 이질적인 언술의 반복이었다. 자세한 논의는 이경수, 『한국 현대시와 반복의 미학』, 월인, 2005, 279~80쪽 참조.

「건 힐의 혈투」 모양으로 활발하지도 않고 보기 좋은 것도 아니다
그러나 우리들은 언제나 싸우고 있다
아침에도 낮에도 밤에도 밥을 먹을 때에도
거리를 걸을 때도 환담을 할 때도
장사를 할 때도 토목공사를 할 때도
여행을 할 때도 울 때도 웃을 때도
풋나물을 먹을 때도
시장에 가서 비린 생선 냄새를 맡을 때도
배가 부를 때도 목이 마를 때도
연애를 할 때도 졸음이 올 때도 꿈속에서도
깨어나서도 또 깨어나서도 또 깨어나서도……
수업을 할 때도 퇴근시에도
사이렌 소리에 시계를 맞출 때도 구두를 닦을 때도……
우리들의 싸움은 쉬지 않는다

- 〈하…… 그림자가 없다〉(1960) 부분

우리들의 적이 우리들의 곁에 있기에 우리들의 싸움 또한 일상 속에 있을 수밖에 없다. 그것은 "초토작전"이나 〈건힐의 혈투〉 모양으로 엄청난 사건이 아니며, 일상 가운데, 아침부터 밤까지, 노동이나 휴식 중에, 울 때나 웃을 때나, 우리들 한가운데 있다. 물론 김수영이 일상적 현실을 노래하게 된 것은 4 · 19를 지나면서 구체적인 삶의 영역에 접근한 데서 비롯한다.[62] 일상의 무수한 사건들 속에서 우리들과 우리들의 적의 싸움도 요설처럼 끊임없이 이어진다.

우리들의 싸움은 하늘과 땅 사이에 가득 차 있다

---

62 권영민, 『한국현대문학사』, 민음사, 1993, 181쪽.

민주주의의 싸움이니까 싸우는 방법도 민주주의식으로 싸워야 한다
하늘에 그림자가 없듯이 민주주의의 싸움에도 그림자가 없다
하……그림자가 없다

-〈하…… 그림자가 없다〉(1960) 부분

일상어의 요설은 뒤따라 말하기[63]의 방법에 따라 이루어지기도 한다. "우리들의 싸움은"은 "민주주의의 싸움"으로, "민주주의의 싸움"은 "싸우는 방법도 민주주의식으로 싸워야 한다"로 이어진다. 마찬가지 원리로 "하늘에 그림자가 없듯이 민주주의의 싸움에도 그림자가 없다"가 이어지며, 마침내 시의 제목과 같은 "하…… 그림자가 없다"로 이어진다.

〈거대한 뿌리〉에서도 일상어의 요설이 이어지는데, 여기서는 말의 휴지에 따라 행의 배치가 달라지는 특징을 보인다. 또한 '행간걸침'을 통해 새로운 의미를 형성하기도 한다.

비숍 여사와 연애를 하고 있는 동안에는 진보주의자와
사회주의자는 네이미 씹이다 통일도 중립도 개좆이다
은밀도 심오도 학구도 체면도 인습도 치안국
으로 가라 동양척식회사, 일본영사관, 대한민국 관리,
아이스크림은 미국놈 좆대강이나 빨아라 그러나
요강, 망건, 장죽, 종묘상, 장전, 구리개 약방, 신전,
피혁점, 곰보, 애꾸, 애 못 낳는 여자, 무식쟁이,
이 모든 무수한 반동이 좋다
이 땅에 발을 붙이기 위해서는

63 하이데거는 요설이 이루어지는 방법으로 '뒤따라 말함', '퍼뜨려 말함', '베껴 씀' 등을 제시한다. 마르틴 하이데거, 앞의 책, 232쪽.

— 제3인도교의 물속에 박은 철근 기둥도 내가 내 땅에
박는 거대한 뿌리에 비하면 좀벌레의 솜털
내가 내 땅에 박는 거대한 뿌리에 비하면

괴기영화의 맘모스를 연상시키는
까치도 까마귀도 응접을 못하는 시꺼먼 가지를 가진
나도 감히 상상을 못하는 거대한 거대한 뿌리에 비하면……

- 〈거대한 뿌리〉(1964) 부분

〈거대한 뿌리〉에서 화자는 청자에게 수다스럽게 말을 이어가고 있다. 그런데 산문에서라면 아무런 행 구분 없이 기술되어도 되는 말들이 여기서는 행 구분되어 있다. 가령 "비숍 여사와 연애를 하고 있는 동안에는 진보주의자와/ 사회주의자는 네이미 씹이다." "그러나/ 요강, 망간, 장죽, 종묘상, 장전, 구리개 약방, 신전," 그리고 "제 3인도교의 물속에 박은 철근 기둥도 내가 내 땅에/ 박는 거대한 뿌리에 비하면 좀벌레의 솜털" 등이 그것이다. 이러한 행 구분은 화자가 나열하는 여러 사물들, 그리고 내용들 사이에 휴지를 가져온다. 그리고 "치안국/ 으로 가라" 등의 행간걸침은 치안국의 의미를 더욱 강조하는 효과를 가져 온다. 행 구분을 하지 않았다면 무의미로 이어졌을 수도 있었을 요설에 독자들은 중간중간 그 의미를 생각하게 된다.

그리고 이 시의 요설에는 "네이미 씹이다 통일도 중립도 개좆이다"에서와 같이 비속어가 사용되고 있다.[64] 그런가 하면 "동양척식회사, 일본영사관, 대한민국 관리, 아이스크림" 등 새롭게 생긴 일상어와 "요강, 망건, 장죽, 종묘상, 장전, 구리개 약방, 신전," "피혁점, 곰보, 애꾸, 애 못낳는 여자, 무식쟁이" 등과 같은 사라져가는 일상어들도 나열되

---

64 이승규는 김수영 시에 나타나고 있는 욕설과 속어를 영미시와의 영향 관계 속에서 고찰하였다. 이승규, 「김수영의 영미시 영향과 시창작 관련 양상: 비숍, 로웰, 긴즈버그의 영향을 중심으로」, 『한국현대문학연구』 20, 한국현대문학회, 2006.12, 467~501쪽 참조.

고 있다. 이러한 다양한 일상어가 요설로 나열됨으로써 식민지를 벗어난 한국에서의 현대성과 전통의 문제를 다양한 영역에서 환기한다.

2) 구어체 요설의 실험

김수영은 구어체의 요설을 일상 담화에 기초하면서도 이를 다양한 방식으로 실험한다. 그는 일상 담화를 그 자체로 제시하지 않고 시적으로 가공한다.

> 하…… 그렇다……
> 하…… 그렇지……
> 아암 그렇구말구…… 그렇지 그래……
> 응응…… 응……뭐?
> 아 그래……그래 그래.
>
> -〈하…… 그림자가 없다〉(1960) 부분

여기서 담화의 내용은 상당 부분 생략되어 있다. 흔히 일상 담화에서 많은 말들이 생략된다는 사실을 고려하면, 위에 인용된 부분은 일상 담화를 그대로 옮긴 것으로 보일 수도 있다. 그러나 김수영은 이 담화에서 생략된 부분을 말줄임표로 표현하고, 동일한 말을 반복하여 시적으로 표현하였다. 이러한 구어체의 요설 속에 여러 가지 부호들이 사용되기도 하며, 부호들이 독자적으로 활용되기도 한다.

> (1) 그러니까 모란이다 모란이다 모란 모란 ……
>
> -〈마케팅〉(1962) 부분

> (2) 상식에 취한 놈/ 상식에 취한/ 상식/ 상…… 하면서
>
> -〈여수(旅愁)〉(1961) 부분

(3) 잔소리 날 때는 슬쩍 피하면 돼

— 채귀(債鬼)가 올 때도 —

- <장시1>(1962) 부분

(4) 「누이야 장하고나!」

- <누이야 장하고나! - 신귀거래 7>(1961) 부분

(5) 야 손들어 나는 아리조나 카보이야

빵! 빵! 빵!

- <나는 아리조나 카보이야>(1960) 부분

(6) 등나무 등나무 등나무 등나무

「야, 영희야 메리의 밥을 아무거나 주지 마라,

밥통을 좀 부셔주지?!」

등나무? 등나무? 등나무? 등나무?

- <등나무 - 신귀거래 3>(1961) 부분

(7) 그리고 또 하나 있는 것 같다/ 주요한 본론이 네 개는 있었다/ 비닐, 파리통, 도배지……?/ 주요한 본론이 4항목은 있는 것 같다/ 4항목 4항목 4항목 ……(면도날!)

- <마케팅>(1962) 부분

여기서 말줄임표(……)는 대화중의 생략을, 이음표(—)는 말의 변경이나 중단, 혹은 머뭇거림을, 느낌표(!)는 화자의 감정을, 물음표(?)는 의문을 표시한다. 그리고 (1)에서 말줄임표는 "깨어나서도 또 깨어나서도 또 깨어나서도"라는 말의 반복을, (2)에서는 말의 머뭇거림을 표시한다. (3)에서는 말을 덧붙이는데 사용되고 있다. (4)에서 느낌표는 감정을 표시하지만 (5)의 경우와 같이 상황의 급박함을 알리기도 한다. (6)에서 물음표는

의미를 여러 가지로 분산시키는 기능을 하며, (7)에서 괄호는 마음속의 생각을 표현한다.

김수영은 요설에 이름들도 다양하게 활용한다. 그는 여러 이름들을 시에 등장시키는데, 실제 호칭을 할 경우도 있지만, 특별한 의도 없이 요설로 나열하기도 한다.

(1) 쨔키야! 너는 빨리 말을 달려
저기 돈보따리를 들고 달아나는 놈을 잡아라
쫀! 너는 저 산 위에 올라가 망을 보아라
메리야 너는 내 뒤를 따라와

-<나는 아리조나 카보이야>(1960) 부분

(2) 명수 할비이/ 잿님이 할아버지/ 경복이 할아버지/ 두붓집 할아버지는/ 너희들이 피지섬을 침략했을 당시에는/ 그의 아버지들은 아직 젖도 떨어지기 전이었다니까/ 명수 할버이가 불쌍하지 않으냐/ 잿님이 할아버지가 불쌍하지 않으냐/ 두붓집 할아버지가 불쌍하지 않으냐/ 가다오 가다오

-<가다오 나가다오>(1960) 부분

(3) 영숙아 기환아 천석아 준이야 만용아/ 프레지던트 김 미스 리/ 정순이 박군 정식이/ 그 놈의 사진일랑 소리없이 떼어 치우고

-<우선 그놈의 사진을 떼어서 밑씻개로 하자>(1960) 부분

(1)에서는 시적 화자가 명령하기 위해 직접 이름을 부르는 것으로 설정되어 있다. 그런데 (2)나 (3)에서는 특별한 목적 없이 여러 사람의 이름이 나열되고 있다. "명수 할아버지/ 잿님이 할아버지 정복이 할아버지 두붓집 할아버지"는 단지 불특정 다수를 지칭하기 위해 나열되고 있는 이름이며, "영숙아 기환아 천석아 준이야 만용아/ 프레지던트 김 미스 리/ 정순이 박군 정식이" 또한 마찬가지이다. 원래 이름은 자기 이외의 어떤 다

른 의미도 전달하지 않고 순수하게 자신만을 전달한다는 점에서 순수 언어에 속하는데[65] 여기서 나열된 여러 사람의 이름 역시 어떤 의미도 전달하지 않는다.

김수영은 구어의 요설 속에 의성어도 광범위하게 활용하며, 경우에 따라 새롭게 의성어를 창조하기도 한다.

(1) 야 손들어 나는 아리조나 카보이야/ 빵! 빵! 빵!/ 키크야! 너는 저놈을 쏘아라/ 빵! 빵! 빵! 빵!

- <나는 아리조나 카보이야>(1960) 부분

(2) 바보의 가족과 운명과/ 어린 고양이의 울음/ 니야옹 니야옹 니야옹

술 취한 바보의 가족과 운명과/ 술 취한 어린 고양이의 울음/ 역시/ 니야옹 니야옹 니야옹 니야옹

- <술과 어린 고양이 - 신귀거래 4>(1961) 부분

여기서 "빵! 빵! 빵"은 카우보이의 총소리, "니야용 니야옹 니야옹"은 고양이의 울음을 알린다. 김수영의 시에서 의성어는 (1)에서와 같이 종래 의성어가 그냥 사용되기도 하지만, (2)의 "니야용 니야옹 니야옹"처럼 새롭게 창조되기도 한다. 그런데 여기서 의성어는 시의 스토리를 해체하는 기능을 한다.

우물이 말을 한다/ 어제의 말을 한다/「똥, 땡, 똥, 땡, 찡, 찡, 찡 ……」/「엄마 안 가?」/「엄마 안 가?」/「엄마 가?」/「엄마 가?」

등나무 등나무 등나무 등나무/「야, 영희야, 메리의 밥을 아무거나 주지 마라,/ 밥통을 좀

65 발터 벤야민, 앞의 책, 77쪽.

부셔주지?!」/ 등나무? 등나무? 등나무? 등나무?/「아이스 캔디! 아이스 캔디!」/「꼬오, 꼬, 꼬, 꼬, 꼬오, 꼬, 꼬, 꼬, 꼬」/ 두 줄기로 뻗어올라가던 놈이/ 한 줄기가 더 생긴 것이 며칠 전이었나

- 〈등나무 - 신귀거래 3〉(1961) 부분

〈등나무 - 신귀거래 3〉에서 의성어는 시의 요설 대부분을 차지한다. 여기서 요설은 "「엄마 안 가?」/「엄마 안 가?」/「엄마 가?」/「엄마 가?」"와 같은 말로 나타나기도 하지만 "「똥, 땡, 똥, 땡, 찡, 찡, 찡 ……」"과 같이 의성어로 이루어지며, "「꼬오, 꼬, 꼬, 꼬, 꼬오, 꼬, 꼬, 꼬, 꼬」"와 같은 새로운 의성어로 이어지기도 한다. 원래 의성어는 언어의 본질에 접근하려 할 때 가장 원시적인 형태로 다가오는 직접어라 할 수 있는데,[66] 여기서 의성어는 일종의 응얼거림의 형태로 제시된다. 이에 따라 이 의성어들은 의성어가 일반적으로 지니고 있는 언어의 동물성[67]을 극대화하고 있다.

3) 스토리 여백의 요설과 몽타주의 요설

김수영은 스토리의 여백을 채우기 위해 요설을 광범위하게 활용한다. 이 과정에 다른 사람의 말을 전하는 몽타주의 요설도 나타나게 된다.

빌려드릴 수 없어. 작년하고도 또 틀려.
눈에 보여. 냉면집 간판 밑으로 ― 육개장을 먹으러 ―
들어갔다가 나왔어 ― 모밀국수 전문집으로 갔지 ―
매춘부 젊은 애들, 때문은 발을 꼬고 앉아서
유부우동을 먹고 있는 것을 보다가 생각한 것

---

66 위의 책, 213쪽.
67 요설에서 의성어는 흔히 로고스에서 벗어난 언어의 동물성을 드러낸다. 자세한 논의는 Peter Fenves, 앞의 책, 4쪽 참조.

아냐. 그때는 빌려드리려고 했어. 관용의 미덕 —
그걸 할 수 있었어. 그것도 눈에 보였어. 엔카운터
속의 이오네스코까지도 희생할 수 있었어. 그게
무어란 말야. 나는 그 이전에 있었어. 내 몸. 빛나는 몸.

그렇게 매일을 믿어왔어 방을 이사를 했지. 내
방에는 아들놈이 가고 나는 식모아이가 쓰던 방으로
가고 그런데 큰놈의 방에 같이 있는 가정교사가 내
기침소리를 싫어해. 내가 붓을 놓는 것까지
자리에서 일어나는 것까지 문을 여는 것까지 알고
방어작전을 써. 그래서 안방으로 다시 오고, 내가
있던 기침소리가 가정교사에게 들리는 방은 도로
식모아이한테 주었지. 그때까지도 의심하지 않았어.
책을 빌려드리겠다고. 나의 모든 프라이드를
재산을 연장을 내드리겠다고.

- 〈엔카운터 지(誌)〉(1966) 부분

〈엔카운터 지誌〉는 크게 보았을 때, 『엔카운터』를 빌려주겠다고 하다가 빌려주지 않겠다고 하는 화자의 이야기를 주된 스토리로 지니고 있다. 여기에 여러 가지 사건들을 둘러싼 요설이 스토리의 여백을 채우고 있다. 가령 시의 화자가 오래 전 육개장을 먹으러 간 일, 자신의 방을 옮기게 된 일, 여러 가지 일과 관련한 장면, 가령 "매춘부 젊은 애들, 때묻은 발을 꼬고 앉아서/ 유부우동을 먹고 있는 것을 보다가 생각한 것" 등의 요설이 스토리를 압도한다.

시간은 내 목숨야. 어제하고는 틀려졌어. 틀려
졌다는 것을 알았어. 틀려져야겠다는 것을 알

았어 그것을 당신한테 알릴 필요가 있어. 그것
이 책보다 더 중요하다는 걸 모르지. 그것을
이제부터 당신한테 알리면서 살아야겠어 — 그게
될까? 되면? 안 되면? 당신! 당신이 빛난다.
우리들은 빛나지 않는다. 어제도 빛나지 않고,
오늘도 빛나지 않는다. 그 연관만이 빛난다.
시간만이 빛난다. 시간의 인식만이 빛난다.
빌려주지 않겠다. 빌려주겠다고 했지만
빌려주지 않겠다. 야한 선언을
하지 않고 우물쭈물 내일을 지내고
모래를 지내는 것은 내가 약한 탓이다.
야한 선언은 안해도 된다. 거짓말을 해도
된다.

안 빌려주어도 넉넉하다. 나도 넉넉하고,
당신도 넉넉하다. 이게 세상이다.

- <엔카운터 지(誌)>(1966) 부분

여기서는 한 사람의 화자가 성격이 다른 여러 가지 사건들, 시간상으로도 일치하지 않는 사건들을 요설로 전한다. 그리고 1연은 현재이지만 2연과 3연은 과거 시제이고 4연과 5연은 다시 현재 시제이다.

과거와 현재에 일어난 여러 가지 다른 사건들을 요설로 전하다 보니 화자는 말하기 위한 말을 하거나 앞뒤가 맞지 않는 말을 하게 된다. 이로 인해 화자의 요설은 논리의 비약을 낳게 된다. 1연에서 화자는 "빌려드릴 수 없어. 작년하고도 또 틀려"라고 진술한다. 2연에서는 "그렇게 매일을 믿어왔어"라고 하고, 3연에서는 "그렇게 매일을 믿어왔는데, 갑자기 변했어"라고 하고, 4연에서는 "시간은 내 목숨야. 어제하고는 틀려졌어 틀려/ 졌다는 것을 알았어. 틀려져야겠다는 것을 알/ 았어"라고 말한다. 결국 4연에서는 "시간만이 빛난다. 시간의 인식만이 빛난다./ 빌려주지 않겠다. 빌려주겠다고 했지만/ 빌려주지 않겠다"라고 하면서 이전과 다른 말을 한다. 그리고 5연에서는 "안 빌려주어도 넉넉하다"고 하여 빌려주지 않는 행위를 정당화한다.

이에 따라 〈엔카운터 지誌〉에서 요설은 이야기의 여백을 채워나가면서 동시에 발단 - 전개 - 결말이라고 하는 직선적인 구조가 만들어내는 스토리의 거부[68]라는 효과를 낳는다.

> 여보세요. 앨비의 아메리칸 드림예요. 절망예요.
> 8월달에 실어주세요. 절망에서 나왔어요.
> 모레면 다 돼요. 200매예요. 특종이죠.
> 머릿속에 특종이란 자가 보여요. 여편네하고
> 싸우고 나왔지요. 순수하죠. 앨비 말예요.
> 살롱 드라마이지요. 반도호텔이나 조선호텔에서
> 공연을 하게 돼요. 절망의 여운이에요.
> 미해결이지요. 좋아요. 만족입니다.
> 신문회관 3층에서 하는 게 낫다구요. 아네요.
> 거기에는 냉방장치가 없어요. 장소는 200명가량
> 수용될지 모르지만요. 절망의 연료가 모자
> 란다구요. 그래요! 반도호텔 같은 데라야
> 미국놈들한테서 입장료를 받을 수 있지요.
> 여편네하고는 헤어져도 되지만, 아이들이
> 불쌍해서요, 미해결예요.

---

68 수잔 손탁, 앞의 책, 45쪽.

코리안 드림이라구요. 놀리지 마세요.
아이놈은 자구 있어요. 구원이지요. 나를
방해를 안하니까요. 절망의 물방울이
튄 거지요.
내주신다면, 당신의 잡지의 8월호에 내주신다면,
특종이니깐요, 극단도 좋고, 당신네도
좋고, 번역하는 사람도 좋고, 나도 좋은
일을 하는 폭이 되지요.
앨비예요. 앨비예요. 에이 엘 삐 이 이. 네.
그래요. 아아, 그렇군요
네에. 그러실 겁니다. 아뇨. 아아. 그렇군요.

-<전화 이야기>(1966) 부분

<전화 이야기>에는 하나의 뚜렷한 스토리가 없다. 여기서 시의 화자는 여러 가지 사건들을 잡담 전화로 전한다.[69] 화자는 전화의 발신자로서, 수신자의 반응과 무관하게 일방적으로 횡설수설한다. 출판사 직원과의 대화, 여편네와 아이들로 구성된 가족과 관련된 일, 둘을 바라보는 화자의 태도 등을 요설로 늘어놓는다.

이 과정에서 화자는 다른 사람들의 말도 인용하게 된다. 가령 "여편네하고는 헤어져도 되지만, 아이들이/ 불쌍해서요"는 화자의 말이지만, "여보세요. 앨비의 아메리칸 드림예요. 절망예요"라든지 "8월달에 실어주세요. 절망에서 나왔어요./ 모레면 다 돼요. 200매예요. 특종이죠" 등은 다른 사람의 말이다. "앨비예요 앨비예요 에이 엘 삐 이 이 네," "그래요. 아아, 그렇군요/ 네에. 그러실 겁니다. 아뇨. 아아. 그렇군요."라는 말 또한

---

69 전화는 연락이나 확인 등 특정 용건을 마치기 위한 필요에 의해 사용하기도 하지만 특별한 용건이나 필요가 없는 잡담을 위해 사용되기도 한다. 때문에 '잡담 전화'라는 용어가 만들어지는데, 잡담 전화는 특정 용건 없이 타자와 잡담을 즐기기 위해 거는 전화로서, 약속이나 연락 등 특정 용건을 마치기 위한 목적으로서 거는 용건 전화와 구분된다. 吉見俊哉 외, 오석철 · 황조희 역, 『전화의 재발견』, 커뮤니케이션북스, 2005, 31쪽.

그러하다.

이와 같이 <전화 이야기>에는 다른 사람의 말들이 불연속적으로 나열되면서 몽타주의 요설을 형성한다.[70] 그리고 몽타주의 요설은 여러 가지 사건들 사이에 있는 '절망'이라는 중심 의미를 분산시키는 결과를 낳는다. 이러한 몽타주의 요설은 김수영 시의 장면 서술에도 나타난다.

> 우리 동네엔 미대사관에서 쓰는 타이프 용지가 없다우
> 편지를 쓰려고 그것 사오라니까 밀용인찰지를 사왔드라우
> (밀용인찰지인지 밀양인찰지인지 미룡인찰지인지
> 사전을 찾아보아도 없드라우)
> 편지지뿐만 아니라 봉투도 마찬가지지 밀용지 넉 장에
> 봉투 두 장을 4원에 사가지고 왔으니 알지 않겠소
> 이것이 편지를 쓰다만 내력이오 — 꽉 막히는구려
>
> 꽉 막히는 이것이 나의 생활의 자연의 시초요
> 바다와 별장과 용솟음치는 파도와 조니 워커와
> 조크와 미인과 페티 김과 애교와 호담(豪談)과
> 남자와 포부의 미련에 대한
> 편지는 못쓰겠소 매부 돌아오는 길에
> 차창에서 내다본 중앙선의 복선공사에 동원된
> 갈대보다도 더 약한 소년들과 부녀자들의
> 노동의 참경(慘景)에 대한 편지도 못 쓰겠소 매부

---

70 몽타주의 서술은 담론의 선조적인 전개에 대한 거부를 수반한다. 이때 의사소통을 부정하는 무의미한 말이 사용되는데, 그 무의미는 의미의 부정에는 이르지 않는다. Patrizia C. Mcbride, *The Chatter of the Visible: Montage and Narrative in Weimar Germany*, University of Michigan Press, 2016, pp. 162~3 참조.

- 〈미농인찰지(美濃印札紙)〉(1967) 부분

〈미농인찰지美濃印札紙〉에는 시의 화자가 매부에게 편지를 부치지 못한다는 스토리를 둘러싼 여러 가지 장면들이 드러나고 있다. 이러한 장면들은 파편적인 이미지로 나열되고 있다. 그리고 화자는 여러 가지 사건에 대한 설명 없이 사건과 연상되는 이미지를 요설로 전달하고 있다.

이 몽타주의 요설은 "밀용인찰지인지 밀양인찰지인지 미룡인찰지인지 사전을 찾아보아도 없드라우"에서처럼 "밀용인찰지," "밀양인찰지," "미룡인찰지" 등으로, 언어의 유희로 나타나기도 한다. 이러한 몽타주의 요설은 혼란스러움을 가져오기도 하지만, 모든 것이 미국식으로 변한 현실 속에서 어리둥절해진 화자의 혼란스러운 심정을 효과적으로 드러내는 유효한 장치가 되고 있다. 아울러 화려하고 호화스러운 생활과 "약한 소년들과 부녀자들의 노동의 참경慘景"을 대조시키면서 현실을 비판하는 데 효과적으로 작용한다.

4) 소리의 요설과 이데올로기 비판

김수영이 시작 말년에 이르러 발표한 요설 시에서는 일상의 대화, 스토리, 부호가 사라진다. 언어는 물질화되며 소리의 요설이 두드러진다. 화자의 목소리는 작아지며, 사람이 등장할 경우에도 이름이 나타나지 않거나 익명의 존재로 나타난다. 대신 사물들이 시의 제재가 되는 경우가 많아진다.

> 네 머리는 네 팔은 네 현재는
> 먼지에 싸여 있다 구름에 싸여 있고
> 그늘에 싸여 있고 산에 싸여 있고
> 구멍에 싸여 있고

돌에 쇠에 구리에 넝마에 삭아
삭은 그늘에 또 삭아 부스러져
거미줄이 쳐지고 망각이 들어앉고
들어앉다 튀어나오고

…(중략)…

희화(戲畵)의 계시가 돈이 되고
돈이 되고 사랑이 되고 갱의 단층의 길이가
얇아지고 돈이 돈이 되고 돈이
길어지고 짧아지고

돈의 꿈이 길어지고 짧아지고 타락의
길이도 표준이 없어지고 먼지가 다시 생기고
갱이 생기고 그늘이 생기고 돌이 쇠가
구리가 먼지가 생기고

죽은 행동이 계속된다 너와 내가 계속되고
전화가 울리고 놀라고 놀래고
끝이 없어지고 끝이 생기고 겨우
망각을 실현한 나를 발견한다

- 〈먼지〉(1967) 부분

〈먼지〉에는 중심이 되는 스토리나 뚜렷한 의미를 드러내는 사건이 없다. 여기서는 언어의 의미 대신 소리가 부각된다. 다만 매 연이 4행으로 이루어져 있고, 여러 음소가 반복됨으로써 리듬감이 확보되어 있다. 가령 1연에서는 'ㅔ', 'ㅗ'음이 반복된다. 그런가 하면 "돈이 되고 사랑이 되고 갱의 단층의 길이가/ 얇아지고" "돈이 돈이 되고 돈이/ 길어지고 짧아지고"의 경우에는 'ㅣ', 'ㅗ' 음이 반복된다. 이로 인해 요설도 음성소의 반복에서 비롯하는 소리의 요설이 두드러지며 일종의 주문과도 같은 리듬이 발생한다.

이러한 소리의 요설은 많은 경우, 무의미를 파생시킨다. 가령 "내일의 행동이 먼지를 쓰고 있다"는 식으로 미래의 일이 현재로 진술되는가 하면, "갱의 단층의 길이가/ 얇아지고"와 같이 논리적 모순도 드러낸다. 그런가 하면 "달라지고 달라지지 않는," "길어지고 짧아지고," "없어지고 생기고" 등과 같이 서로 상반되는 사건들이 발생하는 상황의 무의미가 나타나기도 한다. 김수영은 이 시를 난해한 작품이며,[71] "경화증"을 풀려고 애쓰는 과정에서 나온 작품이라고 하였다.[72] 실제 그는 이 작품에서 시의 의미를 축소시키고자 하였다. 그는 이 시에서 '경화증'에 해당하는 의미의 과잉을 줄이고 무의미를 드러내는 방법을 탐색하였는데, 소리의 요설은 그 대표적인 예이다.

그러나 〈먼지〉에서 무의미는 그 자체로 머물지 않는다. 소리의 요설은 시의 리듬을, 무의미를 가져오지만, 이 모든 것들은 "망각을 실현한 나를 발견한다"라는, 마지막 연의 마지막 행의 진술을 향해 나아간다. 어떤 의미에서는 소리의 요설 자체가 바로 '망각'이라는 시의 주제를 구현한 것이라 할 수 있다. 이것은 김수영이 지향한 무의미시의 방식, 즉 "〈의미〉를 껴안고 들어가서 그 〈의미〉를 구제함으로써 무의미에 도달하는 길"[73]을 구현한 것에 해당한다. 그는 〈의자가 많아서 걸린다〉에서도 이러한 방법으로 소리의 요설을 이어나갔다.

> 마루에 가도 마찬가지다 피아노 옆에 놓은
> 찬장이 울린다 유리문이 울리고 그 속에
> 넣어둔 노리다케 반상 세트와 글라스가

---

71 김수영, 「반시론」(1968), 『전집 2』, 414쪽.
72 위의 글, 410쪽.
73 김수영, 「변한 것과 변하지 않은 것」(1966), 『전집 2』, 367쪽.

울린다 이따금씩 강 건너의 대포소리가

날 때도 울리지만 싱겁게 걸어갈 때
울리고 돌아서 걸어갈 때 울리고
의자와 의자 사이로 비집고 갈 때
울리고 코 풀 수건을 찾으러 갈 때

38선을 돌아오듯 테이블을 돌아갈 때
걸리고 울리고 일어나도 걸리고
앉아도 걸리고 항상 일어서야 하고 항상
앉아야 한다 피로하지 않으면

울린다 시를 쓰가 말고 코를 풀다 말고
테이블 밑에 신경이 가고 탱크가 지나가는
연도(沿道)의 음악을 들어야 한다 피로하지
않으면 울린다 가만히 있어도 울린다

- <의자가 많아서 걸린다>(1968) 부분

김수영이 <의자가 많아서 걸린다>에서 실험한 이 소리의 요설은 언어의 물질성[74]과 결합되면서 독특한 형태를 띤다. 이 시에서 소리의 요설은 단어뿐만 아니라 음, 음소의 반복 가운데 나타난다. 가령 "울린다," "걸린다"라는 단어나 'ㄴ', 'ㄹ', 'ㅇ' 등의 음소는 연속적으로 반복되면서 소리의 요설을 이어간다. 이러한 소리의 요설은 소리의 증식을 낳아 시 전체를 소리의 울림으로 가득 차게 한다. 시 전체에 걸쳐 마침표는 하나도 나타나

74 언어의 물질성 속에서는 기표가 전경화된다. Ronald Schleifer, *Rhetoric and Death*, University of Ilinois Press, 1990, p.16.

지 않아 소리의 요설은 이후에도 지속될 수 있다는 것을 암시한다.

그러나 이러한 소리의 요설은 무의미 가운데 의미를 드러낸다. 오히려 <의자가 많아서 걸린다>에서 소리의 요설은 "강 건너의 대포 소리," "38선," "탱크" 등의 소리를 무력화하는 것으로 설정되어 있다. 이로 인해 그것은 현대 사회의 물질성[75]을 비판하는 의미를 지니게 된다.

4. 시에 나타난 요설의 특징

김수영은 한국 문학과 서구 문학에서 비교적 오래된 전통을 지닌 요설을 하나의 미학으로 인식하고 이를 시에 구현하고자 하였다. 김수영은 소음이 지배적인 현대에 요설로 대응하고자 하였고 침묵의 시 창작방법론으로 요설을 내세웠다. 그리고 다양한 요설의 시를 제출하였다.

김수영은 시에 다양한 요설을 실험하였다. 처음에는 일상어를 중심으로 반복, 뒤따라 말하기, 행의 휴지 등의 방법으로 요설을 시에 표현하였다. 이어 구어의 요설도 실험하였다. 이때, 실제 담화를 구어로 표현하기 위해 다양한 방법을 동원하였다. 말줄임표(……), 이음표(—), 느낌표(!), 물음표(?) 등의 부호들을 활용하기도 하고 여러 사람의 이름도 요설로 나열하였다. 의성어를 이미지의 말을 구체화하는 데 사용하기도 하였다.

시에 스토리를 해체하는 방법으로 요설을 활용하기도 하였다. <엔카운터 지誌>에서는 이야기의 여백을 채우는 요설을 선보였다. 여기서 요설은 스토리를 해체시키는 기능을 하였다. <전화 이야기>에서는 잡담 전화의 요설을 통해 다른 사람의 말을 두루 인용하면서 몽타주의 요설을 보여주었다. 시작 말년에 이르러서는 소리의 요설을 실험하였

---

75 김수영은 현대 사회의 물질성에 대해 비판적이었다. 이와 관련하여 김수영은 예이츠 시가 "현대에 대한 비판과 공감할 수 없는 물질성 앞에 영혼을 제시하고 있"다고 보고 그 의의를 인정하였다. 김수영, 「신비주의와 민족주의의 시인 예이츠」(1964), 『전집 2』, 295쪽.

다. 〈의자가 많아서 걸린다〉에서 그는 현대 사회의 물질성을 반영하고, 냉전 이데올로기를 해체하는 방법으로 소리의 요설을 실험하였다.

김수영 시에 나타난 요설은 다음과 같은 의미를 지닌다. 김수영은 자신이 지향한 침묵의 시학을 요설을 통해 효과적으로 실현할 수 있었다. 김수영 시에서 요설은 현대 사회의 소음에 대한 변명으로, 침묵을 지향하였다. 또한 요설은 대화의 삽입, 다른 사람들의 말의 인용, 불연속적인 사건들의 나열, 행간걸침 등의 방식으로 말 가운데 휴지를 드러내었다. 이를 통해 언어의 무의미와 의미를 효과적으로 드러내었다.

시적 모더니티를 달성하는 방법이 되었다. 김수영은 여러 가지 요설로 당대의 다양하고 이질적인 언어를 실험하였다. 김수영은 일상 속에서 현대성을 인식하고자 하였다. 그런데 요설은 일상의 현대성을 구체적으로 드러내는 방법이 되었다. 김수영은 요설 시에서 구어를 그대로 수용하기도 하였지만 문자에 입각한 구술성[76]을 구현하기도 하였다. 이를 통해 시의 새로움을 확보하는 방법을 모색하였다.

김수영은 요설을 당시 정치 현실을 비판하는 데 활용하였다. 이것은 이후 김지하를 비롯한 많은 참여시 시인들에게 영향을 주었다.

> 〈내용〉은 언제나 밖에다 대고 〈너무나 많은 자유가 없다〉는 말을 계속해서 지껄여야 한다. 이것을 계속해서 지껄이는 것이 이를테면 38선을 뚫는 길인 것이다. 낙숫물로 바위를 뚫을 수 있듯이, 이런 시인의 헛소리가 헛소리가 아닐 때가 온다. 헛소리다! 헛소리다! 헛소리다! 하고 외우다 보니 헛소리가 참말이 될 때의 경이. 그것이 나무아미타불의 기적이고 시의 기적이다. 이런 기적이 한 편의 시를 이루고, 그러한 시의 축적이 진정한 민족의 역사의 기점(起點)이 된다. 나는 그런 의미에서는 참여시의 효용성을 신용하는 사람의 한 사람이다.[77]

---

76 월터 J. 옹은 라디오와 TV를 통해 생겨나는 이차적인 구술문화를 '문자에 입각한 구술성'으로 보고 있다. 월터 J. 옹, 이기우 · 임명진 역, 『구술문화와 문자문화』, 문예출판사, 1995, 238쪽.

77 김수영, 「시여, 침을 뱉어라 - 힘으로서의 시의 존재」(1968), 『전집 2』, 400쪽.

김수영은 자유가 없을 때에는 "밖에다 대고 〈너무나 많은 자유가 없다〉는 말을 계속해서 지껄여야 한다"고 하였다. 김수영은 요설이 정치적인 목적으로 쓰일 경우 기적을 낳을 수도 있다고 생각하였다.

1. 1차 자료

국립국어원 엮음, 『국립국어원 표준국어대사전』, 두산동아, 1999.
김수영, 『김수영 전집 1 - 시』, 민음사, 2003.
______, 『김수영 전집 2 - 산문』, 민음사, 2003.
______, 「공산권에서의 문학의 좌절」, 『자유공론』 7, 1967. 2.
______, 이영준 엮음, 『김수영 전집 1 - 시』, 민음사, 2018.
______, 이영준 엮음, 『김수영 전집 2 - 산문』, 민음사, 2018.
김기림, 『김기림 전집 2』, 심설당, 1988.
______, 『김기림 전집 3』, 심설당, 1988.
김지하, 『김지하 전집 3』, 실천문학사, 2002.

2. 2차 자료

강연호, 「자기갱신의 모색과 탐구」, 황현산 편, 『김수영』, 새미, 2002.
______, 「'위대한 소재'와 사랑의 발견」, 김명인 · 임홍배 엮음, 『살아있는 김수영』, 창비, 2005.
강영계, 『죽음학 강의』, 새문사, 2012.
강웅식, 『김수영 신화의 이면: 주체의 자기 형성과 윤리의 미학화』, 청동거울, 2012.
고봉준, 「한국 모더니즘 문학의 미적 근대성 연구: 이상과 김수영의 문학을 중심으로」, 경희대학교 박사논문, 2005.
고재정, 「모리스 블랑쇼와 공동체의 사유」, 『한국프랑스학논집』 49, 한국프랑스학회, 2005. 2.
곽명숙, 「4 · 19혁명과 김수영의 문학적 변모」, 『한중인문학연구』 46, 한중인문학회, 2015. 3.
권영민, 『한국현대문학사』, 민음사, 1993.
권오만, 「김수영 시의 고백시적 경향」, 『전농어문연구』 11, 서울시립대학교 국어국문학과, 1999. 2.
금동철, 『한국 현대시의 수사학』, 국학자료원, 2001.
김광호, 「알베르토 자코메티 조각과 회화의 시지각적 특성」, 『기초조형학 연구』 11-5, 한국기초조형학회, 2010.10.

김길웅, 「언어와 소음: 노발리스의 『자이스의 제자들』에 나타난 언어관」, 『헤세연구』 27, 한국헤세학회, 2012. 6.
김동규, 『하이데거의 사이 - 예술론』, 그린비, 2009.
김두종, 『한국의학사』, 탐구당, 1993.
김명인, 『김수영, 근대를 향한 모험』, 소명출판, 2002.
김상환, 「김수영과 책의 죽음: 모더니즘의 책과 저자 2」, 『세계의 문학』 70, 민음사, 1993.12.
______, 『풍자와 해탈, 혹은 사랑과 죽음』, 민음사, 2000.
김성욱, 「헨델의 <메시아>에 나타난 아름다운 소식에 관한 분석」, 『교회와 문화』 33, 한국성경신학회, 2014. 8.
김수이, 「김수영 시에 나타난 우울증의 양상과 치유기제: 현대성을 기원으로 하는 우울증의 세 차원을 중심으로」, 『한국시학연구』 28, 한국시학회, 2010. 8.
김승희, 「김수영의 시와 탈식민주의적 반(反)언술」, 김승희 편, 『김수영 다시 읽기』, 프레스 21, 2000.
김옥주 · 박세홍, 「1960년대 한국의 연탄가스 중독의 사회사: 부주의로 인한 사고에서 사회적 질병으로」, 『의사학』 21-2, 대한의사학회, 2012. 8.
김용직, 『현대시원론』, 학연사, 1988.
김유중, 「김수영 시의 모더니티(2) - '죽음'의 한 연구」, 『관악어문연구』 24, 서울대 국어국문학과, 1999.12.
______, 「김수영 문학을 어떻게 이해할 것인가」, 『한국문학이론과 비평』 9, 한국문학이론과 비평학회, 2005.12.
______, 『김수영과 하이데거』, 민음사, 2007.
김윤식, 「시에 대한 질문방식의 발견」, 황동규 편, 『김수영의 문학』, 민음사, 1983.
______, 『한국현대문학사』, 서울대출판부, 1993.
김정현, 「현대에서 '죽음'의 의미」, 『(열린정신) 인문학 연구』 15-2, 원광대학교 인문학연구소, 2014.12.
김재용, 「김수영 문학과 분단 극복의 현재성」, 김명인 · 임홍배 편, 『살아있는 김수영』, 창비, 2005.
김종두, 『하이데거의 존재와 현존재』, 새물결플러스, 2014.
김종철, 「시적 진리와 시적 성취」, 황동규 편, 『김수영의 문학』, 민음사, 1983.
김종훈, 「이상과 김수영 시에 나타난 반복의 상반된 의미」, 『한국문학이론과 비평』 66, 한국문학이론과 비평학회, 2015. 3.
김주성, 「오든 초기 시의 인간중심적 고찰」, 『영미문화』 6-1, 한국영미문화학회, 2006. 4.
김준오, 『시론』, 문장, 1982.
김준호, 「질병과 의료의 사회적 성격에 관한 한 연구: 병자 역할과 의료화를 중심으로」, 『인문과학연구』 4, 강원대학교 인문과학연구소, 1997. 2.
김진호, 『매혹의 음색: 소음과 음색의 측면에서 본 20세기 서양음악의 역사와 이론에 대한 개론서』, 갈무리, 2012.
김찬자, 『이오네스코 읽기』, 세창, 2015.
______, 『이오네스코의 『대머리가수』 읽기』, 세창미디어, 2013.
김철수, 「오든 시의 사회적 리얼리즘」, 『영미어문학』 55, 한국영미어문학회, 1999. 3.
김치수 외, 『누보로망 연구』, 문학과지성사, 2016.
김 현, 「김춘수를 찾아서」, 『시인을 찾아서』, 민음사, 1975.
______, 『프랑스 비평사』, 문학과지성사, 1981.
______, 「나르시스 시론」, 『김현문학 전집 12』, 문학과지성사, 1992.
김현경, 『김수영의 연인』, 실천문학사, 2013.
김혜순, 「김수영 시 연구: 담론의 특성 연구」, 건국대 박사논문, 1993.

______, 『김수영: 세계의 개진과 지유의 이행』, 건국대출판부, 1995.
김홍중, 『마음의 사회학』, 문학동네, 2009.
나희덕, 「김수영의 매체의식과 감각적 주체의 전환」, 『현대문학의 연구』 40, 한국문학연구학회, 2010. 2.
남기혁, 「웃음의 시학과 탈근대성: 전후 모더니즘 시를 중심으로」, 『한국현대문학연구』 17, 한국현대문학회, 2005. 6.
______, 「한국 전후 시에 나타난 '가족' 모티브 연구」, 『한국문화』 35, 서울대학교 규장각한국학연구원, 2005. 6.
남진우, 『미적 근대성과 순간의 시학 연구: 김수영 · 김종삼 시의 시간 의식』, 소명출판, 2001.
맹문재, 「김수영의 시에 나타난 여성의식」, 최동호 · 강웅식 편, 『다시 읽는 김수영 시』, 작가, 2005.
______, 「김수영 시인의 연보 고찰(1) - 출생에서부터 일본 유학까지」, 『한국시학연구』 67, 한국시학회, 2021. 8.
문혜원, 『한국 근현대시론사』, 역락, 2007.
박군석, 「김수영의 시에 나타난 '죽음'의 의미」, 『한국문학논총』 64, 한국문학회, 2013. 8.
박규현, 「블랑쇼, 죽음의 시학」, 『프랑스학연구』 22, 한국프랑스학회, 2002. 3.
박덕규 · 이은정 편, 『김수영의 온몸시학』, 푸른사상, 2013.
박성수, 『들뢰즈』, 이룸, 2004.
박수연, 「1960년대의 시적 리얼리티 논의: 장일우의 『한양』지 시평과 한국 문단의 반응」, 『한국언어문학』 50, 한국언어문학회, 2003. 5.
______, 「국가, 개인, 설움, 속도: 1950년대 시를 중심으로」, 김명인 · 임홍배 엮음, 『살아있는 김수영』, 창비, 2005.
______, 「김수영 문학의 원체험」, 『실천문학』 2004, 겨울.
박연희, 「1950~60년대 냉전 문화의 번역과 김수영」, 『비교한국학』 20-3, 국제비교한국학회, 2012.12.
박윤우, 「1950년대 모더니즘 시의 '부정성' 연구」, 서울대학교 박사논문, 1998.
박준상, 「바깥, 죽음: 하이데거에 대한 블랑쇼의 응답」, 『철학과 현상학 연구』 21, 한국현상학회, 2003.11.
______, 『바깥에서』, 인간사랑, 2006.
______, 「침묵의 목소리: 말라르메, 블랑쇼, 데리다」, 『철학논총』 50, 새한철학회, 2007.10.
박지영, 「김수영 「반시론」에서 '반시'의 의미」, 『상허학보』 9, 상허학회, 2002. 8.
______, 「번역과 김수영의 문학」, 김명인 · 임홍배 편, 『살아 있는 김수영』, 창비, 2005.
______, 「자본, 노동, 성(性): '불온'을 넘어, 「반시론」의 반어」, 『상허학보』 40, 상허학회, 2014. 2.
______, 『'불온'을 넘어, '반시론'의 반어: 김수영 문학과 번역 · 검열 · 섹슈얼리티』, 소명출판, 2020.
박태일, 「김수영과 부산 거제리 포로수용소」, 『근대서지』 2, 근대서지학회, 2010.12.
박평종, 「위반의 언어: 조르주 바타이유의 예술론」, 『프랑스학연구』 39, 한국프랑스학회, 2007. 봄.
박현수, 『한국 모더니즘 시학』, 이룸, 2004.
박형섭, 「이오네스코와 루마니아」, 『비교문화연구』 26, 경희대학교 비교문화연구소, 2012. 3.
______, 『이오네스코의 연극적 상상력』, 한국문화사, 2016.
박훈하, 「서구적 교양주의의 탄생과 몰락: 이어령론」, 『오늘의 문예비평』 27, 1997. 겨울.
방인석, 「김수영 문학에 나타난 '사랑'과 '죽음'」, 『우리문학연구』 61, 우리문학회, 2019. 1.
백낙청, 「로렌스의 재현 및 (가상) 현실 문제」, 『동아영어영문학』 18, 동아대학교 영어영문학과, 2002. 8.
______, 『역사적 인간과 시적 인간』, 창작과비평, 1977.
송 무, 「고백시의 성격과 의의: 전후 미국시의 한 동향에 대한 고찰」, 『영미어문학연구』 1, 영미어문학회, 1984. 5.

신상희, 「인간의 언어와 존재의 언어」, 한국하이데거학회 편, 『하이데거의 언어사상』, 철학과현실사, 1998.
신재실, 『로버트 프로스트의 자연시: 그 일탈의 미학』, 태학사, 2004.
신정현, 「문명에의 위기 의식과 죄의식: 로웰과 플라스의 고백시」, 『문예중앙』 1997. 봄.
______, 「50년대와 60년대의 미국시: 형이상학적 질서의 거부」, 『외국문학』 19, 1989. 여름.
신형철, 「김수영 시에 나타난 '사랑'과 '죽음'에 대한 의미 연구」, 서울대학교 석사논문, 2002.
양효실, 「보들레르의 『내면 일기』와 고백적 글쓰기의 불가능성」, 『미학』 5, 한국미학회, 2007.12.
염무웅, 「김수영론」, 『창작과 비평』, 창작과비평사, 1976.12.
오문석, 『시는 혁명이다』, 깊은샘, 2005.
오세곤, 「이오네스코의 부조리극과 그 한국 공연사」, 『프랑스문화연구』 18, 한국프랑스문화학회, 2009. 5.
오형엽, 『한국 모더니즘 시의 반복과 변주』, 소명출판, 2015.
유기환, 「위반의 범주: 성, 죽음, 혁명 - 바따이유의 『하늘의 푸르름』」, 『불어불문학연구』 44, 한국불어불문학회, 2000.12.
______, 「에로티즘의 기원과 역사」, 『한국프랑스학논집』 37, 한국프랑스학회, 2002. 2.
______, 『조르주 바타이유』, 살림, 2006.
유성호, 「타자의 긍정을 통해 '사랑'에 이르는 도정: 김수영의 후기시를 중심으로」, 황현산 편, 『작가연구』 5, 새미, 1998.
유중하, 「김수영과 노신(3) - '방법으로서의 동아시아'」, 『중국현대문학』 16, 중국현대문학회, 1996. 6.
유홍주, 「한국 근대 고백소설의 형성과 담론 양상: 이광수의 〈어린 벗에게〉를 중심으로」, 『현대문학이론연구』 26, 현대문학이론학회, 2005.12.
윤석진, 「극작가 한운사의 방송극 연구」, 『한국극예술연구』 24, 한국극예술학회, 2006.10.
이건제, 「김수영에 나타나는 '죽음' 의식: 그의 시작을 중심으로」, 황현산 편, 『작가연구』 5, 새미, 1998. 5.
이경수, 『한국 현대시와 반복의 미학』, 월인, 2005.
이명찬, 「김수영의 〈어느날 고궁을 나오면서〉 다시 읽기」, 『문학교육학』 17, 한국문학교육학회, 2005. 8.
이미순, 「김기림 시에 나타난 소음의 변모 과정」, 『국어교육연구』 62, 국어교육학회, 2016.10.
______, 「김수영 문학에 나타난 질병의 양상과 의미」, 『한국현대문학연구』 41, 한국현대문학회, 2013.12.
______, 「김수영 시론과 '죽음': 블랑쇼의 영향을 중심으로」, 『국어국문학』 159, 국어국문학회, 2011.12.
______, 「김수영 시에 나타난 바타이유의 영향: 에로티즘을 중심으로」, 『한국현대문학연구』 23, 한국현대문학회, 2007.12.
______, 「김수영의 시론과 '리얼리티'」, 『국어국문학』 165, 국어국문학회, 2013.12.
______, 「김수영의 시론과 '소음'」, 『어문연구』 91, 어문연구학회, 2017. 3.
______, 「김수영의 시론에 미친 프랑스 문학이론의 영향: 조르주 바타이유를 중심으로」, 『비교문학』 24, 한국비교문학회, 2007. 6.
______, 「김수영의 언어론에 대한 연구」, 『개신어문연구』 31, 개신어문학회, 2010. 6.
______, 「김수영의 침묵의 시학」, 『한국현대문학연구』 55, 한국현대문학회 2018. 8.
이병수, 「벨 에포크와 다다이즘: 근대문화의 총체와 해체」, 『비교문화연구』 33, 경희대학교 비교문화연구소, 2013.12.
이승규, 「김수영 시의 역설 의식 연구」, 『한국문학논총』 73, 한국문학회, 2016. 8.
______, 「김수영 시의 영향관계와 현실지향성」, 『한국시학연구』 20, 한국시학회, 2007.12.

______, 「김수영의 영미시 영향과 시 창작관련양상: 비숍, 로웰, 긴즈버그의 영향을 중심으로」, 『한국현대문학연구』 20, 한국현대문학회, 2006. 12.
이승훈, 「선과 침묵의 언어」, 『시와 세계』 10, 2005. 여름.
이영섭, 「김수영의 「신귀거래」 시 연구」, 『한국 현대시 형성 연구』, 국학자료원, 2000.
이영준, 「김수영과 한국전쟁 - "민간 억류인"이 달나라에서 살아남기」, 『한국시학연구』 67, 한국시학회, 2021. 8.
이은주, 「근대체험의 내면화와 새로운 글쓰기」, 『상허학보』 16, 상허학회, 2006. 2.
이재복, 「한국현대시와 선(禪)」, 『한국언어문화』 39, 한국언어문화학회, 2009. 8.
이주영, 「시각적 재현에 있어서 유사성과 실재의 관계」, 『미학 · 예술학 연구』 24, 한국미학예술학회, 2006. 12.
______, 「재현의 관점에서 본 예술과 실재의 관계」, 『미학 · 예술학 연구』 22, 한국미학예술학회, 2005. 12.
이주은, 「비트 세대의 질주」, 『미술세계』 320, 2011. 7.
임병권, 「1930년대 모더니즘 소설에 나타난 은유로서의 질병의 근대적 의미」, 『한국문학이론과 비평』 17, 한국문학이론과 비평학회, 2002. 12.
임지연, 「1960년대 김수영 시에 나타난 국가/ 법의 의미」, 『겨레어문학』 50, 겨레어문학회, 2013. 6.
임태훈, 「국가의 사운드 스케이프와 붉은 소음의 상상력: 1960년대 소리의 문화사 연구를 위하여(1)」, 『대중서사연구』 17-1, 대중서사학회, 2011. 6.
임홍배, 「자유의 이행을 위한 시적 여정: 4 · 19와 김수영」, 김명인 · 임홍배, 『살아있는 김수영』, 창비, 2005.
장석원, 『김수영 시의 수사학』, 청동거울, 2005.
정과리, 『문학, 존재의 변증법』, 문학과지성사, 1985.
정은귀, 「횡단하는 나쁜 문장들: 미국 비트 세대의 실험적 장면과 오해들」, 『쓺: 문학의 이름으로』 2, 문학실험실, 2016.
정효구, 「김수영 시에 나타난 사랑」, 『20세기 한국시와 비평정신』, 새미, 1997.
조강석, 「김수영의 시 의식 변모 과정 연구: '시적 연극성'과 '자코메티적 전환'을 중심으로」, 『한국시학연구』 28, 한국시학회, 2010. 8.
조연정, 「번역 체험이 김수영 시론에 미친 영향: '침묵'을 번역하는 시작 태도와 관련하여」, 『한국학연구』 38, 고려대 한국학연구소, 2011. 9.
조영복, 「김수영 시의 죽음 의식과 현대성」, 『한국현대시와 언어의 풍경』, 태학사, 1999.
______, 「김수영, '반여성주의'에서 '반반의 미학'으로」, 『여성문학연구』 6, 한국여성문학회, 2001. 12.
______, 「이미지의 본질과 감각 이미지 논의의 제문제」, 『어문연구』 38-4, 한국어문교육연구회, 2010. 12.
조한경 · 고광모, 「바타이유와 에로티즘」, 『한국 프랑스학논집』 29, 한국프랑스학회, 2002. 2.
조현일, 「김수영의 모더니티관과 『파르티잔 리뷰』」, 김명인 · 임홍배 편, 『살아 있는 김수영』, 창비, 2005.
______, 「김수영의 모더니티관에 대한 연구: 트릴링과의 영향 관계를 중심으로」, 황현산 편, 『작가연구』 5, 새미, 1998. 5.
조형근, 「일제의 공식 의료와 개신교 선교 의료간 헤게모니 경쟁과 그 사회적 효과」, 『사회와 역사』 82, 한국사회사학회, 2009. 6.
주영중, 「미디어를 통해 본 김수영의 시세계: 대중매체와의 관계를 중심으로」, 『한국문학연구』 43, 동국대 한국문학연구소, 2012. 12.
최두석, 「현대성과 참여시론: 김수영의 시론」, 한계전 · 홍정선 · 윤여탁 · 신범순 외, 『한국 현대시론사 연구』, 문학과지성사, 1998.

최병헌, 『미국 현대시: 1950년 이후』, 한신문화사, 1995.
최 석, 『말라르메』, 건국대출판부, 1997.
최원식, 「김수영학을 위한 시론: 병풍, 누이, 그리고 풀, 50년 후의 시인」, 최원식 외, 『50년 후의 시인: 김수영과 21세기』, 도서출판 b, 2019.
최하림, 「김수영의 개인사의 문제들과 검토」, 김명인 · 임홍배 편, 『살아 있는 김수영』, 창비, 2005.
_____, 『김수영 평전』, 실천문학사, 2001.
최현식, 「'곧은 소리'의 요구와 탐색: 김수영의 시의식과 관련하여」, 황현산 편, 『작가연구』 5, 새미, 1998. 5.
한명희, 「김수영 시에서의 고백시의 영향」, 『전농어문 연구』 9, 서울시립대학교 국어국문학과, 1997. 3.
_____, 『김수영 정신분석으로 읽기』, 월인, 2002.
_____, 「새로운 문학, 전위의 문학을 향하여: 김수영 문학의 영향관계」, 『작가세계』 61, 2004. 여름.
한수영, 「'일상성'을 중심으로 본 김수영 시의 사유와 방법(1)」, 황현산 편, 『작가연구』 5, 새미, 1998. 5.
한순미, 「나환과 소문, 소록도의 기억: 나환 인식과 규율체제의 형성에 관한 언술분석적 접근」, 『지방사와 지방문화』 13-1, 역사문화학회, 2010. 6.
허윤회, 「김수영 지우기: 탈식민주의 논의와 관련하여」, 『상허학보』 4, 상허학회, 2005. 2.
홍성희, 「김수영의 이중 언어 상황과 과오 · 자유 · 침묵으로서의 언어 수행」, 연세대학교 석사논문, 2015.
홍순희, 「김수영 시에 나타난 하이데거의 '시적 진리'에 관한 연구」, 서울대 박사논문, 2015.

가라타니 코오진 외, 송태욱 역, 『현대 일본의 비평』, 소명출판, 2002.
吉見俊哉 외, 오석철 · 황조희 역, 『전화의 재발견』, 커뮤니케이션북스, 2005.
노르베르트 엘리아스, 『죽어가는 자의 고독』, 김수정 옮김, 문학동네, 2012.
도널드 버로우, 김기순 역, 『헨델: 메시아』, 동문선, 2006.
레나토 포지올리, 박상진 역, 『아방가르드 예술론』, 문예출판사, 1996.
레이먼 셀던, 현대문학이론연구회 역, 『현대문학이론』, 문학지성사, 1990.
로잘린즈 코워드 · 죤 엘리스, 이만우 역, 『언어와 유물론』, 백의, 1994.
롤랑 바르트, 김인식 편역, 『이미지와 글쓰기』, 세계사, 1993.
G. 루카치, 김혜원 역, 『루카치 문학이론』, 세계, 1990.
루트비히 비트겐슈타인, 이영철 역, 『철학적 탐구』, 서광사, 2006.
마르셀 레몽, 김화영 역, 『프랑스 현대시사: 보들레르에서 초현실주의까지』, 현대문학, 2007.
마르틴 하이데거, 신상희 역, 『횔덜린 시의 해명』, 아카넷, 2009.
_____________, 이기상 역, 『존재와 시간』, 까치글방, 2013.
마샬 버만, 윤호병 · 이만식 역, 『현대성의 경험』, 현대미학사, 2004.
마틴 에슬린, 김미혜 역, 『부조리극』, 한길사, 2005.
막스 피카르트, 최승자 역, 『침묵의 세계』, 까치, 2015.
R. 머레이 쉐이퍼, 한명호 · 오양기 역, 『사운드 스케이프 - 세계의 조율』, 그물코, 2008.
모리스 메를로 퐁티, 김화자 역, 『간접적인 언어와 침묵의 목소리』, 책세상, 2005.
모리스 블랑쇼, 심세광 역, 『도래할 책』, 그린비, 2011.
___________, 이달승 역, 『문학의 공간』, 그린비, 2010.
미셸 푸코, 홍성민 역, 『임상의학의 탄생』, 이매진, 2006.

________, 이광래 역, 『말과 사물』, 민음사, 1986.
발터 벤야민, 반성환 역, 『발터 벤야민의 문예이론』, 민음사, 1983.
__________, 최성만 역, 『언어 일반과 인간의 언어에 대하여/ 번역가의 과제 외』, 도서출판길, 2008.
빨터 슐츠, 「죽음의 문제에 대하여」, 정동호 외 편, 『죽음의 철학』, 청람, 1997.
범대순 · 박연성, 『W. H. 오든』, 전남대출판부, 2005.
브루스 핑크, 맹정현 역, 『라캉과 정신의학』, 민음사, 2002.
수잔 손탁, 이민아 역, 『해석에 반대한다』, 이후, 2002.
________, 이병용 · 안재연 역, 『급진적 의지의 스타일』, 현대미학사, 2004.
________, 이재원 역, 『은유로서의 질병』, 이후, 2002.
스테판 코올, 여균동 편역, 『리얼리즘의 역사와 이론』, 한밭출판사, 1982.
스티븐 L. 빈대만, 황애숙 역, 『하이데거와 비트겐슈타인』, 부산대출판부, 2011.
시몬느 드 보봐르, 전채린 역, 『타인의 피』, 범우사, 1973.
P. 아리에스, 이종민 역, 『죽음의 역사』, 동문선, 1997.
알랭 바디우, 장태순 역, 『비미학』, 이학사, 2010.
알랭 코르뱅, 문신원 역, 『침묵의 예술』, 북라이프, 2017.
앙리 루이스 베르그송, 박종원 역, 『물질과 기억』, 아카넷, 2005.
올리히 하세 · 윌리엄 라지, 최영석 역, 『침묵에 다가가기』, 앨피, 2008.
월터 J. 옹, 이기우 · 임명진 역, 『구술문화와 문자문화』, 문예출판사, 1995.
이합 합산, 정정호 · 이소영 편역, 『포스트모더니즘 개론』, 한신문화사, 1991.
자크 랑시에르, 유재홍 역, 『문학과 정치』, 인간사랑, 2009.
장 피엘, 조한경 역, 「바타이유와 세계」, 조르주 바타이유, 조한경 역, 『저주의 몫』, 문학동네, 2000.
잭 케루악, 이만식 역, 『길 위에서 2』, 민음사, 2009.
조르주 바타이유, 조한경 역, 『저주의 몫』, 문학동네, 2000.
_____________, 조한경 역, 『에로티즘의 역사』, 민음사, 1998.
_____________, 최윤정 역, 『문학과 악』, 민음사, 1995.
죠르주 바따이유, 유기환 역, 『에로스의 눈물』, 문학과의식, 2002.
죠르쥬 바따이유, 조한경 역, 『에로티즘』, 민음사, 1989.
줄리언 페퍼니스, 백준걸 역, 『이질성의 철학』, 시각과언어, 2000.
질 들뢰즈, 이정우 역, 『의미의 논리』, 한길사, 1999.
________, 김상환 역, 『차이와 반복』, 민음사, 2004.
질 들뢰즈 · 팰릭스 가타리, 김재인 역, 『천개의 고원』, 새물결, 2001.
M. 칼리니스쿠, 이영욱 · 백한울 · 오무석 · 백지숙 역, 『모더니티의 다섯 얼굴』, 시각과언어, 1993.
크리스틴 톰슨 · 데이비드 보드웰, 주진숙 외 역, 『세계 영화사』, 시각과언어, 2000.
클레어 콜브룩, 정유경 역, 『이미지와 생명, 들뢰즈의 예술 철학: 『시네마』, 예술, 정치학』, 그린비, 2008.
폴 발레리, 김진하 역, 『말라르메를 만나다』, 문학과지성사, 2007.
플루타르코스, 천병희 역, 『수다에 관하여: 플루타르코스의 윤리론집』, 숲, 2002.
피터 뷔르거, 『전위예술의 새로운 이해』, 심설당, 1986.
M. 호르크하이머 · Th. W, 아도르노, 김유동 역, 『계몽의 변증법』, 문예출판사, 1993.

Elger, Dietmar, 김금미 역, 『다다이즘』, 미로니에북스, 2008.
Pollard, Arthur, 송낙헌 역, 『풍자』, 서울대출판부, 1979.

Auden, W. H., "Psychology and Art Today," Mendelson, Edward(ed.), *The English Auden: Poem, Essays and Dramatic Writing: 1927-1939*, New York: Random house. 1977.
Blair, J. G., *The Poetic Art of W. H. Auden*, Princeton University Press, 1965.
Blanchot, Maurice, Charlotte Mandell(tr.), *The Work of Fire*, Stanford University Press, 1995.
De Man, Paul, *The Rhetoric of Romanticism*, Columbia University Press, 1984.
Doody, Terrence, *Confession and Community in the Novel*, Louisiana State University Press, 1980.
Fenves, Peter, *Chatter: Language and History in Kierkegaard*, Stanford University Press, 1993.
Kearns, Katherine, *Robert Frost and a Poetics of Appetite*, Cambridge University Press, 1994.
Mcbride, Patrizia C., *The Chatter of the Visible: Montage and Narrative in Weimar Germany*, University of Michigan Press, 2016.
Mortenson, Erik, *Capturing the Beat Mouvement: Cultural Politics and the Poetics of Presence*, Southern Illinois University Press, 2011.
Prminger, Alex (ed.), *Encyclopedia of Poetics*, Princeton University Press, 1965.
Schleifer, Ronald, *Rhetoric and Death*, University of Illinois Press, 1990.
Sontag, Susan, "The Pornographic Imagination," *Partisan Review*, Vo. 34, No. 2, Spring 1967.
Steiner, George, *Language and Silence*, New York: Penguin Books, 1979.
Theado, Matt(ed.), *The Beats: A Literary Reference*, Carroll & Graf Publishers, 2003.
M. プランツョ, 重信常喜 譯, 『焰の文學, 紀伊國屋書店』, 1958.

ㄱㅏ

나

다

라

마

바

사

아

자

차

카

타

파

하

김수영의 시학 사랑, 죽음, 침묵

초판1쇄 발행 2025년 12월 10일

지은이 이미순

주간 조승연
편집 · 디자인 오경희 · 조정화 · 오성현 · 신나래 · 박선주 · 정성희
관리 박정대

펴낸이 홍종화
펴낸곳 민속원
창업 홍기원
출판등록 제1990-000045호
주소 서울 마포구 토정로 25길 41(대흥동 337-25)
전화 02) 804-3320, 805-3320, 806-3320(代)
팩스 02) 802-3346
이메일 minsokwon@naver.com
홈페이지 www.minsokwon.com

ISBN 978-89-285-2205-7
S E T 978-89-285-0359-9 94810